国学知识基本常识

林语涵◎编著

陕西师范大学出版总社有限公司

图书在版编目（CIP）数据

国学知识基本常识 / 林语涵编著. -- 西安 : 陕西师范大学出版总社有限公司, 2012.5

ISBN 978-7-5613-6142-9

Ⅰ. ①国… Ⅱ. ①林… Ⅲ. ①国学一基本知识 Ⅳ. ①Z126

中国版本图书馆CIP数据核字(2012)第079340号

图书代号：SK12N0210

国学知识基本常识

责任编辑： 周宏
装帧设计： 开言神韵
出版发行： 陕西师范大学出版总社有限公司
（西安市长安南路199号　邮编 710062）
印　　刷： 北京飞达印刷有限责任公司
开　　本： 787mm×1092mm　1/16
字　　数： 450千字
印　　张： 26
版　　次： 2012年9月第1版
印　　次： 2012年9月第1次印刷
ISBN 978-7-5613-6142-9
定　　价： 48.80元

前言

我们中华民族是历史悠久、文明昌盛的民族，古代中国是世界四大古文明的发祥地，曾孕育了内涵丰富、博大精深的华夏文化。史籍表明，中国的传统思想文化上迄黄帝，经尧、舜、禹、汤、文、武、西周历代相传，至孔子而集大成；春秋战国时期，诸子横议，学术昌明，后经秦、汉、魏晋、南北朝、唐、宋、元、明、清，国学兴盛发达，思想文化传统代代承继。清末民初，国学大师横空出世，如章炳麟、王国维等人致力于国学传统的研究，并希冀发扬而光大之。

中国的国学源远流长，这是我们民族伟大、厚重的象征，也是国家兴盛、昌达的标志。知古以鉴今，国学对于我们今天的生活仍有其指导、借鉴的意义。

那么，“国学”究竟是指什么呢？其精义何在？

光绪三十二年六月二十日《国粹学报》第十九期载邓实《国学讲习记》说：

国学者何？一国所有之学也。有地而人生其上，因以成国焉。有其国者有其学。学也者，学其一国之学以为国用，而自治其一国者也。国学者，与有国而俱来，因乎地理，根之民性，而不可须臾离也。君子生是国，则通是学，知爱其国，无不知爱其学也。则“国学”为一国固有之学，爱国须爱“一国之学”的“国学”。此乃颠扑不破之真理。

中国的国学，以经学为核心，奉儒家为正统，提倡珍视传统学术文化，爱惜中国辉煌历史，既有“发扬国光”的民族主义思想和朦胧的民主思想，又有“表彰遗佚、崇尚名节”和因循守旧的局限。国学研究在清末民初蔚为大观。辛亥革命前夕，讲究“国学”的大有人在，既适应了“排满”的需要，又为身受清府压迫却寄望改良的人提供了一些精神食粮。民国建立后的国学研究，其视点、旨趣均较以前不同。

国学既是一国固有之学，是传统思想文化的代称，那么，承载这种学术和传统的就是国学名著。阅读国学名著，不能不涉及古籍分类的问题。中国传统古籍之分类，始于汉代刘歆《七略》，次第为《辑略》、《六艺略》、《诸子略》、《诗赋略》、《兵书略》、《数术略》和《方技略》。

历代文论家也各有己见。至清代编修《四库全书》，分为经、史、子、集四大部类。本书以问句的形式，依照内容涉及领域侧重将国学名著分成哲学类、史学类、宗教学类、文学类、语言学类和自然科学类六类进行介绍。

我们所选的国学名著在思想内容和艺术技巧上都堪称代表。阅读这些书籍，首先要辨明真伪，选择善本。六类国学名著中，哲学类流传着许多伪书，其余几类也有一些。读者须选择原本、善本，这样才能更接近先贤思想的原貌。其次要具备国学根底，扫除文字障碍。要能鉴别古音通假、文字讹误、增衍脱漏等。

再者，对各类图书应采用不同的阅读方法。如哲学类要多多思考，细心领会；历史类须熟悉古代历史掌故、职官制度、地理知识等；文学类书籍可熟读成诵；语言类须辨章学术，考究源流；阅读自然科学类著作宜先了解一些天文历法、星象季候等自然科学常识。唯如此，方能收到事半功倍的良效。

本书在编辑方面独具特点，既不是某类或某一种国学名著的一般导读，也不是对国学名著内容的泛泛而谈。相对于同类其它书籍，本书有以下特色：

其一，本书以问句形式解读名著，有问有答，答疑解惑，力求简洁、明了地介绍各部名著的精华，阐明其要旨，追述其背景，讲清阅览该书时应该注意的事项，使读者可以轻松地进入读书的境界。

其二，本书从浩如烟海的传统古籍中精选了一百余部国学名著，能够使读者在较短时间内对中国固有之“国学”有一个比较全面、整体的把握，这是一条比较便捷的途径，不会增加人们过多的负担。

其三，本书把国学名著分作六大类，并于每类之前介绍该类的“读书经”，便于读者整体把握该类书籍的特点，并且尽快进入该类书籍阅读。

其四，本书在各种国学名著中都介绍该书的作者、成书时间、创作背景、主要内容、精彩片段、现实意义以及阅读该书的方法，从而可以使读者花最少的时间获得最大的收获。

其五，本书还在最后附录了“推荐书简介”，简要介绍推荐书以及本书没有推荐的国学著作二百多部的主要内容，使其与全书形成一个有机的整体，力争让读者通过阅读本书，对国学有一个全面的了解。

中国的国学博大精深，源远流长，它保存了中国固有的思想文化传统，其精华也必将世代流传下去。一个国家，一个民族，倘若失掉了自己的固有传统，就将难以自足，难以自立，其后果是不堪设想的。

今天的人们，尤其是青年朋友们，肩负着继往开来的使命，既要继承以往的优秀传统，又要将这种传统传给后世子孙。这就要求我们必须读点国学名著，熟悉传统，并且去其糟粕，取其精华，用以指导自己的实践，服务于今日社会，并把精华留给后世。

最后，愿国学发扬光大，愿有志者于此努力、努力、再努力！

前言 / 1

第一部分 哲学类 ———— 1

《老子》 / 2
《论语》 / 4
《孟子》 / 6
《庄子》 / 9
《列子》 / 14
《周礼》 / 17
《礼记》 / 23
《孝经》 / 26
《墨子》 / 29
《周易》 / 31
《荀子》 / 33
《大学》 / 38
《管子》 / 40
《公孙龙子》 / 44
《商君书》 / 48
《淮南子》 / 53
《韩非子》 / 55
《吕氏春秋》 / 57
《春秋繁露》 / 59
《神灭论》 / 65
《象山集》 / 70
《朱子语类》 / 72
《论衡》 / 74
《二程集》 / 77
《传习录》 / 79
《阳明全书》 / 82
《明夷待访录》 / 86
《国故论衡》 / 88
《尚书引义》 / 90
《王心斋先生遗集》 / 92
《国朝汉学师承记》 / 95

第二部分 史学类 —— 99

《尚书》 / 100
《山海经》 / 102
《春秋》 / 108
《左传》 / 110
《国语》 / 112
《战国策》 / 115
《史记》 / 117
《汉书》 / 119
《后汉书》 / 122
《三国志》 / 124
《晋书》 / 127
《宋书》 / 129
《隋书》 / 132
《新唐书》 / 134
《新五代史》 / 137
《资治通鉴》 / 140
《宋史》 / 142
《金史》 / 147
《元史》 / 150
《通志》 / 153
《明史纪事本末》 / 155
《廿二史札记》 / 158
《圣武记》 / 160
《文献通考》 / 163
《史通》 / 165
《文史通义》 / 167

第三部分 宗教学类 —— 171

《法华经》 / 172
《华严经》 / 174
《六祖坛经》 / 176
《抱朴子》 / 178

第四部分 文学类 ———— 183

《诗经》 / 184
《楚辞》 / 186
《晏子春秋》 / 188
《乐府诗集》 / 193
《唐诗三百首》 / 196
《文选》 / 198
《古诗源》 / 200
《词综》 / 202
《元曲选》 / 204
《文心雕龙》 / 206
《三国演义》 / 209
《水浒传》 / 211
《西游记》 / 213
《三言》 / 215
《金瓶梅》 / 219
《二拍》 / 222
《封神演义》 / 224
《红楼梦》 / 228
《儒林外史》 / 230
《镜花缘》 / 232
《聊斋志异》 / 235
《孽海花》 / 237
《老残游记》 / 242
《世说新语》 / 244
《西厢记》 / 246
《桃花扇》 / 248
《长生殿》 / 251
《牡丹亭》 / 253
《窦娥冤》 / 255
《琵琶记》 / 258
《古文观止》 / 260
《李太白全集》 / 262
《王右丞集笺注》 / 265
《杜诗镜铨》 / 267
《东坡乐府》 / 269
《稼轩长短句》 / 272

第五部分 语言类 ———— 275

《四库全书总目提要》 / 276
《康熙字典》 / 278
《说文解字》 / 281
《汉书·艺文志》 / 283
《隋书·经籍志》 / 285
《书目答问》 / 287
《尔雅》 / 290
《方言》 / 292
《释名》 / 295
《经典释文》 / 297
《广韵》 / 299
《文则》 / 302
《中原音韵》 / 304
《助字辨略》 / 307
《经传释词》 / 310
《读书杂志》 / 312
《古书疑义举例》 / 315
《马氏文通》 / 317
《黄帝内经》 / 322

第六部分　自然科学类————321

《黄帝内经》 / 322
《本草纲目》 / 324
《九章算术》 / 327
《金匮要略》 / 329
《齐民要术》 / 332
《梦溪笔谈》 / 334
《天工开物》 / 337
《徐霞客游记》 / 339
《水经注》 / 341
《海国图志》 / 344

第七部分　近现代著名国学大师简介————347

附录 / 375

第一部分 哲学类

本类图书是中国古代哲学中的精华，一般文字都较艰深，又多爱用比喻，所以读者要善于从看似浅显、生动的比喻中领略作者的深意，往往一句平常的话就是作者全书思想之精华。哲学类书一般都具有思辨性强、逻辑性强的特点，阅读时宜多思考，去细心领会作者的哲思、哲理。

《老子》

1.《老子》的作者是老聃吗

老子，又称老聃，姓李名耳，春秋时代楚国苦县人。他曾做过周朝看守国家藏书室的史官，中年以后曾一度罢官。到周景王死后，王室衰败，他才离开王室，归隐故乡。春秋以来各国纷争，使得许多有识之士求仕无门，因而产生出世的思想，向往隐姓埋名的隐士高人生活，这就是道家思想的源头。在此背景下，老子写出《老子》一书，成为道家思想代表作。

2. 老子的哲学思想核心是“道”吗

《老子》又名《道德经》，共 81 章，分为上、下篇，前 37 章为上篇，以后为下篇。全书的中心是论述老子的哲学思想，其思想之核心是“道”，道是对宇宙起源和其普遍规律的认识。在老子看来，“道”是宇宙万物的本源，是独立于一切而存在的，同时又非不可触摸，乃至不可道其名称。同时，他又用这一核心精神来指导生产、科学、军事、政治及为人处世。春秋末期战乱之中，他提出“无为”的思想，企图逃避社会的动荡，或者说在动荡中寻求安稳。他又提出“致虚”、“守静”的人生哲学，提倡人在生活中应当以静为主、以静制动。

古代著名哲学家老子

老子哲学的另一个重要表现在于他描绘了一幅“小国寡民”的理想世界的图画，有人认为这是开历史倒车，但从当时的历史情况来看确有其合理性。在战乱纷争的春秋时代，民不聊生，人民渴望安定的生活，而老子所设想的“小国寡民”，人人丰衣足食，“壮有所用”、“老有所养”的理想世界确让人羡慕、让人向往。同时，老子也提出“反者道之动”，他认识到物极必反的道理，发现矛盾转化和往相反方向发展的规律，也认识到量变与质变的初步关系。

3.《老子》哪一章的哪段话影响最广

第三章：“不尚贤，使民不争；不责难得之货，使民不为盗；不见可欲，使心不乱。是以圣人之治，虚其心，实其腹，弱其志，强其骨。常使民无知无欲。使夫智者不敢为也。为无为则无不治。”

4.第三章表现的是老子的无为思想吗

此段文字体现了老子的“无为”思想。一方面，从其思想产生的时代背景来看，具有一定积极意义。由于春秋时期，各国争霸，为了争夺土地、财产和霸主地位，而让千百万百姓陷入民不聊生、无立锥之地的境地。这一切，在老子看来，就是“有为”的结果。因此，他主张“无为”，只有这样，才能还给老百姓安静、平稳的生活，而放弃对人民的残酷压榨。由此来看，“无为”是有进步意义的。

另一方面，“无为”又有愚民、出世之嫌。比如他说“虚其心，实其腹”，“使夫智者不敢为”，的确为统治者提供了一个聪明的治民方法。给老百姓足够的食物填饱肚子，但却不准他们思考——“虚其心”，让他们毫无反抗精神，只做统治者的顺民。对于统治者而言，这种“无为”是再有利不过了，让他们像对待绵羊一样来管一群毫无反抗精神的“愚民”。因此，从这一意义上说，“无为”又是一种消极思想。

5.老子的经典语录主要有哪些

1.千里之行，始于足下。

2.知人者智，自知者明。

3.祸兮，福之所倚；福兮，祸之所伏。

4.天网恢恢，疏而不漏。

5.民不畏死，奈何以死惧之?

6.抗兵相若，哀者胜矣。

7.以正治国，以奇用兵。

8.人法地，地法天，天法道，道法自然。

9.功遂身退，天之道也。

10.道可道，非常道；名可名，非常名。

6. 怎样辩证地看待老子的哲学思想

对老子的思想，我们要辩证地去认识其“致虚”、“守静”、“洁静”、“无为”的哲学思想。作为人生哲学，它可以使人珍爱生命、修身养性，在纷争中保持一颗平静的心,这是富有人性的,所以在现代社会依然闪现出它人性的光辉;作为政治哲学，它要统治者不要扰民，让老百姓安居乐业，仍然是一种民本思想，当权者应深思。老子的文章多用比喻，含义比较隐晦而且语言精练，字字珠玑。阅读时要从比喻中看出其隐藏的深意。

《论语》

1.《论语》是记录孔子与其弟子言行的书吗

周室东迁，王权统治风雨飘摇。至春秋战国之交，各诸侯国纷争并起，互相倾轧，为在竞争中获胜，无不礼贤下士，广揽人才。一时言论广开，思想活跃，先秦诸子由此而生。

孔子，名丘，字仲尼，春秋鲁国人，出身于没落的贵族家庭。身处春秋之世，广纳门徒，游说诸侯，是我国古代的伟大教育家、思想家和政治家。他开创儒家学派，授徒3000人，成名者72人。孔子光辉的思想火花，常闪耀于其与弟子的日常交谈之中。《论语》一书，即由孔子之弟子及其再传弟子辑录孔子与弟子之言行而成。

2.《论语》传达的是孔子的哲学思想吗

《论语》是儒家学派的重要著作。它以语录体的形式，记载了孔子及其弟子的言行，常于只言片语中，传达出孔子的政治思想、伦理观念、人生感悟以及对于教育的见解。

《论语》所记的孔子的思想核心是“仁”，“人而无仁，如礼何？人而无仁，如乐何”，“仁”的概念是从家庭的尊卑长幼、贵贱亲疏之间有差距的爱而出发，这种爱体现为孝、悌、忠、信的道德礼教与“君君臣臣，父父子子”的纲常秩序。在政治上，孔子认为“民为贵，社稷次之，君为轻”，先要让人民富足，取得人民的信任。他还强调行事必先正名，“名不正，则言不顺；言不顺，则事不成；事不成，则礼乐不兴；礼乐不兴，则刑罚不中；刑罚不中，则民无所措手足”。

《论语》也记载了孔子对于教育及学习的态度、方法，例如“三人行，必有我师焉”、“有教无类”、“知之为知之，不知为不知”、“学而不思则罔，思而不学则殆”等。

3.《论语》的哪些文字表现了孔子的仁爱思想

1、子曰：“志士仁人，无求生以害仁，有杀身以成仁。”

2、子曰：“当仁，不让于师。”

3、子路曰：“卫君待子而为政，子将奚先？”

子曰：“必也，正名乎？”

子路曰：“有是哉，子之迂也！奚其正？”

子曰：“野哉由也！君子于其所不知，盖阙如下。名不正，则言不顺。言不顺，则事不成。事不成，则礼乐不兴。礼乐不兴，则刑罚不中。刑罚不中，则民无所措手足。故君子名之必可言也，言之必可行也。君子于其言，无所苟而已矣。”

4. 孔子的仁爱思想对当时有什么重大意义

前两则反映了孔子仁学思想的一个方面。孔子非常推崇“仁”，认为“仁”是天地之间永恒不变的法则，是立身行事的标准，人人都必须遵奉“仁”的精神，甚至不惜为“仁”献出自己的生命。在“仁”面前，人人平等。遇到需要发扬“仁”的精神的时候，甚至可以不拘泥于师生小节，挺身而出，勇往直前。

比较全面集中地反映了孔子的“正名”思想。春秋时候，社会和政治发生了翻天覆地的变化，原有的等级和名分制度已经不能维持。孔子的正名学说，主要目的是要恢复原有的秩序和制度，重新回到“君君臣臣，父父子子”的关系中去。推而广之，做任何事情，都需要有合理合法的名分，这样事情才能成功。

5.《论语》的经典语录主要有哪些

1.“朝闻道，夕死可矣。”

2.“君子喻于义，小人喻于利。”

3.“吾日三省吾身：为人谋而不忠乎？与朋友交而不信乎？传不习乎？”

4.“人而无言，不知其可也。”

5.“见贤思齐焉，见不贤而内自省也。”

6.“老者安之，朋友信之，少者怀之。”

7.“德之不修，学之不讲，闻义不能徙，不善不能改，是吾忧也。”

8.“不义而富且贵，于我如浮云。”

9.“三军可夺帅，匹夫不可夺志也。”

10.“其身正，不令而行；其身不正，虽令不从。”

6.《论语》是儒家学派的开山之作吗

《论语》是儒家学派的开山之作，也是儒家思想的代表作，被尊立为经，其表述的思想成为整个封建社会的正统思想，影响深远。其记录有关孔子的政治、伦理、教育、学习的见解，有许多在今天仍有现实意义。我们要学习其精华，吸取能为我所用的东西。《论语》是语录体散文，语言简练，浅近易懂，雍容和顺，纡徐含蓄，读者可熟读成诵，在潜移默化中领会其要旨。

1.《孟子》成书主要是为述孔子之意吗

《孟子》一书，是孟子与门人万章等人述孔子之意而成。孟子，名轲，字子舆，受业于孔子之孙孔伋的门人，是继孔子以后最具权威的儒家学派代表人物。政治上主张效法先王、施行仁政；学说上推崇孔子，攻击杨朱、墨翟。他曾周游列国，游说诸侯，但是不得重用。他到梁国，游说惠王，惠王并不相信他的主张；又到齐国，齐宣王封他为密卿，起初很尊敬他，但最终也不愿重用他。于是孟子回乡广收门徒，推阐发扬孔子的学说，与弟子万章之徒序诗书，述仲尼之意，作《孟子》七篇。

儒家思想的代表孟子

2.《孟子》的哲学思想是施行仁政吗

《孟子》一书，中心思想是仁义，为孔子学说的发展。孟子主张效法先王，施行仁政，具体内容就是减省刑罚、降低赋税，使百姓有比较固定的产业。他主张恢复理想化的井田制度，实际上是要实行小农经济，使每个人都有田耕种。以民为本是孟子的主要政治思想，他认为只要是真正爱人民的人，他的力量将可战胜一切。

因此，孟子周游列国，游说诸侯们热爱人民、争取民心，在具体措施上要与人民同甘共苦，“乐民之乐”、“忧民之忧”。并提出“民为贵，社稷次之，君为轻”的响亮口号，像警钟长鸣一样久久回荡在浩浩的历史长河之中。但是《孟子》书中也有不妥当的地方，他将劳心和劳力对立起来，轻视劳力者，谓“劳心者治人，劳力者治于人。治于人者食人，治人者食于人”，此说对后世产生了一些不良影响。

3. 孟子的哲学思想主要表现在哪些章节

《孟子·梁惠王上》：今王发政施仁，使天下仕者皆欲立于王之朝，耕者皆欲耕于王之野，商贾皆欲藏于王之市，行旅皆欲出于王之涂，天下之欲疾其君者，皆欲赴愬于王：其若是，孰能御之？

无恒产而有恒心者，唯士为能。若民，则无恒产，因无恒心。苟无恒心，放辟，邪侈，无不为己。及陷于罪，然后从而刑之，是罔民也。焉有仁人在位，罔民而可为也！是故明君制民之产，必使仰足以事父母，俯足以畜妻子，乐岁终身饱，凶年免于死亡；然后驱而之善，故民之从之也轻。

4.《梁惠王上》表现了孟子“仁者无敌”的主张吗

上面两段话反映了孟子的“仁者无敌”的政治思想。君王应该施行仁政，只要能够施行仁政，天下百姓就会像潮水一样涌来归附，王霸事业就很容易成功，真正是“仁者无敌”。因此君王必须热爱人民，关心人民，设身处地为人民着想。君王可以分给人民田地耕种，如果人人有田，人人就有了固定的资产。人民不同于圣贤之士，贤士即使穷困潦倒，也能够保持自己的名节。而人民如果没有固定的资产，他们就无法赡养父母，无法娶妻生子，碰上饥饿的年份甚至会被饿死。果如此，他们就可能不守法度。因此，仁君必须预先对此加以防范，让人民生活富足，这样就能得到人民的拥护。

5.《孟子》的经典语录主要有哪些

1. 仁者无敌。
2. 保民而王，莫之能御也。
3. 民为贵，社稷次之，君为轻。
4. 老吾老，以及人之老；幼吾幼，以及人之幼。
5. 推恩足以保四海，不推恩无以保妻子。
6. 无恒产而有恒心者，唯士为能。
7. 天时不如地利，地利不如人和。
8. 得道者多助，失道者寡助。
9. 父子有亲，君臣有义，夫妇有别，长幼有序，朋友有信。
10. 生，亦我所欲也；义，亦我所欲也；二者不可得兼，舍生而取义者也。

6.《孟子》的观点反映了儒家的美好愿望吗

《孟子》是儒家学派的重要著作，它所提出的“法先王，行仁政”的思想，反映了儒家的美好政治愿望；它所提倡的民本思想，为历代统治者所借鉴，至今仍为人所津津乐道。该书语言生动，感情浓烈，气势纵横，读者在阅读过程中要注意把握其思想内涵。

《庄子》

1.《庄子》也被称为《南华真经》吗

庄子（约公元前369~公元前286年），名周，字子休（一说子沐），汉族人。战国时期宋国蒙人，即今河南省商丘市东北民权县境内，又说今安徽省蒙城县人，曾做过漆园吏。生活贫穷困顿，却鄙弃荣华富贵、权势名利，力图在乱世保持独立的人格，追求逍遥无待的精神自由。庄子是著名的思想家、哲学家、文学家，是道家学派的代表人物，老子哲学思想的继承者和发展者，先秦庄子学派的创始人。他的学说涵盖着当时社会生活的方方面面，但根本精神还是归依于老子的哲学。后世将他与老子并称为“老庄”，他们的哲学为“老庄哲学”。

鉴于庄子在我国文学史和思想史上的重要贡献，封建帝王尤为重视，在唐开元二十五年（737年），庄子被诏号为“南华真人”，后人即称之为“南华真人”，《庄子》一书也被称为《南华真经》。

2.《庄子》是道家的经典学说之一吗

庄周和他的门人以及后学者著有《庄子》，是道家经典之一。《汉书·艺文志》著录《庄子》52 篇，但留下来的只有 33 篇，分“内篇”、“外篇”、“杂篇”三个部分，一般认为内篇的 7 篇文字肯定是庄子所写的；外篇 15 篇一般认为是庄子的弟子们所写;或者说是庄子与他的弟子一起合作写成的，它反映的是庄子真实的思想；杂篇 11 篇的情形就要复杂些，应当是庄子学派或者后来的学者所写，有一些篇幅就肯定不是庄子学派所有的思想，如《盗跖》、《说剑》等。内篇最集中表现庄子哲学的是《齐物论》、《逍遥游》、《大宗师》等。

《庄子》在哲学、文学上都有较高的研究价值。研究中国哲学,不能不读《庄子》;研究中国文学，也不能不读《庄子》。鲁迅先生说过：“其文汪洋辟阖，仪态万方，晚周诸子之作，莫能先也。”名篇有《逍遥游》、《齐物论》、《养生主》等,《养生主》

中的“庖丁解牛”尤为后世传诵。

3.《庄子》包含着朴素的辩证法因素吗

《庄子》包含着朴素辩证法因素，主要思想是“天道无为”，认为一切事物都在变化，《庄子》认为“道”是“先天生地”的，从“道未始有封”，即道是无界限差别的，属主观唯心主义体系。道也是其哲学的基础和最高范畴，既是关于世界起源和本质的观念，又是人的认识境界。主张“无为”，放弃一切妄为。又认为一切事物都是相对的，因此庄子否定知识，否定一切事物的本质区别，幻想一种“天地与我并生，万物与我为一”的主观精神境界，安时处顺，逍遥自得，倒向了相对主义和宿命论。在政治上主张“无为而治”，反对一切社会制度，摈弃一切文化知识。

庄子的文章，想象力很丰富，文笔变化多端，具有浓厚的浪漫主义色彩，并采用寓言故事形式，富有幽默讽刺的意味，对后世文学语言有很大的影响。其超常的想象和变幻莫测的寓言故事，构成了庄子特有的奇特的形象世界，“意出尘外，怪生笔端”。

4. 庄子是一个对现实世界有着强烈爱憎的人吗

庄子看起来是一个愤世嫉俗的人，他生活在战国时期，与梁惠王、齐宣王同时，约比孟轲的年龄略小，曾做过漆园小吏，生活很穷困，却不接受楚威王的重金聘请，在道德上其实是一位非常廉洁、正直，相当有棱角和锋芒的人。

虽然他一生淡泊名利，主张修身养性、清静无为，但在他的内心深处却充满着对当时世态的悲愤与绝望，从他哲学有着退隐、不争、率性的表象上，可以看出庄子是一个对现实世界有着强烈爱恨的人。

正因为世道污浊，所以他才退隐；正因为有黄雀在后的经历，所以他才与世无争；正因为人生有太多不自由，所以他才强调率性。庄子是以率性而凸显其特立的人格魅力的。正因为爱得热烈，所以他才恨得彻底。他认为做官戕害人的自然本性，不如在贫贱生活中自得其乐，其实就是对现实情形过于黑暗污浊的一种强烈的觉醒与反弹。

庄子是主张精神上的逍遥自在的，所以在形体上，他也试图达到一种不需要依赖外力而能成就的一种逍遥自在的境界；庄子是主张宇宙中的万事万物都具有平等的性质，人融入于万物之中，从而与宇宙相终始；庄子提倡护养生命的主宰，亦即人的精神是要顺从自然的法则，要安时而处顺；庄子要求重视内在德性的修养，德性充足，生命自然流注出一种自足的精神的力量。

5.《庄子》的经典语录主要有哪些

1．吾生也有涯，而知也无涯。以有涯随无涯，殆已；已而为知者，殆而已矣。

2．名也者，相轧也；知也者，争之器。二者凶器，非所以尽行也。

3．天下有道，圣人成焉；天下无道，圣人生也。方今之时，仅免刑焉。福轻乎羽，莫之知载；祸重乎地，莫之知避。

4．人皆知有用之用，而莫知无用之用也。

5．泉涸，鱼相与处于陆，相呴以湿，相濡以沫，不如相忘于江湖。

6．夫大块载我以形，劳我以生，佚我以老，息我以死。故善生者，乃所以善死也。

7．故跖之徒问于跖曰："盗亦有道乎？"跖曰："何适而无道邪？夫妄意室中之藏，圣也；入先，勇也；出后，义也；知可否，知也；分均，仁也。五者不备，而能成大盗者，天下未之有也。"

8．圣人不死，大盗不止。

9．彼窃钩者诛，窃国者为诸侯。

10．故绝圣弃知，大盗乃止。

6. 庄子的"道"是效法自然的"道"吗

"仁义"两字被视为儒家思想的标志，"道德"一词却是道家思想的精华。庄子的"道"是天道，是效法自然的"道"，而不是人为的残生伤性。

庄子的哲学主要继承并发展了老子的思想。他认为"道"是超越时空的无限本体，它生于天地万物之中，而又无所不包、无所不在，表现在一切事物之中。然而它又是自然无为的，在本质上是虚无的。

在庄子的哲学中，"天"是与"人"相对立的两个概念，"天"代表着自然，而"人"指的就是"人为"的一切，与自然相背离的一切。"人为"两字合起来，就是一个"伪"字。

庄子主张顺从天道，而摒弃"人为"，摒弃人性中那些"伪"的杂质。顺从

“天道”，从而与天地相通，这就是庄子所提倡的“德”。

在庄子看来，真正的生活是自然而然的，因此不需要去教导什么，规定什么，而是要去掉什么，忘掉什么，忘掉成心、机心、分别心。既然如此，还用得着政治宣传、礼乐教化、仁义劝导？这些宣传、教化、劝导，庄子认为都是人性中的“伪”，所以要摒弃它。

作为道家学派始祖的老庄哲学是在中国的哲学思想中唯一能与儒家和后来的佛家学说分庭抗礼的古代最伟大的学说。它在中国思想发展史上占有的地位绝不低于儒家和佛家。

庄子认为人活在世上，犹如“游于羿之彀中”，到处充满危险。“羿”指君主，“彀”指君主的刑罚和统治手段。对于君主的残暴，庄子是一再强调的，“回闻卫君，其年壮，其行独；轻用其国，而不见其过；轻用民死，死者以国量乎泽若蕉，民其无如矣”。

所以庄子不愿去做官，因为他认为伴君如伴虎，只能“顺”。“汝不知夫养虎者乎！不敢以生物与之，为其杀之之怒也；不敢以全物与之，为其决之之怒也；时其饥饱，达其怒心。虎之与人异类而媚养己者，顺也；故其杀者，逆也”。还要防止马屁拍到马脚上，“夫爱马者，以筐盛矢，以蜄盛溺。适有蚊虻仆缘，而拊之不时，则缺衔毁首碎胸”。伴君之难，可见一斑。庄子认为人生应是追求自由。

与佛教相类似的，庄子也认为人生有悲的一面。《齐物论》中有“一受其成形，不忘以待尽。与物相刃相靡，其行尽如驰，而莫之能止，不亦悲乎！终身役役，而不见其成功，苶然疲役，而不知其所归，可不哀邪！人谓之不死，奚益！其形化，其心与之然，可不谓大哀乎？人之生也，固若是芒乎？其我独芒，而人亦有不芒者乎？”庄子认为如果能做到“齐物”，那么他便能达到“逍遥”的境界。

这是庄子哲学中的另一个重要概念，这是个体精神解放的境界，即无矛盾地生存于世界之中。庄子并不否认矛盾，只是强调主观上对矛盾的摆脱。庄子用“无为”来解释这一术语，与老子不同，这里“无为”是指心灵不被外物所拖累的自由自在、无拘无束的状态。这种状态，也被称为“无待”，意为没有相对的东西。这时，人们抛弃了功名利禄，“乘天地之正，而御六气之辩，以游无穷”。这句被普遍认为是《逍遥游》一篇主旨，同时也是《庄子》一书的主旨。这是一种心与“道”合一的境界。

庄子认为一般人很虚伪，“人心险于山川，难于知天。天犹有春秋冬夏旦暮之期，人者厚貌深情”。他批评儒家“以仁义撄人之心”，这样会导致“天下脊脊大乱”。而君主的专制统治和对知识的爱好，只会使人心更加败坏，“民之于利甚勤，子有杀父，臣有杀君，正昼为盗，日中穴阫”。

流沙河认为，庄子的为人主要有四点，“一曰立场，站在环中。二曰方法，信奉无为。三曰理想，追慕泽稚。四曰修养，紧守心斋”。所谓环中，就是不持有任何立场。《内篇·齐物论》中有“得其环中，以应无穷”，《杂篇·则阳》中有“得其环中以随成”。

“无为”在《庄子》中经常出现，庄子认为无论治国还是做人，都要“无为”。但“无为”颇难解释，流沙河认为是“伪”或是“人为”的意思。“泽雉十步一啄，百步一饮，不蕲畜乎樊中”，是追求自由。“若一志，无听之以耳而听之以心，无听之以心而听之以气！听止于耳，心止于符。气也者，虚而待物者也。唯道集虚。虚者，心斋也”，所谓心斋就是要排除心中的种种杂念。

7. 庄子是用寓言故事来阐述自己的思想吗

庄子在中国哲学史上既是一位有着鲜明特色的伟大哲学家，又富于诗人的气质。在他的著作中，多用生动形象而幽默诡异的寓言故事来阐述自己的思想，这种寓言的方式使庄子的思想和想象具有水一般的整体性。

庄子的文章结构很奇特。看起来并不严密，常常突兀而来，行所欲行，止所欲止，汪洋恣肆，变化无端，有时似乎不相关，任意跳荡起落，但思想却能一线贯穿。句式也富于变化，或顺或倒，或长或短，更加之词汇丰富，描写细致，又常常不规则地押韵，显得极富表现力，极有独创性。

8.《庄子》代表了先秦散文的最高成就吗

庄子的文字汪洋恣肆，意象雄浑飞越，想象奇特丰富，情致滋润旷达，给人以超凡脱俗与崇高美妙的感受，在中国的文学史上独树一帜，他的文章体制已脱离语录体形式，标志着先秦散文已经发展到成熟的阶段，可以说，《庄子》代表了先秦散文的最高成就。

9.《庄子》在思想、文学史上都有极重要的地位吗

《庄子》这部文献，标志着在战国时代，我国的哲学思想和文学语言，已经发展到非常玄远、高深的水平，是我国古代典籍中的瑰宝。因此，庄子不但是我国哲学史上的一位著名的思想家，同时也是我国文学史上的一位杰出的文学家。无论在哲学思想方面，还是文学语言方面，他都对我国历代的思想家和文学家产生了深刻的、巨大的影响，在我国思想史、文学史上都有极重要的地位。

《列子》

1.《列子》是道家的重要典籍吗

列子，战国前期思想家，是老子和庄子之外的又一位道家思想的代表人物，与郑缪公同时。其学本于黄帝、老子，主张清静无为。东汉班固《艺文志》“道家”部分录有《列子》八卷。《列子》又名《冲虚经》，是道家重要典籍。汉书《艺文志》著录《列子》八卷，早佚。今本《列子》八卷，从思想内容和语言使用上看，可能是后人根据古代资料编著的。全书共载民间故事寓言、神话传说等134则，是东晋人张湛所辑录增补的，题材广泛，有些颇富教育意义。

2. 列子是终生致力于道德学问的隐者吗

列子终生致力于道德学问，曾师从关尹子、壶丘子、老商氏、支伯高子等。隐居郑国 40 年，不求名利，清静修道。主张循名责实，无为而治。先后著书 20 篇，十万多字，今存《天端》、《仲尼》、《汤问》、《杨朱》、《说符》、《黄帝》、《周穆王》、《力命》八篇，总成《列子》一书，均已失传。其中寓言故事百余篇，如《黄帝神游》、《愚公移山》、《夸父追日》、《杞人忧天》等，篇篇珠玉，读来妙趣横生，隽永味长，发人深思。后被道教尊奉为“冲虚真人”。

3. 列子是一个宠辱不惊的道德真君吗

列子心胸豁达，贫富不移，宠辱不惊。因家中贫穷，常常吃不饱肚子，以致

面黄肌瘦。有人劝郑国执政子阳资助列子，以博个好士之名，于是子阳就派人送他十车粮食，他再三致谢，却不肯收受实物。妻子埋怨说:我听说有道的人，妻子孩子都能快乐地生活，现在我却常常挨饿。宰相送粮食给你，你却不接受，我真是命苦啊。列子笑着对妻子说:子阳并不真的了解我，听了别人的话才送粮给我。以后也可能听别人的话怪罪我，所以我不能接受。一年后郑国发生变乱，子阳被杀，其党众多被株连致死，列子得以安然无恙。这样的列子遗事至今郑州民间还在流传，康熙三十二年（1693年）《郑州志》也记载了这个故事。

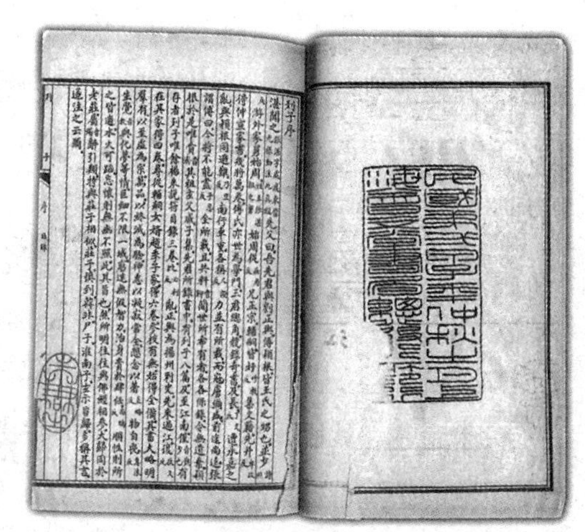
《列子》书影

列子贵虚尚玄，修道炼成御风之术，能够御风而行，常在春天乘风而游八荒。庄子《逍遥游》中描述列子乘风而行的情景“泠然善也，旬有五日而后返。”他驾风行到哪里，哪里就枯木逢春，重现生机。飘然飞行，逍遥自在，其轻松自得，令人羡慕。唐玄宗天宝元年（742年）李隆基封其为“冲虚真人”，其书为《冲虚真经》。

4. 列子其学本于黄帝老子吗

庄子在其书第一篇《逍遥游》中，就提到过列子可以“御风而行，泠然善也”，似乎练就了一身卓绝的轻功。因为庄子书中常常虚构一些子虚乌有的人物，如“无名人”、“天根”，故有人怀疑列子也是“假人”。不过《战国策》、《尸子》、《吕氏春秋》等诸多文献中也都提及列子，而这些书都是正儿八经的书，不像《庄子》那样喜欢乱编故事。

所以列子应该实有其人。列子的学说，刘向认为：“其学本于黄帝、老子，号曰道家。道家者，秉要执本，清虚无为，及其治身接物，务崇不竞，合于六经。”《尔雅·释诂》邢昺《疏》引《尸子·广泽篇》及《吕氏春秋不二》说：“子列子贵虚。”《战国策·韩策》记有：“史疾为使楚，楚王问曰：‘客何与所循？’曰：‘治列子圄寇之言。’曰：‘何贵？’曰：‘贵正’。”张湛《列子·序》认为：“其书大略明群有以至虚为宗，万品以终灭为验，神惠以凝寂常全，想念以著物为表，生觉与化梦等情。巨细不限一域，穷达无假智力，治身贵于肆仕，顺性则所至皆适，水火可蹈。忘怀则无幽不照，此其旨也。”

《列子》里面的先秦寓言故事和神话传说中不乏有教益的作品。如《列子学射》、《纪昌学射》和《薛谭学讴》三个故事分别告诉我们：在学习上，不但要知其然，还要知其所以然；真正的本领是从勤学苦练中得来的；知识技能是没有尽头的，不能只学到一点就满足了。又如《承蜩犹掇》告诉我们，曲背老人捕蝉的如神技艺源于他的勤学苦练；还有情节更离奇的《妻不识夫》说明一个人是可以移心易性的。

5. 今本《列子》加入了一些魏晋人的思想内容吗

列子的著作为《列子》(包括他的弟子参加编写的)，有旧本二十篇，西汉刘向、刘歆父子去其重复，存者八篇，《汉书·卷三十·艺文志第十》有“刘向说……列子八篇。名圄寇，先庄子，庄子称之”句，应该是刘向、刘歆父子，或同时代其他人整理的八篇。但不知何时已佚失。

今本《列子》版本不下几十种，书前大多存有刘向所撰的《序》或张湛所作的《序》，各版本内容相差不远，有大量寓言、民间故事、神话传说等，书中旨意大致归同于老、庄。今人杨伯峻先生的《列子集释》，征引了历代主要注疏，又附录了《张湛事迹辑略》及刘向、张湛、卢重玄、陈景元等的序文，和柳宗元、朱熹、高似孙、叶大庆、陈三立、梁启超、马叙伦、武义内雄、杨伯峻等的考校辨伪文字。

冥纸灰认为列子成书大体经历了三个阶段：一是列子稍后，门人据其活动与言论编撰而成，不止八篇；二是汉人在此基础上补充整理，而成《汉书·艺文志》上著录的八篇之数；三是张湛据其先人藏书，及在战乱后收集到的残卷，“参校有无，始得完备”。并依照《汉书·艺文志》所记八篇，编撰成今本《列子》。由于在编撰过程中，为疏通文字，连缀篇章，必然加进张湛本人的一些思想与他编的一些内容，所以，今本《列子》杂进一些魏晋人的思想内容、语言文字是可以理解的。历三时而成书的《列子》，杂乱就难免了，此说见张清华先生的《道经精华·列子·前言》。

6. 列子的高贵品质受到后人敬仰吗

列子死后，葬在了家乡郑州。在郑州市东30里的圃田村，村东南有一座小型墓冢及墓碑，传为列子墓。列子墓前有条列子墓河，后有丘陵，四周枣林丛丛，附近有列子祠。创建年代无考，据碑文记载，祠曾一度被改为佛寺，明万历八年（1580年）监察御使苏民望巡视河南过圃田时，得知此事，因命奉直大夫郑州知事许汝升重建祠堂，并立《重修列子祠记》碑石。

后人来瞻列子祠，佩服先贤的高风亮节，羡慕列子的御风而行，不由慷慨赞叹，吟诗题咏。

宋皇佑年间郑州知州宋痒的《过列子观》："两作朱墦守，重登羽客宫。故墟墙舍坏，尘案酎杯空。款户殊无屦，乘衣尚有风。轩游曾驻跸，高意掩崆峒。"歌颂了列子的高贵品质；清代郑州人侯尔梅的《登御风台》："昔读泠然句，今登列子台。阆风春草绿，姑射野花开。仙子何时返，牧童去复来。乘风素有志，恨朱徒崔嵬。"清光绪二十年（1894年）郑州学正朱炎昭的《卦台仙景》："矫矫仙才总自豪，御风一去其徒劳。先天卦向龟文衍，拔地台因鹤驾高。粤想羲陵云黯黯，远临汴水影滔滔。著书艳说虚荒事，应与漆园史共褒。"写景言情，抒发了自己的情怀。

1.《周礼》是儒家经典"十三经"之一吗

《周礼》是儒家经典"十三经"之一，西周时期的著名政治家、思想家、文学家、军事家周公旦所著。编者搜集了周王室记邦礼之官69职，凡礼乐、卜祝、文史、星历、车旗之类等。如《夏官司马》记邦治之官七十职，专掌军事与封建，兼及王之车旗、护卫等；《秋官司寇》记邦禁之官66职，掌主刑法，论狱、刑禁、

西周著名政治思想家周公旦

兼及盟约、宪令、辟除、外交等；《天官冢宰》记邦治之官63职，其职统摄六官，以吏治为专职，兼掌宫中事务；《地官司徒》记邦教之官78职，其职以教化为务，其职掌地方组织，凡地方组织、均土分民、征驸等。而《冬官司空》已亡佚，后来汉人补以《考工记》31篇，称《冬官考工记》记诸工事制作，并详其尺度。此书对研究先秦社会政治、经济、文化、宗法，多有可采史料，堪称为上古文化史之宝库。

2.《周礼》难以确定其成书年代吗

《周礼》面世之初，不知什么原因，连一些身份很高的儒者都没见到就被藏入秘府，从此无人知晓。直到汉成帝时，刘向、歆父子校理秘府所藏的文献，才重又发现此书，并加以著录。刘歆十分推崇此书，认为出自周公手作，是“周公致太平之迹”。东汉初，刘歆的门人杜子春传授《周礼》之学，郑众、贾逵、马融等鸿儒皆仰承其说，一时注家蜂起，歆学大盛。

遗憾的是，如此重要的一部著作，却无法确定它是哪朝哪代的典制。此书名为《周官》，刘歆说是西周的官制，但书中没有直接的证明。更为麻烦的是，西汉立于学官的《易》、《诗》、《书》、《仪礼》、《春秋》等儒家经典，都有师承关系可考，《汉书》的《艺文志》、《儒林传》都有明确的记载，无可置喙。而《周礼》在西汉突然被发现，没有授受端绪可寻，而且先秦文献也没有提到此书，所以，其真伪和成书年代问题成为聚讼千年的一大公案。历代学者为此进行了旷代持久的争论，至少形成了西周说、春秋说、战国说、秦汉之际说、汉初说、王莽伪作说六种说法。古代名家大儒，以及近代的梁启超、胡适、顾颉刚、钱穆、钱玄同、郭沫若、徐复观、杜国庠、杨向奎等著名学者都介入了这场讨论，影响之大，可见一斑。

作为主流派的意见，古今判若两途。古代学者大多宗刘歆、郑玄之说，认为是周公之典。清代著名学者孙诒让认为，《周礼》一书，是自黄帝、颛顼以来的典制，“斟酌损益，因袭积累，以集于文武，其经世大法，咸粹于是”（《周礼正义序》），是五帝至尧、舜、禹、汤、文、武、周公的经世大法的集萃。古代学者以五帝、三代为圣明之世、至治之极，其后则是衰世。周公是五帝三代的集大成者，古人将《周礼》的著作权归于周公是十分自然的事。

近代学者大多反对古人的这种历史观。从文献来看，比较集中地记载先秦官制的有《尚书》的《周官》篇和《荀子》的《王制》篇，《周官》已经亡佚。最初曾有人认为,《周礼》原名《周官》,应当就是《尚书》的《周官》篇。但是,《尚书》二十八篇，每篇不过一、二千字，而《周礼》有四万余字，完全不像是其中的一篇。《荀子·王制》所记官制，大体可以反映战国后期列国官制的发达程度，但是总共只有七十多个官名,约为《周礼》的五分之一,而且没有《周礼》那样的六官体系。《春秋》、《左传》、《国语》中有不少东周职官记载，但没有一国的官制与《周礼》相同。从西周到西汉的每一个时期都可以找到若干与《周礼》相同的官名，但谁也无法指认出与《周礼》职官体系一致的王朝或侯国。

近代学者在文献学研究的基础上辅之以古文字学、古器物学、考古学研究等手段，对《周礼》进行更为广泛、深入的研究。目前，多数学者认为《周礼》成书年代偏晚，约作于战国后期。持其他意见的学者也不少，彼此争论很激烈。争论的实质，是对于古代社会的认识，即《周礼》所描述的是怎样一种性质的社会？它的发展水平究竟与西周、春秋、战国、秦、西汉的千年历史中的哪一段相当？由于涉及的问题太复杂，《周礼》的成书年代问题至今没有定论。

3.《周礼》是一部“以人法天”的理想国的蓝图吗

《周礼》作者的立意，并非要实录某朝某代的典制，而是要为千秋万世立法则。作者希冀透过此书表达自己对社会、对天人关系的哲学思考，全书的谋篇布局，无不受此左右。儒家认为，人和社会都不过是自然精神的复制品。战国时期，阴阳五行思想勃兴，学术界盛行“以人法天”之风，讲求人与自然的联系，主张社会组织仿效自然法则，因而有“人法地，地法天，天法道，道法自然”之说。《周礼》作者正是“以人法天”思想的积极奉行者。

《周礼》以天官、地官、春官、夏官、秋官、冬官六篇为间架。天、地、春、夏、秋、冬即天地四方六合，就是古人所说的宇宙。《周礼》六官即六卿，根据作者的安排，每卿统领六十官职。所以，六卿的职官总数为三百六十。众所周知，三百六十正是周天的度数。《周礼》原名《周官》，此书名缘何而起，前人曾有许多猜测。有人认为，所谓“周官”，其实就是“周天之官”的意思。作者以“周官”为书名，暗含了该书的宇宙框架和周天度数的布局，以及“以人法天”的原则。其后，刘歆将《周官》更名为《周礼》，虽然有抬高其地位的用心，但却歪曲了作者的本意。

在儒家的传统理念中，阴、阳是最基本的一对哲学范畴，天下万物，非阴即阳。《周礼》作者将这一本属于思想领域的概念，充分运用到了政治机制的层面。《周礼》中的阴阳，几乎无处不在。《天官·内小臣》说政令有阳令、阴令；《天官·内宰》说礼仪有阳礼、阴礼；《地官·牧人》说祭祀有阳祀、阴祀等等。王城中“面朝后市”、“左祖右社”的布局，也是阴阳思想的体现。南为阳，故天子南面听朝；北为阴，故王后北面治市。左为阳，是人道之所向，故祖庙在左；右为阴，是地道之所尊，故社稷在右。如前所述，《周礼》王城的选址也是在阴阳之中。所以，钱穆先生说，《周礼》“把整个宇宙，全部人生，都阴阳配偶化了”（《周官著作时代考》）。

战国又是五行思想盛行的时代。阴、阳二气相互摩荡，产生金、木、水、火、土五行。世间万事万物，都得纳入以五行作为间架的体系中，如东、南、西、北、中五方，宫、商、角、徵、羽五声，青、赤、白、黑、黄五色，酸、苦、辛、咸、甘五味，等等。五行思想在《周礼》中也得到了重要体现。在《周礼》的国家重大祭祀中，地官奉牛牲、春官奉鸡牲、夏官奉羊牲、秋官奉犬牲、冬官奉豕牲。众所周知，在五行体系中，鸡为木畜、羊为火畜、犬为金畜、豕为水畜、牛为土畜。《周礼》五官所奉五牲，与五行思想中五畜与五方的对应关系完全一致，具有明显的五行象类的思想。与此相呼应，地官有“牛人”一职，春官有“鸡人”一职，夏官有“羊人”一职，秋官有“犬人”一职，冬官有“犬人”一职。

综上所述，《周礼》是一部“以人法天”的理想国的蓝图。这样说，丝毫不意味着《周礼》中没有先秦礼制的素地。恰恰相反，作者对前代的史料做了很多吸收，但不是简单移用，而是按照其哲学理念进行某些改造，然后与作者创新的材料糅合，构成新的体系。

蕴涵于《周礼》内部的思想体系，有着较为明显的时代特征。战国时代百家争鸣，诸家本各为畛域，《易》家言阴阳而不及五行，《洪范》言五行而不及阴阳；儒家讳论法治，法家讥谈儒学。阴阳与五行，经由邹衍方始结合；儒与法，经由荀子才相交融。儒、法、阴阳、五行的结合，肇于战国末期的《吕氏春秋》。《周礼》以儒家思想为主干，融合法、阴阳、五行诸家，呈现出“多元一体”的特点。其精致的程度，超过《吕氏春秋》，因而其成书年代有可能在《吕氏春秋》之后，而晚至西汉初。

4.《周礼》的哲学思想主要表现在哪些章节

《周礼·春官·大宗伯》：“以九仪之命，正邦国之位。一命受职，再命受服，三命受位，四命受器，五命赐则，六命赐官，七命赐国，八命作牧，九命作伯。”

5.《大宗伯》阐述的是《周礼》的九仪吗

《周礼·春官·大宗伯》主要就是阐述《周礼》中的“九仪”，即：受职、受服、受位、受器、赐则、赐官、赐国、作牧、作伯。

6.《周礼》的经典语录主要有哪些

1. 大宰之职，掌建邦之六典，以佐王治邦国。一曰治典，以经邦国，以治官府，以纪万民。二曰教典，以安邦国，以教官府，以扰万民。三曰礼典，以和邦国，以统百官，以谐万民。四曰政典，以平邦国，以正百官，以均万民。五曰刑典，以诘邦国，以刑百官，以纠万民。六曰事典，以富邦国，以任百官，以生万民。

2. 以八法治官府：一曰官属，以举邦治；二曰官职，以辨邦治；三曰官联，以会官治；四曰官常，以听官治；五曰官成，以经邦治；六曰官法，以正邦治；七曰官刑，以纠邦治；八曰官计，以弊邦治。

3. 以八则治都鄙：一曰祭祀，以驭其神；二曰法则，以驭其官；三曰废置，以驭其吏；四曰禄位，以驭其士，五曰赋贡，以驭其用；六曰礼俗，以驭其民；七曰刑赏，以驭其威；八曰田役，以驭其众。

4. 以八柄诏王驭群臣：一曰爵，以驭其贵；二曰禄，以驭其富；三曰予，以驭其幸；四曰置，以驭其行；五曰生，以驭其福；六曰夺，以驭其贫；七曰废，以驭其罪；八曰诛，以驭其过。

5. 以八统诏王驭万民：一曰亲亲，二曰敬故，三曰进贤，四曰使能，五曰保庸，六曰尊贵，七曰达吏，八曰礼宾。

6. 以九职任万民：一曰三农，生九谷；二曰园圃，毓草木；三曰虞衡，作山泽之材；四曰薮牧，养蕃鸟兽；五曰百工，饬化八材；六曰商贾，阜通货贿；七曰嫔妇，化治丝枲；八曰臣妾，聚敛疏材；九曰闲民，无常职，转移执事。

7. 以九赋敛财贿：一曰邦中之赋，二曰四郊之赋，三曰邦甸之赋，四曰家削之赋，五曰邦县之赋，六曰邦都之赋，七曰关市之赋，八曰山泽之赋，九曰弊余之赋。

8. 以九式均节财用：一曰祭祀之式，二曰宾客之式，三曰丧荒之式，四曰羞服之式，五曰工事之式，六曰币帛之式，七曰刍秣之式，八曰匪颁之式，九曰好用之式。

9. 以九贡致邦国之用：一曰祀贡，二曰嫔贡，三曰器贡，四曰币贡，五曰材贡，六曰货贡，七曰服贡，八曰斿贡，九曰物贡。

10. 以九两系邦国之民：一曰牧，以地得民；二曰长，以贵得民；三曰师，以贤得民；四曰儒，以道得民；五曰宗，以族得民；六曰主，以利得民；七曰吏，以治得民；八曰友，以任得民；九曰薮，以富得民。

7.《周礼》是“非圣贤不能作”的旷世之作吗

《周礼》一书，体大思精，学术与治术无所不包，因而受到历代学者的重视，后儒叹为“非圣贤不能作”，诚非无稽之谈。所谓“学术”，是说该书从来就是经今古文之争的焦点。汉代经籍，用当时通行的隶书书写的称为“今文经”，用六国古文书写的称为“古文经”。汉初在孔子府宅的夹壁中发现的文献，以及在民间征得的文献大多是古文经，而立于学官的都是今文经。今文经与古文经的记载不尽一致，因而双方时有争论。汉代古文学以《周礼》为大宗，今文学以《礼记·王制》为大宗。为此，《周礼》每每成为论战中的焦点，加之它传授端绪不明，屡屡受到今文学家的诘难，如著名经师何休就贬之为“六国阴谋之书”；康有为《新学伪经考》则指斥它出于王莽篡汉时刘歆的伪造。相反，褒之者如刘歆、郑玄等则誉之为“周公之典”。尽管如此，《周礼》依然受到历代学者的重视。唐人为“九经”作疏，其中最好的一部就是贾公彦的《周礼疏》，受到朱熹的赞赏。清儒为“十三经”作新疏，孙诒让的《周礼正义》冠绝一世，至今无有出其右者。

《礼记》

1.《礼记》是关于礼的论文集吗

今本《礼记》又名《小戴礼记》，由戴圣删减整理而成的关于礼的论文集。戴圣，生卒年月不详，字次君，梁国人，礼学博士，西汉今文经学家，曾任九江太守。

西汉初，河间献王得到孔门弟子和后学者关于礼学的著作共131篇。西汉晚期，刘向考校整理经籍，于上述书中检得130篇，又检得《明堂阴阳记》33篇，《孔子三朝记》7篇，《王史代记》21篇，《乐记》23篇，共214篇。戴德删去其中重复的部分，合而辑之为85篇，这就是《大戴礼记》。戴圣又将《大戴礼记》加以删减整理为49篇，这就是《小戴礼记》，便是今天所看到的《礼记》。

关于《礼记》中各篇的作者，现在所能知道的是，《中庸》为孔子的孙子孔伋所作；《缁衣》为公孙尼子所作；《月令》为吕不韦所作，《王制》为汉文帝时的博士所作。其他各篇的作者和时代已不可考。

2. 礼是社会生活的各种规范和仪式吗

《礼记》又名《小戴礼记》，全书共49篇。

礼的产生非常早，夏商两代都已有了各自的礼。到了周代，为了限制诸侯僭越，制定了更详尽的礼法，上自典章制、家教仪式，下至风俗习惯、道德规范，无不包罗。所以，后世所说的礼指的是周代的礼。

《礼记》是关于礼的论文集，所以它的内容很庞杂，包括礼制的内容，礼制的产生和变迁的历史、礼批论等。

《礼记》清代书影

礼可以划分为吉礼、凶礼、军礼、宾礼、嘉礼五类，称之五礼。

吉礼，就是祭祀的典礼。包括对上帝、日月星辰、社稷、五岳、山林川泽以及西方百物的祀典，都属于吉礼。

凶礼，一般指丧葬，还包括对天灾人祸的哀吊等。

军礼，主要指战事，包括校阅、出师、乞帅、致师、献捷、献俘等项。

宾礼，指诸侯对天子的朝觐，各诸侯之间的聘问和会盟等。

嘉礼，包括冠礼、婚礼、投壶礼、射礼、乡饮酒礼、立储等。

礼不仅是社会生活中的各种规定和仪式，更主要的还是政治法律制度。

3.《礼记》的哲学思想主要表现在哪些章节

节选《礼记·三年问第三十八》：三年之丧，何也？曰：称情而立文，因以饰群，别亲疏贵贱之节，而弗可损益也。故曰：无易之道也。创钜者其日久，痛甚者其愈迟。三年者，称情而立文，所以为至痛极也。斩衰，苴杖，居倚庐，食粥，寝苫枕块，所以为至痛饰也。三年之丧，二十五月而毕，哀痛未尽，思慕未忘，然而服以是断之者，岂不送死有已、复生有节也哉？

凡生天地之间者，有血气之属，必有知。有知之属，莫不知爱其类。

然则何以至期也？曰：至亲以期断。是何也？曰：天地则已易矣，四时则已变矣，其在天地之中者，莫不更始焉，以是象之也。

然则何以三年也？曰：加隆焉尔也，焉使倍之，故再期也。

由九月以下何也？曰：焉使弗及也。

故三年以为隆，缌、小功以为杀，期、九月以为间。上取象于天，下取法于地，中取则于人，人之所以群居和壹之理尽矣。

故三年之丧，人道之至文者也。夫是之谓至隆，是百王之所同，古今之所壹也，未有知其所由来者也。

孔子曰："子生三年，然后免于父母之怀。"夫三年之丧，天下之达丧也。

4.《三年问》说的是三年服丧的礼节吗

本篇论述的是为父母服丧，丧期为什么是三年的道理：孩子三岁以后才离开父母的怀抱，所以为父母守丧三年是天下通行的丧期。

5.《礼记》中的经典语录主要有哪些

1.敖不可长，俗不可从，志不可满，乐不可极。

2.道德仁义，非礼不成。

3.贫者不以货物为礼，老者不以筋力为礼。

4.君子抱孙不抱子。

5.礼不下庶人，刑不上大夫。

6.有忧者侧席而坐，有丧者专席而坐。

7.父子不同席。

8.为人子者，父母存，冠衣不纯素。

9.夫礼者，自卑而尊人。

10.始闻亲丧，以哭答使者，尽哀；问故，又哭又哀。

6.《周礼》的基本内容是讲设官分职的吗

《周礼》的基本内容是讲设官分职的。规模宏大，组织严密，俨然一幅天朝大国的气象。在这个大国中，至高无上的是王，即天子。为了治理好这个庞大的国家，就把国家的职能分解为六大块，即所谓"邦治"、"邦教"、"邦礼"、"邦政"、"邦刑"、"邦事"。掌管邦治的官长叫做大宰，掌管邦教的官长叫做大司徒，掌管邦礼的官长叫做大宗伯，掌管邦政的官长叫做大司马，掌管邦刑的官长叫做大司寇，掌管邦事的官长叫做大司空。这叫做六官。又把六官与天地四时相配，大宰是天官，大司徒是地官，大宗伯是春官，大司马是夏官，大司寇是秋官，大司空是冬官。后人模仿《周礼》，把吏部比作天官，把户部比作地官，把礼部比作春官，把兵部比作夏官，把刑部比作秋官，把工部比作冬官。这种类比，也只是类比而已，不可视为完全相同。在六官之下，又各自分别设置了六十个左右的机构，每个机构都有其固定的编制与明确的职守。机构之间，既有纵向的领导与被领导关系，又有横向的分工协作关系，从理论上来说，可以说是严密之至，滴水不漏。有了这样一套严密的官僚机构，天子如果要贯彻自己的意志，可以说是就像身之运臂，臂之运指，莫不随心如意。但是，如此严密的官僚机构，不要说有周一代做不到，就是空前统一的秦帝国也没有做到，所以，《周礼》中的这一套完整的官制，理想的成分较大，现实的成分较小。

《周礼》六篇，一曰天官大宰，二曰地官司徒，三曰春官宗伯，四曰夏官司马，五曰秋官司寇，六曰冬官司空。据马融《周官传序》、郑玄《三礼目录》和陆德明《释文·序录》，汉时已缺少冬官司空一篇，悬赏千金也没有找到，只好以性质相近的《考工记》代替。从此以后,便有了《冬官考工记》的提法。《考工记》的作者,经江永、郭沫若、陈直等人考证，基本上可以确定是齐国人。至于成书的年代，则和《周礼》一样，也是众说纷纭，迄无定论。闻人军《〈考工记〉成书年代新考》认为：“《考工记》成书于战国初期,大致可以肯定。”《考工记》是我国最早的关于手工艺的专著,在中国乃至世界科技发展史上都占有重要地位。

7. 礼是各种人伦关系的基础吗

中国乃礼仪之邦，其礼源于《礼记》。古人认为礼是道德修养之各种人伦关系的基础；从自身的道德修养开始，修身、齐家，进而治国、平天下。礼对中国古代社会的影响不但深刻而且广泛。当然，现在的读者，阅读《礼记》应以批判继承的态度：取其精华、去其糟粕。

1.《孝经》是中国古代儒家的伦理学著作吗

《孝经》是中国古代儒家的伦理学著作。传说是孔子自作，但南宋时已有人怀疑是出于后人附会。清代纪昀在《四库全书总目》中指出，该书是孔子“七十子之徒之遗言”，成书于秦汉之际。自西汉至魏晋南北朝，注解者及百家。现在流行的版本是唐玄宗李隆基注，宋代邢昺疏。全书共分18章。

2.《孝经》主张把“孝”贯串于人的一切行为之中吗

《孝经》对实行“孝”的要求和方法也作了系统而详细的规定。它主张把“孝”贯穿于人的一切行为之中，“身体发肤，受之父母，不敢毁伤”，是孝之始；“立身行道，扬名于后世，以显父母”，是孝之终。它把维护宗法等级关系与为君主服务联系起来，主张“孝”要“始于事亲，中于事君，终于立身”，并按照父亲的生老病死等生命过程，提出“孝”的具体要求：“居则致其敬，养则致其乐，病则致其忧，丧则致其哀，祭则致其严。”《孝经》还根据不同人的等级差别规定了行“孝”的不同内容：天子之“孝”要求“爱敬尽于其事亲，而德教加于百姓，刑于四海”；诸侯之“孝”要求“在上不骄，高而不危，制节谨度，满而不溢”；卿大夫之“孝”则在“上不骄，高而不危，制节谨度，满而不溢”；卿大夫之“孝”则一切按先王之道而行，“非法不言，非道不行，口无择言，身无择行”；士阶层的“孝”是忠顺事上，保禄位，守祭祀；庶人之“孝”应“用天之道，分地之利，谨身节用，以养父母”。

《孝经》还把道德规范与法律（刑律）联系起来，认为“五刑之属三千，而罪莫大于不孝”；提出要借用国家法律的权威，维护其宗法等级关系和道德秩序。

3.《孝经》的哲学思想主要表现在哪些章节

《开宗明义章第一》：“身体发肤，受之父母，不敢毁伤，孝之始也。立身行道，扬名于后世，以显父母，孝之终也。夫孝，始于事亲，忠于事君，终于立身。《大雅》云：‘无念尔祖，聿修厥德。’”

4.《开宗明义章第一》是全部孝经的纲领吗

这一章书，是全部孝经的纲领。它的内客，就是开示全部孝经的宗旨，表明五种孝道的义理，本历代的孝治法则，定万世的政教规范，故列为一经的首章。其意思是说，孝道，固然范围很广，但行的时候却很简单，你要知道爱亲，先要从自己的身上爱起。凡是一个人的身体，或者很细小的一根头发和一点皮肤，都是父母遗留下来的。身体发肤，既然承受之于父母，就应当体念父母爱儿女的心，保全自己的身体，不敢稍有毁伤，这就是孝道的开始。一个人的本身，既站得住，独立不倚，不为外界利欲所摇夺，那他的人格，一定合乎标准，这就是立身。做事的时候，他的进行方法，一切都本乎正道，不越轨，不妄行，有始有终，这就是行道。他的人格道德为众人所景仰，不但他的名誉传颂于当时，而且将要播扬于后世，无论当时和后世，将因景慕之心，推本追源，兼称他父母教养的贤德，这样一来，他父母的声名，也会因儿女的德望光荣显耀起来，这便是孝道的完成。这个孝道，可分成三个阶段，幼年时期，一开始，便是承欢膝下，事奉双亲。到了中年，便要充当公仆，替长官办事，藉以为国家尽忠，为民众服务。到了老年，就要检查自己的身体和人格道德，没有欠缺，也没有遗憾，这便是立身，这才是孝道的完成。大雅篇文王章的这两句话说："你能不追念你祖父文王的德行？如要追念你祖父文王的德行，你就得先修持你自己的德行，来继续他的德行。"

5.《孝经》的经典语录主要有哪些

1.天地之性，人为贵。人之行，莫大于孝。

2.孝子之事亲也，居则致其敬，养则致其乐，病则致其忧，丧则致其哀，祭则致其严。五者备矣，然后能事亲。

3.教民亲爱，莫善于孝。教民礼顺，莫善于悌。移风易俗，莫善于乐。安上治民，莫善于礼。礼者，敬而已矣。

4.君子之教以孝也，非家至而日见之也。教以孝，所以敬天下之为人父者也。

5.君子之事亲孝，故忠可移于君。事兄悌，故顺可移于长。居家理，故治可移于官。是以行成于内，而名立于后世矣。

6.子曰："君子之事上也，进思尽忠，退思补过，将顺其美，匡救其恶，故上下能相亲也。

7.孝子之丧亲也，哭不偯，礼无容，言不文，服美不安，闻乐不乐，食旨不甘，此哀戚之情也。

8.身体发肤，受之父母，不敢毁伤，孝之始也。

9.爱亲者，不敢恶于人；敬亲者，不敢慢于人。

10.夫孝，始于事亲，忠于事君，终于立身。

6.《孝经》对维护社会太平起了一定的作用吗

《孝经》在唐代被尊为经书，南宋以后被列为《十三经》之一。在中国自汉代至清代的漫长社会历史进程中，它被看作是“孔子述作，垂范将来”的经典，对传播和维护社会纲常、社会太平起了很大作用。

1.《墨子》是墨家宣传自己思想的著作吗

墨子名翟，相传宋国人，生逢战国初期。墨子及其门人创立了墨家，这一派是战国的显学之一。他和许多门徒都来自平民社会，墨家主要代表这一阶层人民的意愿，据说墨子本人就长于技艺，水准可与鲁班相比。由于战国时期长年征战，造成民不聊生，因此墨家一派主张“兼爱”、“非攻”，反对战争。他认为战争是最大的不义，而在统治者的非正义战争中，受苦受难的主要还是老百姓。就在这样的思想指导下，墨子及其门人写下了《墨子》来宣传自己的思想，并一度在战国时期成为很有影响的思想流派。

2.《墨子》的主要思想是“兼爱”、“非攻”吗

《墨子》现存53篇，各篇大多又分上、中、下三篇，书中详细记录了墨子及其门人的言行、思想、主张。《墨子》中最主要的思想是“兼爱”、“非攻”，主张所有的人，不论地位、亲疏、贫富的差异，都应该无差别地、同等地相互爱护。他认为一切祸乱的根源起于不相爱，归因于人类有差别的爱，所以“兼爱”成为学说的中心内容。

另外，由于各国之间连绵不断的战争为人民带来了巨大的苦难，因此墨子也反对战争,但他所反对的主要是不义之战,而赞成正义的“诛”之战。在他的主张中，“尚用”也是重要的一条，这是他治理国家的政治观点。由于统治阶级对中下层人民的层层盘剥，造成了人民的苦难，出身下层的墨子对此体会极深，因此他主张选举天下最贤能的人为天子，再依次选出各级官员，而由天子从上而下统一天下的意见。《墨子》一书中还有“尚贤”、“节用”、“明鬼”等篇章，反映出墨家各方

战国时著名思想家墨子

面的思想。但因墨家的思想与时代并不相符，所以秦汉以后就渐渐亡佚了。

3.墨子的哲学思想主要表现在哪些章节

《墨子·耕柱》：子墨子谓鲁阳文君曰："大国之攻小国，譬犹童子之为马也。童子之为马，足用为劳。今大国之攻小国也，守者，农夫不得耕，妇人不得织，以守为事；攻人者，亦农夫不得耕，妇人不得织，以攻为事。故大国之攻小国也，譬犹童子之为马也。"

4.《墨子·耕柱》表现了墨子"非攻"的思想吗

此段文字反映了墨子"非攻"的思想。他用一个形象的比喻来说明征战的毫无益处。他把大国攻小国比作小孩子学作马一样，虽然能够做到，但除了劳累之外，什么也得不到，不仅害了别人，也误了自己。墨子的文章爱用比喻，文字浅显，能很清晰地说明深刻的道理。"非攻"是他的基本主张之一，由于战乱是造成一切苦难的重要原因，因此墨子积极宣传反战思想，并在实际行动中阻止战争的发生。

他曾经与鲁班舌战，通过自己有力的辩论说服对方，在唇舌之间就化解了一场血光之灾。而这一主张实际上还是源于他"兼爱"的中心议题，只要所有的人都能像爱自己一样爱别人，像爱自己的国家一样爱别国，那么社会上一切混乱都将消失。盗窃、攻战、不忠不孝这些不"义"的事也就不会发生了。墨子的思想反映了当时下层人民渴望和平、厌恶战争，以及实现世界和平的美好愿望，因此从者甚多，成为战国时期与儒家相并列的两大显学之一。

5.《墨子》的经典语录主要有哪些

1.义，天下之良宝也。

2.杀在足而争所有余，不可谓智。

3.万事莫贵于义。

4.口言之，身必行之。

5.譬犹跂以为长，隐以为广，不可久也。

6.上有过，则微之以谏。

7.量腹而食，度身以底。

8.凡入国必择务而从事焉。

9.天下兼相爱则治，交相恶则乱。

10.官无常贵，而民无终贱。有能则举之，无能则下之。

6. 墨子的哲学思想是最早的和平宣言吗

墨子“兼爱”、“非攻”的思想，是关于人类和平的最早宣言，对于创造一个美丽、和平的理想世界既有重要的现实意义又具深远的历史意义。墨子文笔浅显，爱用比喻，阅读时须注意透过比喻，去理解作者所隐藏的深义，并把其中的合理成分应用于生活之中。

《周易》

1.《周易》是一本占卜吉凶祸福的书吗

《周易》非一时一人所作，而是由不同时代的多位作者共同完成。旧说是伏羲画八卦，周文王作卦辞。近代学者研究指出，《周易》应是战国至秦汉之际的儒生所作。最初只有八卦，但随着占卜的需要，有人便把八卦相重叠，变成六十四卦。巫师们用卦来占卜吉凶祸福。占卜是上古人们生活中的大事，从生产、作战这类国家大事，到出行、婚嫁等生活琐事，都必须占卜预测，再按照预测的结果采取行动。《周易》就是在这样的背景下应运而生的。

2.《周易》达到了先秦哲学的最高水平吗

《周易》又称《易经》，或《易》，是儒家重要著作之一。它分为《经》和《传》两个部分。《经》包括《上经》三十卦和《下经》三十四卦，是用于占卜的。卦是由爻组成的。每一卦由三爻组成，演成八卦。八卦再相重叠，就成为六十四卦。在古人心中，八卦代表天、地、山、泽、雷、风、水、火八种事物，是世界的本源，是人类生存的基本条件，万物都是由此产生和构成的。因此，由八卦重叠而成的六十四卦，就成了巫师占卜的最佳法宝。爻、卦又各有一定的说明文字，称为爻辞、卦辞。

为了对阴阳二爻及六十四卦进行一定的说明，使卜筮者能够根据说明文字推断占卜所得的卦象是吉是凶，因此可能是周朝的一位太卜或筮人，做了爻辞和卦辞。《传》又称《十翼》，是对《经》的解说，包括《彖上》、《彖下》、《文言》、《系辞上传》、《系辞下传》、《说卦》、《序卦》、《杂卦》，共七项十篇。这十篇文字，不是一时一人之作，而是战国末期至秦汉间的儒生为解释《经》而作的。这些解说有时也会违背《周易》古经的原意，但是在解说中却提出许多关于宇宙人生的创造性见解，就其思想的深度而言，可以说达到了先秦哲学的最高水平。《传》的思想，对于后世哲学的影响甚巨，后世的唯物论和辩证法思想都曾从中汲取精髓。

3. 周易的哲学思想主要表现在哪些章节

《周易・上经・干》:《干》“元”者，始而亨者也。“利贞”者，性情也。干始能美利天下，不言所利，大矣哉！大哉干乎！刚健中正，纯粹精也。六爻发挥，旁通情也。“时乘六龙”，以“御天”也。“云行雨施”，天下平也。君子以成德为行。日可见这行也。“潜之为言也，隐而未见，行而未成，是以君子“弗用”也。

4.《周易・干》反映了儒家积极入世的观点吗

这一段话是对干卦的解说，这种解说一方面是将隐晦的卦变得更清晰、易懂；另一方面则体现了儒家的政治思想和人生态度。卦是这样说的:“《干》,元亨、利贞”、“初九、潜龙，勿用”。干是阳爻，代表阳性的天。而卦辞的作者不断地赞美“大哉干乎”,认为是天使天下万物有性情之正,使天下万物从中得到滋养,这表明儒家“尊天”的思想。

儒家的统治者把自己视为“天子”，而天就有着至高无上的权力，它的喜怒哀乐决定着人间的命运。儒生们为统治者找到这样一个威力无穷的“靠山”，自然能博得其欢心，让统治者将儒教推上“独尊”的地位。卦辞对“潜龙、勿用”的解释是：“潜”是隐而不见的，指不行动就没有成就，因此君子不“用”它，这反映了儒家的积极入世观点。儒家反对道家入山归隐的消极做法，而主张应走上仕途之路，为国家的政治活动作出自己应有的贡献。

5.《周易》的经典语录主要有哪些

1. 天行健，君子以自强不息。

2. 乐则行之，忧则违之，确乎其不可拔，潜龙也。

3. 君子进德修业，忠信所以进德也，修辞立其诚，所以居业也。

4. 君子进德修业，欲及时也，故无咎。

5. 先天而天弗违，后天而奉天时。

6. 直、方、大，不习无不利，则不疑其所行也。

7.《坤》，至柔而动也刚，至静而德方。

8. 君子以果行育德。

9. 元者气之始。

10. 一阴一阳之谓道。

6.《周易》的哲学思想有积极的作用吗

《周易》是儒家经典著作之一，它所体现的儒家入世精神，对鼓励人民投身国家建设有十分积极的作用。《周易》的文字较为深奥，阅读者要有相当的古文水准，在读懂原文的基础上，进一步领会其深刻的思想内容。

1. 荀子对儒家的思想有所发展吗

荀子（公元前313~公元前238年）名况，字卿，因避西汉宣帝刘询讳，因“荀”与“孙”两字古音相通，故又称孙卿。汉族，周朝战国末期赵国猗氏人，即今山西安泽人。著名思想家、文学家、政治家，儒家代表人物之一，时人尊称他为“荀卿”。曾三次出任齐国稷下学宫的祭酒，后为楚兰陵令。荀子对儒家思想有所发展，提倡性恶论，常被拿来与孟子的性善论作比较，他对重整儒家典籍也有相当的贡献。主要著作有《荀子》。

2.《孙卿子》现行本只有三十二篇吗

《汉书·艺文志》著录"《孙卿子》33 篇"。"33 篇"可能是"32 篇"之误。刘向的《荀卿新书叙录》载孙卿书 322 篇，除去重复的 290 篇，定为 32 篇，这与现在通行的《荀子》32 篇基本相符。《隋书》、《旧唐书·经籍志》、《新唐书·艺文志》都著录 12 卷，这大概是刘向编订的 32 篇本。《宋史·艺文志》著录 20 卷，这是唐代杨倞又重新编定的 32 篇本，也就是现在的通行本。杨倞本与刘向本的区别只是篇目次序略有不同。杨倞改书名为《荀卿子》，简称《荀子》。

3.《荀子》总结的是当时百家争鸣的学术思想吗

根据《史记·孟子荀卿列传》记载，《荀子》这部书是荀况晚年为总结当时学术界的百家争鸣和自己的学术思想而编写的。关于《荀子》一书的作者问题，在学术界也有争论：一种看法认为《荀子》32 篇全是伪书，其代表是吕思勉、杨筠如。另一种看法是《荀子》32 篇全是荀况所作，其代表是杜国庠。第三种看法是《大略》以下 6 篇，是荀子弟子的作品，其代表是郭沫若、梁启超、余德建等。其中余德建认为，这几篇是汉武帝、汉宣帝时的儒生伪撰，根据是书中引用了晚出的《公羊传》、《谷梁传》、《大戴礼记》的文字。前两种看法过于偏激，第三种看法有一定道理。

4.《荀子》反映了荀况的唯物主义观点吗

在《荀子》一书中，反映荀况唯物主义自然观的，主要是《天论》、《非相》等篇。荀子在《天论篇》开头便说："天行有常，不为尧存，不为桀亡。应之以治则吉，应之以乱则凶。强本而节用，则天不能贫；养备而动时，则天不能病；循道而不贰，则天不能祸。"这就彻底否定了天有意志的说法，把自然界的客观规律与人类社会的发展状况区分开来。这就是荀况"天人相分"的观点。他说："天不为人之恶寒也辍冬，地不为人之恶辽远也辍广，君子不为小人之匈匈也辍行。天有常道矣，地有常数矣，君子有常体矣。"

在天人相分的基础上，荀况大胆地提出了"制天命而用之"的光辉思想。他说：与其把天看得非常伟大而仰慕它，怎么不把天当作一种物来畜养它，控制它？与其顺从天而颂扬它，怎么不掌握和控制天的变化规律来利用它？与其仰望天时，坐等它的恩赐，怎不因时制宜，使天时为生产服务？荀况这种“人定胜天”的思想，把先秦唯物主义思想发展到最高峰，成为中国唯物主义思想史上的一颗灿烂明珠。

在《非相》篇中，荀况坚持朴素的唯物主义思想，用大量的历史事实，彻底否定和批判了唯心主义相术。他说：观看人们的相貌，不如研究人们的思想；研究人们的思想，不如选择正确的思想方法。相貌不能决定人们的思想，而思想却受一定方法的支配。方法正确，而且思想能遵循它，虽然相貌丑陋，只要思想方法对头，也不妨碍成为君子。虽然相貌好，但思想方法不对头，也免不了成为小人。人们的祸福与人的相貌无关，而是由人们后天选择什么道路决定的。这就揭穿了唯心主义相术的骗人把戏。

荀况唯物主义认识论思想，主要表现在《解蔽》、《正名》、《劝学》等篇中。在《解蔽》篇中，荀况首先肯定了人具有认识事物的能力和事物是可以被认识的这一唯物主义认识论的基本前提。他说：“凡以知，人之性也；可以知，物之理也。以所以知人之性，求可以知物之理，而无所凝止之，则没世穷年不能偏也。”他认为，人们认识上的通病，是被事物的一个片面所局限，而不明白全面的道理。人们纠正了片面认识，才能使认识符合正道，对正道三心二意则必然迷惑。

这就强调了认识要有正确的方法和途径。在《正名》篇中，荀况强调了感性认识的作用，他说：人都有对感觉印象进行分析辨别的能力，然而只有依靠听觉器官才能辨别声音的不同，依靠视觉器官才能辨别形状的不同，所以心的验证能力一定要等到感觉器官接触所感觉的对象以后才能发挥作用。

荀子

如果感觉器官接触了外界事物而不能认识它，心对它考察了而说不出道理来，那么人们没有不把这种情况说成是没有知识的，这就是根据感官接触外物而确定名称同和异的情况。在名、实关系问题上，荀况主张实决定名，名一定要符合实的唯物主义认识路线。在《劝学》篇中，荀子谈了知识的来源问题，他认为人的知识才能不是天生的，而是后天学习教育的结果，从而驳斥了“生而知之”的先验论。

他特别强调后天学习的重要性，并用“青出于蓝而胜于蓝”的形象比喻，说明学习没有止境和后来居上的道理，劝导人们要进行广博地学习，要发扬“锲而不舍”、“用心一也”的精神，反对死记硬背、不求甚解和杂而不专，成为激励后人学习的名篇佳句。

5.《荀子》的伦理思想主要反映在《性恶》中吗

荀子的伦理思想，主要反映在《性恶》、《修身》、《礼论》等篇中。针对孟子提出的“性善论”，荀况针锋相对地提出了“性恶论”。他认为，人的本性就是“目好色、耳好声、口好味、心好利”和“饥而欲饱”、“寒而欲暖”、“劳而欲休”的自然属性，这些自然属性只有通过封建伦理道德来严格加以限制，才能变成性善的，才符合封建礼仪。因此，荀况特别注重后天学习教育的作用，从而批判了孟子宣扬的“天赋道德论”。

荀况谈论人性，虽然只注重人的自然属性，而忽视了人们的社会性，但他能从人对物质生活的基本要求作为研究人性的出发点，反对孔孟空谈仁义道德，无疑具有唯物主义的性质。

6. 荀况的政治思想主要反映在《王制》中吗

荀况的政治思想主要反映在《王制》、《富国》、《王霸》、《君道》、《臣道》、《强国》等篇中。为了加强封建统治，巩固地主阶级政权，荀况提出了“隆礼敬士”、“尚贤使能”的用人原则。他在《王制》篇开头便说：“贤能不待次而举，罢不能不待须而废，元恶不待教而诛，中庸民不待政而化。”“虽王公士大夫之子孙也，不能属于礼义，则归之庶人。虽庶人之子孙也，积文学，正身行，能属于礼义，则归之卿相士大夫”。这就彻底否定了孔孟赞扬的封建世袭制。

在如何治理国家问题上，荀况提出了“重法爱民”、“赏罚严明”的政治纲领。他认为，统治阶级治理国家和统治人民，一定要有一套严密的政治法令和赏罚措施。

对人民，在没有给他们利益之前就从他们身上谋取利益，不如先给人民利益然后再从人民中索取利益更有利；不爱护它就重用它，不如先爱护他们然后再重用他们更为有效。荀况认为，只有赏罚严明，才能治理好国家。他说："赏行罚威，则贤者可得而进也，不肖者可得而退也，能者可得而官也。""王者之论，无德不贵，无能不官，无功不赏，无罪不罚。朝无幸位。民无幸生。"这样国家的政治才能清明，人民才能安居乐业。

7.《荀子》的经济思想主要是富民思想吗

在经济思想方面，荀况主张一方面用赏罚严明的制度来鼓励人民发展生产，增加财富；另一方面他又提出了"强本抑末"、"节用裕民"、"开源节流"的经济措施，加强发展农业生产，抑制商品流通，不断开拓新的财源，限制统治阶级的费用，以此达到国家富强、人民富足的目的。荀况这种经济思想，集中代表了中小地主阶级的利益，同时也符合人民的愿望。

8.《儒效》主要是荀子对思孟学派的批判吗

《非十二子》、《儒效》两篇，主要是荀子对思孟学派的批判。《乐论》主要阐发了荀况的音乐理论及其社会的作用。

9.《议兵》主要阐述了荀况的军事理论吗

《议兵》主要阐述了荀况的军事理论。《赋》运用诗歌文学语言，阐述了荀子学派的政治主张。《大略》以下六篇，都是荀子学派的作品，内容比较庞杂，有些思想与荀子思想不尽一致。总之，《荀子》一书是我们研究荀况思想和荀子学派的主要参考资料。

10.《荀子》的经典语录主要有哪些

1. 非我而当者，吾师也；是我而当者，吾友也；谄谀我者，吾贼也。
2. 天行有常，不为尧存，不为桀亡。
3. 目不能两视而明，耳不能两听而聪。
4. 道虽迩，不行不至。事虽小，不为不成。
5. 锲而舍之，朽木不折；锲而不舍，金石可镂。
6. 蓬生麻中，不扶而直；白沙在涅，与之俱黑。
7. 故不积跬步，无以至千里；不积小流，无以成江海。

8. 君子曰：学不可以已。

9. 青,取之于蓝，而青于蓝；冰,水为之，而寒于水。

10. 水能载舟，亦能覆舟。

11. 荀况是伟大的思想家、文学家和教育家吗

《荀子》的文章论题鲜明，结构严谨，说理透彻，有很强的逻辑性。语言丰富多彩，善于比喻，排比偶句很多，有他特有的风格，对后世说理文章有一定的影响。《荀子》中的五篇短赋，开创了以赋为名的文学体裁；他采用当时民歌形式写的《成相篇》，文字通俗易懂，运用说唱形式来表达自己的政治、学术思想，对后世也有一定的影响。荀况不愧为我国古代一位伟大的思想家和杰出的文学家、教育家。此外，荀子还是阴阳家的代表人物之一。

《大学》

1.《大学》是孔子的得意弟子曾子所作吗

《大学》的作者曾子是孔子72位杰出的弟子之一，甚得孔子喜爱。《论语·先进》篇记载：一次孔子与弟子座谈，要每一位弟子谈谈自己的理想，曾子说："暮春时节，服装准备好以后，同五六个成年男子，带着六七个少年儿童，到沂水洗澡，到舞雩乘凉，一路歌唱着往回走。"这种理想深得孔子的赞同。

2.《大学》以"明明德"、"亲民"等为纲吗

《大学》篇幅不长，原本是《礼记》中的一篇，后位列四书之一，成为儒家重要文献。大学，顾名思义，指大人之学，与专以学习语言文字为主的小学相对，是讲述为人处世、修养德行、治理政事等方面的学问。《大学》一书，以"明明德"、"亲民"、"止于善"为纲，就"格物"、"致知"、"诚意"、"正心"、"修身"、"齐家"、"治国"、"平天下"八项内容，阐述治理国家和修身养性的基本准则。

该书开宗明义，提出"大学之道，在明明德，在亲民，在止于至善"。认为

要明德于天下，必须治理好国家；要治理国家，就要先齐自家；要使家齐必先修身；要修其身，先得使心端正；要端正内心，必须使其意忠诚；欲诚其意，先须致知；致知在于格物。全书总共分为

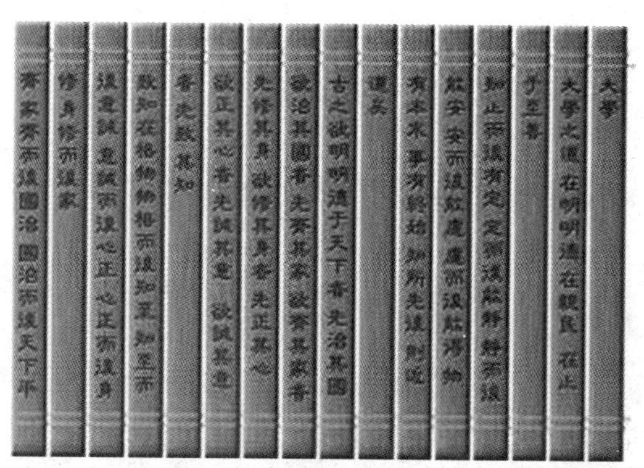

《大学》竹简

十章，前四章类似总纲，后六章分条细陈。其中第五章讲述明善的重要，第六章讲述诚身之根本，这两章对于初学者极为重要。因为自身修养尚且不够，就谈不上治国平天下，所以人们一定要予以高度重视。

3.《大学》的哲学思想主要表现在哪些文字

第六章：所谓诚其意者，毋自欺也。如恶恶臭，如好好色，此之谓自谦。故君子必慎其独也。

小人闲居为不善，无所不至，见君子而后厌然，揜其不善，而着其善。人之视己，如见其肺肝然，则何益矣。此谓诚于中，形于外。故君子必慎其独也。

曾子曰："十目所视，十手所指，其严乎！"

富润屋，德润身，心广体胖，故君子必诚其意。

4.《大学》第六章强调了诚意的重要性吗

此篇强调了诚意的重要性，为《大学》中极其精彩的段落。总纲说，"欲诚其意，先致其知"，"知至而后意诚"。君子在独处的时候，一定要慎重行事，不能自欺欺人。小人暗中作恶，天理昭彰，终不可藏。因为一个人是处在众多人的监视之下，别人对你的缺点、错误看得清清楚楚。即使身处幽独之处，也不要弃善从恶，否则最终难逃人们雪亮的眼睛。末句重申诚意的重要性，就像一个人富足了，可以使他的屋子很光彩，道德修养提高了，则可以使其身体很光彩，心无愧怍，广大宽平，安适舒泰，所以君子一定要诚其意。

5.《大学》的经典语录主要有哪些

1. 大学之道，在明明德，在亲民，在止于至善。

2. 物格而后知至，知至而后意诚，意诚而后心正，心正而后身修，身修而后家齐，家齐而后国治，国治而后天下平。

3. 为人君，止于仁；为人臣，止于敬；为人子，止于孝；为人父，止于慈；与国人交，止于信。

4. 人莫知其子之恶，莫知其苗之硕。

5. 心诚求之，虽不中，不远矣。

6. 一家仁，一国兴仁；一家让，一国兴让；一贪戾，一国作乱。

7. 唯仁人，为能爱人，能恶人。

8. 见贤而不能举，举而不能先，命也；见不善而不能退，退而不能远，过也。

9. 君子有大道，必忠信以得之，骄泰以失之。

10. 仁者以财发身，不仁者以身发财。

6.《大学》阐述的是治国修身的准则吗

《大学》一书，是讲解修养身性、治理国家的学问。所谓“一屋不扫，何以扫天下？”修身与治国有密不可分的关系。《大学》所阐述的治理国家、修身养性的准则，很多直到今天还有借鉴意义。读者在阅读此书时，当取其精华，为我所用。

1.《管子》是管仲学派的著述总集吗

《管子》是中国春秋时期（公元前770 ~前476年）齐国政治家、思想家管仲及管仲学派的著述总集。大约成书于战国时代（前475 ~前221年）。刘向编定《管子》

时共86篇，今本实存76篇，其余10篇仅存目录。《管子》分为8类:《经言》9篇、《外言》8篇、《内言》7篇、《短语》17篇、《区言》5篇、《杂篇》10篇、《管子解》4篇、《管子轻重》16篇。《管子》内容极丰，包含道、名、法等家的思想以及天文、舆地、经济和农业等方面的知识，其中《轻重》等篇，是古代典籍中不多见的经济文作，对生产、分配、交易、消费、财政等均有论述，是研究我国先秦农业和经济的珍贵资料。

2.《管子》最早解决了物质和精神的关系吗

管仲学派认为，精气是构成万物的最小颗粒，又是构成无限宇宙的实体，说明了世界的物质性。

《管子》在唯物主义的方向上朴素地解决了物质和精神的关系，认为有意识的人是由精气生成的。他说“凡人之生也，天出其精，地出其形，合此以为人，和乃生，不和不生”，“气道乃生，生乃思，思乃知，知乃止矣”。这是把物质摆在第一位。

《管子》没有否定鬼神，但它认为鬼神也是由精气生成的。说精气“流于天地之间，谓之鬼神”。把鬼神视为普通一物，否认它是超自然的存在，反映出唯物主义的泛神论思想。

《管子》认为，认识的对象存在于认识的主体之外。它说:“人皆欲知，而莫索其所以知，其所知，彼也；其所以知，此也。”又认为，在认识的过程中，主体要舍弃主观臆断，以外物为认识根据，要反映外物的真实情况。它称这种认识方法为“静因之道”，说:“是故有道之君，其处也若无知，其应物也若偶之，静因之道也。”这在认识论上属于唯物主义。

《管子》的精气论在中国唯物主义宇宙观发展史上有重要意义，对中国唯物主义的发展产生过深远影响。后来的唯物主义哲学家如王充、柳宗元等，都受过它的影响。

3.《管子》的哲学思想主要表现在哪些章节

《管子·牧民》：仓廪实，而知礼节，衣食足，而知荣辱，上服度，则六亲固，四维不张，国乃灭亡。

4.《管子·牧民》讲的是衣食与礼节的关系吗

这句话讲的是粮仓充实，百姓才懂得礼节制度；衣食丰足，百姓才知道荣誉耻辱。

管仲的“四维”论:即“礼”、“义”、“廉”、“耻”，是国家得以维系的精神支柱，而“四维不张，国乃灭亡”。

这句话通俗理解就是商品和文化的问题，物质上富足了，精神上也要相应发展。精神是文化的体现，物质也是文化的体现，社会更是文化的体现。管子这一论断体现了“国以民为本，民以食为天”的思想，但是事物都是双方面的，不能否认，物质发展的同时，对人文精神也有一定的负面影响。

5.《管子》的经典语录主要有哪些

1. 言是而不能立，言非而不能废；有功而不能赏，有罪而不能诛，若是而能治民者，未之有也。

2. 人之自失也，以其所长者也，故善游者死于梁池，善射者死于中野。

3. 众胜寡，疾胜徐，勇胜怯，智胜愚，善胜恶，有义胜无义，有天道胜无天道，凡此七胜者贵众，用之终身者众矣。

4. 为善者有福，为不善者有祸，祸福在为，故先王重为。

5. 明赏不费明刑不暴，赏罚明，则德之至者也，故先王贵明。

6. 凡君国之重器莫重于令，令重则君尊；君尊则国安。令轻则君卑，君卑则国危；故安国在乎尊君，尊君在乎行令，行令在乎严罚；罚严令行，则百吏皆恐；罚不严，令不行，则百吏皆喜。

7. 爵人不论能，禄人不论功，则士无为行制死节。

8. 何谓朝之经臣？察身能而受官，不诬于上；谨于法令以治，不阿党；竭能尽力，而不尚得；犯难离患，而不辞死；受禄不过其功，服位不侈其能，不以毋实虚受者，朝之经臣也。

9. 凡兵之胜也，必待民之用也，而兵乃胜。凡民之用也，必待令之行也，而民乃用。凡令之行也，必待近者之胜也，而令乃行。

10. 德不加于弱小，威不信于强大。

6.《管子》的哲学思想是天道与人情吗

管仲学派的哲学思想有两个基本范畴——天道与人情。《管子》在谈到王天下时指出，如果具备地大国富、人众兵强这些称王称霸的条件时，若不掌握自然发展和人心变化的规律，国家也就接近于危亡的边缘。因此只有根据“天道之数，人心之变”（《重令》）办事，才能防止事物向反面转化。遵循天道并得人心，战争一旦爆发，“战可以必胜，而守可以必固”，“此正天下之道也。”（《重令》）天道与人情是《管子》哲学思想的两个基本范畴，也是管仲学派政治思想的基本哲学原则，他们由此提出了一系列具有朴素唯物主义和辩证法的哲学思想。

《管子》的哲学思想，还体现于“予之为取”的策略思想。《牧民》篇说：“故知予之为取者，政之宝也。”这种“予之为取”的思想贯穿于管仲学派的政治、经济和军事思想中，它包含着对立面相互依存和转化的辩证法思想。《形势》篇中还谈到必须按天道办事的道理，它指出，只有掌握了天道，事情就会自然而然地成功。管仲学派还十分重视研究处理矛盾的方法，《管子》一书中提到了掌握时机是第一要素，在实践中必须避免主观主义，努力使已把握的条件向有利的方面转化，等等。

《管子》的社会经济政治思想，突出在它的“作内政而寄军令”的社会编制思想上，这一思想是管仲辅助齐桓公创立霸业时首先提出来的。其基本精神就是寓兵于农，把百姓的乡里组织和军队的编制结合起来。到战国时，管仲学派继承和发展了管仲的这一思想，并结合当时齐国的具体情况，构思出一种具有特色的封建性的社会结构，它一方面利用乡里组织中的宗法制成分作为加强团结的纽带。另一方面又通过军队的编制实行由上而下的集权。这样，它既不同于儒家照搬成周宗法制的那种模式，又与法家的那种全是军队编制的社会结构区别开来。在《管子》一书的《立政》、《乘马》、《小匡》等篇中，都谈论过这种社会编制。

《管子》的政治思想还体现在它主张以“礼法并用的统治术”。管仲学派设想出一种不同于儒法两家的统治方术，而把中央集权与宗法制有机结合起来的封建体制，这就是“礼法并用的统治术”。在《互辅》篇中，谈论了礼对维护封建等级制度的重大意义。在《牧民》篇中把“礼”、“义”、“廉”、“耻”看成是“国之四维”，指出:“守国之度在饰四维”,“四维张则君令行”。《管子》把维护国家统治的“四维”看成是四条绳索，其中一根绳索断了，国家就要倾斜。与此同时，管仲学派也极力强调法的作用。在《法禁》、《重令》、《任法》等篇中，都强调法的重要性。它指出，立法的是君上，执法的是臣下，遵守法令的是老百姓。为了达到天下大治，必须“君臣上下贵贱皆发焉”(《任法》)，意思是君臣上下不分贵贱都要遵从法令。管仲学派认为，利与法二者并不是对立的，而是相辅相成的。法是指国君掌握刑赏大权以维护封建等级制度的统治术，利则是指依赖于人们的宗法道德自觉地维护封建等级制度的统治术。

《管子》的政治及经济思想，还体现在它的争取民心和注重耕战的主张上。齐国的兴起，原是靠收买民心起家的。这样，齐国的封建统治者和靠宗室贵族势力起家的鲁国与靠君权势力起家的秦国不同，因而比较深刻地认识到民心的向背对于维护封建统治的重要意义。《管子》一书中所讲的争取民心和注重耕战的思想，就是适应于齐国封建统治的这一需要发展起来的。在管仲学派看来，只有争取民心才能得到民众的拥护，这种辩证关系，就是上面提到的“予之为取”。就是说，给予就是取得，统治者推行的政策越是能符合人臣的心愿，就越是能从人民那里取得所需要的东西。应当指出，这是具有民主性精华的政治思想，是民本思想的体现和发挥。

从争取民心出发，管仲学派很注重耕战的功利主义思想。他们认为“治国”、“富民”的根本途径在于实行重农抑商政策，发展农业，粮食生产多了，才能国富兵强。同时，他们认为战争对人力和物力的消耗太大，因而主张不轻易发动战争。这种思想在中国历史上产生了深远的影响。

《公孙龙子》

1.《公孙龙子》是研究作者名辩思想的重要材料吗

《公孙龙子》是战国后期名家代表人物公孙龙的著作。公孙龙（公元前320～公元前250年），字子秉，赵国人，战国时哲学家。本书今存《迹府》、《白马》、《指物》、《通变》、《坚白》、《名实》六篇，约一千九百余字。其中《迹府》是后人辑录公孙龙事迹的传记;《指物论》指出共相并非具体事物，但可概括许多特殊事物;

公孙龙塑像

《名实论》要求名实相符，强调概念的明确性和固定性，以及不得自相矛盾律。《坚白论》强调坚、白间不分离；《白马论》论证白马非马、白马非白，谓看到白马是由白与马两个概念组成，指出了一般概念与特殊概念的差异。此书是研究作者名辩思想的重要材料。

2.《公孙龙子》主要研究了概念的内涵和外延吗

作为名家的代表人物，他以“白马非马”论和“离坚白”而著名，他的这些思想分别见于《白马非马论》和《坚白论》中，这是公孙龙名辩思想的核心内容。在《公孙龙子》一书中，公孙龙主要研究了概念的内涵和外延，以及事物的共性和个性所具有的内在矛盾，他的特点就是夸大这种矛盾，并否认两者的统一，所以最后得出违背常理的结论。即白马不是普通所说的马，颜色中的白色和质地的坚硬也被他分裂开来论述。另外，在《指物论》中他还着重论述了指与物的关系。“指”即事物的概念或名称，“物”是具体的事物，它们的关系也就是物质与意识的关系，《通变论》则论述了对运动变化的看法，《名实论》讨论名与实的关系。上述的五篇组成了一个完整的学说体系。

3.《公孙龙子》的哲学思想主要表现在哪些章节

《白马论第二》：“白马非马”，可乎？曰：可。曰：何哉？曰：马者，所以命形也；白者，所以命色也。命色者非名形也。故曰：白马非马。曰：有马不可谓无马也。不可谓无马者，非马也？有白马为有马，白之，非马何也？曰:求马，黄、黑马皆可致；求白马，黄、黑马不可致。是白马乃马也，是所求一也。所求一者，白者不异马也，所求不异，如黄、黑马有可有不可，何也？可与不可，其相非明。如黄、黑马一也，而可以应有马，而不可以应有白马，是白马之非马，审矣！曰：以马之有色为非马，天下非有无色之马。天下无马可乎？曰:马固有色，故有白马。使马无色，有马如已耳，安取白马？故白马非马也。白马者，马与白也。黑与白，马也？故曰白马非马业。曰：马未与白为马，白未与马为白。合马与白，复名白马。是相与以不相与为名，未可。故曰：白马非马未可。曰：以“有白马为有马”，谓有白马为有黄马，可乎？曰：未可。曰：以“有马为异有黄马”，是异黄马与马也；异黄马与马，是以黄为非马。以黄马为非马，而以白马为有马，此飞者入池而棺椁异处，此天下之悖言辞也。以“有白马不可谓无马”者，离白之谓也；不离者有白马不可谓有马也。故所以为有马者，独以马为有马耳，非以白马为有马耳。故其为有马也，不可以谓“白马”也。以“白者不定所白”，忘之而可也。白马者，言白定所白也，定所白者非白也。马者，无去取于色，故黄、黑皆所以应;白马者，有去取于色，黄、黑马皆所以色去，故唯白马独可以应耳。无去者非有去也，故曰：“白马非马”。

4.《白马论第二》的主要命题是“白马非马”吗

《白马论第二》其主要命题是“白马非马”。公孙龙通过三点论证，力求证明这个命题。第一点是：“马者，所以命形也；白者，所以命色也。命色者非命形也。故曰:白马非马。”若用西方逻辑学术语，可以说，这一点是强调“马”、“白”、“白马”的内涵的不同。“马”的内涵是一种动物，“白”的内涵是一种颜色，“白马”的内涵是一种动物加一种颜色。三者内涵各不相同，所以白马非马。第二点是：“求马，黄黑马皆可致。求白马，黄黑马不可致。……故黄黑马一也，而可以应有马，而不可以应有白马，是白马之非马审矣。”“马者，无去取于色，故黄黑皆所以应。白马者有去取于色，黄黑马皆所以色去，故惟白马独可以应耳。无去者，非有去也。故曰：白马非马”。若用西方逻辑学术语，我们可以说，这一点是强调，“马”、“白马”的外延的不同。“马”的外延包括一切马，不管其颜色的区别。“白马”的外延只包括白马，有相应的颜色区别。由于“马”与“白马”外延不同，所以白马非马。第三点是：“马固有色，故有白马。使马无色，有马如已耳。安取白马？故白者，非马也。白马者，马与白也，白与马也。故曰:白马非马也。”这一点似乎是强调，“马”这个共相与“白马”这个共相的不同。马的共相，是一切马的本质属性。它不包涵颜色，只是“马作为马”。这样的“马”的共性与“白马”的共性不同。也就是说，马作为马与白马作为白马不同，所以白马非马。除了马作为马，又还有白作为白，即白的共相。《白马论》中说:“白者不定所白，忘之而可也。白马者言白，定所白也。

定所白者，非白也。”定所白，就是具体的白色，见于各种实际的白色物体。见于各种实际白色物体的白色，是这些物体所定的。但是“白”的共相，则不是任何实际的白色物体所定。它是未定的白的共性。

5.《公孙龙子》的经典语录主要有哪些

1. 物莫非指，而指非指。

2. 天下无指，物无可以谓物。非指者天下，而物可谓指乎？

3. 天下无指,而物不可谓指也。不可谓指者，非指也？非指者，物莫非指也。

4. 马者，所以命形也；白者，所以命色也。命色者非名形也。故曰：“白马非马。”

5. 古之明王！审其名实，慎其所谓。

6. 以马之有色为非马，天下非有无色之马。天下无马可乎？

7. 白马者，言白定所白也，定所白者非白也。

8. 马固有色，故有白马。使马无色，有马如已耳，安取白马？故白马非马也。

9. 青以白非黄，白以青非碧。

10. 暴则君臣争而两明也。两明者昏不明，非正举也。

6.《公孙龙子》建立了逻辑学的理论体系吗

公孙龙观察事物，虽然把个别与一般用“离”的观点绝对化，只见离而不见合，不符合辩证法的“个别存在于一般之中”的观点，但他能够开辟逻辑领域，建立逻辑学的理论体系，有助于百家争鸣的发展。中国历史上多数学派看重研究政治伦理，多不懂逻辑学，甚至不承认这门学问，往往以政治伦理观念来批评公孙龙的逻辑思想，直到近世人们才公开承认公孙龙辩学对象逻辑的问题，并加以重视。

公孙龙“白马非马”的论说虽然有其一定的合理性和开创性，也符合辩证法讲的个别与一般相区别的原理，更有纠正当时名实混乱的作用。但是，他沿着同样的原理随后再提出的“鸡三足”、“火不热”等辩说确有走火入魔之嫌,已坠入“诡辩”的深渊中。怪不得荀子要斥他为“此惑于用名以乱实也”。邹衍要批评他是“害大道”、“不能无害君子”。

1.《商君书》是记载商鞅思想言论的资料汇编吗

《商君书》是记载商鞅思想言论的资料汇编，又称《商君》、《商子》。商鞅（公元前 390 ~ 公元前 338 年），复姓公孙，名鞅。战国中期著名的政治家、军事家。战国末年，秦国之所以能统一六国，建立了我国历史上第一个中央集权制的国家，这个历史功绩不能不归功于商鞅在秦国进行的两次革新变法。商鞅变法的指导思想是什么，政策措施是什么，这些答案都反映在《商君书》中。《隋书》、《旧唐书》、《新唐书》、《宋史》或著录《商君书》，或著录《商子》，皆曰 5 卷。今本《商君书》共有 26 篇，其中两篇只有篇目而无内容，加上《群书治要》卷 36 引《商君书·六法》中一段，实际只有 24 篇半。

2.《商君书》主要反映了法家的政治思想吗

《商君书》侧重记载了法家革新变法、重农重战、重刑少赏、排斥儒术等言论，主要反映了法家的政治思想。

首先是革新变法思想，这是法家思想的精髓。《更法》篇详细记述了商鞅与甘龙、杜挚在秦孝公面前争论变法的问题。

针对秦孝公怕变更法度、改革礼制受天下人非议的想法，商鞅认为：行动迟疑就不会有名，做事犹豫就不会成功。我劝君王还是赶快下决心变更法度吧，不要怕别人的批评议论。法度是爱护人民的，礼制是利于国事的。所以圣人治国，只要能使国家强盛，就不必沿用旧的法度；只要有利于人民，就不必遵守旧的礼制。针对甘龙因袭人民的旧礼俗去施行教化，不费什么事就能成功。依据旧法度治理国家，官吏既很熟悉，人民也能相安。商鞅说：这都是俗人的言论。夏、商、周三代的礼制不同，而都成就了王业；春秋时五霸的法度也不同，而都成就了霸业。所以聪明的人创造法度，而愚昧的人受法度的制裁；贤人改革礼制，而庸人受礼制的约束。我们不能和受礼制约束的人商讨大事，不能和法度制裁的人计议变法。

针对杜挚效法古人就没有错误，遵守旧礼就没有奸邪的说法，商鞅说：古代的政教不同，我们效法哪个古人？帝王不相因袭，我们拘守谁的礼制？礼制、法度要随着时代而制定，命令要符合实际的需要。所以我说，治理人民，并非一个方法；为国家谋利益，不必效法古人。

"三代不同礼而王，五霸不同法而霸"，"治世不一道，便国不必法古"成为商鞅倡导变法的名言。《开塞》篇从考察人类社会发展的不同阶段入手，论证了战国末年只能实行法治，才是唯一可行的治国道路。"圣人不法古，不修今。法古则后于时，修今则塞于势"。从而说明只有变法革新，才能使国家富强兴盛。

其次是重农重战思想，这是法家思想的重要内容。《商君书》中有关重农重战的论述最多。如《农战》说："国之所以兴者，农战也。""善为国者，仓廪虽满，不偷于农。""国待农战而安，主待农战而尊。"《靳令》说："农有余粮，使民以粟出官爵，官爵必以其力，则农不怠。"朝廷让人民拿剩余的粮食捐取官爵，农民就会卖力耕作。《算地》说："故圣人之为国也，入令民以属农，出令民以计战。……胜敌而革不荒，富强之功，可坐而致也。"国家富强的功效就在农战两项。

《去强》说："兴兵而伐，则武爵武任，必胜。按兵而农，粟爵粟任，则国富。兵起而胜敌，按兵而国富者王。"《垦令》篇还提出了20种督促人民耕垦土地的办法。如国家按统一标准征收地税，农民负担的地税就公平了，国君讲求信用，百官不敢作弊,农民就会积极耕种土地。可见,重农重战,是法家治国的根本大计。

三是重刑少赏的思想。加重刑罚，轻微奖赏（有时也说厚赏）是法家的重要思想。《错法》篇说："明君之使其臣也，用必出于其劳，赏必加于其功。功常明，则民竞于功。为国而能使其尽力以竟以功，则兵必强矣。"《去强》篇说："重罚轻赏，则上爱民，民死上；重赏轻罚，则上不爱民，民不死上。兴国行罚，民利且畏；行赏，民利且爱。"加重刑罚，减轻赏赐，就是君上爱护人民，人民就肯为君上死；加重赏赐，减轻刑罚，就是君上不爱护人民，人民就不肯为君上而死。《去强》又说："以刑去刑，国治；以刑改刑，国乱。故曰：行刑重轻，刑去事成，国强；重重而轻轻，刑至事生，国削。"也就是说，用刑罚来免除刑罚，国家就治；用刑罚来招致刑罚，国家就乱。《开塞》说：“治国刑多多而赏少，故王者刑九而赏一，削国赏九而刑一。”可见法家是重刑而轻赏的。

对如何执行刑罚时，法家主张要统一刑罚。《赏刑》说：“所以壹刑者，刑无等级，自卿相将军以至大夫庶人，有不从王令，犯国禁，乱上制者，罪死不赦。有功于前，有败于后，不为损刑。有善于前，有过于后，不为亏法。”这就是说，执行刑赏对谁都一样。

其四是重本抑末，反对儒术。这也是法家思想的重要组成部分。《壹言》篇说：“能事本而禁末者，富。”所谓“末”就是指的商业和手工业。《农战》篇说：“农战之民千人，而有《诗》、《书》辩慧者一人焉，千人者皆怠于农战矣。农战之民百人，而有技艺者一人焉，百人者皆怠于农战矣。”“豪杰务学《诗》、《书》，随从外权，要靡事商贾，为技艺，皆以避农战。民以此为政，则粟焉得无少，而兵焉得无弱也。”可见，法家对儒家的儒术是排斥的。

3.《商君书》的哲学思想主要表现在哪些章节

《更法篇》曰：“法者，所以爱民也；礼者，所以便事也。是以圣人苟可以强国，不法其故；苟可以利民，不循其礼。”

4.《更法篇》是围绕“富国强兵”的论点展开的吗

《更法篇》是围绕“富国强兵”这一个核心来展开的，其中论及“强国、国强、国富、强兵、兵强、无敌”的字眼贯穿始终。事实上，秦孝公及商鞅在秦国变法，也正是为了此目的。

视实力为立国之本、实现国家的强大是《商君书》政治思想的主要原则。《慎法篇》曰：“国之所以重，主之所以尊者，力也。”《农战篇》曰：“常官则国治，壹务则国富。”《画策篇》也说：“所谓强者，使勇力不得不为己用。其志足，天下益之；不足，天下说之。恃天下者，天下去之；自恃者，得天下。得天下者，先自得者也；能胜强敌者，先自胜者也。”《史记·商君列传》云：“宗室非有军功论，不得为属籍。”“有功者显荣，无功者虽富无所芬华”。君主以战得强兵，民众以战获军功，在整个社会言战的气氛之下，秦国社会组织、思想意识及行政政策均准军事化，最终形成一个具有浓厚军事意味的社会。在这样的社会里，绝对服从和严格等级成为主要特征。维持稳定也是《商君书》中的主旨之一。《弱民篇》曰：

“主操权，利；故主贵多变，国贵少变。”《农战篇》云：“凡治国者，患民之散而不可抟也，是以圣人作壹，抟之也。国作壹一岁者，十岁强；作壹十岁者，百岁强；作壹百岁者，千岁强，千岁强者王。”《壹言篇》曰：“治国能抟民力而壹民务者强，能事本而禁末者富。夫圣人之治国也，能抟力，能杀力。制度察则民力抟，抟而不化则不行，行而无富则生乱。故治国者，其抟力也，以富国强兵也；其杀力也，以事敌劝农也。”

同时，在《商君书》中，还有转嫁国内危机于外国的策划。《靳令篇》曰：“国贫而务战，毒输于敌，无六虱，必强。国富而不战，偷生于内，有六虱，必弱。”《去强篇》曰：“国强而不战，毒输于内，礼乐虱官生，必削；国遂战，毒输于敌国，无礼乐虱官，必强。举劳任功曰强，虱官生必削。”把一切斗争的矛头指向于外，从而保证国内局势的稳定。《史记·商君列传》云秦人“为私斗者，各以轻重被刑大小”，又云秦人“勇于公战，怯于私斗”，可见在法令及政策上是有相关的规定的。

富国强兵与政治社会稳定相互表里，富国强兵是政治社会稳定的前提。而关键在于，社会及政治的稳定不会打破当前的政治格局和社会阶层关系，因此，也就不可能损害社会的整体利益，既得的政治利益、经济利益就可得以保全。稳定主张的提出，就具有尊重当前既得利益的政治意味。

由上述看，民众仍然是政治统治的工具。为了能使民众成为驯服的统治工具，《商君书》反复重申法制、以法治国的原则。

5.《商君书》的经典语录主要有哪些

1. 固有道之国，治不听君，民不从官。

2. 王者之兵，胜而不骄，败而不怨。

3. 治世不一道，便国不必法古。

4. 法者，所以爱民也。

5. 疑行无成，疑事无功。

6. 国之所以兴者，农战也。

7. 法者，国之权衡也。

8. 国贫而务战，毒输于敌，无六虱，必强。国富而不战，偷生于内，有六虱，必弱。

9. 主操权，利；故主贵多变，国贵少变。

10. 靳令则治不留，法平则吏无奸，法已定，不以善言害法。

6.《商君书》的内容大都涉及军事吗

《商君书》的大多数篇章都涉及军事，其主要的军事思想可以概括为以下四个方面。

一是积极主张战争。它认为战国时代是武力征伐的时代，“万乘莫不战，千乘莫不守”(《开塞》)。在这个特殊的历史条件下，战争直接关系到国家的生死存亡，要立足天下，称王称霸，就必须从事战争，“国之所以兴者，农战也”。反对所谓“非兵”、“羞战”的论调，明确肯定战争的合理性和必要性。“以战去战，虽战可也”(《画策》)。

二是农战结合。它认为，农耕为攻战之本，因为农业生产不仅为战争提供物质基础，而且人民致力于农耕，才会安土重居，从而为保卫国土而战。农、战结合才能使国富兵强。

三是重刑厚赏，以法治军。“赏使之忘死，威使之苦生……何不陷之有哉！”(《外内》)。通过刑、赏要造成人民“乐战”的风气，“民闻战而相贺也，起居饮食所歌谣者，战也”(《赏刑》)。

四是提出了一些具体的战略、战术。主张明察敌情，量力而行，权宜机变，灵活主动。强调用兵作战要“谨”，反对盲动。注重士气在作战中的作用。在《兵守》篇中探讨了守城防御作战的原则和方法。

当然，《商君书》的军事思想必然带有时代和阶级的局限性。它鼓吹好战，将战争抬高到压倒一切的地位，以为战争可以解决一切问题，这显然是片面的。至于“能胜强敌者，必先胜其民”（《画策》）的观点，则反映了它与广大民众尖锐对立的阶级立场。

《淮南子》

1.《淮南子》是一部杂家学术著作吗

《淮南子》是汉代的淮南王刘安及其手下门客所作。刘安是学识渊博、才华横溢的知识分子，他召集天下才能出众之士，相聚讨论天下兴亡、学术方技，搜罗古史佚闻。这些讨论的结果，便汇成了《淮南子》一书。战国时期社会纷乱，从而出现了百家争鸣的思想活跃期，但西汉以来的统一局面却使这一活跃局面消失，政治观念和学术思想的大一统代之而起。但是战国诸子们留下的精神并未因此消失，反而随着社会的稳定、国家的统一融入当代学术之中，使其空前繁荣。刘安的功绩，就在于搜集、整理并发展了汉代的学术成果，而写成《淮南子》一书。该书对总结、保存汉代学术成果有重要作用。

2.《淮南子》的主要思想取自道家吗

现存的《淮南子》共20卷，包括《原道训》、《淑真训》、《天文训》、《地形训》等。该书是汉代一次思想大一统的成果，为适应汉初一统的需要，以道家思想为主，兼采儒墨之长，名法之差。本书的主要思想取自道家，引用《老子》共16条，其中提到“无为”，并进一步阐释，认为“无为”应当按照自然与社会发展的规律而行，从而为原有的道家思想充入新的现实内容与科学观念，适应了时代的需要。

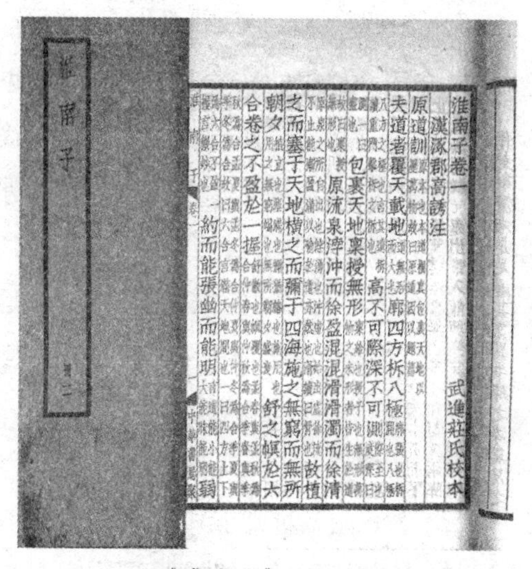

淮南子卷一
漢涿郡高誘注　武進莊氏校本
原道訓
夫道者覆天載地廓四方柝八極高不可際深不可測包裹天地稟授無形原流泉浡沖而徐盈混混滑滑濁而徐清故植之而塞于天地橫之而彌于四海施之無窮而無所朝夕舒之幎於六合卷之不盈於一握約而能張幽而能明

《淮南子》书影

在政治观念上，《淮南子》则吸收儒家的重民思想，认为百姓是治理国家的根本，国家的安定取决于君民关系的和谐与否。换言之，百姓是国家的基础和根本，只有这一基础稳定了，国家才能稳定。因此，他十分痛恨暴君的残酷统治，并在书中加以批判。

《淮南子》博采众家之长，融合百家，形成了庞大的理论体系，为汉初的一统提出了一套治国的理论。另外，《淮南子》中也保存了大量的古代神话，与《山海经》一样成为研究上古神话的必读书。而且《淮南子》中的神话较之《山海经》更详细、更完整，具有重要的研究价值。

3.《淮南子》的哲学思想主要表现在哪些章节

《淮南子·原道训》：夫道者，覆天载地，廓四方，柝八极。高不可际，深不可测。包裹天地，禀授无形。原流泉浡，冲而徐盈，混混滑滑，浊而徐清。故植之而塞于天地，横之而弥于四海，施之无穷而无所朝夕。舒之幎于六合，卷之不盈于一握。约而能张，幽而能明，弱而能强，柔而能刚。

4.《原道训》是对道家思想的继承吗

这段文字是对道家思想的继承。《淮南子》产生之前，经过东周、秦汉之际数百年的战乱，人民深受战火的侵扰，因此渴望安定的生活。汉初统治者吸纳黄老无为之治的思想，推行休养生息的政策，使国家从战乱和凋敝中恢复过来，逐步走向繁荣。在这样的社会背景之下，《淮南子》的作者们也受到黄老思想的影响，因而在作品中流露出而出。《淮南子》虽然博采众家所长，但独以道家为主。

《老子》思想的核心是“道”，是他对宇宙自然的看法。《淮南子》也继承这一观点，专门辟出《原道》、《道应》两篇对此进行专章论述，另外在其它各篇中也有所阐述。《淮南子》中道的思想继承自《老子》中道之神秘莫测、不可名状的特点。而这种顺乎自然，应乎时运的自然天道观也的确适应汉初休养生息的政策。在长期战乱之后，人民需要安定的生活才能发展生产。而黄老思想正应此一要求，因而《淮南子》所提出的治国之策是与历史潮流相一致的。

5.《淮南子》的经典语录主要有哪些

1. 所谓得者，全其身者也。

2. 故民迫其难则求其便，困其患则造其备。

3. 常故不可循，器械不可因也。

4. 先王之制，不宜则废之。

5. 法者，天下之度量，而人主之准绳也。

6. 苟利于民，不必法古。

7. 法者，治之其也，而非所以为治也。

8. 人主之立法，先自为检式仪表，故令行天下。

9. 食者，民之本也；民者，国之本也；国者，君之本也。

10. 为治之本务，在于安民。

6.《淮南子》不是一本纯粹的哲学著作吗

《淮南子》是汉代集各家思想之大成的一部著作，对于研究秦汉以来的哲学思想有重要意义，书中也保留有大量上古神话。阅读本书除要注意吸取各家思想之长外，还要留意其中保存的大量古代自然科学知识的价值。

《韩非子》

1. 韩非子是先秦法家思想的集大成者吗

韩非，战国末期的韩国贵族，为先秦法家思想的集大成者。战国时期新兴地主阶级崛起，并逐步取代奴隶主阶级。为适应新的阶级统治，法家提出一系列治理国家的思想和政治主张，并有商鞅、申不害等人在各国实践理论。在此情况之下，韩非总结法家的思想，写就《韩非子》一书。他在韩国时就曾多次上书韩王，要求变法，以求富国强兵，却一直未能得到采纳。后来韩非出使秦国，又游说秦王嬴政，他的才能得到了秦王的赏识，但同窗李斯嫉妒他的才能，便向秦王诬陷他，韩非因此被捕入狱，又被迫服毒自杀，死时年仅四十来岁，仅留一部光辉灿烂的《韩非子》。

2.《韩非子》是对先秦法家思想的总结吗

今本《韩非子》存20卷，55篇，是对先秦法家思想的一次大总结，阐述法家要求建立统一的中央集权封建国家的政治主张与理论，韩非最重要的观点是“法、术、势”理论。“法”指法令，“术”指策略、手段，“势”是权势，他主张结合三者以构成君主集权的根本措施。韩非思想的核心是以法治国。他总结历史上以法治国而强兵富国的经验，提出必须走上“法治”的道路。

韩非提出在统治中应当赏罚并用，而赏罚依据是否遵守“法”，有功则赏，有罪则罚。君主在施行赏罚时不能以自己的好恶来论，必须循名责实，以减少赏罚的错误，由此可知法治观念在韩非政治思想中的重要性。韩非政治策略的另一重要方法是奖励耕战。他认为重农尚武是富国强兵之本，因此主张让百姓积极发展生产，建立战功，以保障国家的物源、兵源，为国家统治打下坚实的基础。韩非的理论是对前法家学说的发展，是更彻底、更符合时代要求的理论创建。但从另一个方面来说，他将法家思想发展到极端，也产生了诸多片面性的偏激观点。

3.《韩非子》的哲学思想主要表现在哪些章节

《韩非子·五蠹》：其带剑者，聚徒属，立节操，以显其名，而犯五官之禁。其患御者，积于私门。尽货赂，而用重人之谒，退汗马之劳。其商工之民，修治苦窳之器，聚弗靡之财，蓄积待时，而侔农夫之利。

4.《五蠹》反映了韩非的“耕”、“战”思想吗

这段文字是从《韩非子》中的名篇《五蠹》中选出的。这篇文章批评了对国家危害最大的五种人，而于其中体现其政治主张。从所选的这几句话，可以窥见韩非主张“耕”、“战”的思想。他从商鞅、申不害变法的历史中认识到耕战的重要性。耕可以富国，战可以强兵。而财富与兵源是一个国家——至少在韩非的那个时代——富强最重要的物质保证，因而也是各国争夺的重要目标。“以力得富，以事致贵”，他主张让老百姓积极发展生产，建立战功，形成“无事则国富，有事则兵强”的良好局面，为一统天下打下坚实的物质基础。

而韩非认为“五蠹”是对这种政策造成巨大破坏的人。游侠之士任意妄为完全不把官府、法令放在眼里，这破坏了韩非治国的根本宗旨——法治。而一切，如耕战，如赏罚，都服从于法治。此外工商业者由于不从事直接的劳动生产，也受到了韩非的批判。这种重本轻末的思想与先秦以来的传统思想倒是吻合，但抑制了工商业的发展，给国家的进步设了一道障碍。

5.《韩非子》的经典语录主要有哪些

1. 刑过不避大夫，赏善不遗匹夫。
2. 故用赏过者失民，用刑过者民不畏。
3. 无事则国富，有事则兵强。
4. 言行不轨于法令者必禁。
5. 缘道理以事从事者，无不能成。
6. 夫言行者，以功用为之的壳。
7. 笔直名实定是非，参验而审言辞。
8. 道者，万物之始也，是非之纪也。
9. 道无双，故曰一，是故明君贵独道之。

6. 韩非的法治思想至今仍有积极作用吗

韩非是法家思想的集大成者，他所提出的法治思想对我们今天“以法治国”的政策有一定的借鉴作用，其过于偏颇之处也可作为今天的反面教材，对《韩非子》的阅读既要认识到其思想进步之处，更要注意到他的学说的偏激之处，以及他所主张的高压政策的不合理处。

《吕氏春秋》

1.《吕氏春秋》综合了战国不同的思想流派吗

《吕氏春秋》是战国末期秦国宰相吕不韦召集手下门客编纂而成。由于众门客分属不同的思想流派而各有千秋，因此该书成为杂家代表著作之一，其综合了战国不同的思想流派，如有抵触之处，也不足为奇。

战国末年，秦王嬴政灭掉六国统一天下已是大势所趋、指日可待。作为秦相的吕不韦清楚地认识到这一形势，并考虑到统一天下后秦国长治久安的问题。他认为必须从古代及当世的经验教训中总结出行之有效的政策，因此汇集门客及天下有才之士编成《吕氏春秋》，期望秦王能从中吸取统治之道。

2.《吕览》有朴素的辩证唯物主义思想吗

《吕氏春秋》共分为8览、6纪、12纪，共20余万言。其中八览包括有始览、孝行览、慎行览、先识览、申分览、审应览、离俗览、恃君览。此八览是书中主要思想所在，因此《吕氏春秋》又称《吕览》。该书内容十分广泛，几乎包括学术领域的各个方面，是名副其实的“杂家”。与所有先秦哲学著作一样，该书也提出宇宙发展的规律问题，例如“浑浑沌沌，离则复合，合则复离，是谓天常”，这与后世“分久必合，合久必分”的思想是一致的。

同时，他也认识到宇宙、人类社会的发展都是在互补、相生相克的变化运动中保持着平衡的，这种思想在先秦时代无疑是先进的，而将此应用于国家治理上，便产生了不泥古、求新、求变的思想。另外，儒家“民贵君轻”思想在此也得到进一步发挥，除此也涉及墨、道诸家的思想。此书杂融先秦各派，可谓包罗万象。

3.《吕览》的哲学思想主要表现在哪些章节

《吕氏春秋·不苟论》：凡赏非以爱之也，罚非以恶之也，用观归也；所归善，虽恶之赏；所归不善，虽爱之罚；此先王之所以治乱安危也。

4.《吕览》反映的也是法家的法治思想吗

法家思想是《吕氏春秋》中最重要的思想内容之一，后来为秦始皇所采纳，成为秦的治国之方。此段文字反映了法家的法治思想，认为对国人的奖惩不能按照统治者个人的好恶来决定，而应该取决于办事者所做事情的结果好还是不好。这充分体现了法家的法治思想，统治者不应该以亲疏来行赏罚，而应当看实际效果。商鞅曾在秦穆公时推行过“耕战”制度，凡是耕种庄稼多，作战杀死敌人多的人都应该论功行赏。这种措施曾受到当时各国的鄙视，但事实证明该措施为秦国的强大并在以后战胜各国打下了坚实的物质基础。

在战国时代，能提出“法治”思想并将其应用于政治实践中，的确是一项伟大的创举，它让人民中有贤能的人能进入上层。同时，法治也有助于培养一视同仁的思想，任何人在法律面前都是平等的，毫无特权可言。这也与我们今天提倡的法治思想一致，其对现代社会的政治发展有十分重要的指导作用。

5.《吕览》的经典语录主要有哪些

1. 始生之者，天也；养成之者，人也。
2. 听言不可不察。不察则善不分。善不善不分，乱莫大焉。
3. 故治乱存亡，其始若秋毫。察其秋毫，则大物不过矣。
4. 用武则以力胜，用文则以德胜。
5. 凡兵之用也，用于利，用于义。
6. 天下非一人之天下也，天下之天下也。
7. 故凡举事，必先审民心然后可举。
8. 不正其名，不分其职，而数用刑罚，乱莫大焉。
9. 民之不用，赏罚不充了。
10. 防民之口，甚于防川；川壅而溃，伤人必多。

6. 读《吕氏春秋》需要一定的鉴别能力吗

《吕氏春秋》由于是秦相吕不韦所编纂的，因此逃过了焚书坑儒的大劫，得以保存大量先秦各家的言论、主张。在阅读时，不要被书中各家杂乱的思想迷了眼，而应从中识别出自己感兴趣的、正确的理论，为己所用。

《春秋繁露》

1.《春秋繁露》发挥了春秋大一统的思想吗

《春秋繁露》共 17 卷，共 82 篇，哲学著作。作者董仲舒（公元前 179 ~ 公元前 104），广川人，即河北景县人，曾任博士、江都相和胶西王相，是西汉哲学家、经学大师。此书以儒家宗法思想为中心，并结合阴阳五行学说，旨在发挥春秋大一统思想。在宇宙观上，董仲舒把“天”当作至高无上的神，建立“天人感应”论。在人性论上，董仲舒根据神学人性论，建立起“三纲五常”的封建伦理道德观念。在历史观上，董仲舒提出“三流”、“三正”的历史循环思想，他将儒家哲学神学化，用以顺应巩固统一的封建制度。

2. 董仲舒开了封建社会以儒学为正统的先声吗

董仲舒曾任博士、江都相和胶西王相，汉武帝举贤良文学之士，他对策建议："诸不在六艺之科，孔子之术者，皆绝其道，勿使并进。"为武帝所采纳，开此后两千余年封建社会以儒学为正统的先声。

3.《春秋繁露》是出自董仲舒一人之手吗

董仲舒还著有《董子文集》。此编为作者阐释儒家经典《春秋》之书，书名为"繁露"，《四库全书总目》云：繁或作蕃，盖古字相通，其立名之义不可解。《中兴馆阁书目》谓"繁露"冕之所垂，有联贯之象；《春秋》比事属辞，立名或取诸此，亦以意为说也。此书篇名与《汉书·艺文志》及《双书·董仲舒传》的记载不尽相同；《汉书·艺文志》只言《公羊董仲舒治狱》16篇；《汉书·董仲舒传》所载"《玉杯》、《蕃露》、《清明》、《竹林》皆为所著书名，数十篇，十余万言。

今存《玉杯》、《竹林》则为《春秋繁露》中之篇名，因此，后人疑其不尽出自董仲舒一人之手，而是后人辑录董仲舒遗文而成书，书名为辑录者所加，隋唐以后才有此书名出现。宋儒程大昌攻之尤力，但《四库全书总目》却认为，书虽未必全出于董仲舒，但其中多根极理要之言，非后人所能依托。

西汉经学大师董仲舒

《春秋繁露》传本很多，主要有清《四库全中》本，光绪五年定州王氏谦德堂刻《畿辅丛书》本，附张驹贤《校正》17卷，又有《四部备要》本及1975年中华书局铅印本。苏舆撰《春秋繁露义证》点校本收入到中华书局《新编诸子集成》里面。

我国现存最早的《春秋繁露》版本，是南宋嘉定四年江右计台刻本，现藏于北京图书馆。

4.《春秋繁露》创造了"人副天数"说吗

董仲舒在《春秋繁露》中极力推崇《公

羊传》的见解，阐发“春秋大一统”之旨，把封建统一说成是天经地义而不可改变。他认为自然界的天就是超自然的有意志的人格神，并且建立起了一套神学目的论学说，把人世间的一切包括封建王权的统治都说成是上天有目的的安排，将天上神权与地上王权沟通起来，为“王权神授”制造了理论根据。

同时，又以阴阳五行学说将自然界和社会人事神秘、理论化，还作出各种牵强比附，建立“天人感应”论的唯心主义形而上学的神学体系。如董仲舒创造的“人副天数”说，将人身的骨节、五脏、四肢等，比附为一年的日数、月数，以至五行、四时之数，人身五脏与五行符、外有四肢与四时符，从而得出“为人者，天也”的理论，认为人类自身的一切都由天所给予。用天有阴阳来比附人性，谓“天有阴阳之施，身亦有贪仁之性”，意即天道兼备阴阳两种作用，人身也兼备着贪仁两种本性等。

5. 董仲舒的神学体系包括“三纲”、“五常”吗

董仲舒的神学体系包括“三纲”、“五常”、“三统”、“三正”、“性三品”诸说。在《基义》篇里，谓君臣、父子、夫妇之义，皆取之阴阳之道。君为阳，臣为阴;父为阳，子为阴;夫为阳，妻为阴。是故仁义制度之数，尽取之天。王道之三纲，可求于天，综合前论，即是所谓的君为臣纲，父为子纲，夫为妻纲的“三纲”。并把“仁、义、礼、智、信”五种封建道德伦理规范，与金、木、水、火、土之五行相比附，则为“五常”。“三统”与“三正”实际上是董仲舒的历史观。

《春秋繁露》大力宣扬“三纲”、“五常”的封建道德观，为封建等级制度和伦常关系的合法性制造舆论。早在春秋时期，孔子便提出了“君君臣臣、父父子子”的思想，后来韩非发展了这一思想，并为“三纲”划出了一个明晰的轮廓：“臣事君，子事父，妻事夫，三者顺则天下治，三者逆则天下乱，此天下之常道也。”

董仲舒对此加以继承和神化，第一次提出：“王道之三纲，可求于天。”他说：“天为君而覆露之，地为臣而持载之，阳为夫而生之，阴为妇而助之，春为父而生之，夏为子而养之。”虽然尚未提出“君为臣纲，父为子纲，夫为妻纲”的正式条文，但其意思已很明确了，待西汉末成书的《礼纬》就把“三纲”的条文具体化了。三纲以君为臣纲为主，父为子纲、夫为妻纲是从属于君为臣纲的，

最根本的是要维护君权的统治。

6. 董仲舒在本质上是否认历史发展的吗

秦汉以前古书记载有夏、商、周三代，董仲舒遂认为夏是黑统，商是白统，周是赤统，改朝换代只不过是“三统”的依次循环，只是“改正朔，易服色”，在历法和礼仪上作形式上的改换。夏以寅月为正月，商以丑月为正月，周以子月为正月，三代的正月在历法上规定不同，故被其称作“三正”，在董仲舒看来，一个新王朝的出现，无非在历法上有所改变，衣服、旗号有所变化，此即为“新王必改制”，表示一个新王朝重新享有天命。从“三统”、“三正”论中不难看出，董仲舒否认历史的发展，王朝的更迭只是形式上的改变，实质上却是绝对不变的。

7. 董仲舒学说是为适应中央集权的需要而产生的吗

《春秋繁露》中所谓的“性三品”，即是圣人生来性善，小人生来性恶，中人之性，则可善可恶，性善圣人则是天生的统治者，中人之性则可以教化，逐渐变善，至于小人则是“斗筲之性”，只能接受圣人的统治。总之，此书内容反映了作者的整个哲学思想体系，这种以儒家宗法思想为中心，杂以阴阳五行学说的思想体系，对中国封建社会的发展产生了巨大的作用与影响。

西汉中期，战乱频繁的诸侯王国割据局面基本结束，生产得到恢复与发展，中央集权得到巩固与加强，出现了经济繁荣和政治大一统的局面。适应统一的中央集权的需要，董仲舒的神学唯心哲学思想便应运而生。

8.《春秋繁露》的主要思想是“君权神授”吗

董仲舒潜心钻研《公羊春秋》，学识渊博，故时人称其为“汉代孔子”，《春秋繁露》也是一部推崇公羊学的著作。

《春秋繁露》宣扬“天人合一”“天人感应”的神学目的论。认为天是有意志的，是宇宙万物的主宰，是至高无上的神。《繁露》把自然现象和社会现象进行神秘化的比附，认为天按照自己的形体制造了人，人是天的副本，人类的一切都是天的复制品，这就是“天人合一”的思想。

天通过阴阳、五行之气的变化而体现其意志，主宰社会与自然。草木随着季节变化而生长凋零，都是天的仁德、刑杀的表现；社会中的尊卑贵贱制度，都是天神“阳贵而阴贱”的意志的体现。君、父、夫为阳，臣、子、妇为阴，所以君臣、父子、夫妇的关系就是主从关系。“天子”是代替天在人间实行统治的，君主之权是天所授予的，并按天的意志来统治人民，这就是神化君权的“君权神授”思想。

《繁露》还用五行相生相胜的关系来附会社会人事，如将木生火，火生土，土生金，金生水，水生木比为父子；木居左，金居右，火居前，水居后，土居中央，比为父子之序，等等。这样就把古代朴素唯物主义的概念——阴阳和五行变成了体现天的意志和目的，神化封建制度的工具。

9.“天人感应”也是《春秋繁露》宣扬的重点吗

《春秋繁露》还大力宣扬“天人感应”说。认为“天”不但为人世安排了正常秩序，还密切注视人间的活动，监督正常秩序的实现。如果人间违背了封建道德即“天”的意志，君主有了过失而不省悟，“天”便会降下灾异警告，这就是所谓“谴告”说。

反之，如果君主治理天下太平，“天”就会出现符瑞。可见，封建统治者与天是相通、相感应的。如果能按照天的意志行事，维持正常的统治秩序，就可长治久安。

根据天人感应的神学目的论，《春秋繁露》提出了先验主义的人性论、性三品说。

这一套性三品的人性论，是孔子“唯上智与下愚不移”（《论语·阳货》）人性论的发展。

10.《春秋繁露》的思想是形而上学的吗

《春秋繁露》全面论证了“天不变道亦不变”的形而上学思想。

所谓“道”，是根据天意建立起来的统治制度和方法，《春秋繁露》用形而上学的观点加以分析判断，认为这个道是永恒的、绝对的。它说：“凡物必有合。合必有上，必有下；必有左，必有右；必有前，必有后；必有表，必有里；有美必有恶；此皆其合也。阴者阳之合，妻者夫之合，子者父之合，臣者君之合。物莫无合，而合各有阴阳。”

这里，它承认对立面的普遍存在，具有一些辩证法的因素。但它认为这些对立面之间的关系，主要是协调服从的关系，否定矛盾双方的斗争。虽然它承认矛盾的两个方面的性质、地位不同，但阳和阴双方，一主一从，一尊一卑的地位是永不可改变的，更不能转化，这是“天之常道”。然而，历史的发展并非一成不变的，王朝更替时有发生，为了解释这一现象，董仲舒提出了“三统”、“三正”的历史发展观。我国农历的十一月、十二月、正月可以作为正月，每月初一为朔日，朔日有从平旦、鸡鸣、夜半为开头的三种算法。

每一个新王朝上台后，都要改变前一个王朝的正、朔时间，这叫改正朔。如果新王朝选择农历正月为岁首，则尚黑色；如选择十二月为岁首，则尚白；如选择十一月为岁首，则尚赤色，这就是所谓的“正三统”。每个正朝都应按照自己的选择改换新的服色，这叫“易服色”。不管如何循环变化，维护封建统治的道和天一样，是永远不变的。“王者有改制之名，无改道之实”。所以，“三统”、“三正”也是董仲舒借天意之名宣扬“天不变道亦不变”的理论武器，目的是长期维护封建统治。

11. 董仲舒的哲学体系是唯心论吗

《春秋繁露》所反映的董仲舒的认识论，是建立在神学唯心主义哲学体系上的，是为天人感应的神学目的论服务的。人类、宇宙万物及其变化都是天意的安排，所以，人的认识也就是对天意的认识，只要认真考察自然现象，或通过内心自省，就不难体会到天意。董仲舒认为“名”反映的不是事物，而是天意，它是由圣人发现的，并赋予事物以“名”，“事各顺于名，名各顺于天”，即天的意志决定人的认识，人的认识决定万事万物，完全颠倒了名与实、主观与客观的关系，是一条唯心主义的认识路线。

12.《春秋繁露》详尽论证了“仁、义、礼、智、信”吗

董仲舒在答汉武帝的策问时曾提出“仁、义、礼、智、信”五常之道，在《春秋繁露》中又加以详尽论证。“仁者，爱人之名也”。“立义以明尊卑之分”。“礼者，序尊卑贵贱大小之位，而差内外、远近、新旧之级者也”。“不智而辨慧狷给，则迷而乘良马也”。“竭愚写情，不饰其过，所以为信也”。三纲五常的伦理观是汉王朝封建大一统政治的需要，也是中央专制集权制的反映，它在当时维护国家统一和封建制度方面，起过积极的作用。

但随着整个地主阶级的历史地位日益向保守、反动转化，它便成了反对革

命，麻痹和奴役劳动人民的精神枷锁。由于它高度集中地反映了整个地主阶级的根本利益，所以成了延续几千年的封建社会的道德伦理规范，在我国影响深远，危害极大。

13. 董仲舒的“神学蒙昧主义”也制约着皇权吗

《春秋繁露》以哲学上的神学蒙昧主义，政治上的封建专制主义为基础，提出了一套较为完备的思想体系，尽管以后各个王朝的哲学形态有所改变，但这一思想一直在我国封建社会中占统治地位。书中将自然现象与社会问题进行无类比附，得出自己需要的结论，具有很大的欺骗性，影响恶劣。

当然，学术界也有不同观点，有的观点认为，正是董仲舒的“神学蒙昧主义”在制约着皇权，在皇权具有绝对权威、社会又还没有出现可以与皇权抗衡的时代，恰恰是董仲舒的系统的天人感应论在制约着皇权，使皇上不敢为所欲为，正是这一思想文化的因素在维系和制衡着社会力量，这对家天下时代有效防止天子滥用权力起到了巨大的作用。董仲舒说，屈民而申君，屈君而申天。所以，不能用现在的眼光来笑话古人的愚昧，其实在那个时代，他们看得比我们要深刻和长远得多。

1.《神灭论》是古代无神论的杰作吗

《神灭论》作者范缜（450～510年），字子真，河南泌阳县人，学于名儒刘瓛，博通经术，尤精三礼，是南朝齐、梁间的思想家。《神灭论》旨在宣传无神论，反对佛教迷信。其内容主要论述形神关系，指出“形存则神存，形谢则神灭”。认为精神是人类形体的属性，死亡是生命的质变，而精神现象依赖于器官，人死后灵魂随之消失。反对佛教的因果论，打击“因果报应说”的理论基础“灵魂不灭论”。在形神关系上，更超越了以往的唯物论哲学家，是古代无神论的杰作。

2.《神灭论》曾引发“神灭”大论战吗

《神灭论》是南朝齐永明七年（公元489年），范缜在竟陵王萧子良的宴席上，发表的反对佛教因果报应论，主张神灭的言论。此文一出，引发了关于“神灭”的大论战。笃信佛教的梁武帝又对此文展开围剿，最终在理论上无法屈服神灭论的情形下，范缜被钦定为“异端”而流放。

在范缜所处的时代，是佛教信仰鼎盛的时期。门阀士族封建统治者，为了从精神上奴役人民，巩固自己的统治，大兴佛教，使生产遭到破坏，造成了社会经济危机。在思想领域，传统因果报应观念仍然存在，佛教又极力证明人死神不灭，把所谓善恶之报推到无法验证的遥远的将来。要驳倒佛教的因果报应思想，必须阐明人的形体死亡精神也灭亡的道理。因此，关于神灭与神不灭的斗争，是当时思想战线上斗争的一个重要方面。同时，在南朝提倡薄葬，人们或多或少地都在思考形神关系问题。这一社会普遍关注的问题，推动着思想家们对此进行探讨、研究。范缜的《神灭论》就是这一研究的最高成果。范缜继承和发展了戴逵、何承天、刘峻的无神论思想，反对宗教迷信。他在南齐做官时，对齐竟陵王萧子良“精信释教”，大讲佛法十分不满，同萧子良进行了面对面的辩论。他的《神灭论》发表后，“朝野喧哗”，萧子良集众僧与他辩论，他没有屈服。萧子良又用高官厚禄对他进行利诱，他则响亮地回答：绝不“卖论取官”。继续坚持反佛斗争，表现了顽强的战斗精神。《神灭论》是充满斗争性、宣传无神论、讨伐佛教唯心主义的战斗檄文。它继承了先秦、两汉以来建立在唯物主义自然观基础上的无神论思想，同时克服了它们的理论缺陷，在中国哲学史上第一次较为正确地解决了形神关系问题，在理论上达到了中国古代无神论的顶峰，奠定了反佛教的理论基础，确立了范缜在中国哲学史上的不朽地位，集中反映

《神灭论》作者范缜

了范缜哲学思想的核心。

3.《神灭论》有代表性的文字有哪些

《神灭论》第一段：或问予云：“神灭，何以知其灭也？”答曰：“神即形也，形即神也。是以形存则神存，形谢则神灭也。”问曰：“形者无知之称，神者有知之名，知与无知，即事有异，神之与形，理不容一，形神相即，非所闻也。”答曰：“形者神之质，神者形之用，是则形称其质，神言其用，形之与神，不得相异也。”

4.这些文字说明了“形神相即”的内涵吗

范缜在这段文字里提出了两个重要的命题，一个是“形神相即”，另一个是“形质神用”。关于“形神相即”，他说：“神即形也，形即神也；是以形存则神存，形谢则神灭也。”这说明了精神和形体不可分离，它们不是并列各自独立的两个东西，所以范缜又把它们叫“形神不二”，也叫形神“不得相异”，这都是指形神不得分离，二者是“名殊而体一”，是既有区别又有联系的不可分离的统一体。

而且范缜把形看作神的基础，神随形存，神随形谢，在形神不可分离的统一体中，形体是第一性，精神是第二性。这在人类认识史上，第一次确立了唯物主义形神一元论，是荀子以来唯物主义形神关系的重大发展。

“形神相即”的观点，是和佛教神学“形神相异”、“形神非一”观点直接对立的。佛教认为神可以脱离形而独立存在，这是神不灭论的出发点。为了彻底击破论敌，范缜从物质与精神关系中概括出“质用”范畴，在中国哲学史上第一次提出了“形质神用”的学说。他以质与用的关系，来说明形体和精神的关系。他认为，实体（质）具有作用，是不依靠作用而存在的；作用是实体的表现，是依附实体而存在的。具体从形体与精神来说，形体是精神赖以产生的本体，精神是形体的作用和功能。精神和形体之间的关系，是相互依存又相互区别的对立统一关系。因此，作为本体的形体死亡了，作为作用和功能的精神也必然随之消灭。为了说明形质神用的关系，范缜用了利刃喻形神的新比喻，比较科学地说明了形体与精神的特征和两者之间的辩证统一关系。

范缜这种形神一体、质用不同的观点，克服了以前的唯物主义者把形神视为“精粗一气”的缺陷，在形神关系问题上作出了最重大的贡献。

5.《神灭论》的主要内容有哪些

《神灭论》的主要内容表现在四个方面：

一是“形神相即”。范缜首先肯定形神不可分离。他说：“神即形也，形即神也。是以形存则神存，形谢则神灭也。”“即”是不分离的意思。认为形和神之间的关系是“名殊而体一”，即形和神是既有区别又有联系的统一体。由此得出的结论是形体存在，精神才存在；形体消亡，精神也就消亡了。这是范缜主张神灭的第一条理由。

二是“形质神用”。为了进一步论证形神关系，范缜又提出了“形质神用”这个前人没有提出过的崭新命题。他说：“形者神之质，神者形之用。”所谓“质”，就是实体、本质的意思；“用”是指功用、作用。引申之，“质”指主体，“用”指主体的派生物。所谓“形质神用”，就是说形是实体，是神的主体；神是形的作用，是由形派生出来的东西。神既然是形派生出来的，只是形的作用，那么它决不能脱离形这个主体而单独存在。为了进一步说明精神必须依赖于形体的道理，范缜用了一个十分通俗的“刃”、“利”之喻，他说：“神之于质，犹利之于刃；形之于用，犹刃之于利。利之名非刃也，刃之名非利也。然而舍利无刃，舍刃无利。未闻刃没而利存，岂容形亡而神在？”应该说，这个比喻是很恰当的，它既说明了形神是不可分离的，又正确地处理了物质实体和它的属性的关系。

三是不同的质有不同的用。针对范缜“形质神用”的观点，有神论者用“质同”、“用异”的诡辩来反驳，他们说：“木之质，无知也；人之质，有知也。人既有如木之质，而有异木之知，岂非木有其一，人有其二耶？”意思是说树木的实体没有知觉，人的实体有知觉；人有和树木一样的实体，又有树木所没有的知觉，岂不是说树木只有一种特性，而人有两种特性吗？范缜回答说：“今人之质，质有知也。木之质，质无知也。人之质非木质也，木之质非人质也。安在有如木之质而复有异木之知？”范缜把人质和木质作了区别，人的质不同于木的质。人质有知，木质无知。他强调了有知和无知是由不同的物质实体决定的，从而肯定了不同的质有不同的作用，精神是人这种物质实体特有的功能。但是，对方又发难说：既然只有人的形体才有知觉作用，那么人死后形体还存在，就应当还有知觉，可见灵魂并不随形体死亡而消灭。对此，范缜回答道：活人的质和死人的质是不同的，生者的形体变为死者的骨骼，是有质的变化的。但变化也有程序，突然发生的，消失得也快；渐渐生长的，消失得也慢，这是事物本身的规律。人是渐渐生长的，所以人死后形体消失得很慢。但尽管如此，死人的形体和活人的形体还是有质的区别的，这就好像活的花木能开花结果，而死的枯树不能开花结果一样。树木是先活后枯，枯树不能再变成活树，人也是这样，活人要死，死了就不能再活了。所以说活人的质和死人的质是不一样的。死者的骨骼有如同木头那样的质，所以与木头一样，没有知觉；活着的人之所以有不同于木头的知觉，那是因活人的质与木头的质是不同的。这里范缜进一步把精神归结为活人的形体所特有的属性。

四是人的生理器官是精神活动的基础。有神论者又问：手也是形体，那么是不是有精神，可思虑呢？范缜回答时，把精神作用分为两类，一类是能感觉痛痒的“知”（即知觉、感觉），一类是能判断是非的“虑”（即思维），并指出它们在程度上有深浅的不同，“浅则为知，深则为虑”，但“知”和“虑”都是人的形体的统一的精神活动的两个方面。然而“人体唯一，神何得二”？他认为，“知”和“虑”所以有差别，是因为它们依靠的人体器官不同，手能知痛痒，但不能判断是非，而“是非之虑，心器所主”。这里范缜强调了人的生理器官是精神活动的基础。

6.《神灭论》的经典之语有哪些

1. 神即形也，形即神也。是以形存则神存，形谢则神灭也。

2. 形者神之质，神者形之用，是则形称其质，神言其用，形之与神，不得相异也。

3. 神之于质，犹利之于刃，形之于用，犹刃之于利，利之名非刃也，刃之名非利也。然而舍利无刃，舍刃无利，未闻刃没而利存，岂容形亡而神在。

4. 今人之质，质有知也，木之质，质无知也，人之质非木质也，木之质非人质也，安在有如木之质而复有异木之知哉！

5. 人无无知之质犹木无有知之形。

6. 死者有如木之质，而无异木之知；生者有异木之知，而无如木之质也。

7．珉似玉而非玉，鸡类凤而非凤，物诚有之，人故宜尔。

8．有禽焉，有兽焉，飞走之别也；有人焉，有鬼焉，幽明之别也。

9．小人甘其垄亩，君子保其恬素，耕而食，食不可穷也，蚕而衣，衣不可尽也，下有余以奉其上，上无为以待其下，可以全生，可以匡国，可以霸君，用此道也。

10．圣同于心器，形不必同也，犹马殊毛而齐逸，玉异色而均美。是以晋棘、荆和，等价连城，骅骝、騄骊，俱致千里。

7.《神灭论》是揭穿神学谎言的划时代作品吗

范缜撰写的《神灭论》，在我国古代思想发展史上具有划时代的意义。他严厉驳斥"神不灭"的谬说，不仅从理论上揭穿了神学的谎言，而且也谴责了当时封建帝王和世家大族佞佛所造成的社会危机，有着积极的实践意义。他那坚持唯物主义的无神论思想和为捍卫真理勇于战斗的革命精神，千百年来始终闪烁着耀眼的光芒，成为我国人民宝贵的精神财富。

1.《象山集》是关于"心"学的理论吗

陆九渊，字子静，号象山。他曾在贵溪龙虎山象山书院讲学，人称象山先生，是宋代心学的鼻祖。他出身于没落贵族家庭，曾入仕，当过荆门的地方官，有颇佳的政绩。他生活在南宋偏安的时代，当时大大小小的农民起义不断，社会处于动荡之中。陆九渊一方面想维护南宋王朝的统治，另一方面又面临社会的动荡与对治邦安民的渴望，于是在自己的哲学中开辟了心学这一块天地，既论及主观的"心"，又兼及客观的事。他的哲学著作被门人及其子结集成《象山集》。

2.《象山集》认为事物是发展变化的吗

《象山集》是陆九渊哲学的全部精华，是心学的开山之作，在中国哲学史上有着重要的地位。他首先提出“心即理”的命题，认为自然是发展变化的，因而反映自然的理论也是发展变化的，其不依人的主观意志而转移，人只能认识、把握它，这无疑是深刻而正确的见解。

陆九渊

陆九渊将“心”提高到本体论的高度，主张“心即理”，从理学走到心学，提出“宇宙便是吾心，吾心便是宇宙”的观点。依其学说，则“吾心”是人的主观世界，同时客观物质世界也为人心所固有，是人心的体现。如果没有“吾心”，宇宙便会失去其本体，因此“吾心”就是世界的本体。陆九渊又提出自觉本心的认识论，认为人都有羞恶之心，这是与生俱来的，是永恒不变的，是人的“本心”。

只有具羞恶之感，心才是存在的，否则，心就已经死了。而保有这颗“本心”，能让人成为圣贤，能够为公而不为私。如何保有“本心”？陆九渊认为应当不自暴自弃，要安于命运，反对世俗的诱惑。他的主张为杨简、王阳明所发扬，成为中国哲学上颇有影响的一派——心学。

3.《象山集》的哲学思想主要表现在哪些章节

人非木石，不能无好恶，然好恶须得其正，乃始无咎。故曰：“唯仁者能好人，能恶人。”恶之得其正，则不至于忿嫉。夫子曰：“我本见好仁者，恶不仁者。”益好人者，非好其人也，好其仁也；恶人者，非恶其人也，恶其不仁也。

4.《象山集》的经典语录主要有哪些

1. 道在天下，加之不可，损之不可，取之不可，舍之不可，要人自理会。
2. 此理在宇宙间，固不以人之明不明，行不行而加损。
3. 理之所在，匹夫不可犯也。
4. 且如读史，须看他所以成，所以败，所以是，所以非处。

5. 此理在宇宙间，未尝有所隐遁。

6. 行仁政者所以养民。

7. 宇宙便是吾心，吾心便是宇宙。

8. 四方上下曰宇，往古来今曰宙。

9. 万物森然于方寸之间，满心而发，充塞宇宙。

10. 穷则变，变则通，通则久。

5. 陆九渊心学至今仍有积极意义吗

陆九渊心学提倡的“本心”，不仅为当时政治所用，对今天的人们做人和政府治理国家也有积极作用。但书中所暴露的唯心主义哲学思想，在阅读时要注意，不能受其腐蚀，也不能因其糟粕而否定了陆九渊心学在中国哲学史上的重要地位。

1.朱熹是宋代理学的集大成者吗

朱熹，一字仲晦，号晦庵，宋代理学的集大成者，是南宋著名哲学家、教育家。他自幼聪明过人，19岁中进士。从当时名师学习，对经学、哲学、史学、文学、佛学乃至天文、地理均有深入研究，堪称全才，但他主要致力于儒学经典的注释。宋代统治者重视文人，使众多文人从衣食之忧中解脱出来，专心研究学术。作为封建正统思想的儒学也得到空前发展。

在这种风气的影响下，朱熹也对经学产生了浓厚兴趣，他不仅注释古代经书，而且还著书立说宣扬儒学观念及封建伦理纲常。当时的学术十分活跃，在与他人的交往中又会形成一些对异己观念的批判，而这些成为《朱子语类》的主要内容。朱熹成为宋代理学的集大成者。

2. 朱熹哲学的基本课题是“理”吗

《朱子语类》是朱熹门人对其语言、论说的记录。现存140卷，内容囊括四书、五经、哲学、历史等各个门类，主要是朱熹晚年思想的精华。他在晚年对自己的早期思想所作的修正，在书中也得到反映。《朱子语类》包括朱熹理学思想的精华，朱熹哲学的基本课题是“理”，他的“理”就是“道”、“太极”，是哲学的最高范畴。学识广博的朱熹还把自然科学知识融入“理”的研究中，提出了以地球为中心的天地生成说，这在当时是具有一定进步意义的。理学的核心是“存天理、灭人欲”，天理指的是三纲五常。

朱熹当然也是三纲五常的坚决维护者，但他的三纲五常与明清人所提倡的压抑人性的哲学不同，而是把三纲五常当作拯救国家于危亡之中的武器，并以此批判昏君、奸臣，树立自己的高尚节操。他还认为抗金御侮就是天理，忠于国家、忠于君主、坚守君臣之义、夫妇之伦就是守礼。而针对当时佛教泛滥的情况，他提出“人之大伦，夫妇居一，三纲之首，理不可废”。朱熹的哲学思想对后世有相当的影响。

3. 朱子语类的哲学思想表现在哪些章节

《朱子语类》卷一：且如天地间人物草木禽兽，其生也，莫不有种，定不会无种子白地生出一个物事，这个都是气。若理，则只是个净洁空阔底世界……气则能酝酿凝聚生物也。

4. 这段话体现了朱熹的理、气观吗

朱熹哲学的基本问题就是“气”与“理”的问题，这段话体现了他的理、气观。他认为“理”与“气”本是两种截然不同的事物，但又密不可分、相依而存。“理”是太极，是“天地万物之理”，但却不是玄妙不可捉摸的，它一方面是阴阳五行之极，另一方面又体现在日常行为之中。而“气”则是有形的，气凝聚以成万物。他还提出“若气不结聚时，理亦无所附着”，意谓抽象的“理”若离开有形的物体，则无法依存。

在自然之中，“理”是太极，万物统一于太极，但太极的“理”又具体体现在万物之中。朱熹从佛教中吸取了一句话来比喻这种道理，这就是他常说的“月印万川”。这是宋代理学思想的精华所在，是理学家对宇宙的解释。而“理”在

社会生活中就是仁义礼智，就是三纲五常。这是宋明理学宣讲的重要内容，也是朱熹“理”的主要精华。他从自然之“理”的论证中得出“理”的永恒绝对性，也同时论证了三纲五常的永恒绝对性。而这一点得到了历代统治者的认同，将三纲五常作为他们统治的工具。

5.《朱子语类》的经典语录主要有哪些

1. 无是气，则是理亦无挂搭处。
2. 且如一阴一阳，始能化生万物。
3. 只此气凝聚处，理便在其中。
4. 道不远人，理不外事。
5. 一日普现一切水，一切水日一日摄。
6. 人人有一太极，物物有一太极。
7. 性即天理，未有不善者。
8. 为学须觉今是而昨非，日改月化，便是长进。
9. 为学功夫不在日用之外。
10. 太极只是天地万物之理。

6. 三纲五常是朱熹思想的核心吗

《朱子语类》是朱熹思想之精华，他所提倡的三纲五常虽被后世统治者作为欺压人民的工具，但其思想本身及其爱国主义精神仍是值得后人研究学习的。阅读时要抛弃陈旧，从原著中吸收其思想之精髓，当然也要注意其思想糟粕之处。

1.《论衡》是与当时的主流思想谶纬神学思想相抗衡的哲学吗

王充，字仲任，东汉会稽人，是东汉著名的哲学家、思想家，也是与当时居统治地位的谶纬神学思想相抗衡的哲学家。王充先祖曾因军功封爵，但在豪门士族的逼迫之下，家道中落。家族的历史，加上本人在政治中的不得志，使王充转而用笔来讨伐时代。

王充生活的时代，社会相当稳定，但因西汉末年的政治危机与农民战争的沉重打击，使皇帝不得不依靠豪门贵族的支持来维护自己的统治，从而形成了豪门贵族对政治、经济、文化各个方面的把持。他们在思想上的统治工具就是谶纬哲学，而迷信鬼神对国家统治及思想带来许多不健康的影响，也使人民生活受到影响。因此，王充勇敢地站出来反对它，写出《论衡》一书与之抗衡。他期望得到王朝的重视，把自己的思想作为国家指导思想，但在当时根本不可能成功。

2. 王充思想的重点是无神论吗

《论衡》最初大约有一百篇左右，但在上千年的流传中几经遗落与补救，现存30卷，85篇。该书主要是针对东汉流行之谶纬神学而作，被当时统治者视为异端。天道观是中国古代哲学的基本命题之一，王充也论及此问题，并在当时哲学上处于领先地位。他认为天地是含气的自然体，此说从根本上否定了汉儒的天人感应说。王充在文章中对汉儒的理论进行了无情地批判，是汉代唯一与天人感应论相对立的思想体系。

此外，王充还论及对人的性命、生死的看法。他认为人性的善恶决定于所禀的元气，表示人之命有寿命、禄命两种。人和万物都有寿命，寿命的长短由所禀之气决定，而后天的积善行德并不能延长寿命。禄命包括死亡与祸福，而诸多社会因素，例如朝政的失误等，都会对人的禄命产生作用。王充思想的另一个重点是无神论，他在文章中批判修道成仙与死而为鬼的谬论，从而否定世俗的鬼神论。他认为人是“精神以血气为主，血气常附形体”，精神与形体是相依而存的，这从哲学观点否定了鬼神论。

3.《论衡》的哲学思想表现在哪些章节

《论衡·雷虚篇》：盛夏之时，雷电迅疾，击折树木，坏败室屋，时犯杀人。世俗以为击折树木、坏败室屋者，天取龙；其犯杀人也，谓之阴过，饮食人以不洁净，天怒，击而杀之。隆隆之声，天怒之音，若人之呴吁矣。世无愚智，莫谓不然。推人道以论之，虚妄之言也。

4.《雷虚篇》是指责“妄击不罚过”吗

本篇中王充驳斥了把打雷说成是上天发怒，有意惩罚暗中犯有过错的人，这一毫无事实根据的说法，故篇名叫“雷虚”。王充认为，雷是一种火，因为被雷打死的人，头发胡子被烧焦，皮肤被烤煳，尸体上能嗅到火气。他进一步指出，打雷是一种自然现象，是阴阳二气互相碰撞、冲击而形成的。还打了个通俗的比方，像把一斗水倒在冶炼金属的火上能发出很大的响声并灼伤人体一样。“阳气为火猛”，发出的声音就更大，“中伤人身，安得不死”。王充强调，“雷之所击，多无过之人”，可见雷“妄击不罚过”。至于雷打死人，他指出，只是一种偶然事件，“人在木下屋间，偶中而死”。最后王充得出结论，说打雷是上天发怒，雷打死人是上天惩罚“阴过”的说法，是没有事实根据的“虚妄之言”。

5.《论衡》的经典语录主要有哪些

1. 贤圣未之熟炼耳，奚患性之不善哉。
2. 天地，含气之自然也。
3. 精神本以血气为主，血气常附形体。
4. 形须气而成，气须形成而知。
5. 天之与地，皆体也。
6. 操行有常贤，仕宦无常遇。
7. 如天故生万物，当今其相亲爱，不当令其相贼害也。
8. 人不晓天所为，天安能知人所行。
9. 人之死生，在于命之夭寿，不在行之善恶。
10. 衰世好信鬼，愚人好求福。

6.《论衡》反映的是唯物主义思想吗

《论衡》的唯物主义思想与无神论，是中国封建社会里的一道异彩，同时对破除近年来某些人的迷信、算命、邪教等有神论看法，也是极有意义的。但本书也宣扬了诸如自然天命说、适遇之数一类的错误看法，在阅读时应当摒弃此类说法，而取其精华。

1. 程学是后来的官方哲学吗

北宋时期，一方面生产技术日益提高，经济发展迅速，科技进步，思想文化相对繁荣，学术和人才较受尊重。但另一方面，民族危机和社会危机也逐渐加深。二程兄弟就生活在这样一个充满生气和危机的时代里。程颢（1032～1085年），字伯淳，又称明道先生；程颐（1033～1107年），字正叔，又称伊川先生。二程生于世家，幼年受到周敦颐的影响，对道学研究产生了浓厚的兴趣，后来创立二程理学。二程兄弟重视授徒讲学，弟子众多，程学因而得以广泛传播，终成官方哲学，影响了几个朝代。

2.《二程集》是以“理”为最高范畴吗

《二程集》为程颢、程颐兄弟的主要学术著作，其反映了二程的理学思想。二程理学是理论性和思辨性俱强的新儒学，它以复兴先秦孔孟之道为宗旨。此外并融会、综合了佛、道的不少观点，认为客观自然的天理是宇宙的唯一本体，而天理既是自然界的法则，也是人的先验的道德本性和社会的纲常伦理。二程之术宗旨基本相同，都把“理”作为天地万物的本源，以“理”为最高范畴。

二程学说最显著的差异在于：程颢宣称“只心便是天”，而程颐则认为“吾儒本天，释氏本心”，将心与天对立起来。二程之学兼具人伦和物理，但人伦是重点，伦理思想处于主导地位，而天道观为从属。他们主张“敬以直内，义以方外”，要进行道德涵养和道德实践，以便恢复和保存心中固有的天理。同时主张通过学习成为圣贤，修复完善的人格。在伦理观上，他们提倡存天理、灭人欲；在政治观上，他们崇尚仁义道德而避谈功利。

3.《二程集》的哲学思想表现在哪些章节

天下之害，无不由末之胜也。峻宇雕墙，本于宫室；酒池肉林，本于饮食；

淫酷残忍，本于刑罚；穷兵黩武，本于征讨。凡人欲之过者，皆本于奉养，其流之远，则为害矣。先王制其本者，大理也；后人流于末者，人欲也。损之义，损人欲以复天理而已。

4.《二程集》是讲公欲与私欲关系的哲学吗

二程兄弟把人们共同遵守的道德规范，以及人与人关系和谐化、稳定化的行为准则称作“天理”；把破坏这种规范和准则的个人的过度欲望称为“人欲”、“私欲”。“天理”和“人欲”是共性与个性的关系，而并非完全脱离人的感情欲望。他们认为人们正当而本然的感情欲望是“天理”的体现，只有那种过分的、损害他人正当利益的欲望才是“人欲”。

正当的欲望，比如人们的饮食、居室等奉养要求以及国家的刑罚、征讨的欲望是符合“天理”的，是维持人们生命和国家生存发展所必需的。这种正当的欲望是本，但由这种本而产生的末，即过分的欲，就会远离先前正当欲望的界限，而产生“峻宇雕墙”、“肉林酒池”、“淫酷残忍”、“穷兵黩武”等各种欲望，这就是“人欲”。应当减损这种不正当的“人欲”而复归本来的天理，这实际是讲如何处理公欲与私欲的关系。本然的、合理的私欲是允许的；当两者发生冲突时，应当以公欲为先，减省私欲，不使私欲过度膨胀。

5.《二程集》的经典语录主要有哪些

1. 仁者，以天地万物为一已，莫非己也。
2. 饥食渴饮，冬裘夏葛，若致些私吝心在，便是废天职。
3. 正其理则万事一，一以贯之也。
4. 言天之自然者，谓之天道。
5. 莫之为而为，莫之致而致，便是天理。
6. 天地万物之理，无独必有对，皆自然而然，非有安排也。
7. 父子君臣，天下之定理，无所逃于天地之间。
8. 有理则有气，有气则有数。行鬼神者，数也。数，气之用也。
9. 涵养须用敬，进学则在致知。
10. 只以便是天，尽之便知性，知性便知天，当处便认取，更不可外求。

6.《二程集》是精芜相间的哲学著作吗

《二程集》是新儒学的重要著作，其所阐述的伦理规范和行为准则有些至今仍有借鉴意义。但它也包含了一些陈腐的伦理纲常、空洞的道德说教，这些是应该舍弃的东西。读者阅读此书，一定要明辨精芜，批判继承。

《传习录》

1.《传习录》是“心学”流派的重要代表作品吗

《传习录》是中国明代哲学家、宋明道学中“心学”一派的代表人物王守仁的问答语录和论学书信集，是一部儒家简明而有代表性的哲学著作。它不但全面阐述了王阳明的思想，也体现了他辩证的授课方法，以及生动活泼、善于用譬、常带机锋的语言艺术。“传习”一词源出自《论语》中的“传不习乎”一语。

王守仁（1472~1529年），字伯安，别号阳明，汉族，浙江余姚人，因被贬贵州时曾于阳明洞（今贵阳市修文县）学习，故世称阳明先生、王阳明。是我国明代著名的文学家、哲学家、思想家、政治家和军事家，是继二程、朱、陆之后的另一位大儒，是“心学”流派的重要代表人物。其世界观与人生观均载于《大学问》一文中。

明代心学代表人物王守仁

2.《传习录》包含了王阳明的主要哲学思想吗

《传习录》包含了王阳明的主要哲学思想，是研究王阳明思想及心学发展的重要资料。上卷经王阳明本人审阅，中卷里的书信出自王阳明亲笔，是他晚年的著述，下卷虽未经本人审阅，但较为具体地解说了他晚年的思想，并记载了王阳明提出的“四句教”。

3.《传习录》发挥了“心即理”的哲学命题吗

王阳明继承了程颢和陆九渊的心学传统，并在陆九渊的基础上进一步批判了朱熹的理学。《传习录》中的思想明显地表现了这些立场和观点。

“心即理”本来是陆九渊的命题，《传习录》对此作了发挥。王阳明批评朱熹的修养方法是去心外求理、求外事外物之合天理与至善。王阳明认为“至善是心之本体”，“心即理也，此心无私欲之蔽，即是天理，不须外面添一分”。他这样说是强调社会上的伦理规范的基础在于人心之至善。

从这个原则出发，他对《大学》的解释与朱熹迥异。朱子认为《大学》之“格物致知”是要求学子通过认识外物最终明了人心之“全体大用”。王阳明认为“格物”之“格”是“去其心之不正，以全其本体之正”。“意之本体便是知，意之所在便是物”。“知”是人心本有的，不是认识了外物才有的。这个知是“良知”。

他说：“所谓致知格物者，致吾心之良知于事事物物也。吾心之良知即所谓天理也。致吾心良知之天理于事事物物，则事事物物皆得其理矣。致吾心之良知者，致知也；事事物物皆得其理者，格物也；是合心与理而为一者也。”

在他看来，朱子的格物穷理说恰恰是析心与理为二的。由此可见，王阳明的“心即理”的命题主要是为其修养论服务的。致良知说是对陆九渊心即理思想的发展。王阳明的心即理的思想也有我们一般意义上的本体论的含义。然而，如果偏重从本体论研究它，就会忽视它在王阳明修养论中的基础意义。

4. 知行问题是《传习录》中讨论的重要问题吗

知行问题是《传习录》中讨论的重要问题，也反映了王阳明对朱熹以来宋明道学关于这个问题讨论的进一步研究。

朱子主张知先行后、行重知轻。王阳明提出的“知行合一”虽然继续了朱子重行的传统，但是批判了朱子割裂知行的观点。王阳明主张知行合一乃是由心即理立基，批评朱子也是指出他根本上是析心与理为二。

他说：“外心以求理，此知行之所以二也。求理于吾心，此圣门知行合一之教。”“知行合一”的含意是说知行是一件事的两个方面。知是心之本体的良知；良知充塞流行、发而为客观具体的行动或事物，就是行。由这个认识出发，如果知而不行那只是不知。知是行的主旨，行是知的功夫。知行本是紧密相连的，因此有知行合一之说。在当时社会上、在理学发展中的确有知而不行的情况存在。

王阳明的知行合一对时弊有纠偏的意义。但是他强调知行合一说不是仅仅针对时弊提出的，它首先是要说明“知行之本体”。知行合一说强调道德意识本来就存在于人心中，这是道德的自觉性。它也强调道德的实践性，认为道德方面的知不是关于对象的知识，而是道德的实现。知行合一也有一般认识论方面的意义，但它首先讲的是道德修养，对于后者长期以来学术界一直没有深入研究。

5. 王阳明强调道德的自觉和主宰性吗

王阳明的“心即理”、“致良知”、“知行合一”都是要强调道德的自觉和主宰性。他说：“知是理之灵处，就其主宰处说便谓之心，就其禀赋处说便谓之性。”人心能够知晓行为的善恶，也能自觉地去为善，这就是本心的“明觉”，这是对程颢思想的发展。

《传习录》中对人心的“虚灵明觉”有很多讨论。若要全面正确地把握王阳明“心外无理”及其他学说，深入地研究他的这些讨论是十分必要的。正因为人心的本质是理，并且人能自觉到这种道德意识，所以人不需通过外物去认识本心之理，外物之理只是人心的表现。格致的工夫不是去认识外物，而是去掉本心的私欲之蔽。人心的明觉在程颢和朱熹处都有论述。读者在读《传习录》时应明了王阳明和他们的联系与区别。

应该承认王阳明以上的这些思想的确为人性善作了本体论的说明，有其历史意义。但也一定要看到，他的学说对人性恶的原因研究不够。虽然他的学说在明代下层人民中亦有影响，但仍不能说它有较大的普泛性。王阳明也注意到过“利根”和“钝根”之人要区别对待，但他的思想只适于利根之人。后人批评他“近禅”正在于此。这也是他不如朱学的所在，王阳明的这一偏失开始受到现代学者的注意，但是在当代新儒学的大家中，除梁漱溟以外，其他人对此尚注意不够。

6.《传习录》包括了王学所有重要观点吗

《传习录》包括了王学所有重要观点。上卷阐述了知行合一、心即理、心外无理、心外无物、意之所在即是物、格物是诚意的功夫等观点，强调圣人之学为身心之学，要领在于体悟实行，切不可把它当作纯知识，仅仅讲论于口耳之间。

中卷有书信八篇。回答了对于知行合一、格物说的问难之外，还谈了王学的根本内容、意义与创立王学的良苦用心；讲解致良知大意的同时，也精彩地解释了王学宗旨；回答了他们关于本体的质疑并且针对各人具体情况指点功夫切要。另有两篇短文，阐发王阳明的教育思想。下卷的主要内容是致良知，王阳明结合自己纯熟的修养功夫，提出本体功夫合一、满街都是圣人等观点，尤其引人注目的是四句教，它使王学体系齐备。

《阳明全书》

1.《阳明全书》所收著作多为哲学和论学之源吗

《阳明全书》38卷，亦称《王文成公全书》、《王阳明集》。4至31卷为《文录》、《别录》、《处集》、《续编》，包括奏疏、公文、序记、信札、杂著等各项，由其门人钱德洪辑。33至38卷为《附录》，包括《年谱》和《世德记》，由其门人钱德洪、王畿辑。此书不重著书论经，所收多为哲学和论学之源。哲学思想主要表现在《传习录》及《大学问》中，其继承并发展了陆九渊的思想，提出"心即理"、"无心外之事、心外之理"，主张"除了人情事变则无事矣"。另一方面，则以"致良知"来取代"天理"，客观地强调人在道德实践中的作用，提高了人的价值和地位。并强调"知行合一"，主张知行的实践主义。

2.《阳明全书》是全面阐述王阳明学术思想的著作吗

《阳明全书》是全面阐述王阳明学术思想的著作，主要包括《传习录》、《文录》、《文录续编》等。

《传习录》是王阳明的语录和论学书信。分成上、中、下三卷。上卷是同徐爱讲论《大学》宗旨，阐述了他"格物致新说"和"心与理一"、"知行合一"的思想。为门人徐爱、陆澄、薛侃所辑。正德十三年（1518年）初刻于江西赣州。中卷是与友人论学的书信，这些书信反映了他"致良知"、"知行合一"、"心物合一”、“天人合一”、“天地万物为一体”等思想。由门人南大吉所辑，后经钱德洪改编。嘉靖三年（1524 年）由门人南大吉和上卷合初刻于绍兴。下卷是与门人的谈话，由门人陈九川等采集，初名《遗言录》，后钱德洪加上自己及王畿所录，整理编辑成《传习续录》，其主要部分于嘉靖三十三年（1554 年）刊刻于宁国。嘉靖三十七年（1558 年），胡宗宪将三卷合一刊刻，统称《传习录》，分三卷。

《传习录》的“传习”出自《论语》的“传不习乎”。全书基本包括了王阳明主要的哲学思想。上卷是得到过他本人亲自审阅的。中卷的论学书信都是出自他的亲笔。下卷虽未经其本人审阅但也比较具体地解说了他晚年的各种思想。并记载了他提出的“无善无恶是心之体，有善有恶是意之动，知善知恶是良知，为善去恶是格物”的“四句教”。

王阳明的语录主要采用问答式，一是回答门人的提问。如其中有这样一段：“先生游南镇，一友指岩中花树问曰：‘天外无心外之物，如此花树，在深山中，自开自落，于我心亦何相关？’先生云：‘尔未看此花时，此花与尔心同归于寂。尔来看此花时，则此花颜色，一时明白起来，便知此花，不在尔的心外。’”另一方面是先生步步设问，引导学生思考的言论等。

《文录》包括了《正录》、《外集》、《别录》三个部分。为文人钱德洪编订。正录都是讲学明道的文章，共 5 卷；外集收集王阳明的诗赋等，共 9 卷。《别录》收集王阳明的奏折和公文等，共 10 卷。嘉靖十四年（1535 年）刻于苏州。此后，钱德洪又收集了一些，编入《文录续编》，刻于嘉靖四十五年（1566 年）。

其中最重要的是《传习录》和收在《文录续编》里的《大学问》。《大学问》是王阳明出征广西之前，录下的全面阐述他学术思想的著作。

3.《阳明全书》的哲学思想表现在哪些章节

《传习录·徐爱录》：爱问：“‘知止而后有定’，朱子以为‘事事物物皆有定理’，似与先生之说相戾？”先生曰：“于事事物物上求至善，却是义外也。至善是心之本体，只是‘明明德’到至精至一处便是，然亦未尝离却事物。本注所谓‘尽夫天理之极，而无一毫人欲之私’者得之。”

4.《传习录》主要讲的是“心即理”的哲学思想吗

《传习录》包含了王阳明的主要哲学思想，是研究王阳明思想及心学发展的重要资料。王阳明继承了程颢和陆九渊的心学传统，并在陆九渊的基础上进一步批判了朱熹的理学。《传习录》中的思想明显地表现了这些立场和观点。“心即理”本来是陆九渊的命题，《传习录》对此作了发挥。王阳明批评朱熹的修养方法是去心外求理、求外事外物之合天理与至善。王阳明认为“至善是心之本体”，“心即理也，此心无私欲之蔽，即是天理，不须外面添一分”。他这样说是强调社会上的伦理规范之基础在于人心之至善。从这个原则出发，他对《大学》的解释与朱熹迥异。朱子认为《大学》之“格物致知”是要求学子通过认识外物最终明了人心之“全体大用”。王阳明认为“格物”之“格”是“去其心之不正，以全其本体之正”。“意之本体便是知，意之所在便是物”。“知”是人心本有的，不是认识了外物才有的。这个知是“良知”。他说：“所谓致知格物者，致吾心之良知于事事物物也。吾心之良知即所谓天理也。致吾心良知之天理于事事物物，则事事物物皆得其理矣。致吾心之良知者，致知也；事事物物皆得其理者，格物也；是合心与理而为一者也。”在他看来，朱子的格物穷理说恰恰是析心与理为二的。由此可见，王阳明的“心即理”的命题主要是为其修养论服务的。致良知说是对陆九渊心即理思想的发展。王阳明的心即理的思想也有我们一般意义上的本体论的含义。然而，如果偏重从本体论研究它，就会忽视它在王阳明修养论中的基础意义。

5.《阳明全书》表达了王阳明与朱熹的对立和非难吗

《阳明全书》毫不掩饰地表达了他与朱熹的对立和非难。朱熹将《大学》一书分为经传，并补写格物致知传。王阳明认为分经传本来就没有根据，也根本没有必要补写格物致知传。朱熹重视“格物致知”，把它放在“诚意”的前面；王阳明则认为格致本于诚意，以诚意为主。朱熹将心与理析而为二，把知与行分离开；王守仁则主张心与理一，知与行合。朱熹以格物为穷理，注重外界一事一物之理，要求对经典的一字一句细心理会；王守仁则认为朱熹这种方法是务外遗内、博而寡要，他以格物为正心，要来发挥良知的作用，以良知为评判事理的标准和解释经典的根据。工阳明认为“心即理”。在这个基础上搭建他的心学体系。他的学说被称为“阳明心学”。他提出“心外无物，心外无理”的命题，认为身的主宰就是心，心的本体就是理，心外无理；心之所发就是意，意之所在就是物，心外无物。心的“灵明”便是天地万物的“主宰”。王守仁心学的特点是他的“致良知”说。这个良知，是存在人心中的天理，实际上是主观的道德意识，它既是是非标准，又是善恶标准，即真理和道德标准。但人欲会把人的良知掩盖。这就需要去“致”了。只要在“致”上下工夫去消灭人欲，才能恢复良知的本性。

6.《阳明全书》的经典语录主要有哪些

1. 知是行的主意，行是知的功夫；知是行之始，行是知之成。

2. 尝闻人是天地的心。

3. 无善无恶是心之体，有善有恶是意之动，知善知恶是良知，为善去恶是格物。

4. 心即理也，天下又有心外之事、心外之理乎？

5. 此心无私欲之蔽，即是天理，不须外面添一分。

6. 未有知而不行者，知而不行只是未知。

7. 如称某人知孝、某人知悌。必是其人已曾行孝、行悌，方可称他知孝、知悌。不成只是晓得说些孝、悌的话，便可称为知孝、悌？

8. 知行如何分得开？此便是知行的本体，不曾有私意隔断的。圣人教人必要是如此，方可谓之知。

9. 不必求之于圣人，亦不必求之于典籍。

10. 性是心之体，天是性之原，尽心即是尽性。惟天下至诚，为能尽其性，知天地之化育。

7.《阳明全书》对人性恶没有进行透彻的研究吗

王阳明的“心即理”、“致良知”、“知行合一”都是要强调道德的自觉和主宰性。他说：“知是理之灵处，就其主宰处说便谓之心，就其禀赋处说便谓之性。”人心能够知晓行为的善恶，也能自觉地去为善，这就是本心的“明觉”，这是对程颢思想的发展。《阳明全书》中对人心的“虚灵明觉”有很多讨论。若要全面正确地把握王阳明“心外无理”及其他学说，深入地研究他的这些讨论是十分必要的。正因为人心的本质是理，并且人能自觉到这种道德意识，所以人不需通过外物去认识本心之理，外物之理只是人心的表现。格致的工夫不是去认识外物，而是去掉本心的私欲之蔽。人心的明觉在程颢和朱熹处都有论述。读者在读《阳明全书》时应明了王阳明和他们的联系与区别。

《明夷待访录》

1.《明夷待访录》是一部治国之策吗

黄宗羲，字太冲，号南雷，浙江余姚人，生活在明清之交，是我国早期伟大的启蒙思想家。黄宗羲生活在明王朝灭亡和清王朝入主中原这样一个巨大转型期。作为由明入清的遗民，他当然保持着自己的风节和民族的尊严。但另一方面他又清醒地认识到旧的君主专制政体的极端腐朽，已经不再适应历史发展的需要。在这种种因素地影响下，黄宗羲一面批判君主专制的黑暗，一面又构想新的制度，为未来描绘了一幅蓝图，从而写成了《明夷待访录》这一部治国之策。

2.《明夷待访录》的主旨是“人各得其利”吗

《明夷待访录》，从书名上看，已经体现黄宗羲著书的意图：希望有朝一日贤明的统治者前来访问他，使他能够献出自己的治国之策。《明夷待访录》带有浓厚的民主启蒙思想，是中国启蒙思想的早期著作之一。首先，他从明王朝的覆亡中看到了君主专制政体的黑暗、腐朽和不合时宜，因而在书中给予其无情的批判。同时,他也描绘了一幅美好的未来社会的蓝图。他在书中提到了“人各得其私”、“人各得其利”的观点，这一观点的产生与市民阶层的崛起是分不开的。而他的这种私利愿望，也不排斥除公害、兴公利，这种思想明显地打上了新时代的烙印。黄宗羲还认为对国家法制不能仅仅局限于局部的变革，应进行大的变革，为国家立大法，这代表立宪思想的萌芽。《明夷待访录》后来被重印了二十余次。

3.《明夷待访录》的哲学思想表现在哪些章节

《明夷待访录·原君》后之为人君者不然。以为天下利害之权皆出于我。我以天下之利尽归于己，以天下之害尽归于人，亦无不可。使天下之人不敢自私，不敢自利，以我之大私为天下之大公。始而惭焉，久而安焉，视天下为莫大之产业，传之子孙，受享无穷。汉高帝所谓“某业所就，孰与仲多”者，其逐利之情不觉溢之于辞矣。

明清启蒙思想家黄宗羲

4.《原君》是对君主专制的批判吗

这段文字是黄宗羲对君主专制的无情批判。周朝的人以无比自豪的口吻说“普天之下，莫非王土”，而黄宗羲则以鄙夷的口气指责汉高帝“逐利”。这不仅是个人的观念变化，更是时代的变革。随着明王朝的建立，封建集权统治达到极端，其弊端也暴露无遗。而明王朝后期的争斗与政治腐朽让其覆亡，使这一君主专制的矛盾空前激化。黄宗羲清晰地认识到了这一制度的危害，于是对其进行无情的批判，同时他又比一般批判者更进了一步提出了政治改革的方案。

他不仅在政治、道德上批判了君主专制，还深入了经济、法律等社会的各个方面。这段文字中，黄宗羲就是从经济上对君主专制进行批判的。他认为君主将天下视为自己的，从而将天下的公产归于自己一人所有，使得天下人本应有的私产都被剥夺了。

5.《明夷待访录》的经典语录主要有哪些

1. 有生以来，人各自私，人各自利也。
2. 天之生斯民也，故教养托之于君。
3. 贵不在朝廷，贱不在草莽也。
4. 必使治天下之具皆出于学校。
5. 大者以治天下，小者以为民用。
6. 小疑则小悟，大疑则大悟，不疑则不悟。
7. 夫工固圣王之所欲来，商又使其愿出于途者，盖皆本也。
8. 使封疆之内，常有千万财用流转无穷，此久远之利也。
9. 人于实一字，当念念不忘。

6.《明夷待访录》有民主思想的萌芽吗

《明夷待访录》提出的反对独裁、建立国家的民主、平等、自由等观念及经济、法律、政治的措施，对于今天从事国家建设也有相当的借鉴作用。读者阅读时应尤其注意其民主思想的萌芽，这是黄宗羲思想中的精华所在。

《国故论衡》

1.《国故论衡》是章炳麟的哲学著作吗

章炳麟，字枚叔，号太炎，浙江余杭人，初名学乘，因仰慕顾炎武，改名为绛，顾炎武名绛。章炳麟生活在一个激烈动荡的时代，幼年在家跟随外祖父朱有虔学习儒家经典，接受文化启蒙和思想熏陶。后赴杭州诂经精舍学习，师从朴学大师余樾，潜心典籍，精研故训，博考史实，以小学为基础，从校订经书扩大到史籍、诸子，从解释经义扩大到考究、地理、天文历法、音律和典章制度等。

时局的急剧变化促使他开始思考出路，他走出书斋，参加了康有为、梁启超等倡导的维新变法运动，主张变法。变法失败以后，他四处奔走，大力鼓吹民主、自由。章炳麟一生著述颇丰，他的小学根底极为深厚，是清代最后一位杰出的语言学家。他于哲学、史学、音律、历算等方面都很精通。其哲学贯穿于各种著作之中，而于1910年写出了彪炳史册的《国故论衡》。

2.《国故论衡》反映了章炳麟的国粹精神吗

《国故论衡》反映了章炳麟的哲学和史学思想。章炳麟的哲学思想体系很庞杂，其哲学是他政治思想、学术思想的理论基础，也是其为人处世的最高准则。在前期，他认为原子是世界的本源，认为只有当感官接触外界才能产生认识；到了后期，他把“阿赖耶识”、“真如”当作世界的本源本体，把“阿赖耶识”中的“种了”当作认识的基础，认为“认识”就是“以自造之境与自识更互缘生”，外界事物并不是客观存在。

在前期，他高唱“竞争”、“进化”、“公理”；到了后期，他否认进化、公理，把进化、公理称为“惑”，痛斥进化论是“戏论”、“进化教”，于是自己发明“俱分进化论”以代之。作为自幼受儒学浸染的思想家，《国故论衡》也反映出章炳麟的国粹精神，他倡导民族主义，褒重国语，褒重民族的历史。

3.《国故论衡》的哲学思想表现在哪些章节

春秋所以独贵者，自仲尼以上，《尚书》则阔略无年次。百国春秋之志，复散乱不循凡例，又亦藏之故府，不下庶人。国亡则人与事偕绝。太史公云：“史记独藏周室，以故灭。”此其效也。是故本之吉甫史籀，纪岁时月日，以更尚书、传之其人，令与诗书礼乐等治，以异百国春秋，然后东周之事，粲然着明。令仲尼不次《春秋》，今虽欲观定、哀之世，求五伯之迹，尚荒忽如草昧。夫发金匮之藏，被之萌庶，令人人不忘前王，自仲尼、左丘明始。

4.《国故论衡》是以提倡民族主义为核心吗

这段话比较突出地反映了章炳麟的史学思想和哲理见解。章炳麟自幼饱读儒家经典，受儒家思想影响很深，具有强烈的民族自豪感，一心发扬国粹，想方设法褒重中国的语言文字及悠久历史。他提倡民族主义，发扬孔氏教育，把历史放在首要位置。这使我们想起一句话：谁若忘记了自己的民族和历史，他就不属于人类。从上面的话也可以看出，章炳麟对孔子的敬重，也足见儒学思想在他心头的分量。

5.《国故论衡》的经典语录主要有哪些

1. 国之有史久远，则亡灭之难。
2. 故令国唯不堕，民自知贵于戎狄，非春秋孰纲维是?
3. 春和所以独贵者，自仲尼以上，《尚书》则阔略无人。
4. 孔子不布春秋，前人往，不能语后人，后人亦无以识前。
5. 王弼《易例》，鲁胜《墨序》，裴頠《崇有》，性与无道，布在文章。
6. 夫致命遂志，与金鼓之节相依。
7. 文生于名，名生于形，形之所限者分，名之所稽者理。
8. 夫忽略名实，则不足以说典礼；浮辞未剪，则不足以穷远致。
9. 国亡则人与事偕绝。

10. 言能经国，绌于笾豆有司之守；德音孔胶，不达形骸智虑之表。

6.《国故论衡》的民族精神仍有积极意义吗

章炳麟先生的《国故论衡》所体现出来的民族精神，直到今天仍然令我们肃然起敬；他于文字、音韵之学根底深厚，更是让人高山仰止。章炳麟的书，当精研细读，于潜移默化之中，必将受用无穷。

《尚书引义》

1.《尚书引义》是评史论政的光辉著作吗

王夫之（1619~1692年），字而农，晚年隐居在衡阳西乡石船山下，自称船山老人，后人尊称船山先生。王夫之出身于书香门第，自幼志在诗书，尊崇礼义，讲究孝道。王夫之亲眼目睹明朝的灭亡，有感于连年战乱，民生凋敝，而忧伤激愤，华发早生。但他深知任重道远，不能萎靡颓唐，因此决心埋头著述，努力抗争，于康熙元年（1662年）写成《尚书引义》这部评史论政的光辉著作。

2.《尚书引义》主要是阐述知与行的关系吗

《尚书引义》是王夫之评史论政的重要哲学著作。他通过阐释《尚书》的意义，引申发挥《尚书》的某些观点，抨击明代政治，批判老庄、程朱、陆王和佛教“唯心唯识”的论调，从朴素唯物角度阐明了传统哲学中的一些重要问题，如“能”，即认识主体与“所”（认识对象）的关系、知与行的关系、天与人的关系等。王夫之对宋明理学进行了深入的批判，对佛教哲学中“能”与“所”的范畴作了改造。他认为“能”指人的主观认识能力和作用，“所”指在人意识之外的客观对象。在“知”与“行”的关系上，王夫之批判宋明理学的知行观，他从反映论出发，全面阐述知行的关系，认为感性认识与理性认识既相联系又相互区别。在“人性”问题上，王夫之批判和继承了前人的观点，提出自己独到的见解，他认为人性在自然界的给予和影响下产生，继随着人的生长而逐渐形成，人性的好坏可以由后天改变，因此后天的培养与修炼显得更加重要。

3.《尚书引义》的哲学思想表现在哪些章节

《尚书引义·召诰无逸》：以有为幻，以无为实，“唯心唯识”之说，抑矛盾自改而不足以立。于是诡其词曰：“空我执而无能，空法执而无所。”然而以心合道，其有“能”有“所”也，则又固然而不容昧。是故其说又不足以立。则抑“能”其“所”，“所”其“能”，消“所”以入“能”，而谓“能”为“所”，以立其说，说斯立矣。故释氏凡三变，而以“能”为“所”之说成。

4.《召诰无逸》是批判佛教主客观关系的名言吗

这段话是王夫之批判佛教主、客观关系论的名言。佛教把实有当作虚幻，把虚幻又当作实有，这种“唯心唯识”的学说，自相矛盾，站不住脚，于是又诡辩说“空我执而无能，空法执而无所”。佛教哲学认为：世界上一切事物都是虚幻的，甚至作为认识主体的人本身也是虚幻的。然而，既要用思想去反映真理，那就必须具有主观认识能力和客观认识对象，这是天经地义、不容抹煞的事实。佛教的这种说法又不能成立。于是它便用主观代替客观，用客观代替主观，把客观消融在主观之中，佛教大体上经历了这三次变化。王夫之提出的佛教以主观吞并客观的要害，也正是宋明理学所固有的特征。

5.《尚书引义》的经典语录主要有哪些

1. 天曰命于人，人曰受命于天。
2. 人性未成可成，已成可革。
3. 释氏以有为幻，以无为实，“唯心唯识”之说，抑矛盾自攻而不足以立。
4. 格物、致知二者相济，各有所致。
5. “所”不在内，“能”不在外。
6. 境之俟用者曰“的”，用之加乎境而有功者曰“能”。
7. 故释氏凡三变，而以“能”为“所”之说成。
8. 行可兼知，而知不可兼行。
9. 知行终始不相离。
10. 民碞之可畏，小民之所依，耳苟未闻，目苟未见，心苟未虑，皆将捐之，谓天下之固无此乎？

6.《尚书引义》的知行理论仍有指导意义吗

王夫之《尚书引义》是评史论政的哲学著作，其所论述的主、客观关系，知行理论和人性学说，至今对我们还有指导意义。读者阅读此书，可从中吸取营养，知行结合，同时注重自身道德修养，因为人性可以在后天改变和完善。

1.《王心斋先生遗集》使王学“风行天下”吗

作者王艮（1482～1541年），字汝止，号心斋，江苏东台人，明代哲学家，泰明学派创始人。师事王守仁，一生未仕，以讲学终生。此书汇集作者的主要哲学著作，旨在阐发“百姓日用即道”的思想。他提出“圣人之道，无异于百姓日用”，要求从日常生活中贯彻封建伦理道德。主张将安身立命作为道德修养的出发点，追求“人人君子，比屋可封”的理想社会。经济上，主张“务本而致用”；教育上，认为“人之天分不同，论学则不必论天分”。其思想发挥王守仁的学说，并推向下层，使王学“风行天下”。

2.《王心斋先生遗集》是由后人编辑而成吗

王艮因“独不喜著述，或酬应之作，皆令门人、儿子把笔，口授占之，能道其意所欲言而止”(赵大洲《墓铭》)。因留存之作不多。今存文字皆由其儿孙及门人等辑录而成。《王心斋先生遗集》含书、箴、论、诗、语录等，重要的有《语录》、《答问补遗》、《王道论》、《明哲保身论》等，附有相关附录，如年谱、别传、墓志及袁承业所编《明儒王心斋先生师承弟子表》等重要材料。

3.《王心斋先生遗集》的哲学思想表现在哪些章节

《答问补遗》:“身与天下国家一物也，惟一物而有本末之谓。格，絜度也，絜度于本末之间，而知本乱末治者否矣，此格物也。”

4.《答问补遗》着重阐述了“淮南格物”思想吗

明代哲学家王艮

在《答问补遗》中，王艮着重阐述了“淮南格物”思想，他说“身”与“天下国家”是一统一体，吾身为本，天下国家为末，格物即处理好此种本末关系。但身是本，身也是道，“至尊者此道，至尊者此身”，因而“委身”即“立本”，即“尊道”，由此推衍，便“安身以安家而家齐，安身以安国而国治，安身以安天下而天下平。……不知身不能保，又何以保天下哉!”

5.“淮南格物”思想的精髓是平等爱人吗

在《王心斋先生遗集》中,王艮提出了“淮南格物”的思想。他通过释经的方式，对《大学》突出社会群体而抑制个人的观念提出批评，以为只讲信、慈、孝、敬是不足为道的，因“若不晓得个安身，则止于孝，烹身、割股有之矣；止于敬者，饿死、结缨有之矣”。于《明哲保身论》中云：“明哲者，良知也。明哲保身者，良知良能也。所谓不虑而知、不学而能者也，人皆有之，圣人与我同也。”在吾身与他人之间，关键还是要相互促进，仅知保身而不知爱人，则是利己害人，仅知爱人而不知保身，则必至烹身、割股、舍生、杀身，事实上两者都无法引起自保，由此而须选择平等爱人的思想，即“内不失己，外不失人，成己成物”。

在《语录》中,他着重讲了“百姓日用即道”的思想。以为“即事是学,即事是道。人有困于贫而冻馁其身者，则亦失其本而非学也”。“愚夫愚妇，与知能行便是道”。这就将人的一般生存活动提高到“道”与“学”的高度，甚至将它看作是圣人处事的准则，即“圣人经世，只是家常事”。“圣人之道，无圣于百姓日用。凡有异者，皆谓之异端”。此中，“日用之道”便包含有物质生活的内容，同时，也指道德精神的内涵，即如《王道说》所说：使“愚夫愚妇皆知所以为学”。

《语录》篇还提出了“自然天理”的思想，肯定人欲，以保持自尊自信、自由自在的活泼状态，即“天理者，天然自有之理也。才欲安排如何，便是人欲”，又“良知之体，与鸢鱼同一活泼泼地，当思则思，思通则已。……自然天则，不着人力安排”。又，“无为其所不为，无欲其所不欲，只是致良知便了，故曰如此而已矣”。在《天理良知说答甘泉书院诸友》一文中直接将天理与良知等同起来，作出了迥异于宋明诸家的结论，它们都属于“不惑而知、不学而能”的。关于社会伦常，则在《与南都诸友》中提出了“孝悌之至”的思想，以此来规定人的社会本质，并自作《孝悌箴》说明其具体的做法。

在《王道论》中，提出了托古改制的思想。其中，借美化尧、舜和周公时代的历史表达自己的社会理想及改革政、经、文教等的要求。中又侧重于“教养之道”，反对刑罚之治，以为“周开辅政，刑措不用”，“盖刑用恶而用恶，因无教养而生。苟养之有道，教之有方，则衣食足而礼义兴，民自无恶矣，刑将安施乎?”王艮希望建立一个“万物一体之仁”的社会，于《勉仁方书壁示诸生》中说：“夫仁者以天地万物为一体，一物不获其所，即己之不获其所也，务使获所而后已。是故人人君子，比屋而封，天地位而万物育，此予之志也。”此种理想若具体到自己身上，则是如《语录》中所说“出则必为帝者师，处则必为天下万世师”，从而“有王者作，必来取法，是为王者师也。使天下共明此学，则天下治矣”。于如何达到天下大仁，则接受了孟子“以己度人”，推爱及人的思想，而又将此种人格的力量置于权力之上，如是尊重这种人格，那么“帝者尊信吾道，而吾道传于帝，是为帝者师也”。从这个意义上讲，他便以为“经世之业，莫先于讲学”。

在各种篇章中，还涉及有关的多方面问题，如讲文教，提出“先德行而后文艺”，批评“以文艺取士”的科举制度是驱使人们“营心于富贵之末”，而忘却仁义。主张在经济上“务本而节用”，并发展生产。又提出用平均的做法解决“田制不定”、“游民众多”及家庭的问题。如此等等。

6.《王心斋先生遗集》的经典语录主要有哪些

1. 混沌一元无内外，人明万世有终初。

2. 天人感应，因体同然。天人一理，无大小焉。

3. 天性之体，本是活泼。鸢飞鱼跃，便是此体。

4. 无为其所不为，无欲其所不欲，只是致良知便了。故曰，如此而已矣。

5. 凡涉人为，皆是作伪。故伪字从人从为。

6. 人性上，不可添一物。

7. 不亦说（悦）乎？说（悦）是心之本体。

8. 圣人之道，无异于百姓日用。凡有要者，皆是异端。

9. 愚夫愚妇，与知能行，便是道，与鸢飞鱼跃同一活泼泼地，则知性矣。

10. 是故人人君子，比屋可封，天地位而万物育，此则予之志也。

7.《王心斋先生遗集》的自由平等思想有积极意义吗

王艮的学说，从万物一体的原则出发，承认人我平等，承认百姓日用是道。为了实现人人平等快乐的政治理想，王艮主张出必为帝者师，处必为天下之世师。为了反对统治阶级的残暴和迫害，他的乐学说，主张满足和发展每一个人的生理自然要求，反对统治阶级的私欲。王艮的这种学说，有一定的进步意义。

《国朝汉学师承记》

1.《国朝汉学师承记》是思想史的参考资料吗

江藩，字子屏，清朝人。他自幼聪明绝顶，又博闻强记。师从当时的儒学名师，博览群书，尤其对汉学十分倾慕也十分精通，曾经撰著了大量文章，在当时颇有名气，是吴派的著名学者。由于两汉经学尊奉古书，不敢擅改一字一句，只注重对经书的文字作注解，很少有自己的观点。而宋朝学者则注重自己的立论，而不注意一字一句的注解，往往根据自己的意思乱改文意。到清代学者则一反其两者的作风，归于朴学。既注意研读经文，又能有自己的立论。在此种情景下，江藩写出《汉学师承记》，以记录清朝学术源流，即学者的学术思想、师承关系。

2.《汉学师承记》记录了清代学者的汉学思想吗

《国朝汉学师承记》，又名《汉学师承记》，共八卷，记录了清代学者的汉学思想、师承，并把重要学者单独列传，是研究清代学术思想的重要资料。由于江藩本人是清朝吴派弟子，故所列专传的人物多是乾嘉学派中吴派、皖派的师承关系，对于清代国学另一大门派常州派学者则未列专传。同时，清人尚古文经学，所以又偏重本朝学者与东汉古文经学间的传承关系。江藩将所选录的汉学家40人，每人立一传，编为8卷，另又有附录的16人。江藩为每位学者立传时，不仅要记录其学术思想及师承，还在其中记录各位学者的趣闻轶事。

所以，《汉学师承记》不仅是研究清代学术思想的著作，对于作家生平、历史的研究也有一定价值。清朝自开国以来，由于文人不满异族统治，转而研究学术，而清前期残酷的文字狱又使得文人不敢在诗文中畅叙己见，只能在故纸堆中翻拣，因此清代汉学盛行。《汉学师承记》中列传的学者，如顾炎武、黄宗羲、汪中等，都是当时学术领袖。不过江藩多为吴、皖二派列传，不免有门户之见。

3.《汉学师承记》的哲学思想表现在哪些章节

节选《汉学师承记》卷一：藩绾发读书，授经于吴郡通儒余古农，同宗艮庭二先生，明象数制度之原，声音训诂之学，乃知经术一坏于东、西晋之清谈，再坏于南、北宋之道学，元明以来，此道益晦。至于本朝三惠之学盛于吴中，江永戴震诸君继起于歙；从此汉学昌明，千载沉霾一朝复旦。暇日诠次本朝诸儒为汉学者，成《汉学师承记》一编，以备国史之采择。

4.“节选”可以窥测到清代学者的学术思想吗

这段文字是从江藩自己写于全书之前的序言中摘取出来的，从中可以看出江藩的学术思想以及编选本书的目的、思想，还可以窥测到清代学者的学术思想。清代学者崇尚汉学，他们认为这才是学术的真源。所以江藩自幼学习的就是“象数制度”、“声音训诂”。他们认为宋明理学是对汉学的一次大破坏，当时的人往往只顾自己著书立说，而破坏了经的原意，甚至不顾事实，用自己的意思去妄改经书，对经的原貌进行空前的大破坏。

而两晋之际盛行的清谈之术，则是对经书的另一次大破坏。晋人好玄谈，好怪谈，往往以见解之新颖而得意，这种习气也造成了经书原意的妄改。这两朝的学术习气都违背了汉学的原则，所以清人觉得应承继汉学，重开朴实的学风。清代汉学大盛，学者于训诂、文字上下工夫，力图恢复经的原貌，作出了很大成就。清代的学术因而有“朴学”之称。

5.《汉学师承记》的经典语录主要有哪些

1. 于易则不涉虚渺之说与术数之学，观象则取互体的发明古义。
2. 事必有征，义必有本。
3. 本天肴地，经国坊民。
4. 悬诸日月，烙若丹青。
5. 臆说武断，概不取焉。
6. 家怀克让之风，人诵康哉之咏。
7. 沐《菁莪》之雅化，汲古义之精征。
8. 训通圣人之言，而正心诚意之学自明。
9. 以礼乐为教化之本，而修齐治平之道自成。
10. 训义优洽，博综群经。

6.《汉学师承记》是研究清代学术的重要著作吗

《汉学师承记》是记录清朝学术思想源流的重要著作，也是研究清代学术与学者的一部不可多得的资料。但吴派传人的江藩在著作中不免有门户之见，阅读本书时要注意对其书中学者作正确评价，并注意未被收入书中的其他学者的学术成果。

史学著作浩如烟海，如果你是一个史学知识的爱好者，不妨采用诸葛亮“观其大略”的读书方法或者陶渊明“不求甚解”的读书方法，都是提纲挈领地抓住书的精华部分，领会精神实质，而不纠缠于细枝末节。如果你是一位史学书籍的研究工作者，则应认真阅读，细细品味，如冯友兰先生所说：“精其选，解其言，知其意，明其理。”

《尚书》

1.《尚书》是我国现存最早的一部史书吗

《尚书》，最早称《书》，汉代始称《尚书》，被奉为儒家经典，后又称《书经》，其中《尚书》一名是现今通用的正式名称。

相传原来有关上古历史的简册很多，到了孔子删选为百篇，并按时代次序加以排列，编成了《尚书》的第一个选本。

有关孔子删《书》的传说流传甚广，但后世学者曾对《尚书》各篇的成文年代进行了大量考证，证实有些篇章写成于孔子之后的战国时期，因而认为《尚书》的编定者系某一人或某几人，但最早的定本中究竟有多少篇目已不可考。

秦末汉初，战乱频繁，《尚书》的先秦完本便彻底失传了。《尚书》版本有三种：今文《尚书》、古文《尚书》、伪古文《尚书》；前两种版本在唐朝时已失传，伪古文《尚书》至此成为唯一传本。

2. 伪古文《尚书》是今存的唯一传本吗

伪古文《尚书》共由四部分组成：

一是58篇经文。这是最重要的部分，是该书的主体。

这58篇经文中，后人考证有33篇与郑注本古文《尚书》相同，另外25篇为伪书。

《尚书》主要收录了古代帝王们向臣下或民众发表的训令、向军队宣布的誓师词，以及大臣们向君王提出的建议和规劝，只有一小部分是关于远古历史的传说。这些篇章依时代次序编辑，其记事时间上起尧、舜，中历夏、商，下迄春秋中期的秦穆公时期，距今已有两千六百多年至四千年。这样久远的历史，幸赖《尚书》才得以昭示于今。

二是百篇《书序》，实际是只有81个篇目，67条序文。

《书序》内容一般是用几句话简单地说明其篇文献是某人因某事而作，各条序文详略不一，较详尽的序文还记载有年代，对研究各篇文献的历史背景有帮助。

三是孔安国注解，又称《孔传》。它汇集大量前人的研究成果，保存了不少古注，同时它的某些说解比汉儒的传注更加精审。

四是孔安国序。它伪述了孔安国得书和作传的经过，既有抄袭摘引的前人记载，又掺杂有捏造成分。

3.《尚书》的精华表现在哪些章节

《尚书·秦誓》：公曰：“嗟！我士，听无哗！予誓告汝群言之首。”

古人有言曰：“民讫自若，是多盘。”责人斯无难，唯受责俾如流，是惟艰哉！

我心之忧，日月逾迈，若弗云来。唯古之谋人，则曰未就予忌；唯今之谋人，姑将以为亲。虽则云然，尚猷询兹黄发，则罔所愆。

番番良士，旅力既愆，我尚有之。仡仡勇夫，射御不违，我尚不欲。唯截截善谝言，俾君子易辞，我皇多有之！

昧昧我思之，如有一介臣，断断猗无他技，其心休休焉，其如有容。人之有技，若已有之。人之彦圣，其心好之，不啻若自其口出。是能容之，以保我子孙黎民，亦职有利哉！人之有技，冒疾以恶之；人之彦圣而违之，俾不达是不能容。以不能保我子孙黎民，亦曰殆哉！

邦之杌陧，曰由一人；邦之荣怀，亦尚一人之庆。

4.《秦誓》是秦穆公自我责备的诰辞吗

鲁僖公三十三年，秦穆公派遣大将孟明视、西乞术、白乙丙率领军队远道偷袭郑国。老臣蹇叔和百里奚竭力谏阻，穆公不听。军行途中，秦军获知郑国已有防备，只好在消灭滑国后退兵，经过崤时遭到了晋军的伏击，全军覆没。秦军将帅回国后，秦穆公对他们说了这篇自我责备的诰辞。

5.《尚书》的经典语录主要有哪些

1. 百姓昭明，协和万邦，黎民于变时雍。

2. 抚我则后，虐我则仇。

3. 非知之艰，行之唯艰。

4. 德无常师，主善为师；善无常主，协于克一。

5. 奉先思孝，接下思恭。

6. 训有之，内作色荒，外作禽荒，甘酒嗜音，峻宇雕墙。

7. 满招损，谦受益，时乃天道。

8. 汝惟不矜，天下莫与汝争能；汝唯不伐，天下莫与汝争功。

9. 世禄之家，鲜克由礼。

10. 至治馨香，感于神明；黍稷非馨，明德唯馨。

6.《尚书》是了解和研究上古历史的必读书吗

《尚书》是我国现存最早的一部史书。它是部分上古历史文献和追述上古史之著作的汇编，其中保存了大量殷周时代的原始史料，是了解和研究上古历史的最重要的必读书。同时，作为儒家五经之一，《尚书》对中国古代社会和传统文化的影响也很大。

《山海经》

1.《山海经》是现存神话资料最多的一部奇书吗

《山海经》是先秦古籍，是一部富于神话传说的最古老的地理书。它主要记述古代地理、物产、神话、巫术、宗教等，也包括古史、医药、民俗、民族等方面的内容。除此之外，《山海经》还以流水账方式记载了一些奇怪的事件，对这些事件至今仍然存在较大的争论。

2.《山海经》是大禹、伯益所著吗

《山海经》是大禹、伯益所著，但经后人多次增补之后，已看不出大禹、伯益所著的迹象。书中又多次出现夏后、周文王等夏禹时代之后的人名地名，因此，夏禹、伯益《山海经》之说难以置信。据《四库全书总提要》记载，《山海经》是周秦间人记的。后世学者一般认为《山海经》不是一时一人之作品，它是

大约成书于战国时期，又经秦汉学者的最终修补而成的一部著作。

《山海经》是一部百科奇书

《山海经》是我国现存古籍中保存神话资料最多的一部奇书。该书分《山经》、《海经》两个部分。现存《山海经》共收 18 篇，分《山经》5 卷，《海经》13 卷，三十一万多字。其中《山经》又称《五藏山经》，包括《南山经》、《西山经》、《北山经》、《东山经》和《中山经》5 部分；《海经》包括《海内经》4 篇、《海外经》4 篇、《大荒经》4 篇、《海内经》一篇。书中记载了许多国家和民族离奇的故事，反映了远古时期人们的生活及思想状况。全书涉及的内容十分广泛，包括天文、地理、气象、历法、医学、动物、植物、矿产、水利、民俗、宗教、神话等。千百年来，它以一种独特的魅力吸引着众多海内外的读者。

3.《山海经》产生在春秋战国时期吗

在春秋战国时期，我国的科学文化得到了很大的发展，出现了前所未有的空前繁荣的景象。文化思想方面，出现了老子、孔子等一大批杰出的思想家和文学家，出现了百家争鸣的局面，而百家争鸣又推动了各家思想的完善。在这个时期，我国还出现了历史上第一部诗歌总集《诗经》和屈原所作的千古不朽的抒情长诗《离骚》。总之，在这一时期，文化、思想、文字都得到了空前的发展。

文化、思想、文字的发展也推动了科学的进步，为人们记录对自然的认识提供了条件和基础，促进了科学著作的发展和科学知识的传播。这个时代还出现了《甘石星经》这样一部记录了八百多个恒星名字的天文著作。我国人民在这个时期已经把一年中的24个节气，运用在农业生产之中，这些都标志着当时我国人民对自然界的认识达到了相当高的水平。根据《山海经》所记载的内容和文字的风格以及对自然界的认识程度，和通过对自然界的认识所表现出来的思想等各方面推断，它极有可能是产生在这样的社会历史环境之中的，以地理山川为线索，以神话传说为内容的著名的文化典籍。

4.《山海经》为述图之书吗

刘锡城在《全像山海经图比较》序言中指出："东晋诗人陶渊明的'流观山海图'、学者郭璞的'图亦作牛形'和'在畏兽画中'的记载和论述，说明早在2000多年前的战国时代，曾有'山海图'流行于世。而且据说《海经》部分是图在先、文后出，因而'以图叙事'的叙事方式，至少在战国时代就已形成一种文化传统。"

马倡议也认为："《山海经》的母本可能有图，它是一部据图为文的书，古图佚失了，文字却流传了下来，这就是我们所见到的《山海经》。"

刘宗迪写道："《海经》的荒诞色彩和神话色彩，与这本书的特殊来历息息相关，这本书的来历在古代典籍中是独一无二的，简单地讲，这本书是述图之作，也就是说，我们今天看到的《海经》，先有图，后有书，书中的内容是对一幅图画中内容的描述。

《山海经》中的文字多静态的刻画，而少动态的叙述，多记空间方位，而少时间进程，其述图特点可谓一目了然，其实，前人早就注意到了这一点，最早指出这一点的是宋代学者朱熹，但前人在这一点上都有同一个误解，即认为整部《山海经》包括《山经》都是有述图的。实际上，像《山经》那样包罗万象的博物学知识是不可能在图中画出来的，更何况其中还记载了很多动物的声音、习性等，这些内容又如何能用图画表现出来呢？除非古时候已经有了现在这样的多媒体技术。

5.《山海经》保留了大量远古时期的史料吗

《山海经》历来被大多数人认为"荒诞不经"。连敢于打破《尚书》束缚，将中国上古史推至炎、黄二帝的史学家司马迁都说"至《禹本纪》、《山海经》所有怪物，余不敢言之也"。形成这种看法的原因似乎与《山海经》由图到文字的成书过程有关。例如《海外东经》记载"工虫在其北，各有两首。一曰在君子国北"。根据《山海经》先有图后有书的成书过程推测，《山海经图》上在君子国的北方画有一个彩虹的"虹"字，表示该地经常见到彩虹。

当时的图像文字应该是类似甲骨文的"虹"字，是彩虹的图像，两端有首。而后来古人根据《山海经图》著《山海经》时，时间已经过了几百年，而著者并不见得一定是文字学家，这时彩虹的"虹"字已经成为"工虫"的样子，因此将彩虹描述为“工虫”，并望文生义将其描述为“各有两首”，使后人无法知道到底叙述的是天边的彩虹呢，还是描写一只有两个头的怪物。所以就连司马迁也说“余不敢言之也”。

也正因为《山海经》的所谓荒诞不经，几千年来该书既不为正史所载，也不为诸子所传，因而也很少被后人改动，在很大程度上保留了原书的风貌和许多珍贵的远古资料和信息。

6.《山海经》与东方夷族有关吗

河南学者金荣权在“帝俊及其神系考略”一文中指出：“帝俊在中国古代神话中是一个谜一般的神性人物,他的事迹既不为正史所载,也不为诸子所传,只见于《山海经》之中，尤其集中反映在‘大荒’、‘海内’两经之中。究其神系渊源与脉络，显不属于炎帝世系,也不隶属于黄帝世系,是与炎、黄两大神系并存的第三神系。”“关于帝俊在中国古代诸神中的地位，今天众说纷纭，然一般认为帝俊当是上古时代东方民族的祖先神，这种看法是一致的，因为《山海经》记载的帝俊活动地及其子孙之国大多在东方”。

著名的史学家徐旭生说：“帝俊这个人物，在《山海经》里面，可以说是第一显赫的了。里面载他的事，多至十六。”通过这十六项的帝俊故事可以看出，第一，他东西南北，无所不至；第二，古代重要的大发明，差不多全出于他的子孙；第三，包括姬姓、姜姓、姚姓在内，许多氏族都是由他分出；第四，太阳是他的儿子，月亮是他的女儿，在他之下有“人面、犬耳、兽身，珥两青蛇，名曰奢比尸”的神人和“五采之鸟”的“下友”。

西汉刘向(歆)《上〈山海经〉表》说:“《山海经》者,出于唐虞之际……禹别九州,任土作贡,而益等类物善恶,著《山海经》。”后人大多从其说。清毕沅《〈山海经〉新校正序》称《山海经》相传“作于禹益,述于周秦”。但后人研究认为,《山海经》非一人所作,有出自周人、齐人、楚人之说。现代学者刘宗迪认为,尽管“古人关于禹益作《山海经》的说法不可信,但可能也不是空穴来风”。自古以来,“神不禋非类，民不祀非族”,《山海经》中的某些史料特别是反应帝俊神系事迹的人文历史地理资料来自东夷伯益或者伯益的族团应该无大误。

7.《山海经》是由《山经》和《海经》组成吗

著名历史学家顾颉刚认为:“《山海经》则至今流传,其中《山经》和《海经》各成一体;《海经》又可分为两组，一组为《海外四经》与《海内四经》，一组为《大荒四经》与《海内经》。这两组的记载是大略相同的，它们共就一种图画作为说明书。所以可以说是一件东西的两种记载。”现代研究同意这一观点，王宁在“《山海经》的分篇问题”中说“《大荒四经》其实就是另一个版本的《海外四经》”。因此，在考证《山海经》地望时,《大荒东经》和《海外东经》可以相互印证。

8.《山海经》地理描写的顺序与现实的顺序不同吗

《山海经》的顺序是南、西、北、东，这可能与古人“天南地北”的习俗有关。也就是说，古《山海经图》与现在的地理图在方位上不同。以《海外东经》的汤谷地望为例：“黑齿国在其北，为人黑，食稻啖蛇，一赤一青，在其旁。一曰在竖亥北，为人黑首，食稻使蛇，其一蛇赤。”郝懿行云：“黑下当脱齿字。”王逸注《楚辞·招魂》云：“黑齿，齿牙尽黑。”高诱注淮南坠形训云：“其人黑齿，食稻啖蛇，在汤谷上。”是古本有齿字之证。“下有汤谷。汤谷上有扶桑，十日所浴，在黑齿北。居水中，有大木，九日居下枝，一日居上枝”。

上述记录明确说明《山海经图》中，黑齿国在图的上方，而汤谷在黑齿国的下方。这为《山海经》地望考证提供了方向上的坐标。

9.《山海经》是我国古籍中蕴珍藏英之最吗

说起《山海经》，国人大都知道这是一本风格独特的奇书、怪书。就其叙述的内容而言，从天文、地理、神话、宗教，到民族、动物、植物、矿产等，天南海北，包罗万象，堪称我国古籍中蕴珍藏英之最者，实为研究上古时代绝好的宝贵资料。然而，由于它所述多奇诡怪异，常被人斥为荒诞无经，所以,《山海经》的书名虽最早见之于《史记》，但司马迁观之却叹曰：“至《禹本纪》、《山海经》所有怪物，余不敢言之也。”因此，直到约百年后汉成帝时，刘向、刘歆父子奉命校勘整理经传诸子诗赋,才将此书公之于众。《山海经》涉猎之广,内容之奇杂,从古至今使人对其该归于何类多有分歧。《汉书·艺文志》将它列入形法家之首,《隋书·经籍志》以下则多将它归入地理书,但清《四库全书总目提要》却谓其为“小说之最古者尔”，鲁迅先生则将它视为“古之巫书”。

10.《山海经》的作者到底是中国人还是外国人

《山海经》问世之后，围绕其内容、成书时间的争论，对它的作者是谁一直众说纷纭是个谜，乃至酿成学术界中千年未解的悬案。

按照刘向、刘歆父子和东汉王充的“正统”说法，《山海经》的作者是大禹和伯益，但人们在《山海经》中却找到了发生在大禹和伯益以后的史实，因此“禹、益作说”受到了质疑。此后，隋朝的颜之推虽坚持旧说，但面对难以掩盖的漏洞，他只好用“后人羼入，非本文也”来做掩饰。

所以,《山海经》的作者便成了众多学者考证的对象,种种假说纷纷而出,如“夷坚作说”、“邹衍作说”后人综合炎黄两族的传说而成说、南方楚人作说、巴蜀人作说、早期方士作说等。当代学者袁珂认为,《山海经》实际上是无名氏的作品，而且不是一时期一人所作。以上各说虽有不同,但都肯定《山海经》的作者是中国人。

不过，耐人寻味的是，有关《山海经》作者的争论并未到此为止，一些学者、特别是国外学者对《山海经》的内容的作过仔细分析和研究后，将寻踪作者的视角向国外延伸，作出了令人大吃一惊的结论。他们说，《山海经》并不是中国人所作，它的真正作者很可能是外国人。这种说法就像《山海经》中光怪陆离的神话一样，让人大开眼界！那么，他们得出这种结论的根据何在?

法国汉学家马伯乐认为，《山海经》所述地理系受到公元前5世纪外来的印度和伊朗文化潮流的刺激和影响而成。其言下之意，暗示《山海经》的作者可能是印度人或伊朗人。而香港学者卫聚贤在其《古史研究》一书中，进一步明确《山海经》的作者为印度人隋巢子。

1978年在台北出版的《屈原与九歌》的作者苏雪林在提及《山海经》时，又把作者的属地推向更西更远的巴比伦。他认为，《山海经》是关于阿拉伯半岛中两河流域的地理书，原为古巴比伦人所作，战国时由波斯人带到中国，其中有些关于中国地理的内容是后人混入的。他还认为，《山海经》可能是邹衍的讲义，由其弟子笔录，但记录者并非一人。

还有一些欧洲学者将《山海经》所记载的内容同希腊神话进行了比较，认为书中有关长耳、奇股、三足等怪人形象与希腊神话里的怪物极其相似。另外，美国学者也认为,《山海经》中有对美洲大陆的精确描写，如《海外东经》、《大荒东经》中描述的“光华之谷”，与美国科罗拉多大峡谷有惊人的相似之处;《东山经》则生动而精确地描写了美国内华达州的黑色石、金块、旧金山湾的海豹、会装死的美洲负鼠等。有些研究者还按照《山海经》指示的路线考察了美洲大陆，发现两者之间有着极为吻合的地理现象。从这些欧美学者的考证看,其弦外之音似乎《山海经》又成了希腊人或美洲人所作!

对《山海经》作者的争论，从一个方面反映了今天此书在历史、地理、文学、动植物学等诸多领域内有着极其重要的学术价值和学术地位。一些研究者从中国之外去寻觅作者的做法，虽然看上去有些牵强和哗众取宠之嫌，但也不乏真知灼见。究其原因，实因《山海经》所涵盖的令人惊叹的博大庞杂、无所不包的内容所致，以致使研究者产生了仁智互见的结论。因此，这一疑案的彻底破解尚需要时日。而现在看来，历史学家凌纯声的看法可能较符合实际，即：《山海经》乃是以中国为中心，东及西太平洋，南至南海诸岛，西抵西南亚洲，北到西伯利亚的一本《古亚洲地志》，它记述了古亚洲的地理、博物、民族、宗教等诸多宝贵的资料，至于其作者可能已难于确认。

1.《春秋》是古代编年体史书吗

《春秋》古代编年体史书。原为先秦各国史书的通称，又是鲁国史书的专称。今传《春秋》相传为孔子在鲁国史书基础上修订而成，但唐宋以后的学者对此提出了怀疑。此书是大事记式的编年史，书中以鲁国的12位国君序，记载了春秋时期的重大史事，上起公元前722年，下至公元前481年，凡242年间的政治、军事、外交、祭曲、灾异等事，均有所记载，其内容真实可信。此书记事极为简略，但体例严谨，文字省净，被后人推崇为“简而有法”的典范。甚至有人认为它在遣词造句中都寓有褒贬，并大力宣扬这种所谓的“春秋笔法”，对后人的写作产生了一定影响。

2.《春秋》三传是儒家解经之作吗

历史上《春秋》是儒家五经之一，是孔子借由记载各诸侯国重大历史事件，宣扬王道思想的。

《春秋》最初原文仅一万八千多字，现存版本则只有一万六千多字。在语言上极为精练，遣词井然有序。就因文字过于简质，后人不易理解，所以诠释之作相继出现，对书中的记载进行解释和说明，称之为“传”。其中左丘明《春秋左氏传》，公羊高《春秋公羊传》，谷梁喜《春秋谷梁传》，被合称《春秋三传》列入儒家经典。现《春秋》原文一般合编入《左传》作为“经”，《左传》新增内容作为“传”。

据《汉书·艺文志》记载，为春秋作传者共5家：《左氏传》30卷，《公羊传》11卷，《谷梁传》11篇，《邹氏传》11卷，《夹氏传》11卷。其中后两种现已经不存。《公羊传》和《谷梁传》成书于西汉初年，用当时通行的隶书所写，称为今文。《左传》有两种，一种出于孔子旧居的墙壁之中，使用秦朝以前的古代字体写的，称为古文；一种是从战国时期的荀卿流传下来的。《公羊传》和《谷梁传》与《左传》有很大的不同。《公羊传》和《谷梁传》讲“微言大义”，希望试图阐述清楚孔子的本意，有人认为有些内容有牵强附会的嫌疑。《左传》以史实为主，补充了《春秋》中没有记录的大事，一些纪录和《春秋》有出入，有人认为《左传》的史料价值大于《公羊传》和《谷梁传》。

3.《春秋》的精华表现在哪些章节

《春秋》（节选）：有过江上者，见人方引婴儿而欲投之江中，婴儿啼。人问其故。曰：“此其父善游。”其父虽善游，其子岂遽善游哉？此任物，亦必悖矣。

4.《春秋》的笔法主要是教化于人吗

《春秋》是经而非寻常史书。读《春秋》之法，必尊以经而后读之，须怀以诚敬之心读之。非此而不能明其大义所在。上述文字就不是纯粹讲史，而是讲的一个简单道理：有个人从江上路过，看见有人正举着婴儿想把他（指婴儿）投进江里，婴儿啼哭。那个人问他这么做的原因，（那人）回答说：“这个婴儿的父亲擅长游泳。”婴儿的父亲擅长游泳，那个婴儿难道就因此也擅长游泳了吗！这就是著名的春秋笔法，以一字为褒贬，微言大义，教化于人。

5.《春秋》有极高的史料价值吗

《春秋》一书的史料价值很高，但不完备，王安石甚至说《春秋》是“断烂朝报”。在中国上古时期，春季和秋季是诸侯朝觐王室的时节。另外，春秋在古代也代表一年四季。而史书记载的都是一年四季中发生的大事，因此“春秋”是史书的统称。而鲁国史书的正式名称就是《春秋》。《春秋》中的文字非常简练，事件的记载很简略，但242年间诸侯攻伐、盟会、篡弑及祭祀、灾异礼俗等，都有记载。它所记鲁国12代的世次年代，完全正确，所载日食与西方学者所著《蚀经》比较，互相符合的有三十多次，足证《春秋》并非古人凭空虚撰，可以定为信史。然而在长期的流传过程中，它在文字上难免有讹脱增窜之类的问题。

《左传》

1.《左传》是春秋时代鲁国的编年史吗

左丘明是春秋末年鲁国人，曾担任鲁国太史。左丘明在历史上确有其人，这一点毋庸置疑。但是，问题的焦点还是在于《左传》是否即左丘明所作。唐代以来，持否定观点者渐成主流。

《春秋》一书以鲁国为记事中心，主要记载春秋时期出现的重要历史事件和人物活动，从多方面展示了春秋时期社会历史的发展变化。《春秋》一书产生后，相继出现了许多解释《春秋》的书，最著名的是“春秋三传”，即《左传》、《公羊传》和《谷梁传》。其中尤以《左传》最为著名。《左传》全书共 30 卷，计二十多万字，记载了自鲁隐公元年至鲁哀公二十七年间之春秋列国史。全书取材广，内容详实，叙事生动，不但对当时的社会背景有较为深刻的描述，且对那个时代的几位著名的政治家和军事家有着形象的刻画。

《左传》虽为史学著作，但其文学价值也不菲，曾有部分文艺理论家将其与《国语》、《战国策》并称为先秦散文的三大典范。

2.《左传》对史实的记载比《春秋》更详尽吗

与《春秋》相比，《左传》更详细地记载了春秋时期政治、经济、文化等方面所发生的重大事件，以及活跃在春秋历史舞台上的诸多重要人物，而较有系统地勾勒出周朝王室与诸侯列国兴亡盛衰的总体轮廓，同时还大量地载录了当时在中国地区所发生或观察到的重要的自然现象。

《左传》一书在内容安排上有主次分别，从记事篇幅来看，前期较为简略，后期较为详富。后期尤以襄、昭二公为最，其在位的时间跨度约为整个春秋的四分之一，但内容却占全书之半。从记事对象来看，则以晋、楚、鲁诸国撰述较多，齐、郑、宋、卫、周、吴等国较略。

3.《左传》的精华表现在哪些章节

《卷一・隐公・传元年》：元年春，王周正月。不书即位，摄也。

初，郑武公娶于申，曰武姜。生庄公及共叔段。庄公寤生，惊姜氏，故名曰寤生，遂恶之。爱共叔段，欲立之，亟请于武公，公弗许。及庄公即位，为之请制。公曰："制，严邑也，虢叔死焉。佗邑唯命。"请京。使居之，谓之京城大叔。祭仲曰："都城过百雉，国之害也。先王之制：大都，不过三国之一；中，五之一；小，九之一。今京不度，非制也，君将不堪。"公曰："姜氏欲之，焉辟害？"对曰："姜氏何厌之有？不如早为之所，无使滋蔓，蔓难图也。蔓草犹不可除，况君之宠弟乎？"公曰："多行不义必自毙，子姑待之。"……

4.《隐公・传元年》反映的是一起骨肉相残的事吗

《隐公・传元年》写的是"郑伯克段于鄢"的故事，这是公元前722年在郑国发生的一起骨肉相残的事。它是《左传》中文字最精彩的一段文字。文章一开始就提起郑武公在申国娶了一个妻子，叫武姜，她生下庄公和共叔段。武姜厌恶他的儿子郑庄公，原因是庄公出生时难产，可是她对于共叔段，却又非常溺爱，屡次请求郑武公废长立幼，虽遭武公拒绝，但姜氏并不就此罢休，这就充分说明这个女人不仅愚蠢而且顽固。姜氏的一个恶、一个爱，始终贯穿于矛盾的产生、发展和激化的过程，这也是她最后必然被拘的最终结果。《郑伯克段于鄢》深刻揭露了郑庄公及其母、弟极端自私、残忍、为权力而骨肉相残的阶级本质，客观地反映了宗法制度的崩溃及伦理道德的沦丧。并认为其中最该批判的就是郑庄公，因为他阴险、虚伪、狡诈。

5.《左传》的经典语录主要有哪些

1. 多行不义必自毙。
2. 师克在和不在众。
3. 匹夫无罪，怀璧其罪。
4. 人尽夫也，父一而已，胡可比也？
5. 夫战，勇气也。一鼓作气，再而衰，三而竭。
6. 国将兴，听于民；将亡，听于神。
7. 不去庆父，鲁难未已。
8. 辅车相依，唇亡齿寒。
9. 欲加之罪，其无辞乎？
10. 皮之不存，毛将安傅？

6.《左传》也是先秦散文的代表作吗

《左传》是我国最早的编年体史书，也是先秦散文的代表作。它以翔实珍贵的史料、严谨有致的笔法和优美流畅的语言，奠定了其在中国古代学术领域的独特地位，为我们全方位地研究中国古代历史发展的脉络与蕴质，提供了根本性的依据。

1.《国语》是一部先秦历史的百科全书吗

左丘明，相传他是位盲人，曾出任过鲁国“太史”一职，是先秦时期最著名的史学家之一。《国语》出自左丘明之手的说法约始于司马迁，他在《史记·太史公自序》中称：“左丘失明，厥有《国语》。”但自唐宋开始，渐有学者执持异议，作者究竟为谁，至今学术界尚未取得一致意见。

春秋时期是中国历史上一个动荡多变的时代。当时，齐、晋、楚、秦、吴、越等大国争霸，弱小诸侯受到欺凌与征伐，社会处于剧烈的变动和转型之中，留下许多值得人们深思的历史经验和教训。《国语》的作者“因圣言以摅意，托王义以流藻”，采录自周穆王以来到智伯灭亡这一时期的各种重大事件，将各种历史人物的言辞、议论和对话汇集起来，其目的就在于警醒当世、启发后人。

2.《国语》也可以说成是《春秋外传》吗

《国语》一书共21卷，分国记事，每国史事又依时间顺序编排，所记各国史事的起讫时间和记载方式自成系统，且前后史事多互不连属。

《周语》三卷排在最前面，记事始于穆王，终于敬王。

《鲁语》二卷，始于庄公长勺之战，终于春秋末年。

《齐语》一卷，专记管仲辅佐桓公称霸之事。

《晋语》九卷，篇幅几乎占全书一半，始于武公，终于昭公，内容极为丰富，因而有人称《国语》是晋史。

《郑语》一卷，仅记桓公与史伯对话。

《楚语》二卷，始于庄王，终于白公之乱。

《吴语》一卷，《越语》二卷，均记夫差与勾践之事，但写法不同，材料来源也不尽相同。

《国语》所记史事，上起西周中期周穆王征伐犬戎，下讫春秋战国之际晋国韩、赵、魏三家灭智伯，前后约五百余年，主要反映了春秋时期的政治与社会状况，与《左传》所记史事的发生年代大略相当，两书内容多有关联，又因相传为同一人所作，因而从汉代起就有《左传》为《春秋内传》、《国语》为《春秋外传》的说法。

3.《国语》的精华表现在哪些章节

《晋语一》：武公伐翼，杀哀侯，止栾共子曰：“苟无死，吾以子见天子，令子为上卿，制晋国之政。”

辞曰：“成闻之：‘民生于三，事之如一’。父生之，师教之，君食之。非父不生，非食不长，非教不知生之族也，故壹事之。唯其所在，则致死焉。报生以死，报赐以力，人之道也。臣敢以私利废人之道，君何以训矣？且君知成之从也，未知其待于曲沃也。从君而贰，君焉用之，遂斗而死。”

4.《晋语一》说的是共叔成杀身成仁的故事吗

公元前七〇九年，曲沃武公围攻晋都翼，杀晋哀侯，取代了晋君。他打算任命共叔成为晋国的上卿，辅佐他治理国政。但共叔成予以拒绝，表示贤臣不事二君，最后杀身成仁。

5.《国语》的经典语录主要有哪些

1. 防民之口，甚于防川。
2. 从善如登，从恶如崩。
3. 事君以敬，事父以孝。
4. 仁不怨君，智不重困，勇不逃死。
5. 华而不实，耻也。
6. 勇以知礼。
7. 天道无亲，唯德是授。
8. 无功庸者，不敢居高位。
9. 善人在患，弗救不详；恶人在位，不去亦不详。
10. 人不可以不学。

6.《国语》是研究春秋历史的珍贵文献吗

《国语》是我国先秦时期的一部重要历史著作，全书留传至今，是研究春秋历史的珍贵文献。

《国语》一书不但记录了当时人对各种社会问题的观点和言论，而且内容广泛，涉及邦国成败、阴阳律吕、外交、军事等方面，还保存了不少先秦时期的礼仪制度、天象节令、生活习俗、民谚歌谣和神话传说，这些都是我们研究和了解先秦社会史、思想史的宝贵资料。如果把《国语》比喻为一部先秦历史（特别是春秋史）的百科全书，这绝非夸张之词。

《战国策》

1.《战国策》是战国时代的史料汇编吗

《战国策》不是某一个人的作品，它是战国至秦、汉间纵横家游说之辞和权变故事的汇编，它不作于一时，也不成于一手。

战国时代，有人专门从事外交策略的研究，讲究如何揣摩人的心理，运用纵横捭阖的手腕，约结与国，孤立和打击敌国，史称纵横家。他们对谈说之术非常重视，为了切磋说动人君的技艺，就不断地收集资料，储以备用，有时并自行拟作，以兹练习，《战国策》中的许多篇章就是这样产生的。到西汉末年，刘向进行全面校订和整理，因为全书主要记录“战国时，游士辅所用之国，为了策谋”的活动，所以定名《战国策》。

2.《战国策》记录了二百五十年的史实吗

《战国策》是一部关于战国时代各国历史情况的重要记录，记录上起春秋，下至秦汉之际约二百四、五十年的史实。全书共三十三卷，以国别为基础，以时间为顺序排列。

《战国策》

战国时代是我国社会由奴隶制向封建制转化的时代，旧的生产关系日趋瓦解，新兴的封建生产关系勃然兴起，从而形成了国与国之间、一国内部之间的尖锐矛盾和斗争。“万乘之国七，千乘之国五，敌侔争权，尽为战国”。“兵革不休，诈伪并起”。当时，秦国通过商鞅变法，实力大增，成了强国。秦国的兴起，对其他六国形成威胁，迫使山东六国经常联合起来合纵抗秦。而秦国则利用六国之间的矛盾，实行连横政策来分化瓦解各国势力。于是，在战国中后期，形成了一波又一波的合纵连横斗争。《战国策》记述的内容绝大部分都是这一百多年间合纵连横的历史事件，而纵横家们的言论和活动更是书中极力渲染和刻画的对象。

3.《战国策》的精华表现在哪些章节

《田需贵于魏王》：田需贵于魏王，惠子曰："子必善左右。今夫杨，横树之则生，倒树之则生，折而树之又生。然使十人树杨，一人拔之，则无生杨矣。故以十人之众，树易生之物，然而不胜一人者，何也？树之难而去之易也。今子虽自树于王，而欲去子者众，则子必危矣。"

4.《田需贵于魏王》是教育人要谨慎吗

在《田需贵于魏王》里，惠子用形象的比喻对正春风得意的宠臣提出了警告，它使田需印象深刻，从而提高警惕、戒骄戒躁。

5.《战国策》的经典语录主要有哪些

1. 得士则兴，失士则败。
2. 宁为鸡口，无为牛后。
3. 见兔而顾犬，未为晚也；亡羊而补牢，未为迟也。
4. 前事之不忘，后事之师。
5. 毛羽不丰满者，不可以高飞。
6. 狡兔有三窟，仅得免其死耳。
7. 鹬蚌相争，渔人得利。
8. 色老而衰，知老而多。
9. 物盛则衰，天之常数也。
10. 以天下之心，行天下之势，如水之就下，孰能御之？

5.《战国策》在史传文学的发展史上起到了桥梁作用吗

《战国策》是一部文学价值相当高的重要史籍，它上承《左传》、《国语》，下开汉代的《史记》，在史传文学的发展史上起了桥梁作用，是研究战国历史的重要依据之一；作为文学作品，它标志着我国古代散文发展到了一个新的高度，对后世散文和辞赋的创作产生了重大影响，在中国文学发展史上占有重要地位。

1.《史记》是我国第一部纪传体通史吗

司马迁（前 145 或 135~ 前 87 年），字子长，西汉夏阳人，即今陕西韩城人，一说山西河津人，出生于一个“世典周史”的家庭中。司马迁的父亲司马谈为汉武帝时的太史令，有志于次第旧闻、裁剪论著、整理古今历史。在父亲的影响和熏陶下，司马迁 10 岁即能诵古文，后来还拜儒学大师孔安国和董仲舒为师，系统地学习了《尚书》、《公羊春秋》以及先秦典籍。

父亲临终前，司马迁接受了父亲的遗命：完成了一部详载明主、贤君、忠臣、死义之士的通史。如果说此时他答应撰写《史记》是继承父亲遗业的话，那么他守丧三年继任太史公之后，伴随人生阅历的增加，他开始意识到记录和反映当时社会状况是历史学家应尽的职责，正式开始撰述编订工作。

2.《史记》创立了以人物为中心的史书体裁吗

《史记》创立了以人物为中心的完备的纪传体史书体裁，全书共 130 篇，计有：《本纪》12 篇，《表》10 篇，《书》8 篇，《世家》30 篇，《列传》70 篇。

《史记》的内容非常丰富，可以说是通贯古今、包罗万象，是一部百科全书式的通史。从传说时代的黄帝写起，一直写到作者当世的汉武帝时代，前后三千多年，总为一编。举凡政治、军事、社会、经济、文化、学术、天文律历、河渠地理，直至边疆地区少数民族、山川地域、风俗人情，无所不包，略无遗漏。司马迁重视人类的生产经济活动，首创《货殖列传》与《平准书》。他重视民族关系，主张维护以西汉王朝为中心的民族统一，从《匈奴列传》到《西南夷列传》，写了五篇少数民族史传。

他也重视文化思想的变迁，为诸子百家学说的代表人物立传，开辟了后世学术思想史之路。他既能够以帝王的言引政绩为纲，注意反映明主、贤君、忠臣、死义之士的历史功绩，也能够广泛描写社会各阶层，包括一些下层人士的历史活动，为游侠、刺客、佞幸、滑稽、货殖、儒士等各色人物立传，努力反映社会的全貌。如此气魄宏伟、规模空前地总结历史，适应了封建专制中央集权统治的客观历史要求，是司马迁“究天人之际，通古今之变，成一家之言”理想的伟大实践。

3.《史记》的精华表现在哪些章节

《史记·廉颇蔺相如列传》：廉颇者，赵之良将也。赵惠文王十六年，廉颇为赵将，伐齐，大破之，取阳晋，拜为上卿，以勇气闻于诸侯。蔺相如者，赵人也；为赵宦者令缪贤舍人。赵惠文王时得楚“和氏璧”，秦昭王闻之，使人遗赵王书，愿以十五城请易璧。赵王与大将军廉颇诸大臣谋，欲予秦，秦城恐可得，徒见欺；欲勿予，即患秦兵之来。计未定，求人可使报秦者，未得。

宦者令缪贤曰：“臣舍人蔺相如可使。”王问：“何以知之？”对曰：“臣尝有罪，窃计欲亡走燕，臣舍人相如止臣，曰：‘君何以知燕王？’臣语曰：‘臣尝从大王与燕王会境上，燕王私握臣手，曰:“愿结友。”以此知之，故欲往。’相如谓臣曰:‘夫赵强而燕弱，而君幸于赵王，故燕王欲结于君。今君乃亡赵走燕，燕畏赵，其势必不敢留君而束君归赵矣。君不如肉袒伏斧质请罪，则幸得脱矣。’臣从其计，大王亦幸赦臣。臣窃以为其人勇士，有智谋，宜可使。”

4.《廉颇蔺相如列传》表现了廉颇和蔺相如的可贵品质吗

《廉颇蔺相如列传》中的廉颇是赵国的大将，曾经为赵国立下了汗马功劳；蔺相如原为宦官令缪贤门下的舍人，出身低微，后因奉璧使秦，完璧归赵，被拜为上卿，地位竟在廉颇之上。廉颇对蔺相如封为上卿心怀不满，他公然扬言要当众羞辱蔺相如。蔺相如知道后，并不想与廉颇去争高低，而是采取了忍让的态度。为了不使廉颇在临朝时排列自己之下，每次早朝，他总是称病不至。有时，蔺相如乘车出门，远远望见廉颇迎面而来，就索性引车躲避了。这引起了蔺相如舍人的不满，蔺相如的解释廉颇听到后，深受感动，他选择蔺相如家宾客最多的一天，身背荆条，赤膊露体来到蔺相如家中，请蔺相如治罪。从此两人结为刎颈之交，生死与共。本文表现了廉颇和蔺相如可贵的思想品质。

5.《史记》的经典语录主要有哪些

1. 尺有所短，寸有所长。

2. 颍水清，灌氏宁；颍水浊，灌氏族。

3. 桃李不言，下自成蹊。

4. 自矜功伐，奋其私智而不师古。

5. 国之将兴，必有祯祥，君王用而小人退；国之将亡，必有妖孽，贤人隐，乱臣贵。

6. 人固有一死，死有重于泰山，或轻于鸿毛。

7. 究天人之际，通古今之变，成一家之言。

8. 为人臣者，不得不以死争。

6.《史记》是“无韵之离骚”吗

被鲁迅先生誉为“史家之绝唱，无韵之离骚”的《史记》，是我国第一部纪传体通史，它记述上自黄帝、下迄汉武帝三千年中国的发展变迁，是中华文明的集大成之作。它不但是一部体大精深、无与伦比的历史名著，而且也是我国文学宝库中不可多得的珍品，影响巨大而深远。

1.《汉书》是语录体儒学经典吗

班固（32～92年)，字孟坚，扶风安陵人，即今陕西咸阳市人。他出生在一个充满学术气氛的家庭，从小就受到很好的文化教育，显示出多方面的才能。其父班彪一生从事续补《史记》的工作，共写出《后传》65篇。父亲死后，他着手整理《后传》，并在此基础上开始《汉书》的编写。在以后的二十多年中，班固精思熟虑，专心写作。永和四年（92年），窦宪图谋叛乱，因事情败露而自杀。班固因受牵连，死在狱中。

班固死时，《汉书》的大部分篇章已经成段，只剩八表和《天文志》没有写出，汉和帝令其妹班昭继续补写八表，后来马续又帮助班昭写成了《天文志》。

前后经历三四十年，一部史学巨著终于完成了。

2.《汉书》反映了西汉社会各方面的情况吗

班固的《汉书》原为一百卷，今本依唐人颜师古注本，又折出若干子目，共计120卷，八十多万言。

《汉书》又名《前汉书》。上起公元前206年，下终公元23年，记述西汉王朝230年间的历史。

《汉书》内容极其丰富，以类目计，可分四类：第一类是“帝纪”共12卷。因为汉高祖刘邦是汉王朝开国之君，所以《高帝纪》置于诸“帝纪”之首。此外，分记惠帝、高后、文帝、景帝、武帝等各为“帝纪”一卷；第二类是史“表”，共八卷，分记诸侯王、异姓诸侯王、外戚、各朝显臣及百官公卿大事；第三类是“志”，共十卷，分记礼乐、刑法、社会经济、水利建设、重要文化以及天文、地理等情况；第四类是人物传记，共70卷，反映西汉各种代表人物。他们之中有战功赫赫的将军，有威武不屈的使节，有极力维护皇权的大臣，有权术圆通的野心家，有草菅人命的酷吏，有重义轻生的游侠，有皓首穷经的学者，有腰缠万贯的巨商，还有争宠的后妃，厚颜的佞幸等等。通过这些形形色色的人物及其活动，可以了解西汉社会各方面的情况。

3.《汉书》的精华表现在哪些章节

《高帝纪·卷一·上》：高祖，沛丰邑中阳里人也，姓刘氏。母媪尝息大泽之陂，梦与神遇。是时雷电晦冥，父太公往视，则见交龙于上。已而有娠，遂产高祖。

高祖为人，隆准而龙颜，美须髯，左股有七十二黑子。宽仁爱人，意豁如也。常有大度，不事家人生产作业。及壮，试吏，为泗上亭长，延中吏无所不狎侮。好酒及色。常从王媪、武负贳酒，时饮醉卧，武负、王媪见其上常有怪。高祖每酤留饮，酒雠数倍。及见怪，岁竟，此两家常折券弃责。

高祖常徭咸阳，纵观秦皇帝，喟然大息，曰：“嗟乎，大丈夫当如此矣！”

4.《汉书》主要是记载刘氏的崛起吗

公元前209年9月，正当陈胜、吴广领导农民起义军冲击着秦帝国的腐朽统治之际，有两支武装力量在东南部几乎同时崛起。其一是项梁、项羽在吴县杀郡守起义，领着八千江东子弟向北挺进；其二是刘邦在沛县斩蛇起义，然后率领沛县民众攻城掠地。起初，刘邦军与项梁军配合，在江苏、安徽西北部、山东西南部、河南东部辗转作战，打击秦军。项梁死后，项羽北上救赵，抗击秦军主力。刘邦受怀王派遣，出山东西行，横贯江南，没有遭遇多大阻力，从武关攻入关中，结束了秦帝国的反动统治。

项羽入关以后，本打算消灭刘邦军，经过鸿门宴上的一番较量，形势发生了戏剧性的转变。刘邦不甘心屈居汉中为王，不久便暗度陈仓，还定三秦，出关东征，揭开了长达四年之久的楚汉战争的历史篇章。

刘邦虽曾一度战败，甚至全军覆没，但很快他又重整旗鼓，卷土重来。他以荥阳、成皋为据点，与项羽展开拉锯战，消耗了项羽的战备力量，并扩大战果，形成了对项羽的包围圈。项羽陷于孤立境地，不得不同意中分天下。

成皋之战使刘邦由战略防御转为战略反攻，刘邦终于调动一切力量在垓下决战中消灭了项羽军。公元前202年2月，刘邦登上皇帝的宝座，一个强大的封建帝国在复杂激烈的斗争中诞生了。

刘邦知人善任，能听到不同意见，顺应民心，得到民众的支持，这些都是他取得胜利的重要原因，值得我们借鉴。

5.《汉书》的经典语录主要有哪些

1. 大风起兮云飞扬，威加海内兮归故乡，安得猛士兮守四方。
2. 屈节辱命，虽生，何面目以归汉。
3. 正其本，万事理，失之毫厘，差之千里。
4. 古与今如一丘之貉。
5. 人生行乐耳，须富贵何时！
6. 道不同，不相为谋。
7. 臣头可得，玺不可得也。
8. 臣宁负王，不敢负社稷。
9. 当断不断，反受其乱。
10. 天道神明，人不可独杀。

6.《汉书》是研究西汉社会的一部重要著作吗

《汉书》，也称《前汉书》，是我国古代继《史记》之后又一部史学名著，它详尽地记述了西汉王朝230年间的历史，在政治、经济、军事、文教以至中西交通，文化交流等方面为后人提供了丰富的历史资料，成为我们今天了解和研究西汉社会的一部重要著作。

1.《后汉书》是一部优秀的史学名著吗

范晔（398～445年），字蔚宗，顺阳山阴人。南北朝时期著名的史学家、文学家、音乐家和发明家。

范晔的祖先是东晋的世家大族，祖父范宁曾任豫章太守；父亲范泰曾任御史中丞。范晔少时就出继给从父范弘之，因而世袭封武兴县五等侯。刘裕势力发展时，范晔便投靠刘裕之子刘义康，在其部下任冠军参军。428年因父丧去官。服厥后，为征南大将军檀道济部下的司马，领新蔡太守，后升尚书吏部郎。432年因事激怒刘义康，被贬，出任宣城太守，从此时起著《后汉书》。数年后，迁长沙王义欣镇军长史，加宁朔将军，官至左卫将军，太子詹事。445年被人告发参与拥立刘义康为帝，因以谋反罪被杀，年仅48岁。

2.《后汉书》是范晔和司马彪所撰吗

《后汉书》120卷，记载自公元25年到220年间195年间东汉一代的史事，包括本纪10卷，列传80卷，志30卷。其中纪、传部分是南朝宋范晔所撰，志部分则为晋司马彪所撰。

《后汉书》继承了《史记》、《汉书》的体制，基本上按照已有的传目去述事和写人，但又不完全囿于旧有的模式，而是针对东汉一代特有的社会风尚和时代特点，适时制宜地创设一些新的传目去反映之，例如增加了党锢、宦者、文苑、独行、方术、逸民和列女传。一个类传都集中反映一组性质相近的历史人物，都在一定程度上再现了东汉时期的社会风貌和历史现象。

范晔说他写《后汉书》，“欲因事就卷内发论，以正一代得失”。他所谓的“正一代之得失”，就是通过书中的序和论来体现的。论赞内容广泛，言简意赅，除了评论军国大事，褒贬历史人物，表述撰著意图等外，更重要的是对历史变化的趋势与特点加以探索。

《后汉书》的作者范晔

3.《后汉书》的精华表现在哪些章节

《后汉书·党锢列传·范滂传》：建宁二年，遂大诛党人。诏下，急捕滂等。督邮吴道至县，抱诏书，闭传舍，伏床而泣。滂闻之，曰：“必为我也！”即自诣狱。县令郭揖大惊，出解印绶，引与俱亡。曰：“天下大矣，子何为在此？”滂曰：“滂死则祸塞，何敢以罪累君，又令老母流利乎！”其母就与之诀，滂白母曰：“仲博孝敬，足以供养，滂从龙舒君归黄泉，存亡各得其所。惟大人割不可忍之恩，勿增感戚。”母曰：“汝今得与李杜齐名，死亦何恨！既有令名，复求寿考，可兼得乎？”滂跪受教，再拜而辞。顾谓其子曰：“吾欲使汝为恶，则恶不可为。使汝为善，则我不为恶。”行路闻之，莫不流涕，时年三十三。

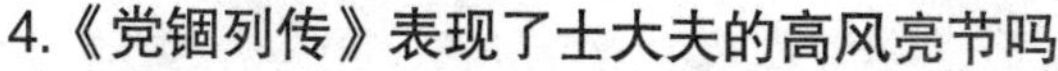

4.《党锢列传》表现了士大夫的高风亮节吗

东汉末年，政治黑暗，宦官与外戚交替专权，垄断仕进之路，甚至公开卖官鬻爵。一批士大夫愤怒而起，批评朝政，抨击宦官。宦官诬陷他们结党对抗朝廷，对其加以禁锢。在汉灵帝建宁二年(169年)的党锢之祸中，党人李膺、范滂等百余人死于狱中，其他死徙废禁者六七百人。本文叙写范滂一生慨言直行，表彰其身处污浊险恶而能振拔自立、激世励俗的非凡志节。

5.《后汉书》的经典语录主要有哪些

1. 享分土之封，超登宫卿之位。

2. 构害明贤，专树党类。

3. 贬国蠹政之事，不可单书。

4. 大考锢党，转相诬染，凡称善士，莫不离被灾毒。

5. 不事王侯，高尚其事。

6. 高士弘清淳之风，贞女亮明白之节，则其徽美未殊也。

7. 史载如范，千古能有几人。

8. 吾杂传论，皆有精意深旨。

9. 文约之所沾渐，风声之所周流。

10. 劳人自纵，逸游无度。

6.《后汉书》是一部文采横溢的史书吗

《后汉书》是一部优秀的史学名著，在二十四史中与《史记》、《汉书》、《三国志》合称“前四史”，在史学上有着重要的地位。《后汉书》叙东汉一代史事，精炼周密，颇有创新，文采横溢，议论横生。自《后汉书》问世，前此诸家关于后汉的史书便逐渐被淘汰，独范书历一千五百余年流传至今，成为研究东汉历史最宝贵、最主要的资料。

《三国志》

1.《三国志》是一部记载三国的纪传体国别史吗

陈寿（233 ~ 297 年），字承祚，生于三国末西晋初，巴西安汉人，即今四川南充市人。“少受学于散骑常侍谯周，治《尚书》、《三传》，锐精《史》、《汉》，聪警敏识，属文富艳”。

陈寿能编撰出《三国志》这样一部史学名著，与他当时所处的时代和具体的主客观条件是分不开的。从主观方面看，他从小对学习历史就有兴趣。从客观环境看，陈寿的历官行事，也有助于他研究历史，从事著述。在仕蜀期间，曾任东观秘书郎，入晋以后，历任著作佐郎、著作郎等职。

陈寿生活在三国后期和西晋前期，由他来写三国史，是有其便利条件的。由于是当代人写当代史，对不少史事，可以说是耳闻目睹，闻见真切，记录下来自然是可信的。

由于陈寿所具备的各种条件，决定了《三国志》这部书能成传世之作。其书问世以后，即得到当时人的称赞。

2.《三国志》只有纪、传二体吗

《三国志》共65卷，其中《魏志》30卷、《蜀志》15卷、《吴志》20卷。

三国详略不同，《魏志》、《吴志》记载较详，《蜀志》较简。这是因魏国和吴国曾经有史书。

陈寿写《三国志》分魏、蜀、吴三志，并且用“三国”名书，表现出三国鼎立的历史实境。《三国志》无表无志，只有纪、传二体。关于帝纪，只有《魏志》数帝立纪，其他蜀帝、吴帝统统立传。陈寿不能不这样处理，因为他是晋朝的史官，“晋承魏统”，他也得尊魏为正统。然而，他处理得十分巧妙，他写蜀、吴二主的传、年经事纬、记事方法与本纪毫无区别。他实际上是把三国放在同等地位，由此足见其卓识和创见。

流行本《三国志》都附有南北朝时刘宋裴松之的注文，裴注征引了大量的史料，可以补《三国志》本文之不足，成为《三国志》不可分割的一个组成部分。

3.《三国志》的精华表现在哪些章节

《三国志·诸葛亮传·出师表》：臣本布衣，躬耕于南阳，苟全性命于乱世，不求闻达于诸侯。先帝不以臣卑鄙，猥自枉屈，三顾臣于草庐之中，咨臣以当世之事，由是感激，遂许先帝以驱驰。后值倾覆，受任于败军之际，奉命于危难之间，尔来二十有一年矣。先帝知臣谨慎，故临崩寄臣以大事也。受命以来，夙夜忧叹，恐托付不效，以伤先帝之明，故五月渡泸，深入不毛。今南方已定，兵甲已足，当奖率三军，北定中原，庶竭驽钝，攘除奸凶，兴复汉室，还于旧都。此臣所以报先帝，而忠陛下之职分也。至于斟酌损益，进尽忠言，则攸之、祎、允之任也。愿陛下托臣以讨贼兴复之效；不效，则治臣之罪，以告先帝之灵。若无兴德之言，则责攸之、祎、允等之慢，以彰其咎。陛下亦宜自谋，以咨诹善道，察纳雅言，深追先帝遗诏。臣不胜受恩感激，今当远离，临表涕零，不知所云。

4.《出师表》是诸葛亮北伐中原的奏文吗

《出师表》是三国时期蜀汉丞相诸葛亮所作，写于蜀汉建兴五年（227年）第一次出师伐魏之前。其时蜀汉已从夷陵（今湖北宜都）战役的惨败中初步恢复过来，既与吴国通好，又稳定了自己的战略后方，伐魏时机臻于成熟。在这篇表文中，诸葛亮劝说后主刘禅广开言路，严明赏罚，亲贤远佞，以继承先帝刘备的遗志；还陈述了自己对先帝的“感激”之情和“兴复汉室”的决心。

5.《三国志》的经典语录主要有哪些

1. 方今收英雄时也，杀一人而失天下之心，不可。

2. 宝货仓库，国家之有。

3. 为将当有怯弱时，不可但恃勇也。

4. 古之成败者，诚有其才，虽弱必强。

5. 士不素教，甲兵不利，虽汤、武不能以诚胜。

6. 自古圣帝明王，罪及妻子。

7. 孤之有孔明，犹鱼之有水也。

8. 亲贤臣，远小人，此先汉所以兴隆也；亲小人，远贤臣，此后汉所以倾颓也。

9. 伐人之国而以为欢，非仁者之兵也。

10. 年少虑事不远。

6.《三国志》在传记文学方面有较大的贡献吗

《三国志》是一部纪传体国别史，详尽地记述了三国时代各国的政治、经济、军事、外交等方面情况，为我们了解和研究三国的历史提供了宝贵的历史资料。全文文笔简洁。记人述事生动传神，在传记文学方面，亦有较大的贡献。

1.《晋书》是记载两晋历史的断代史书吗

《晋书》的修撰，是根据唐太宗李世民的诏令，于646年开始，至648年完成，历时不到三年，参加编写者如下：房玄龄、褚遂良、许敬宗三人为监修；来济、陆元仕、刘子翼、卢承基、李淳风、李义府、薛元超、上官仪、崔行功、辛丘驭、刘胤之、杨仁卿、李延寿、张文恭14人负责分功撰录；令狐德棻、敬播、李安期、李怀俨、赵弘智五人负责考证类例。总上作者22人，若将唐太宗计入，则为23人。

唐太宗重视修史，目的是借总结治乱兴亡的历史教训，来巩固唐代一统天下的政治局面。李世民亲自为《宣帝纪》、《武帝纪》以及《陆机传》、《王羲之传》撰写了四篇史记，因此曾有《晋书》为太宗皇帝御撰之说。

2.《晋书》的列传是做得最好的吗

《晋书》是载述两晋历史的纪传断代史，记述了自265年到420年共156年的历史。其中西晋四帝：武帝、惠帝、怀帝、愍帝，都洛阳，历52年；东晋11帝：元帝、明帝、成帝、康帝、穆帝、哀帝、废帝、简文帝、孝武帝、安帝、恭帝，都建康，历104年。全书包括帝纪10卷、志20卷、列传70卷、载记30卷，另有叙例一卷，目录一卷，共132卷。后叙例散失，目录不再独立成卷，古今本为130卷。

《晋书》列传七十卷是做得比较好的，内容比较广博，记述比较详尽，保存了十分丰富的珍贵史料。列传中有不少合传，其中豪门大户子列父子集合一传者，反映出当时门阀贵族势力之强大。还有一些合传，或者是思想情趣相近的文人名士，或者是职业相同的史学家，或者是年代先后不同而同属乱臣贼子者。从这些合传可以看出撰史者的用心安排。

《晋书》还创造了“载记”的形式，载述了割据政权“十六国”的历史。

3.《晋书》的精华表现在哪些章节

《晋书·卷一·帝纪第一·宣帝》：制曰：夫天地之大，黎元为本；邦国之贵，元首为先。治乱无常，兴亡有运。是故五帝之上，居万乘以为忧；三王已来，处其忧而为乐。竞智力、争利害，大小相吞，强弱相袭。逮乎魏室，三方鼎峙，干戈不息，氛雾交飞。宣皇以天挺之姿，应期佐命，文以缵治，武以棱威。用人如在己，求贤若不及；情深阻而莫测，性宽绰而能容。和光同尘，与时舒卷，戢鳞潜翼，思属风云。

饰忠于已诈之心，延安于将危之命。观其雄略内断，英猷外决，殄公孙于百日，擒孟达于盈旬，自以兵动若神，谋无再计矣。既而拥众西举，与诸葛相持。抑其甲兵，本无斗志，遗其巾帼，方发愤心。及明帝将终，栋梁是属，受遗两主，佐命三朝，既承忍死之托，曾无殉生之报。天子在外，内起甲兵，陵土未干，遽相诛戮，贞臣之体，宁若此乎！

4.《晋书·宣帝》歌颂了司马懿的功绩吗

司马懿（179~251年），即晋宣帝，字仲达，河内温（今河南温县）人。三国时期魏国杰出的政治家、军事家，西晋王朝的奠基人。曾任职过曹魏的大都督、太尉、太傅。是辅佐了魏国三代的托孤辅政之重臣，后期成为全权掌控魏国朝政的权臣。平生最显著的功绩是多次亲率大军成功对抗诸葛亮的北伐。死后谥号舞阳宣文侯，次子司马昭被封晋王后，追封懿为宣王，司马炎称帝后，追尊懿为宣皇帝。《晋书·宣帝》歌颂了司马懿的丰功伟绩。

5.《晋书》的经典语录主要有哪些

1. 百代文宗，一人而已。
2. 畏小忍而忘大孝。
3. 四海无事，百揆多闲。
4. 治乱无常，兴亡有道。
5. 邦国之贵，元首为先。
6. 知贪于近者则遗远，溺于利者则伤名。
7. 壮矣哉，包举天人者也！
8. 决神算于深衷，断雄图于议表。

9. 居治而忘危，则治无常治。

10. 子不肖则家亡，臣不忠则国乱。

6.《晋书》的辞采华丽可资借鉴吗

《晋书》详细记载西晋和东晋封建王朝的兴亡史，并用“载记”形式，兼叙了割据政权“十六国”的史实，是研究晋史的宝贵材料。《晋书》取材广泛，资料丰富，但在史料的甄别取舍上未能十分注意筛选，议论方面则每一卷后都既有论，又有赞，且多用骈偶，辞采华丽而文字累赘。

1.《宋书》记史是一帝一卷吗

《宋书》包括本纪10卷、列传60卷、志30卷，合100卷。

403年荆州刺史桓玄代晋称帝，翌年刘裕推翻桓玄，随后北灭南燕、后秦，系威权于一身，终于夺取帝位，建立刘宋。420年是南朝的开始，也是南北朝对峙的起点。《宋书》记事始于宋武帝永初元年（420年），从420年至479年，主要记载了刘宋政权60年的史事。

明万历国子监刻本《宋书》

本纪十卷记刘宋王朝的八个皇帝。武帝本纪占三卷，虽然刘裕在位三年，但记事从东晋隆安年间他参与镇压孙恩、卢循起义开始，到他逐步控制东晋朝政、登基称帝、改革朝政。所记史事时间跨度达20个春秋。其余皆一帝一卷。

宋志30卷，凡八目：《律历志》三卷、《礼志》五卷、《乐志》四卷、《天文志》四卷、《符瑞志》三卷、《五行志》五卷、《州郡志》四卷、《百官志》四卷。号称宋书八志是精华所在，分量几占全书一半，不但记述了刘宋一代的典章制度，还上溯三代，尤详于魏晋，明于典章制度的源流始方，足补前史之遗缺。

《宋书》列传传目标明传主姓名者，凡二百三十余人。《宋书》列传中，高门士族人物几占一半，仅凭血统，不问有无才德，王、谢世族立有专传的都在十人上下，空泛罗列其官衔美称，且必于其传首载明其祖辈官阶、履历，遂成定制。

2.《宋书》的精华表现在哪些章节

《宋书·本纪第九·后废帝》：初，昱在东宫，年五六岁时，始就书学，而惰业好嬉戏，主师不能禁。好缘漆账竿，去地丈余，如此者半食久，乃下。年渐长，喜怒乖节，左右有失旨者，辄手加扑打。徒跣蹲踞，以此为常。主师以白太宗，上辄敕昱所生，严加捶训。及嗣位，内畏太后，外惮诸大臣，犹未得肆志。自加元服，变态转兴，内外稍无以制。三年秋冬间，便好出游行，太妃每乘青篾车，随相检摄。昱渐自放恣，太妃不复能禁。单将左右，弃部伍，或十里、二十里，或入市里，或往营署，日暮乃归。四年春夏，此行弥数。自京城克定，意志转骄，于是无日不出。与左右人解僧智、张五儿恒相驰逐，夜出，开承明门，夕去晨反，晨出暮归。从者并执鋋矛，行人男女，及犬马牛驴，值无免者。民间扰惧，昼日不敢开门，道上行人殆绝。常著小袴褶，未尝服衣冠。或有忤意，辄加以虐刑。有白棓数十枚，各有名号，针椎凿锯之徒，不离左右。尝以铁锥椎人阴破，左右人见之有敛眉者，昱大怒，令此人袒胛正立，以矛刺胛洞过……史臣曰：丧国亡家之主，虽适末同途，发轸或异也。前废帝卑游亵幸，皆龙驾帝饰，传警清路；苍梧王则藏玺怀绂，鱼服忘反，危冠短服，匹马孤征。至于殒身覆祚，其理若一。姬、夏之隆，质文异尚，亡国之道，其亦然乎！

3.《宋书·后废帝》表现了刘昱的残暴吗

宋后废帝刘昱（463~477年），字德融，小字慧震，是南朝宋明帝的长子。生于大明七年正月辛丑，殒于元徽五年七月戊子。刘昱九岁即位，他喜欢带着一大帮狗奴才跑到京城的大街上，见鸡杀鸡见狗杀狗，见到人就砍人。随便逮住谁，就拿出准备好的锯子、钳子、凿子等工具，把人家四分五裂、开膛破肚。日复一日，京城里都没人敢上街了。“民间扰惧，路无行人”。刘昱做这种事很上瘾，一天不解剖就浑身难受，于是想方设法地找身边的太监、大臣的麻烦，一句话说不好就冲上去解剖人家。有一次有人告发三个将领准备谋反，他高兴坏了，叫上一帮狗腿子，卫队都不带，就直奔那三人的家里，进门掏出锯子、钳子就开干，直接把三人的全家老小都肢解了，活脱脱一个满门抄斩，连地上爬的婴儿都没能活下来。史称其“穷凶极暴，自取灰灭，虽曰罪招，能无伤悼。弃同品庶，顾所不忍”。是个丧国亡家之主。

4.《宋书》的经典语录主要有哪些

1. 灵运之兴会标举，延年之体裁明密，并方轨前秀，垂范后昆。
2. 丝绵布帛之饶，覆衣天下。
3. 地理参差，其详难举。
4. 足以勒铭钟鼎，昭被方策。
5. 先王之莅天下也，上则大宝以尊德，下则建侯以褒功。
6. 治乱相因，理不常泰。
7. 欲加之罪，其无辞乎！
8. 先王制治，九土攸序，分境画疆，各安其居。

5.《宋书》收录的诏令奏议、书札比较多吗

《宋书》收录当时的诏令奏议、书札文章等各种文献比较多，保存了丰富的历史资料。中国史学素有文史结合的传统，在二十四史的作者中，沈约第一个用历史眼光进行文学批评，这不仅反映了刘宋时代文学第一次取得独立地位的客观要求，也是由于历史学家沈约本是文坛领袖、一代词宗，故具备写作文学史论的学识。

《隋书》

1.《隋书》是一部纪传体断代史吗

魏征（580～643年），字玄成，巨鹿曲城人，即今河北馆陶人。他是唐初一位杰出的政治家，也是当时一位重要的史学家。

魏征幼年丧父，生活贫苦，后曾出家为道士。但他在青少年时代，就落拓有大志，好读书，经史“多所通涉”。在隋末天下大乱和各地农民纷纷起义的形势下，他参加了瓦岗军，后瓦岗军失败，他跟着李密一起降唐。魏征深得唐太宗李世民信任，官拜谏议大夫、尚书左丞、秘书监等。

《隋书》是唐初设立史馆后成于官方的一部官修史书。唐太宗于629年命魏征等修隋史，参加编撰的还有颜师古、孔颖达、许敬宗、李延寿、赵弘智等人。《隋书》由魏征负责主编，至636年修成。《隋书》修成后，魏征加位光禄大夫，晋封郑国公。

2.《隋书》的作者都是学有专长的人吗

《隋书》分帝纪5卷、志30卷、列传50卷。其中帝纪5卷分为《高祖纪》两卷、《炀帝纪》两卷、《恭帝纪》一卷。

志 30 卷，写了 10 志，其中包括:《仪礼志》7 卷,《音乐志》、《律历志》、《天文志》各 3 卷,《五行志》2 卷,《百官志》、《地理志》各 3 卷,《食货志》、《刑法志》各 1 卷,《经籍志》4 卷。虽然卷数只占《隋书》三分之一多，但其分量大略与纪传相等。《隋书》虽然也是成于众人之手，但作者都是学有专长，而且也多是参与重修《晋书》和负责撰写《晋志》的人，志书价值很高。

《隋书》列传50卷，目录列名者凡330传。其中有不少好的篇章，也有一些是凑数的，因而在《隋书》列传中所记史事和所载文献的史学价值，应当区别看待。列传在内容上，一方面是重文学，尚佛道；另一方面则重官阶、重器局、重亲族间封建道德和重为官。

3.《隋书》的精华表现在哪些章节

《隋书·赵绰传》：绰字士倬，河东人也。性质直刚毅。刑部侍郎辛亶尝衣绯裈，俗云利于官，上以为厌蛊，将斩之，绰曰："据法不当死，臣不敢奉诏。"上怒甚，谓绰曰："卿惜辛亶而不自惜也？"命左仆射高颎将绰斩之。绰曰："陛下宁可杀臣，不可杀辛亶。"至朝堂，解衣当斩。上使人谓绰曰："竟如何？"对曰："执法一心，不敢惜死。"上拂衣而入，良久，乃释之。明日，谢绰，劳勉之，赐物三百段。

时上禁行恶钱。有二人在市以恶钱易好者，武侯执以闻，上悉令斩之。绰谏曰："此二人坐当杖，杀之非法。"上曰："不关卿事。"绰曰："陛下不以臣愚暗，置在法司，欲妄杀人，岂得不关臣事？"上曰："撼大木不动者，当退。"对曰："臣望感天心，何论动木！"上复曰："啜羹者，热则置之。天子之威，欲相挫邪？"绰拜而益前，呵之不肯退。上遂入。治书侍御史柳彧复上奏切谏，上乃止。上以绰有诚直之心，每引入阁中，或遇上与皇后同榻，即呼绰坐，评论得失。

4.《赵绰传》记载了一个好法官的事迹吗

《隋书·赵绰传》通过多个事例，表现了赵绰刚正不阿，公正执法的可贵品质。在上文中，赵绰不惜自己的生命，指出皇上的量刑不准，表现了一个法官崇高的敬业精神。

5.《隋书》的经典语录主要有哪些

1. 裁成义类，惩恶劝善。
2. 动天地，感鬼神，格祖考，谐邦国。
3. 缉礼兴乐，欲救时弊。
4. 礼失其制，则尊卑乘，乐失其序，则亲疏乱。
5. 博综古今，义理该洽，考前儒三异说，符圣人之幽旨，实为不朽。
6. 偃辈兴文，布德施惠，中国既安，远人自服。
7. 绝域君长，皆来朝贡，九夷重译，相望于道。
8. 思竭其用，知无不言。

9. 务加详备，博采旧闻，义在不刊，书法不隐。

10. 裁成义类，惩恶劝善，多识前古，贻鉴将来。

6.《隋书》是有独到见解的史书吗

《隋书》是唐初史馆编撰的一部纪传体断代史，其纪传和十志又是由史官分两次修成的。全书述事简练，文笔严谨。书中虽有隐讳之处，但从总体看，基本上能做到据事直书。特别是史论部分，还具有一定的特色和独到见解。

《新唐书》

1.《新唐书》是一部记载唐代历史的断代史吗

宋仁宗（1032～1063年)诏大臣宋绶讲授唐史。仁宗认为《旧唐书》修撰得不好，一是“纪次无法，详略失中，文采不明，事实零落”；二是作者为“衰世之士，气力卑弱，言浅意陋，不足以起其文”。因此决定重修，于庆历四年（1044年）发端自贾昌朝的倡议，翌年正月正式开局修撰。列传部分由宋祁于996年至1061年撰修，工作始于庆历四年，成于嘉定三年（1210年）；纪、志、表部分由欧阳修负责，于至和元年（1054年）入局工作，至嘉定五年（1212年）完成。全书修撰历时17年。

参与《新唐书》修撰工作的还有当时名人范镇、王畴、宋敏求、吕夏卿、王尧臣等，反映了当时历史撰著的最高水平。按：“书成奏御，旧制唯列官最高者一人，公官高当书。公曰：‘宋公于传功深日久，岂可掩其名夺其功？’于是纪、志、表书公名，而列传书宋公。”

2.《新唐书》是以旧唐书为基础增补而成的吗

《新唐书》所记述历史时间同《旧唐书》，即上起618年，下至907年，包括整个唐代的历史。全书225卷，分本纪10卷、志50卷、表15卷、列传150卷。因志、表、列传部分为大卷，刻印时多分立子卷，所以实核为248卷。

《新唐书》是以《旧唐书》为基础削删增补而成，因此可对照《旧唐书》来研究唐朝的整个历史。《新唐书》与《旧唐书》相比有如下几个特点：（一）削删增补较大。本纪部分删去旧书的百分之七十，增加《则天皇后传》；列传部分删去六十多传，增补三百多传，增加部分多属新史实。（二）增列恢复志表系。纪传体史书本应纪表志俱全，但自《汉书》以后至《新唐书》以前各部正史，均不设表系，这是一大缺欠。《新唐书》恢复立表后，以下各部正史才又复设年表世系。（三）创造新传，扩充志书。针对唐朝盛世之实况，《新唐书》在列传上比《旧唐书》增加了《藩镇》、《公主》、《藩将》、《奸臣》四传；在志书方面，新设《仪卫》、《选举》、《兵》三志，不但材料珍贵，而且丰富。尤其是《新唐书·地理志》，是一份研究中国水利史的绝佳资料，不可多得。

3.《新唐书》的精华表现在哪些章节

《新唐书·李白传》：李白，字太白，兴圣皇帝九世孙。其先隋末以罪徙西域，神龙初，遁还，客巴西。白之生，母梦长庚星，因以命之。十岁通诗书，既长，隐岷山。州举有道，不应。苏颋为益州长史，见白异之，曰："是子天才英特，少益以学，可比相如。"然喜纵横术，击剑，为任侠，轻财重施。更客任城，与孔巢父、韩准、裴政、张叔明、陶沔居徂徕山，日沉饮，号"竹溪六逸"。

天宝初，南入会稽，与吴筠善，筠被召，故白亦至长安。往见贺知章，知章见其文，叹曰："子，谪仙人也！"言于玄宗，召见金銮殿，论当世事，奏颂一篇。帝赐食，亲为调羹，有诏供奉翰林。白犹与饮徒醉于市。帝坐沉香亭子，意有所感，欲得白为乐章；召入，而白已醉，左右以水靧面，稍解，援笔成文，婉丽精切无留思。帝爱其才，数宴见。白尝侍帝，醉，使高力士脱靴。力士素贵，耻之，擿其诗以激杨贵妃，帝欲官白，妃辄沮止。白自知不为亲近所容，益骜放不自修，与知章、李适之、汝阳王琎、崔宗之、苏晋、张旭、焦遂为"酒八仙人"。恳求还山，帝赐金放还。白浮游四方，尝乘舟与崔宗之自采石至金陵，著宫锦袍坐舟中，旁若无人。

4.《李白传》详细介绍了李白的生平吗

李白是我国唐代伟大的浪漫主义诗人，被后人尊称为"诗仙"，与杜甫并称为"李杜"。李白的诗以抒情为主。其诗风格豪放，飘逸洒脱，想象丰富，语言流转自然，音律和谐多变。他善于从民歌、神话中汲取营养素材，构成其特有的瑰丽绚烂的色彩，是屈原以后我国最为杰出的浪漫主义诗人，代表我国古典积极浪漫主义诗歌的新高峰。他具有超异寻常的艺术天才和磅礴雄伟的艺术力量。他的大量诗篇，既反映了那个时代的繁荣气象，也揭露和批判了统治集团的荒淫和腐败，表现出蔑视权贵，反抗传统束缚，追求自由和理想的积极精神。《新唐书·李白传》即为李白的传记。

5.《新唐书》的经典语录主要有哪些

1. 叙天宝后事，绝无伦类，取舍非工，不为史氏所称。
2. 哀世之士，气力卑弱，言浅意陋，不足以起其文。
3. 自古文人好相凌掩。
4. 君臣行事之始终，所以治乱兴衰之为。
5. 宁简无冗，宁避无俗。
6. 沾沾小人，窃天下柄。
7. 炀帝失德，天丑其为。
8. 不以怨毒相向，而先国家之忧。
9. 木将坏，虫实生之。
10. 出入之吝，谓之有司。

6.《新唐书》是一部史料详实的史书吗

《新唐书》是一部记载唐代历史的专著。《新唐书》的成书晚于《旧唐书》百余年，这期间陆续发现了不少有关唐史的新资料，也有一些唐史研究的新成果问世。它增订补充了不少《旧唐书》所缺略的重要史实。但《新唐书》在补充改正《旧唐书》的缺陷时，犯了矫枉过正的错误，在纪传方面删削简略太过。

《新五代史》

1.《新五代史》是欧阳修私撰的一部断代史吗

欧阳修（1007～1072年)，字永叔，号醉翁，晚年号“六一居士”，祖籍卢陵，即今江西永丰，诞生于绵州，即今四川绵阳。宋代文学家、史学家。

欧阳修四岁而孤，母郑氏守节自誓，亲诲之学，家甚贫，以荻画地学书。修敏悟过人，读书辄成诵，举进士甲科，调西京推官。嘉祐五年（1060年），拜枢密副史；六年升参知政事，与韩琦同心辅政。熙宁初，与王安石不合，以太子少师致仕。

《旧五代史》是适应宋初的政治需要，仓促修撰而成的。在欧阳修诞生的时候，北宋社会产生了许多新的问题。显然，《旧五代史》已不足以解决新时代的问题，该有一部新史取代旧史了。《新五代史》写作时间大约开始于1036年，基本完成于1053年，前后历经18年的时间。欧阳修在世时对此书采取保密态度，甚至对朝廷征取也加以推脱。欧阳修去世后，才由朝廷征去，于1077年颁于天下。

2.《新五代史》记述的是八十三年的历史吗

《新五代史》原名《五代史记》，是二十四史中自唐代以后唯一一部私人修撰的正史。

《新五代史》四卷，其篇目如下：

本纪12卷：梁太祖二卷、梁宋帝一卷、唐庄宗二卷、唐明宗一卷、唐愍帝、废帝一卷、晋高祖一卷、晋出帝一卷、汉高

欧阳修

祖、隐帝一卷、周太祖一卷、周世宗、恭帝一卷；列传45卷：梁家人传一卷、唐家人传二卷、梁臣传三卷、唐臣传五卷、晋臣传一卷、汉臣传一卷、周臣传一卷、死节传一卷、死事传一卷、一行卷一卷、唐六臣传一卷、义儿传一卷、伶官传一卷、宦者传一卷、杂传19卷；考三卷：司天考二卷、职方考一卷；世家年谱11卷：吴世家一卷、南唐世家一卷、前蜀世家一卷、后蜀世家一卷、南汉世家一卷、楚世家一卷、吴越世家一卷、闽世家一卷、南平世家一卷、东汉世家一卷、十国世家年谱一卷；四夷附卷三卷。

《新五代史》主要记载自907年至960年共53年间的历史。其《梁本纪》也简略追溯到877年，细说起来是记述了83年的历史。

3.《新五代史》的精华表现在哪些章节

《新五代史·死节传》：王彦章，字子明，郸州寿张人也。少为军卒，事梁太祖，为开封府押衙、左亲从指挥使、行营先锋马军使。末帝即位，迁濮州刺史，又徙澶州刺史。彦章为人骁勇有力，能跣足履棘行百步，持一铁枪，骑而驰突，奋疾如飞，而佗人莫能举也，军中号王铁枪……彦章受命而出，驰两日至滑州，置酒大会，阴遣人具舟于杨村，命甲士六百人皆持巨斧，载冶者，具鞴炭，乘流而下。彦章会饮，酒半，佯起更衣，引精兵数千，沿河以趋德胜，舟兵举锁烧断之，因以巨斧斩浮桥，而彦章引兵急击南城，浮桥断，南城遂破，盖三日矣。是时庄宗在魏，以朱守殷守夹寨，闻彦章为招讨使，惊曰："彦章骁勇，吾尝避其锋，非守殷敌也。然彦章兵少，利于速战，必急攻我南城。"即驰骑救之，行二十里，而得夹寨报者曰："彦章兵已至。"比至，而南城破矣。庄宗彻北城为筏，下杨刘，与彦章俱浮于河，各行一岸，每舟筏相及辄战，一日数十接。彦章至杨刘，攻之几下。晋人筑垒博州东岸，彦章引兵攻之，不克，还击杨刘，战败。

是时，段凝已有异志，与赵岩、张汉杰交通，彦章素刚，愤梁日削，而嫉岩等所为，尝谓人日："俟吾破贼还，诛奸臣以谢天下。"岩等闻之惧，与凝叶力倾之。其破南城也，彦章与凝各为捷书以闻，凝遣人告岩等匿彦章书而上己书，末帝初疑其事，已而使者至军，独赐劳凝而不及彦章，军士皆失色。及杨刘之败也，凝乃上书言："彦章使酒轻敌而至于败。"赵岩等从中日夜毁之，乃罢彦章，以凝为招讨使。彦章驰至京师入见，以笏画地，自陈胜败之迹，岩等讽有司劾彦章不恭，勒还第。

4.《死节传》写的是五代时期的忠臣义士吗

《死节传》的前面有这样一段话，说“世乱识忠臣”，五代时候，虽然天下大乱，但也有忠臣，这篇文章里写的义士三人，就是当时的忠臣，所以作者才作了这篇《死节传》。王彦章只是本篇文章中的其中一人，另外两人，一个叫裴约，一人叫刘仁赡。他们都是作者笔下的忠臣义士。

5.《新五代史》的经典语录主要有哪些

1. 于正统则宜绝，于其国则不得。
2. 礼者，所以别嫌而明微也。
3. 礼义廉耻，国之四维；四维不张，国乃灭亡。
4. 廉耻，立人之大节。
5. 礼义，治人之大法。
6. 人事者，天意也。
7. 未有人心悦天下，而天意怒于上者；未有人理遂天下，而天道顺于上者。
8. 五代，干戈贼乱之世也。
9. 为言信，然后善恶明。
10. 史者，国家之典法也。

6.《新五代史》是唯一一部私人修撰的正史吗

《新五代史》原名《五代史记》是二十四中自唐代以后唯一一部私人修撰的正史。欧阳修有意模仿孔子作的《春秋》，寓褒贬，别善恶，借以发挥自己的政治历史观点，因而他非常注意褒贬义例。借五代乱世，口诛笔伐，要求拔乱返治，维护封建统治秩序。欧阳修所作史书重在笔削加工，文笔确在薛史之上。但欧公并不太重视史实，从保存史料来说，其价值则不及薛史。

《资治通鉴》

1.《资治通鉴》是我国第一部编年体通史吗

司马光（1019～1086年)，字君实，陕州夏县人，即今山西夏县人。宋仁宗时中进士，英宗时做龙图阁直学士，神宗时官至翰林学士、御史中丞。

司马光自1066年4月受诏编书，到1084年12月书成奏上，前后共19年。

他在进呈《通鉴》的表文中说："每患迁、固以来，文字繁多，自布衣之士，读之不遍，况于人主，日有万机，何暇周览！臣常不自揆，欲删削冗长，举撮机要，专取国家盛衰，系生民休戚，善可为法，恶可为戒者，为编年一书，使先生有伦，精粗不杂，私家力薄，无由可成。"可见，他编书的目的是为给当时的帝王"周览"，以从中鉴戒得失。司马光的用心也为宋朝皇帝所欣赏，宋神宗便认为这本书鉴于往事，有资于治道，因此赐书名为《资治通鉴》。

《资治通鉴》是一部集体编写的历史著作。在司马光领导的书局里，有主编，有协修，有书吏。主编就是司马光，协修是刘恕、刘攽和范祖禹，司马光的儿子司马康则担任检阅文字的工作。

2.《资治通鉴》专详重大政治事件吗

《资治通鉴》根据丰富的历史资料，整理从公元前403年到公元959年前后共1362年的史实，按照时代顺序，编成一部294卷的编年史。

《资治通鉴》专详治乱兴衰，着重记述各代重大政治事件的发生和发展，并突出记载历代战争的谋略及经过，也记载一些重要人物的事件和言行。不仅如此，更适当记载有关国计民生的政治、经济制度和文化状况，以及礼乐兵刑、民族关系、社会风俗等。可以这样说，《资治通鉴》是一部以政治为中心，比较全面地反映历史内容的通史。

《资治通鉴》写战争是很有名的，不仅写得多而且写得好。历史上的著名战役，如赤壁之战、肥水之战等，都写得很成功。拿赤壁之战来说，魏、蜀、吴三国包括曹操、刘备、孙权以及诸葛亮、周瑜、黄盖等文臣武将，先后有几十个人物登场。但《资治通鉴》不仅把战争的起因、过程和结局写得井井有条、脉络分明，而且把许多历史人物的性格刻画得栩栩如生。

3.《资治通鉴》的精华表现在哪些章节

《资治通鉴·汉纪五十九》：时（按：这是指刘备从刘璋手中夺得成都，又采取一些经济措施，使得蜀国府库充实的时候）议者欲以成都名田宅分赐诸将。赵云曰："霍去病以匈奴未灭，无用家为。今国贼非但匈奴，未可求安也。须天下都定，各反桑梓，归耕本土，乃其宜耳。益州人民初罹兵革，田宅皆可归还，令安居复业，然后可役调，得其欢心，不宜夺之，以私所爱也。"备从之。

4.《资治通鉴·汉纪》表现了赵云的远大抱负吗

赵云是蜀汉时刘备的大将，《资治通鉴·汉纪五十九》里面的这段话的意思是，当时，有人建议把成都有名的肥田沃土和住宅分给将领们。赵云说："霍去病曾认为匈奴尚未消灭，不应考虑自己的家业。现在的国贼远非匈奴可比，我们不能贪图安乐。等到天下都安定以后，将士们重归故里，在自己的田地上耕作，才会各得其所。益州的百姓，刚刚遭受兵灾战祸，土地、田宅都应归还原来的主人，使百姓平安定居，恢复生产，然后才可以向他们征发兵役，收取租税，获得他们的好感；不应该夺取他们财物，以私宠自己所爱的将领。"这段掷地有声的话，表现了赵云崇高的抱负和远大的理想。

5.《资治通鉴》的经典语录主要有哪些

1. 亲任贤能，从善如能，精勤庶务，朝夕不倦。

2. 信赏必罚，综核名实。

3. 扫除烦苛，与民休息，移风易俗，黎民醇厚，周云成、康，汉言文、景，美矣。

4. 均天下之田。

5. 礼之为物大矣！

6. 夫民生有欲，无立则乱，是故圣王制礼以治之。

7. 政之大本在于刑赏，刑赏不明，政何以成！

8. 国亡治乱，尽在人君。

9. 处事不宜明白，但模棱持两端可矣。

10. 当斩即斩，我颈岂汝砥石邪！

6.《资治通鉴》是一部熔铸百家的通史吗

在中国文化的宝库中，司马光编著的《资治通鉴》是一部特别值得重视的古典历史名著，因为它是一部贯通古今、熔铸百家的编年体通史。《资治通鉴》的问世，使编年体史书又重振旗鼓，蓬蓬勃勃地发展起来。后代许多史书不仅沿用《资治通鉴》的体例，而且直接以《续通鉴》为名。

《宋史》

1.《宋史》是元人利用旧有宋朝国史编撰而成吗

《宋史》共496卷，二十四史之一，纪传体史书。主要作者脱脱（1422～1452年），文称脱脱不花、普花可汗，官中书右丞相，主修宋、辽、金三史，为元代史学家。《宋史》保存了丰富的史料，有助于了解宋代的政治、经济、军事、文化、思想以及自然科学等。如范仲淹庆历新政、王安石熙宁变法等，书中都有详载。特别是，还保存许多有关天文气象以及地震等自然灾害的资料。同时，书中首创《道学传》，对宋代道学（理学）的兴起有较充分的反映。但因成书仓促，故详北宋而略南宋，而资料剪裁、史实考订亦颇多错误。

2.《宋史》是研究两宋三百多年历史的详实史料吗

《宋史》共十五志，一百六十二卷，约占全书三分之一的篇幅，仅次于列传。其例目之多，分量之大，是二十五史所仅见。其中的《职官志》，详细地记述了宋朝从中央到地方各级官僚机构的组织情况，还包括职官的食邑、荫补、俸禄等，从中可以看出宋朝专制主义中央集权的加强。此外，《地理志》、《职官志》、《食货志》、《兵志》编得也比较好。《宋史》的志书基本上能反映当时政治、经济、军事和文化各方面的情况。

《宋史》

《宋史》的特点是史料丰富、叙事详尽。两宋时期，经济繁荣，文化学术活跃，雕版印刷盛行，编写的史书，便于刊布流传。科举制的发展，形成庞大的文官群，他们的俸禄优厚，有很好的条件进行著述。加之统治者重视修撰本朝史，更促成了宋代史学的发达。修撰本朝史的工作，在北宋前期由崇文院承担；王安石变法改革官制后，主要由秘书省负责。官修的当代史有记载皇帝言行的起居注，记载宰相、执政议事及与皇帝问对的时政记，根据起居注、时政记等按月日编的日历，详细记载典章制度的会要，还有编年体的“实录”和纪传体的“国史”。元末修撰的这部宋史，是元人利用旧有宋朝国史编撰而成，基本上保存了宋朝国史的原貌。

宋史对于宋代的政治、经济、军事、文化、民族关系、典章制度以及活动在这一历史时期的许多人物都做了较为详尽的记载，是研究两宋三百多年历史的基本史料。例如，从食货志中，不仅可以看到两宋社会经济发展的概况和我国各民族、各地区之间经济联系的加强，还可以看到劳动人民创造的超越往代的巨大物质财富和他们所遭受的残酷剥削。天文志、律历志、五行志等，保存了许多天文气象资料、科学数据以及关于地震等自然灾害的丰富史料。

3.《宋史》的精华表现在哪些章节

《宋史·欧阳修传》：修始在滁州，号醉翁，晚更号六一居士。天资刚劲见义勇为，虽机阱在前，触发之不顾。放逐流离，至于再三，志气自若也。方贬夷陵时，无以自遣，因取旧案反复观之，见其枉直乖错不可胜数，于是仰天叹曰：“以荒远小邑且如此，天下固可知。”自尔，遇事不敢忽也。学者求见，所与言，未尝及文章惟谈吏事。谓文章止以润身，政事可以及物。凡历数郡，不见治迹，不求声誉，宽简而不扰，故所至民便之。或问：“为政宽简而事不弛废，何也？”曰：“以纵为宽，以略为简，则政事弛废而民受其弊，吾所谓宽者，不为苛急；简直不为繁碎耳。”修幼丧父，母尝谓曰“汝父为吏，常夜烛治官书，屡废而叹。吾问之，则曰：‘死狱也，我求其生不得尔。’吾曰：‘生可求乎？’曰：‘求其生而不得，则死者与我皆无恨。’夫常求其生犹失之死而世常求其死也。”其平居教他子弟，常用此语，吾耳熟焉。修闻而服之终身。

4.《欧阳修传》真实地再现了欧阳修的功绩吗

欧阳修既是北宋著名的文学家，同时也是一位非常出色的古代官吏。他曾任滁州（今安徽滁县）太守、夷陵（今湖北宜昌市）令等地方官，官至枢密副使、参知政事。欧阳修为政“不见治迹，不求声誉”（《宋史·欧阳修传》），而是注重从百姓实际考虑，顺应百姓的愿望和要求，宽简施治，因此深受世人称赞。

欧阳修先后治理过数郡，从不显露政绩，不追求个人声誉，对待百姓宽松简约，而不随意骚扰干涉百姓的正常生活，所以他所到过的地方百姓都非常随便自然，没有任何拘束不安的感觉。有人问他：“你治理政务强调宽简，可是并没有因此而使公事耽误，也没有导致社会风气败坏，这是为什么呢？”欧阳修回答说：“把纵容作为宽松，把粗略作为简约，那么政务就会耽误，风气败坏，百姓也会深受其害。我所说的宽，是指不做那些不顾实际情况苛求强迫百姓的事情；我所说的简，是指不做那些繁细琐碎毫无必要的事情。”

在为政治国上，我国古代很早就形成了“宽”、“猛”两种方法，并有许多人给以论述。孔子便说过：“政宽则民慢，慢则纠之以猛。猛则民残，残则施之以宽。宽以济猛，猛以济宽，政是以和。”（《左传·昭公二十年》）可见，“宽”、“猛”二法的选择并不是绝对的，而要视具体情况而定，宜宽则宽，宜猛则猛。欧阳修所处的北宋社会，正是承平安定时期，百姓都希望能够生活稳定，安居乐业，实行宽简政治，确是顺乎民意，识时务之举。在对宽简的具体理解上，欧阳修认为要宽而不纵容，简而不粗略，并不局限于教条化的认识，表现出深刻辩证的思想。

这些都充分说明了欧阳修善从实际出发、讲求实际的为政作风。

5.《宋史》囊括了纪传体史书所有体例吗

《宋史》尽管疏漏较多，但仍保存了不少已失散的原始资料，是了解和研究两宋历史的重要史书。明清以来，不少人对《宋史》加以纠正或补充。成书的有明朝柯维骐的《宋史新编》二百卷，合宋、辽、金史为一编，以宋为正统。

《宋史新编》订正了《宋史》的一些错误，但史料的丰富远不及《宋史》。清末陆心源的《宋史翼》四十卷，根据历代碑文及私人笔记，增补《宋史》列传七百八十三人，附传六十四人。

尽管《宋史》存在不少缺点，但是它卷帙浩繁，比《旧唐书·列传》多出一倍；叙事详尽，就史料的学术价值而言详胜于略。同时《宋史》的主要材料是宋代的国史、实录、日历等书，这些史籍现在几乎全部佚失了，而《宋史》是保存宋代官方和私家史料最系统的一部书。

《宋史》的体例完备，融会贯通了以往纪传体史书所有体例，纪、传、表、志俱全，而且有所创新。如外国和蛮夷分别列传，这就分清了国内的民族和国外的邻邦的界限。《宋史》的列传比前代史书都丰富，共收入两千多人。“五代史”中未列传的重要人物，如韩通，《宋史》把他和为拥周反宋的李筠、李重进一同列入《周三臣传》里，既弥补了“五代史”的不足，又反映了韩通等三人的历史作用，这种处理是十分恰当的。

6.《宋史》是研究辽宋金代的基本史籍之一吗

在现存的宋代重要史料中，唯有《宋史》贯通北宋与南宋，保存了三百二十年间的大量历史记录，很多史实都是其他书中所不载的，是研究辽、宋、金代历史的重要史籍之一。

7.《宋史》所列艺文十五志是所有志书中最全的吗

《宋史》的天文、五行、律历、地理、河渠、礼、乐、仪卫、舆服、选举、职官、食货、兵、刑和艺文十五志，记录了宋代天文历法、典章制度、社会经济、行政沿革、图书目录等等，虽间失芜杂，为后代治史者所訾议，然其叙述之详，为二十四史中所仅见。

8.《宋史》尊奉道学首创了《道学传》吗

《宋史》尊奉道学（理学）的思想倾向很明显。在这部史书中，它首创了《道学传》，详细记载了两宋的道学家，如周敦颐、程颢、程颐、张载、邵雍、朱熹等人，突出了道学的地位。另外，其中的忠义、孝义、列女三传也都是宣扬道学思想的，如《忠义传》里的人物竟有二百七十八人之多。这些内容虽旨在宣扬封建的伦理道德，但却为后世研究理学，提供了宝贵的材料。

9.《宋史》的最大缺点是编纂得草率粗糙吗

《宋史》的最大缺点是比较粗糙。由于成书时间短，只用了两年零七个月，而且时值元朝濒临崩溃的前夕，因此在编写过程中对史料缺乏认真鉴别考订，资料也没有精心裁剪；而且书的结构也比较混乱，编排也不协调。从整体来看，北宋详而南宋略，如《文苑传》里，北宋文人达八十一名，而南宋仅有十一名;《循吏传》里，南宋竟无一人。此外，宁宗以后的史实多缺而不载。列传虽然占的篇幅很大，入传的人物有两千八百多人，但缺漏的人物仍然不少。如南宋后期抵抗蒙古军守合州有功的王坚，其英勇程度，不减唐朝的张巡守睢阳，但在《宋史》中却无专传，其事迹只散见于《宋史》、《元史》的本纪和列传中。又如生祭文天祥的王炎午，终身面不向北的郑思肖，爱国诗人刘克庄等，也都没有列传。而有的人物却出现一人两传的现象，如《宋史》列传一百一十六有《李熙靖传》，二百一十二有《李熙靖传》。还有列传的编排不以时间为序，造成了前后顺序的混乱。

10.《宋史》的史料价值比其他史书高吗

《宋史》的主要史料来源是宋代的国史、实录、日历等宋朝史官的原始记述，而这些史籍现在几乎全部佚失了，在其他书中虽然也有引用，但取舍、详略各不相同，加上在记载宋朝历史的各种文献中，只有《宋史》比较全面、系统地反映了政治、经济、军事、思想、文化等各个方面的状况，内容广泛而丰富，史料价值相当高。史家普遍认为，《宋史》是保存宋朝官方史料和私人著述最系统全面的一部史书，具有相当高的史料价值。要想了解宋朝历史便不可能脱离《宋史》，后世众多的修订之作，虽然确实各有其长处，但却不能取而代之或者与之并行于世。宋代文治、武功略逊汉唐，然经济的发达、文化的昌明、思想的繁荣则远超汉唐，近代大史学家陈寅恪认为，中华民族传统文化经数千年之演变，造极于天水一朝。而要了解这一光辉灿烂的时代，《宋史》将是一部很好的入门参考书。

1.《金史》是反映金朝兴衰始末的重要史籍吗

《金史》是“二十四史”之一，纪传体金代史。全书135卷，包括《本纪》19卷、《志》39卷、《表》4卷、《列传》73卷、末附《金国语解》，为脱脱等作。其材料来源，主要是金代各朝的实录和各朝编修的《金史》。此书比较完整而系统地记载了金朝历史，是研究金代政治、经济、民族关系以及天文地理的重要史料；其书条例整齐，胜于同时编修的宋、辽二史，是反映女真族所建金朝的兴衰始末的重要史籍。但书中也存在不少错误，如语多掩饰、虚妄，体例编次不当，人名错讹，互相歧异等。

2.《金史》是宋、辽、金三史中编撰得最好的一部吗

《金史》是元修三史之一，最早议修于元世祖中统二年（1261年），以后在至元元年、十六年，以及仁宗朝、文宗朝都分别议论过修史的事，都因义例难定未付诸实行，直到元顺帝至正三年（1343年），才决定“各与正统”，《辽》、《金》、《宋》三史分别撰修。翌年十一月，《金史》告成，前后用了不到一年的时间。元朝脱脱等主持编修的《金史》，是宋、辽、金三史中编撰得最好的一部，具体参加修纂的有沙剌班、王理、伯颜、赵时敏、费著、商企翁、铁木尔塔识、张起岩、欧阳玄、王沂、杨宗瑞等，其中欧阳玄的贡献最为突出，他制订《金史》撰修的发凡举例，书中的论、赞、表、奏皆属他笔。全书记载了上起金太祖收国元年（1115年）阿骨打称帝，下至金哀宗天兴三年（1234年）蒙古灭金，共一百二十年的历史。

3.《金史》的精华表现在哪些章节

《金史卷一百二十五》:（胡砺）改同知深州军州事，加朝奉大夫。郡守暴戾，蔑视僚属，砺常以礼折之，守愧服，郡事一委于砺。州管五县，例置弓手百余，少者犹六七十人，岁征民钱五千余万为顾直。其人皆市井无赖，以迹盗为名，所至扰民。

砺知其弊，悉罢去。继而有飞语曰："某日贼发，将杀通守。"或请为备，砺曰："盗所利者财耳，吾贫如此，何备为？"是夕，令公署撤关，竟亦无事。

4.《金史卷一百二十五》表现了胡砺的刚正不阿吗

《金史卷一百二十五》表现了胡砺少年好学，长大考取功名后，不畏权势、刚直不阿的高尚品质和为国为民、清正廉洁、勇敢无畏的可贵精神。

5.《金史》在编写体例上有创新吗

在编写体例上，《金史》有所创新。书中的本纪第一卷，不是从金太祖阿骨打开始，而是以《世纪》为开始，追述阿骨打以前十代的事迹，便于读者对女真先世在氏族部落时的社会情况有个大致的了解。本纪的最后一卷，又增加了《世纪补》，用以记述熙宗的父亲景宣帝、金世宗的父亲睿宗、金章宗的父亲显宗。这三人原来都是大臣，只是由于他们的儿子做了皇帝，不便列入诸臣传，所以又立《世纪补》。这种体例，后来为《元史》、《明史》所效法。《金史》里还可以看到《交聘表》，这是用表格形式把金与宋、西夏、高丽等国和战，以及它们之间的往来诸事，一一记录下来，读起来一目了然。

6.《金史》是女真几代人汇集的成果吗

在史料剪裁及记述方面，《金史》的处理也比较得体。其对重要历史事件、人物一般记载比较详细，从而反映出其历史全貌，避免了像《宋史》那样详略失当、比例失调的现象。记述历史事实也比较客观审慎，因而，真实性是比较可靠的。特别是本书的表和志，使用了大量的第一手材料，将金朝的典章制度比较系统、全面地记载下来。如《礼志》、《乐志》、《舆服志》、《食货志》、《选举志》、《百官志》等。金朝是女真族建立的。女真的远祖可以追溯到商周时代的肃慎，唐代时称靺鞨。五代时，契丹称黑水靺鞨为女真。女真从始祖函普到乌雅束八代，尚无文字，那时自然谈不上史事的记载。到阿骨打建立金国以后，最初也无文字。阿骨打的侄儿、金大将完颜宗翰喜好访问女真老人，多得先人遗事。后来，女真统治者逐步吸取汉族文化，设立国史院，置监修国史等史官，开始编撰史书。金太宗天会六年（1128年），令完颜勖与耶律迪延掌国史。完颜勖等就把宗翰了解到的从始祖以下十帝的事，综合为三卷。金熙宗皇统八年（1148年），完颜勖等又进《太祖实录》二十卷。金世宗时，修《睿宗实录》。世宗让修史的人拿着修好的《睿宗实录》去请教老臣毂英，彀英为之更正了不少错误。所以金代的“实录”是比较详实的，从世祖函普起，到哀宗守绪，共十九代，大致都有记载。其中固然有一部分是追述的，不尽可靠，但都是金朝人追述的，比后世人的追述要真实些。金亡以后，“实录”均存于顺天的张万户（张柔）家。张曾任金经略使，后来投降蒙古，并为前驱，1233年，参加攻金都城汴京（今河南开封）之役。城破后，张柔“于金帛一无所取，独入史馆，取《金实录》并秘府图书”。至元世祖中统二年（1261年），张柔把《金实录》献给朝廷。元世祖的谋士刘秉忠、王鹗等都曾先后请修《金史》。元英宗时，又修过一次《金史》。有了上述编撰的基础，到元顺帝时，自然有了丰富的史料，也能很快成书。在这之前，金末文人元好问（裕之）曾想利用金实录撰修金史，未能实现。但所传《中州集》及《壬辰杂编》，保存了不少他收集的金史史料，这两部书也为修撰金史之所本。金末文人刘祁（京叔），目睹金的亡国，他从汴京辗转两千余里，回到故乡浑源以后，写了《归潜志》一书，记载了作者所熟悉的人和事，对了解金末文人及社会情况有极大的参考价值。故元史馆的臣僚说：“刘京叔《归潜志》与元欲之《壬辰杂编》二书，虽微有异同，而金末丧乱之事犹有足徵者焉。”（金史卷一一五完颜奴申传）这些都为修金史提供了很好的条件。所以在元人修的三史之中，金史要算是较好的一部。

7.《金史》的不足之处表现在哪些地方

《金史》不足之处主要表现在以下几个方面：一是有的重要人物没有列传，甚至无记载。如金初建策阿骨打称帝的渤海人杨朴，是阿骨打身边重要的谋臣，金建国之初，“诸事革创，朝仪制度，皆出其手”，这样重要的人物为什么在《金史》中只字未提呢？大约不会是疏漏，而是不愿把阿骨打称帝这件开创金朝基业的事，说成是渤海人的主意。二是有的重要事情没有记载，如天会十年（1132年）金立的伪齐迁都汴，天会十二年（1134年）金、伪齐合兵伐宋等，都是金国大事，《金史》中一概不书。此外，《金史》列传中的人名也不统一，一人多名或译名不一的现象很多。但这些都是微瑕，可以说是瑕不掩瑜。

8《四库全书总目》曾对《金史》有很高的评价吗

正因为元末《金史》的成书经营很久，同《宋史》、《辽史》的仓促成书不同，所以有高下之分。《四库全书总目》中赞扬《金史》说：“首尾完密，条例整齐，约而不疏，赡而不芜，在三史之中，独为最善。”这个评价是不错的。

1.《元史》是系统记载元朝兴亡过程的断代史吗

《二十四史》之一，是系统记载元朝兴亡过程的纪传体断代史。全书 210 卷，包括《本纪》44 卷、《志》58 卷、《表》8 卷、《列传》97 卷。该书的编纂以李善长为监修，宋濂、王祎任总裁，赵埙等十六人纂修。宋濂（1310 ~ 1381 年），字景濂，号潜溪，浙江人，明初文学家。《元史》一书是根据实录、后妃功臣列传及诸家所撰行状、墓志、表志及《经世大典》等书而作，保存了较多史料。此书编修时早，元亡之当年就筹办，第二年开修，且编刻印速度快。由于较仓促，因此不利重要资料的保存，对重要史实如中西交通等未加详述，编次亦混乱。但此书仍有较高的史料价值，而其客观性强，能“据事直书，具文见意，使其善恶自见”。

2.《元史》的编纂有丰厚的原始历史资料吗

元朝是蒙古族建立的封建王朝。成吉思汗建国以前，蒙古人还没有文字，后来借用畏兀儿文写蒙古语，创制了畏兀儿字的蒙古文。到1260年，忽必烈又命国师八思巴用藏文创制了“蒙古新字”，作为官定的蒙古文。因此蒙古建国前和建国后的一段历史，都是后来追述的，比较简略，也有错误。蒙古太宗（窝阔台）到宪宗（蒙哥）时期编成的史书《元朝秘史》，就是用畏兀儿字的蒙古文写成的。这部史书对了解12~13世纪上半期蒙古族历史有重要价值。

元世祖中统二年（1261 年），由参知政事王鹗建议，忽必烈始设翰林国史院，开始纂辑国史。至元年间，又设立蒙古翰林院，专用蒙古文记录史事。这些机构的设立，使元朝除了元顺帝的“实录”缺失，其他十三帝都有较为完整的“实录”，为撰修《元史》提供了主要史料依据。后来由于元朝末代皇帝元顺帝无实录可据，明太祖为了弥补元顺帝一朝历史，派欧阳佑等十二人为采访官，到北平（今北京）、山东等地，搜集史料，以备续编。另外历代的《后妃功臣列传》也是《元史》本纪和列传的重要资料来源。元朝的典章制度史也不少，主要有《皇朝经世大典》(《元史》中的《志》和《表》主要取材于此）八百八十卷、留存至今的《元典章》、王祯的《农书》、郭守敬的《授时历经》等，这些都是修《元史》的重要参考材料。还有些史料杂著，如宋人著的《黑鞑事略》、《蒙鞑备录》、《长春真人西游记》等，也是修《元史》的材料来源。《元史》依据上述材料成书，因而具有原始史料丰富的特点。

《元史》

3.《元史》的精华表现在哪些章节

《元史·良吏传》：铅山素多造伪钞者，豪民吴友文为之魁，远至江淮、燕蓟；莫不行使。友文奸黠悍鸷，固伪造致富，乃分遣恶少四五十人，为吏于有司，伺有欲告之者，辄先事戕之，前后杀人甚众，夺人妻女十一人为妾，民罹其害，衔冤不敢诉者十余年。兴祖至官，曰：“此害不除，何以牧民!”即张榜禁伪造者，且立赏募民首告。俄有告者至，佯以不实斥去；又有告获伪造二人并赃者、乃鞫之，款伏。友文自至官，为之营救，兴祖命并执之。须臾，来诉友文者百余人，择其重罪一二事鞫之，狱立具。逮捕其党二百余人，悉置之法。民害既去，政声籍甚。

4.《良吏传》反映了官吏勤政为民的可贵品质吗

本篇《良吏传》记载了福州罗源人林兴祖惩治奸恶，抓捕伪造钱币者的为政业绩，表现了一代良吏为国为民、英勇无畏的可贵品质。

5.《元史》是在明太祖的诏示下完成的吗

明太祖朱元璋十分重视修史工作，他即位的当年，即元朝灭亡的1368年，他便下诏编修《元史》。洪武二年（1369年）二月丙寅（初一），在南京的天界寺（今南京朝天宫东）正式开局编写。朱元璋特别诏令，以左丞相李善长为监修，宋濂、王祎为总裁，征来山林隐逸之士汪克宽、胡翰、赵埙等十六人参加纂修，以大将徐达从元大都缴获的元十三朝实录和元代修的典章制度史《经世大典》为基础。著名文学家宋濂是这次编著工作的主要负责人。在朱元璋的督促下，《元史》的编写工作至秋八月癸酉（十一日）即告结束，仅用了188天的时间。

6.《元史》的编纂体现了实事求是精神吗

《元史》的本纪，以记载忽必烈事迹的《世祖本纪》最为详尽，有十四卷之多，占本纪篇幅的三分之一；其次是《顺帝本纪》，有十卷之多。这是因为元世祖和元顺帝在位时间都长达三十多年，原始史料丰富，所以对他们的记述就比较详细。这体现了《元史》编纂中的实事求是的精神，材料多就多编，材料少就少编。像蒙古建国前后的史料不多，那时《元朝秘史》尚未译出，因此，成吉思汗和蒙哥的本纪就只各有一卷。《元史》的志书，对元朝的典章制度作了比较详细的记述，保存了大批珍贵的史料。其中以《天文》、《历志》、《地理》、《河渠》四志的史料最为珍贵。《天文志》吸取了元代杰出科学家郭守敬的研究成果。《历志》是根据元代历算家李谦的《授时历议》和郭守敬的《授时历经》编撰的。《地理志》是根据《大元一统志》,《河渠志》是根据《海运纪原》、《河防通议》等书编撰的。而今，《大元一统志》等书已经散佚，《元史》中保存了这些书的内容，史料价值就更为可贵。《元史》的列传有类传十四种，大多沿袭以往的史书，只有《释老》一传是《元史》的创新。《释老》是记载宗教方面的列传，从中可以了解宗教在元朝所居的地位和发展情况。类传中以《儒学》、《列女》、《孝友》、《忠义》四种所记的人物最多，说明宋以来封建的思想统治在逐步加强。《元史》列传还有个特点是，所叙述的事都有详细的年、月、日记载，这就更增加了参考价值。

7.《元史》的编纂还存在着哪些不足之处

由于编修时间仓促，《元史》也存在着许多不足之处。例如在“列传”部分，由于元代史馆的资料不完备，汉人常有碑传资料可以参考，而一些蒙古名臣的资料常常无处可找，因此立传的不及一半。再就资料而言，在长期战乱之后，史籍散失很多，一时难以征集，很难完备，已经收集到的资料，限于翻译条件，也没有得到充分利用。如《元朝秘史》以及元朝的蒙古文典籍、档案等等，都有很大的缺憾。另外，在《元史》中随得随抄，前后重复，失于剪裁；又不彼此互对，考定异同，时见抵牾的现象也很多。如本纪或一事而再书，列传或一人而两传。同一专名，译名不一。又据案牍编宰相年表，仅删去其官衔而不予考订，以致有姓无名。还有，《元史》列传照抄碑志家传之类，取舍不当之处甚多。改写纪年的干支，竟有误推一甲子六十年的情况，使史实完全错乱，等等。国学家钱大昕曾嘲笑"修《元史》者，皆草泽腐儒，不谙掌故"，下笔"无不差谬"。因此，阅读《元史》，应参考《元朝秘史》、《新元史》等书籍。

8.《元史》体现了"文词勿致于艰深"的宗旨吗

《元史》的体例整齐，文字浅显，叙事明白易懂，还保留了当时的不少方言土语，这同朱元璋提倡浅显通俗的文字是分不开的。宋濂修《元史》时，遵照朱元璋的意图，强调"文词勿致于艰深，事迹务令于明白"，因此《元史》称得上是一部较好的正史。

1.《通志》是继《史记》之后的又一部通史吗

郑樵（1104～1162年），字渔仲，兴化军莆田人，即今福建莆田县人。我国古代著名的史学家、经学家、文学家。

郑樵出生于世代仕宦的家庭。他自幼资质异于常人，勤奋好学，而且博闻强记。少年时代，郑樵便立志，"欲读古人之书，欲通百家之学，欲讨六艺之文而为羽翼"。16岁时，其父郑国器自太学告假归里，不幸中途罹疾，疾逝于苏州。

为不中断学业，他和堂兄郑厚，在莆田附近的一座山上筑茅屋，埋头读书30年，学识渊博，自负不下刘向、扬雄，但不应科举。宋室南迁之后，曾致书南宋官员以自荐，表示"使樵直史苑，则地下无冤人"，但未被所用。绍兴年间，因侍讲王伦、贺允中推荐，被皇帝召见，授右迪功郎、礼兵部架阁，后被劾，改监潭州南岳庙。1159年开始动笔写《通志》，两年后完成，改授枢密院编修官，兼摄检详诸房文字，不久即去世。

2.《通志》的精华是前史之“志”吗

全书200卷，分6部分，依次为：本纪18卷、谱4卷、略52卷、世家3卷、列传115卷、载记8卷。

书的开篇有“总序”，《二十略》有的正文之前有“小序”，传文内容段落之间有夹注或按语。全书纪事，上限起于传说时代的三皇五帝，下限至唐代。

《通志》的纪、传、世家、载记，大都袭用前史旧文，经过删削节略，连缀而成。“谱”即表，材料取自前史，内容颇为简略。只有“略”的部分，作者用力最深，乃全书精华，所论历代典制沿革，性质与《通典》、《文献通考》相近，而三书又都用“通”字命名，所以后人合之称为“三通”。《通志》的“略”，即前史之“志”。共有20略，依次为：氏族略、六书略、七育略、天文略、地理略、都邑略、礼略、谥略、器服略、乐略、职官略、选举略、刑法略、食货略、艺文略、校雠略、图谱略、金石略、灾祥略、昆虫草木回答。

3.《通志》的精华表现在哪些章节

《通志·总序》：百川异趋，必会于海，然后九州无浸淫之患。万国殊途，必通诸夏，然后八荒无壅滞之忧，会通之义大矣哉！自书契以来，立言者虽多，唯仲尼以天纵二圣故，总《诗》、《书》、《礼》、《乐》而会于一手，然后能同天下之文；贯二帝三王而通为一家，然后能极古今之变。是以其道光明，百世之上、百世之下不能及。仲尼既殁，百家诸子兴焉，各效《论语》以空言著书，至于历代实迹，无所纪系。

4.《总序》阐述了《通志》的宗旨和原则吗

《通志·总序》阐述了编撰《通志》的宗旨和原则，历来引人注意。作者特别强调“会通之义”，认为只有通史才能极古今之变。因此，在他看来，自孔子编六经之后，唯有司马迁《史记》符合上述要求。不幸的是，班固以断代叙史，“遂失会通之旨”。当然，郑樵说班固全无学术，极力贬抑《汉书》以及其它断代史，也未必公允。此外，在《总序》中，还强调了“二十略”的价值在于“总天下之大学术”，并对其中十五略作了简明的介绍。

5.《通志》的经典语录主要有哪些

1. 史为国家之大典，当留意宪章。

2. 凡纪年者，东周以后可信，东周以前不可信也。

3. 纪者编年之遗风，传者纪一身之引事，修史之家，莫易于纪传。

4. 总天下之大学术而条其纲目，名之曰略。

5. 学者操穷理尽性之说，以虚无为宗，实学置而不同。

6. 天地之间，灾祥万种，人间祸福，冥不可知。

7. 《史记》一书，功在十表，犹衣裳之有冠冕，木水之有本源。

8. 周秦不相因，古今成间隔。

9. 凡著书者，虽采前人之书，必自成一家言。

10. 寒月一窗，残灯一席。

6.《通志》是一部纪、传、谱、略俱全的志书吗

《通志》部帙巨大，但全书结构，纪、传、谱、略俱全，有其完整严密的体系，其所编述的内容，对文献资料有剪裁熔铸之功，其写作形式也能做到有所革新，其议论则颇多精辟之言，因之对后来产生了重大的影响，自宋以来，历代重视研究者，代不乏人。

1.《明史纪事本末》是一部明朝的断代史吗

谷应泰（1620～1690年），字赓虞，号霖苍，直隶顺天府丰润县人，即今河北丰润人。1647年进士，历官户部主事、员外郎、浙江提督学政。他雅好经史，博闻强记，“夙有网罗百代之志”。即任之后，即设书舍于西湖畔，署称“谷霖仓著书处”，邀集江浙名士，着手编纂明代史书。对于我国古代史籍的三种主要编写形式，即《左传》所创之编年体，《史记》所创之纪传体和《通鉴纪事本末》所

创之纪事本末体，谷应泰尤为推重纪事本末体。于是，他所主持编纂的这部明代史书，就继袁枢和明代史家冯琦等人之后，采用了纪事本末体的形式。

本书于顺治十三年开始编撰，顺治十五年冬，书成。参加编撰的作者有陆圻、徐倬、张坛等人。

2.《明史纪事本末》缺载晚明史事吗

全书80卷，沿用纪事本末体记述明代历史，始于1352年朱元璋起兵，终于1644年明朝灭亡。

《明史纪事本末》以简明的文笔，概括了有明一代的史实，是一部自成一家的明朝断代史。80卷，一卷一个专题，提纲挈领，较完整地记述了明代从开国到灭亡的重大历史事件。关于农民起义的记载，书中有15个专题之多，从前朝山东唐赛儿、浙闽矿工、郧阳流民，中期河北、蜀中、江西，以至明朝末年的李自成、张献忠起义，都有专篇作比较集中的记载，提供了有价值的历史资料。

而明代宦官专权，皇室内部手足相残，以及统治阶级内部激烈的党争等，书中也都有专题反映。书中所记，既包括明代政治、军事、典章制度的基本内容，也涉及漕地运、河工、矿监、税使等关系国计民生的问题。至于明朝末年满洲贵族在东北的兴起及其与明王朝的对抗等有关史实，书中均略而不载。缺载晚明史事，是由于当时的政治高压环境造成的，不是写史者的疏略。

3.《明史纪事本末》的精华表现在哪些章节

《明史纪事本末卷之二十五·治水江南》：成祖永乐元年夏四月，命户部尚书夏原吉治水江南。时嘉兴、苏、松诸郡，水患频年，屡敕有司，督治无功，故有是命。

六月，命侍郎李文郁往佐尚书夏原吉，相度水田，量免今年租税。

秋八月，遣都察院佥都御史俞士吉赍水利集赐夏原吉，使讲求疏治之法。原吉上言："江南诸郡，苏、松最居下流。常、嘉、湖三郡土田高多下少。环以太湖，亘绵五百里，纳杭、湖、宣、歙诸山水，注淀山诸湖入三泖。顷浦港湮塞，汇流涨溢，伤害苗稼。拯治之法，宜浚吴淞诸浦港，泄其壅淤以入于海。吴松江袤二百余公里，广百五十余丈。西接太湖，东通海。

前代屡疏，以当潮汐，沙泥淤积，旋疏旋塞。自吴江长桥至下界抵约百二十

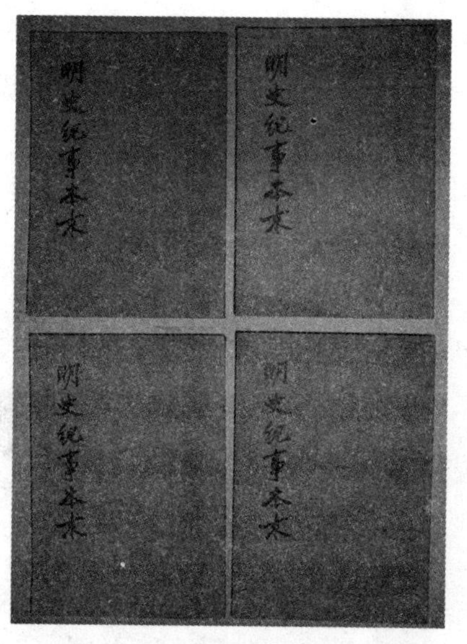

《明史纪事本末》

余里，虽稍通流，多有浅窄。又自下界浦抵上海南仓浦口，可百三十余公里，潮汐壅障，茭芦丛生，已成平陆。欲即开浚，工费浩大。臣相视得嘉定刘家港，即古娄江，径通大海，常熟白茆港，径入大江，皆广川浚流。宜疏吴淞江南北两岸安平等浦港，引太湖诸水入刘家、白茆两港，使直注海。

松江大黄浦，乃通吴淞要道，下流壅塞，难即疏浚。傍有范家滨至南仓浦口，可径达海，宜浚令深阔，上接大黄浦以达泖潮之水。此即禹贡'三江入海'之迹。俟既开通，相度地势，各置石闸，以时启闭。每岁水涸时，修圩岸以御暴流。”疏上，行之。役夫凡十余万。原吉布衣徒步，日夜径画，盛暑不张盖，曰：“百姓暴体日中，吾何忍！”于是水泄，农田大利。

4.《明史纪事本末》写的是户部尚书治水的故事吗

江南水患严重，朝廷命户部尚书夏原吉治水。夏原吉精研各种治水方案，身体力行，与民同甘共苦，终获成功。

5.《明史纪事本末》的经典语录主要有哪些

1. 夙有网罗百代之志。
2. 垂光史册，着美熙朝。
3. 国以民为本，民以食为天。
4. 揭竿之变，往往由于悬磬之匮也。
5. 死灰独不复燃乎。
6. 倾危时刻，忘生背死之徒。
7. 司马之心久暴于路人，齐鸾之谋早形于谘议。
8. 前事不忘，后事之师。
9. 始事者盛于东南，收功者多于西北。

6.《明史纪事本末》是研究明史的入门书吗

《明史纪事本末》是一部自成一家的明朝断代史。明代近三百年间，史事千头万绪，然而作者却能提纲挈领，从中选取八十个专题，对一代重大史事进行记载。因此，要研究明史，本书不失为一部入门史籍。

《廿二史札记》

1.《廿二史札记》是清朝的著名史书吗

赵翼（1727～1814年）字云崧，号瓯北，江苏阳湖人。清代文学家、史学家。出身于书香门第之家，乾隆二十六年考进士，得探花，后涉足仕途。乾隆三十八年春，回到家中，以读书赋诗为乐，此后开始其著述生活。

《廿二史札记》是以纪传体编写的一套史书，记录我国五千多年的历史事件，是了解中国悠久历史和优秀文化遗产的资料宝库。这一套史书包括子卷在内，共有3296卷，如果一天读一卷，要九年的时间才能读完。读这一套史书，好比深山探宝，其中蕴藏的宝物十分丰富，但是范围太大，头绪太多，需有引路说明。

2.《廿二史札记》就是二十四史吗

《廿二史札记》全书36卷，又补遗一卷。名为“廿二史”，实际讲的是廿四史，因为《唐书》和《五代史》各有新、旧二种，赵翼都作一史看待，所以未用廿四史之名。

卷次目录依次为：史记、汉书三卷，后汉书二卷，三国志、晋书三卷，宋、齐、梁、陈书并南史四卷，魏、齐、周隋书并北史三卷，新、旧唐书五卷，五代史二卷，宋、辽、金史四卷，辽史、金史二卷，元史二卷，明史六卷。

3.《廿二史札记》的精华表现在哪些章节

《廿二史札记·卷八·九品中正》：魏文帝初定九品中正之法。郡邑设小中正，州设大中正，由小中正品第人才，以上大中正，大中正核实，以上司徒，司徒再核，然后付尚书选用。此陈群所建白也。然魏武时何夔疏言：今草创之际，用人未详其本，是以各引其类，宜先核之乡闾，使长幼顺序，无相踰越。则贤不肖先分，杜恕亦疏言：宜使州郡考士，必由四科，皆有事效，然后察举，试辟公府。此又在陈群之前。

盖汉以来，本以察举考廉为士人入仕之路，迨日久弊生，夤缘势利，猥滥益甚。故夔等欲先清其源，专归重于乡评，以核其素行。群又密其法而差等之，固论定官才之法也。然行之未久，夏侯元已谓中正干铨衡之权。而晋卫瓘亦言：魏因丧乱之后，人士流移，考详无地，故立此法，粗具一时选用。其始乡邑清议，不拘爵位，褒贬所加，足为劝励，犹有乡论余风。其后遂计资定品，唯以居位为重。

是可见法立弊生，而九品之升降，尤易淆乱也。今以各史参考，乡邑清议，亦时有主持公道者，如陈寿遭父丧，有疾，令婢丸药，客见之，乡党以贬议，由是沉滞累年。张华申理之，始举孝廉。阎人亦西州名士，被清议，与寿皆废弃。卞粹因弟裒有门内之私，粹遂以不训见讥被废。并有已服官而仍以清议升黜者，长史韩预，强聘杨欣女为妻，时欣有姊丧，未经旬。张辅为中正，遂贬予以清风俗。

陈寿因张华奏，已官治书侍御史。以葬母洛阳，不归丧于蜀，又被贬议，由此遂废。刘颂嫁女于陈峤，峤本刘氏子，出养于姑，遂姓陈氏，中正刘友讥之。李含为秦五郎中令，王薨，含俟葬讫除丧。本州大中正以名义贬含。傅咸申理之，诏不许，遂割为五品。淮南小中正王式父没，其继母终丧，归于前夫之子，后遂合葬于前夫。卞壶劾之，以为犯礼害义，并劾司徒及扬州大中正、淮南大中正，含宏徇隐，诏以式付乡邑清议，废终身。

4.《九品中正》是适应曹魏初期的特点产生的吗

九品中正制是沿袭了东汉乡里评议的传统，在战乱时期人士流移的条件下发展而来的，也是适应曹魏初期政治的特点而产生的。它继承了东汉的传统，又因历史条件的变迁而有所改变，最后随着门阀制度的发展而为门阀士族所控制，成为他们操纵政权的一个工具，到东晋时成为门阀政治的装饰品。

5.《廿二史札记》的经典语录主要有哪些

1. 上品无寒门，下品无士族。

2. 恩逮于百官者唯恐其不定，财取于万民者不留其有余，此宋制之不足为法者也。

3. 贼兵梳，官兵篦，士兵薙。

4. 文直事核，所以称良忠也。

5. 经者治之理，史者治之为。

6. 世愈积，事愈多。

7. 硕学淹贯，通达古今。

8. 论语一部理天下。

6.《廿二史札记》对读历史有引导作用吗

《廿二史札记》在史学上有其特殊的成就，尤其对读二十四史者具有入门引导的作用。该书主要用综述考辨的方法，于重大历史事件或世人对之有特殊兴趣的问题，以归纳之法集合有关资料，作有系统的论述，或辨明其虚实真伪。但该书记事谬误错乱之处极多，其主要原因出于粗疏散漫。

《圣武记》

1.《圣武记》是一部记述清代历史的专著吗

魏源（1794～1857年），字默深，湖南邵阳人。29岁中举人，52岁中进士。他在政治上主张改革，不为掌权的保守派官僚所喜，故一生仕途不得志，大部分时间是做地方督抚的幕僚和从事学术著述。

魏源进行清史研究的准备工作，大约始于道光九年左右。这一年他应考清廷礼部考试未中，于是按惯例纳赀任内阁中书。内阁是清廷掌管政令草拟和颁布的机构，故对清政府历代政令、典章制度和文献资料收藏极为丰富。魏源遂利用这一有利条件进行有关清史资料的搜集。

2.《圣武记》是纪事本末体裁吗

《圣武记》凡14卷，为纪事本末体裁。前十卷叙事，分别叙述清初建国、平定三藩、“绥服”蒙古、“戡定”回疆、“抚绥”西藏、“戡定”金川等等，对一事之原因、结果及其中间进行的次序，都叙述得非常清楚。

后四卷是作者的议论，对于练兵之方、整军之策、筹饷之法、应敌之略，以及掌故考证、事功杂述等等，论述尤其详细。

在进行编撰时，魏源掌握了什么关键问题呢？他在《圣武记》中引用了嘉庆十五年诏书中的话说：“国家经理大事，当扼其要领；避治症，当究其源。”清中叶以来朝廷的病源在哪里呢？魏源的结论认为在于政治上的因循敷衍之风，所谓“国家承明制，挢明弊，以内政归六部，外政归十七省总督、巡抚，而天子亲览万几，一切取裁之上，百执事拱手受成。

上无权臣方镇之擅命，下无刺史令之专制，虽嵬琐之中材，皆得容身养拙于其间。渐摩既久，以推诿为明哲，以因袭为老成，以奉行虚文故事为得体。恶肩荷，恶更张，恶综核名实。故便文畏事窭陋之臣，遇大利大害则动色相戒，却步徐视而不肯身领。自仁庙末年，屡以因循泄沓戒中外，而优游成习，卒莫之反也。”魏源在《圣武记》中着重于揭露这方面的问题，希冀清贵族统治者改进吏治，使清王朝富强起来。

3.《圣武记》的精华表现在哪些章节

《圣武记·武事余记掌故考证》：近人纪皇朝武功七篇，往往言胜不言败，书功不书罪。如三藩之役，顺承郡王、简亲王逗留于楚，贝勒洞鄂失几于陕，总督金光祖、将军舒恕观望于粤；准噶尔之役，蒙古王丹津纵寇于鄂尔昆河，一概不书。即傅尔丹和通泊之败，额楞特喀喇乌苏之败，亦略一及之而不详。

参赞额勒登额逗援于缅甸，温福偾事于金川，巴忠、成德、鄂辉贿和于西藏，恒瑞、黄仕简、任承恩老师于台湾，及柴大纪如何获罪，亦一概不书。因春秋讳内，失昌黎避史谴之遗意，然利钝兵之赏罚国之大枋，有章奏，有上谕，具载官书，何必深没其文，以成疑案。故高宗屡谕史馆，列传直书诸臣功过，敬本此谊，以昭信史。而所见之世，尤倍详于所闻之世，庶几处不讳之朝，存三代之直。

4. 魏源是一个实事求是的史学家吗

魏源在编撰《圣武记》时，继承过去史学之优良传统，明确提出记载历史事实时，要本着“功则功，罪则罪，胜则胜，负则负，纪事之文贵从实”的原则，以达到“所以垂法戒之”的目的，指责有些史书在记载史实时每歪曲史实。魏源认为历史书籍中言功不言罪，虽然是孔子《春秋》讳内失，昌黎（韩愈）避史谴之意，但是在他看来，“利钝兵之常事，不须讳言”。

魏源本着史学家的正直和责任感，看到史籍记载中将相们“言功不言败，书功不书罪”，而主张改变这一现象，直书其事，是值得肯定的。

5.《圣武记》的经典语录主要有哪些

1. 自古有不王道之富强，无不富强之王道。
2. 言胜不言败，书功不书罪。
3. 先王不患时用而唯亟人才。
4. 官无不材，则国桢富；境无废令，则国柄强。
5. 地不足耕，人不足臣。
6. 天下之生久矣，一治一乱。
7. 逆则生，顺则夭矣，逆则圣，顺则狂矣。
8. 人不忧患，则智能不成。
9. 草木不霜雪，则生意不固。
10. 以彼长技，御彼长技。

6.《圣武记》是一部研究满族人历史的巨著吗

《圣武记》是一部研究满族入关前和在全国建立封建统治政权后，所谓“盛清武功”的重要历史著作，是研究清史的开创性著作。

《文献通考》

1.《文献通考》是一部记载历代典章制度的巨著吗

马端临（1254～1323年），字忠舆，号竹洲，饶州乐平人，即今江西乐平人。元朝史学家。他出生在一个世代书香家庭，其父马廷鸾任史官多年，有机会博览朝廷保存的经史及当代文献，加上他官拜丞相，常和官吏、名流、学者议论朝政，掌握了第一手史料，为《文献通考》的写作提供了极其有利的条件。马端临是马廷鸾的次子，从小天资聪慧，勤奋好学，马端临在有着浓厚读书风气的家庭里，手不释卷，潜心研究，虚心求教，学识有很大长进，为他以后撰著《文献通考》打下了坚实的基础。至1285年，马端临开始撰写《文献通考》，其后用了23年的时间，至1307年才撰写完毕。1322年，官方刊印此书，他奉命校勘，第二年便去世了。

2.《文献通考》是从上古到南宋的权威典章吗

《文献通考》348卷，记事上起远古传说时代，下至1224年。按理应写到1279年告一段落，为什么中断于嘉定年间？一说是避免涉及蒙古，唯恐惹祸上身，二则是兵荒马乱，文献不足，道路传闻，不足为信。

全书分出24门，目录卷数依次为：田赋考7卷，钱币考两卷，户口考两卷，职役考两卷，征榷考6卷，市籴考两卷，土贡考一卷，国用考5卷，选举考12卷，学校考7卷，职官考21卷，郊社考23卷，宗庙考15卷，王礼考22卷，乐考21卷，兵考13卷，刑考12卷，经藉考76卷，帝系考10卷，封建考18卷，象纬考17卷，物异考20卷，舆地考9卷，四裔考25卷。其中经籍、帝系、封建、象纬、特异门是马端临自创，其余19门都是在《通典》的基础上，商析其门类，详加增补的。

3.《文献通考》是严格按时代顺序排列的史料吗

《文献通考》是一部详尽的中国古代典章制度史，其中的重点《学校》考一章写的是中国古代教育史。

马端临写《文献通考》，严格按时代顺序排列史料，这样不仅便于查阅，尤其便于了解历史发展的脉络及阶段。在《学校》考中，以“虞则上庠、下庠，夏则东序、西序，商则右学、左学，周则东胶、虞庠”为开篇，上庠、东序、左学、东胶是太学；下庠、西序、左学、虞庠是小学。“汉兴，高帝尚有干戈，平定四海，未遑庠序之事，至武帝始兴太学”。董仲舒说：“养士莫大乎太学，太学者，贤士之所关也，教氏之本原也。”武帝设五经博士，置弟子员，百余年后，“传业者寝盛，枝叶繁滋，一经说至百余万言，大师众至千余人”。

两汉博士皆名儒，而由博士入官者多至公卿。魏时博士，遴选不精，升迁亦难。魏晋学风虚浮，“不能革清谈风俗”。唐太宗增创学馆一千二百间，高丽、百济、新罗诸国元首多遣子弟入国学，学生多达八千余人，“国学之盛，近古未有”。中国古代的教育事业，从《学校》可看到汉武、唐宗是两个高潮时期。

《学校》考共七卷，专述宋代的约占其篇幅的百分之三十四。《学校》前三卷，有二卷记述宋以前历代太学，有一卷专述宋代太学。《学校·七》大半篇幅记述宋代的郡国乡党之学。宋代书院很多，以白鹿洞、石鼓、应天府、岳麓四书院尤为著名，此外还有西京嵩阳书院、江宁府茅山书院。宋初未有州县之学，先有分党之学，“盖州县之学，有司奉诏旨所建也，故或作或辍，不免具文。分党之学，贤士大夫留意斯文者所建也，故前规后随，皆务兴起”。宋代名师首推胡瑗，教学于苏湖间二十余年，出其门下者数千人。是时重辞赋，独胡瑗的“湖学”重经义、治事，培养了不少有真才实学的人才。从所占篇幅之多、内容之详、情节之细，足以说明其重点所在。

4.《文献通考》的经典语录主要有哪些

1. 养士莫大乎太学。

2. 不敢抒一独之见，标一法外之意。

3. 田亩之民，不习战斗，不可以代募兵。

4. 贪污之吏，并缘渔猎，足以困百姓。

5. 意在精详，故间出论断。

6. 国家将兴，必有祯祥，国家将亡，必有妖孽。

7. 时不唐虞，君不尧舜，终不可复行封建。

8. 才益乏而智益劣。

9. 圣经坚传，终古不朽。

10. 役民者逸，役于官者劳。

5.《文献通考》是研究历代典章制度的发轫之作吗

马端临的《文献通考》记载了从上古时期到宋宁宗嘉定末年的各种典章制度及其沿革。其书保存了大量珍贵的史料，有许多是其它书籍不能见到的，为研究历代典章制度提供了极大的便利。但《文献通考》也存在不足，如有失误和遗漏之处、部分考缺乏独创性等。

1.《史通》是我国第一部史学评论专著吗

刘知几（661～721年），字子玄，唐彭城人，即今江苏徐州市人，著名史学家。680年进士，初授获嘉县主簿。699年，调任定王府仓曹。长安二年（702年）始作史官，历任著作佐郎、左史、著作郎、秘书少监等职，兼修国史。中宗时，参与编修《则天皇后实录》。一生著述很多，可惜著作均佚，今只有《史通》和少量散篇传世。

刘知几自幼爱好史学，11岁时他听父亲为诸兄讲《春秋左氏传》，听得十分入神，待他父亲讲毕，他能马上复述一遍。他的父亲转而为他讲授《左传》，只一年时间，便全部讲诵完毕。他读书，不囿于前人之见，好独立思考。但当时设馆修史，权臣监修，他的见解和才能不能得到充分发挥，于是在史馆工作之余，他“退而私撰《史通》，以见其志”。

2.《史通》是对唐以前中国史学的全面总结吗

《史通》是刘知几的代表作，分内、外篇，各10卷。内篇有39篇，外篇有13篇，共52篇。但内篇中的《体统》、《纰缪》、《弛张》早已亡佚，故流传下来的只有49篇，其篇目编次是：

内篇：六家、二体、载言、本纪、世家、列传、表历、书志、论赞、序例、题目、断限、编次、称谓、采撰、载文、补注、因习、邑里、言语、浮词、叙事、品藻、直书、曲笔、鉴识、探赜、模拟、摸拟、书事、人物、核才、序传、烦省、杂述、辨职、自叙。

外篇：史官建置、古今正史、疑古、惑经、申左、点烦、杂说上、杂说中、杂说下、五行志错误、五行志驳杂、暗惑、忤时。

这49篇论述的问题相当广泛，包括史学观点、史学方法、史学源流、历史编纂、史家修养等诸方面的内容，确实是对唐以前中国史学的第一次全面、系统的总结。

3.《史通》的精华表现在哪些章节

《史通卷之七·内篇·直书第二十四》：夫人禀五常，士兼百行，邪正有别，曲直不同。若邪曲者，人之所贱，而小人之道也；正直者，人之所贵，而君子之德也。然世多趋邪而弃正，不践君子之迹,而行由小人者，何哉？语曰："直如弦，死道边；曲如钩，反封侯。"古宁顺从以保吉，不违忤以受害也。况史之为务，申以劝诫，树之风声。其有贼臣逆子，淫君乱主，苟直书其事，不掩其瑕，则秽迹彰于一朝，恶名被于千载。言之若是，吁！可畏乎！

夫为于可为之时则从，为于不可为之时则凶。如董狐之书法不隐，赵盾之为法受恶，彼我无忤，行之不疑，然后能成其良直，擅名今古。至若齐史之书崔弑，马迁之述汉非，韦昭仗正于吴朝，崔浩犯讳于魏国，或身膏斧钺，取笑当时；或书填坑窖，无闻后代。夫世事如此，而责史臣不能申其强项之风，励其匪躬之节，盖亦难矣。是以张俨发愤，私存《嘿记》之文；孙盛不平，窃撰辽东之本。以兹避祸，幸获两全，足以验世途之多隘、知实录之难遇耳。

4.《史通》的突出特点是"直笔精神"吗

《史通》的一个极为突出的特点是凸显"直笔精神"而痛诋曲笔诬书。《史通》专立有"《直书》""《曲笔》"两篇。"直如弦，死道边，曲如钩，反封侯。古来惟闻以直笔见诛，不闻以曲辞获罪。"读这样的警句，千百年后仍令人朝乾夕惕，引以为大戒律。

5.《史通》的经典语录主要有哪些

1. 辨其指归，殚其体统。

2. 史之为用，其利甚博。

3. 夫论成败者，当以人事为主。

4. 后之视古，亦犹今之视昔。

5. 夫有学而无才，亦犹有良田百顷、黄金满籯，而使愚者营生，终不能致于货殖者矣。

6. 文约而事丰。

7. 言近而旨远，辞浅而义深。

8. 正直者，人之所贵，而君子之德也。

9. 为兰摧玉折，不为瓦砾长存。

10. 爱而知其丑，憎而知其善。

6.《史通》标志着我国封建史学理论的确立吗

《史通》在总结中国古代史学发展的基础上，以通识的观点，充分肯定史学的地位和作用，明确史学研究的方向，促使史家注重历史观和方法论的问题，从而构成了一个相当完整的理论体系，它标志着我国封建史学理论的确立。

1.《文史通义》是一部纵论文史的学术专著吗

章学诚（1738～1801年)，字实斋，号少岩，浙江会稽人，清代史学家。章学诚出生于一个中小地主知识分子的家庭里。早年随父在湖北应城县署读书，曾参与编修《天门县志》。从青少年时代起，章学诚对历史就产生了特殊的爱好。20岁以后，学业进步很快，广泛阅读历史方面的书籍，为他在史学上深入研究打下了基础，也为他“辨章学术，考竟源流”的工作创造了条件。

1762年，入国子监读书，三年后拜朱筠为师。朱筠家藏书甚丰，章学诚因此得以读到很多难见到的书，又与当时名流学者如戴震、钱大昕、邵晋涵等人结交，并研讨、论辩学术问题。他一生中编修的方志很多，主要有《和州志》、《永清县志》、《亳州志》等。一生著述丰富，《文史通义》是他的最主要的著作。

2.《文史通义》主张史学要经世致用吗

《文史通义》是作者研究文史著作的汇编，分内、外两篇，内篇六卷，外篇三卷，共九卷。章学诚的《文史通义》在清乾嘉时期，有许多不同流俗的杰出思想，是惊世骇俗的。他主张史学要经世致用，反对专务考察和空读义理两种倾向。提出“六经皆史”说，提高了史学的地位，扩大了史学的范围。

章学诚对两千年以来的历史编撰作了纵横分析，而提出史书编撰的改革方向。他认为，史书可以分为记注和撰述两大类。记注要求体例明确恰当，可以包容很多材料和知识，撰述要求别出心裁，灵活运用，以显示历史发展的趋势。他认为代表史学发展水平的，是撰述而不是记注。他还力主通史，对于断代史则多所贬抑。

章学诚在《文史通义》中总结前人修志经验的基础，并结合自己的修志实践，创立了一整套修志的理论。他论证志属史体，提出方志分立三书，即志、掌故、文征。为积累修志的资料，他还建议州县应建立志料。章学诚提出较系统的方志理论，解决了方志的性质、任务、体例和内容等方面的理论原则问题，亦提高了方志在史学领域的地位，使方志学正式成为一个独立的学科，奠定了理论基础。

3.《文史通义》的精华表现在哪些章节

《文史通义·卷三·内篇三·师说》：韩退之曰：“师者，所以传道授业解惑者也。”又曰：“师不必贤于弟子，弟子不必不如师。”“道之所存，师之所在也。”又曰：“巫医百工之人，不耻相师。”因而怪当时之人，以相师为耻，而曾巫医百工之不如。韩氏盖为当时之敝俗而言之也，未及师之究竟也。《记》曰：“民生有三，事之如一，君亲师也。”此为传道言之也。

授业解惑，则有差等矣。业有精粗，惑亦有大小，授且解者之为师，固然矣；然与传道有间矣。巫医百工之相师，亦不可以概视也。盖有可易之师，与不可易之师，其相去也，不可同日语矣。如师之说者，其知天乎？盖人皆听命于天者也，天无声臭，而俾君治之。人皆天所生也，天不物物而生，而亲则生之。人皆学于天者也，天不谆谆而诲，而师则教之。然则君之而思事天也，亦在谨事三者而已矣。

嗟夫！师道失传久矣。有志之士，求之天下，不见不可易之师；而观于古今，中有怦怦动者，不觉䩄然而笑，索焉不知涕之何从，是亦我之师也。不见其人，而于我乎隐相授受，譬则孤子见亡父于影像，虽无人告之，梦寐必将有警焉。而或者乃谓古人行事，不尽可法，不必以为尸祝也。夫禹必祭鲧，尊所出也。兵祭蚩尤，宗创制也。若必选人而宗之，周、孔乃无遗憾矣。人之事其亲，固有论功德，而祧祢以奉大父者耶？

4.《文史通义·师说》与《原学》一脉相承吗

《文史通义·卷三·内篇三·师说》论成德达材之师，必不可易，文与《原学》相承。

5.《文史通义》的经典语录主要有哪些

1. 夫天，浑然无名者也。
2. 盈天地间唯万物。
3. 一阴一阳之谓道，是未有人而道已具也。
4. 道不离器，犹影不离形。
5. 必习于事而后方可言学。
6. 人生不能无群，群而无分则争。
7. 风会所趋，庸人亦能勉赴，风会以去，豪杰有所不能振也。
8. 学于圣人，斯为贤人；学于贤人，斯为君子；学于伪人，斯伪君子。
9. 学必原本经术，而后不为虚蹈。
10. 人不幸而为古人，不能阅后世之穷变通久，而有未见之事与理。

6.《文史通义》有一定的进化论思想吗

章学诚在封建专制统治下思想禁锢的时代，能远承先秦诸子朴素自然天道观的思想，近承明末清初进步思想家经世致用的传统，在自然观方面是自然天道观，在认识论上提倡“效法自然”，在历史观上又具有一定的进化论思想。可以说，《文史通义》，实为乾嘉之后思想解放的源泉。

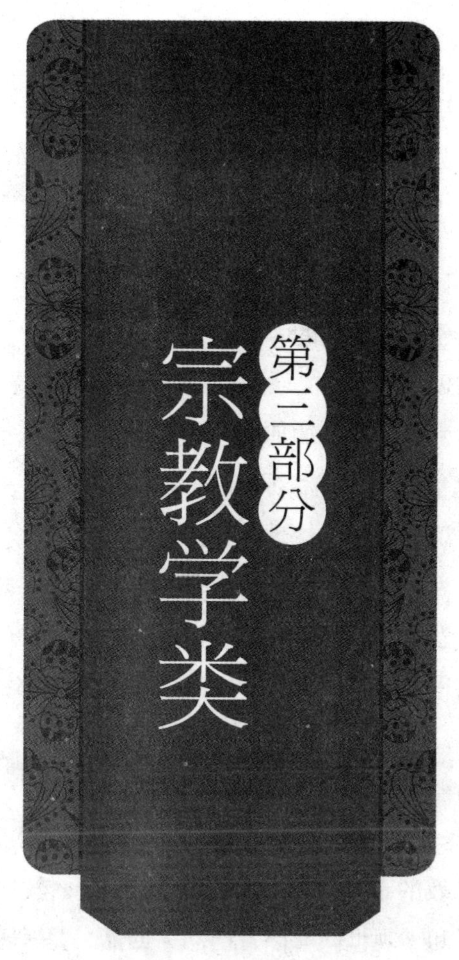

在漫长的历史发展过程中，中国各宗教文化已成为中国传统思想文化的一部分。各宗教都倡导服务社会，造福人群，如佛教的“庄严国土，利乐有情”，天主教、基督教的“荣神益人”，道教的“慈爱和同，济世度人”，伊斯兰教的“两世吉庆”等。学习宗教知识，主要应领会它的宽容、仁爱等精神，以及普世救人的人生境界。

《法华经》

1.《法华经》是佛教的"经中之王"吗

佛教创始人释迦牟尼早年所传佛教称小乘佛教，晚年所传为大乘佛教。小乘佛教兴盛于印度、缅甸、泰国等地，我国流传的是大乘佛教。《法华经》原名《妙法莲华经》，是大乘佛教的重要经典之一。我国古代僧人十分重视这部佛经，先后汉译过六次，现存三种译本，一为西晋竺法护译的《正法华经》，共分十卷；一为后秦鸠摩罗什所译七卷本，称作《妙法莲华经》；一为隋朝阇那崛多翻译的七卷本《添品妙法莲华经》。鸠摩罗什的译本影响最大，流传最广。我国古代僧人很重视这部佛经，中国佛教各宗派都视之为经典，并成为天台宗主要尊奉的经典，被称作"经中之王"。

2.《法华经》是调和佛教派别矛盾的经文吗

《法华经》(即《妙法莲华经》)是如来开权显实的精深言谈，畅显佛法要义，为大乘佛教的重要经典。全经共分28品，其中《方便品》、《安乐行品》、《如来寿量品》和《观世间菩萨普门品》四品，是《法华经》中最为重要的四品，它们各自代表了一个特殊的意义。《方便品》显示学佛行者正式开始发心;《安乐行品》显示学佛行者由发心而进入如法修行；《如来寿量品》显示出行者由实践佛法而证得至高无上的菩提;《观世音菩萨普门品》是显示出行者所证得的无住大般涅槃，能够不住生死、不住涅槃、不住地度济众生。

《法华经》以此四品为骨干，用火宅、穷子、药草、化城、系珠、轮王、良医七个譬喻，铺演二十八品，而以"妙法莲华"四字作为经题。《法华经》出现在印度佛教大、小乘激烈斗争的时期，倡导"开权显实"，突出"会三归一"，以大乘的立场，去会融小乘，力图调和佛教派别的矛盾，这也就是它包摄并高于其它经典和教义之处。

3.《法华经》的宗教思想表现在哪些章节

《譬喻品》：舍利弗！如彼长者初以三车诱引诸子，然后但与大车，宝物庄严，安隐第一，然彼长者无虚妄之咎。如来亦复如是，无有虚妄，初说三乘，引导众生，然后但以大乘而度脱之。何以故？如来有无量智能、力、无所畏诸法之藏，能与一切众生大乘之法。但不尽能受。舍利弗！以是因缘，当知诸佛方便力故，于一佛乘分别说三。

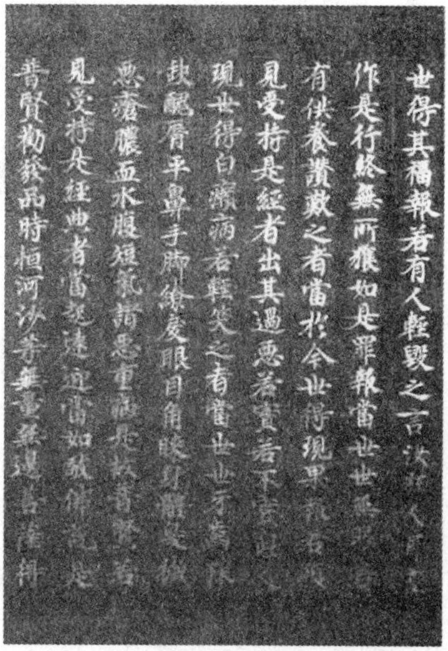

书于五代时期的《妙法莲华经卷》

4.《法华经》的经典语录主要有哪些

1. 若有众生，多于淫欲，常念恭敬观世音菩萨，便得离欲。

2. 若多嗔恚，常念恭敬观世音菩萨，便得离嗔。

3. 若多愚痴，常念恭敬观世音菩萨，便得离痴。

4. 乘是三乘，以无漏根、力、觉、道、禅定、解脱、三昧等，而自娱乐，便得无量安稳快乐。

5. 如来亦复如是，为一切众生之父。

6. 诸佛世尊，虽以方便，所化众生，皆是菩萨。

7. 佛所悦可，一切众生，所应称赞，供养礼拜。

8. 我为法王，于法自在，安隐众生，故现于世。

9. 若有女人，设欲求男，礼拜供养观世音菩萨，便生福德智能之男。

10. 众生被困厄，无量苦逼身，观音妙智力，能救世间苦。

5.《法华经》是鼓励人们洁净心灵的经文吗

阅读《法华经》，应选择一个可靠的译本，鸠摩罗什译本影响大、流传广，也最接近原貌。《法华经》鼓励人们苦修行善，洁净自己的心灵、言行，出污泥而不染。这些都是值得我们学习借鉴的。

1.《华严经》是印度大乘佛教的重要经典吗

《华严经》全称《大方广佛华严经》，是印度大乘佛教的重要经典之一，产生于南印度，后流传到西北印度与中印度。我国翻译的《华严经》主要有三种：一为东晋佛陀跋陀罗所译的《晋译华严》，或称《六十华严》，分60卷34品；一为实叉难陀所译《唐译华严》，或称《八十华严》，分80卷39品；一为唐僧般若所译《四十华严》，即现在流传的本子。般若，又称般剌若，北印度迦毕试国人，姓乔达摩。7岁出家，20岁受具足戒，于唐德宗建中二年（781年）经由广州到达长安，受赐“般若三藏”之名及紫衣。译出《四十华严》，共分十万偈48品，为通行的善本。

2.《华严经》主要讲述因果缘起理实法界吗

《华严经》是大乘佛教经典之一，主要讲述“因果缘起，理实法界”，该经用事法界、理法界、理事无碍法界、事事无碍法界四种法界来说明这一道理。它认为宇宙万物互为因果：一物为因，万物为果；一物为果，万物为因。事物的相互关系是相互扶持、相入相即，无穷延展，圆融无碍的。它用“海印三昧”描绘了圆融无碍的最高境界——佛境形象，世界上的万事万物像海水一样被显示出来，历历在目，清晰可见。每一滴海水都互相圆融，每一滴海水又都具备百川之味，代表和体现了海水的特征。它由此说明，一切事物就其相互关系来讲，都是无尽圆融，构成一种范围无限广大而又相互包容、相互贯通而无个体区别的大法界。由有为、无为诸般佛法都在对立统一中存在，从而说明佛与众生、净土与秽土，以及佛国世界与世俗世界的交融统一。

3.《华严经》的宗教思想表现在哪些章节

《入法界品》：善男子，我以成就如是智能，常能利益一切众生。善男子，我以好船运诸商众，行安隐道，复为说法，令其欢喜，引至宝洲，与诸珍宝，咸使充足，然后将领还阎浮提。善男子，我将大船如是往来，未始令其一有损坏，若有众生得见我者，闻我法者，令其永不步怖死海，必得入于一切智海，必能消竭诸爱欲海，能以智光照三世海，能净一切众生苦海，能净一切众生心海，速能严净一切众海，普能往诣十方大海，普知一切众生根海，普了一切众生行海，普顺一切众生心海。善男子，我唯得此大悲幢行，若有见我，及以闻我，与我同往，忆念我者，皆悉不空。

4. 这段文字反映了善财童子高尚的道德品质吗

本段选自《华严经·入法界品》。《入法界品》叙述善财童子在思想上、道德上、技艺上得到了众多法门，而树立起高尚的道德品质和舍己为人的坚定思想，后随同观世音菩萨，做造福人间、利乐有情的事，甘于当观世音“闻声救苦”的助手，其塑像紧靠在观世音身侧。他曾爬高山、过大海、闯王宫、进民窟、上刀山、下火海，历尽千辛万苦，参拜了53位善知识者，请教修行学佛的道理，终于取得正果。善财童子的高尚品德、美好情操，以及他坚韧不拔的意志，都是值得我们好好学习的。

5.《华严经》的经典语录主要有哪些

1. 善知识者，难见难遇。
2. 从初发心，为一切智，勤修福聚，不惜生命。
3. 愿令众生常得安乐，无诸病苦；欲行恶法皆悉不成，所修善业皆速成就。
4. 能于烦恼大苦海中，拔济众生，令其出离，皆得住生阿弥陀佛极乐世界。
5. 我以广大胜解心，深信一切三世佛。
6. 诸佛若欲示涅槃，我悉至诚而劝请，唯愿久住众尘劫，利乐一切诸众生。
7. 一切如来与菩萨，所有功德皆随喜。
8. 我常随顺诸众生，尽于未来一切劫，恒修普贤广大行，圆满无上大菩提。
9. 未来一切无人师，一切意乐皆圆满，我愿普随三世学，速得成就大菩提。
10. 我此普贤殊胜行，无边胜福皆回向，善愿沉溺诸众生，速往无量光佛。

6.《华严经》是启示人们要多做善事吗

《华严经》表述的哲学思想十分深刻，其因果缘起理论启示我们要多做善事，多学本领，不断提高自身修养，这样机遇一定会青睐我们。否则，即使机遇降临，自己也无力把握。凡事皆如此，只有多付出一份辛劳，才会多一份收获。

《六祖坛经》

1.《六祖坛经》是禅宗之“宗经”吗

慧能(638～713年)，俗姓卢，生于岭南新州，即今广东新兴县。父亲宦途失意，忧愤而疾至死，由母亲抚养成人。由于家境贫困，长大后以卖柴为生，赡养老母。一天，慧能在集市上卖柴，忽听见有人诵读《金刚经》，便下定决心，千里迢迢赶往蕲州黄梅，即今湖北黄梅县，向弘忍禅师学习佛法。弘忍禅师很欣赏慧能，为使慧能免遭佛教内部其他派别人士的陷害，暗中传法给慧能，并命他连夜赶回岭南。后来慧能到曹溪“开山”传教，变“戒坛”为“法坛”，慧能的弟子们视慧能为佛，慧能法语，犹如佛经，于是把慧能在法坛上所说的“法语”记录下来，由法海加以整理，称《坛经》。

2. 慧能的基本思想是“一念修行，自身等佛”吗

法海本《坛经》共分57节，1.2万字，为慧能法坛讲法及与弟子对话的记录，反映慧能对佛法的基本思想。慧能佛法，大致分两个方面，即世界观上的“真如缘起”论和解脱论上的“佛性”论。所谓“真如缘起”论，认为精神是本原，是第一性的，而客观存在是派生的，第二性的。基于本源的精神，不是指人的主体意识，而是超自然超时空的最高存在，是不可思议的精神实体，它的名称就叫作“真如”。

慧能认为佛性广大，无南北之分，解脱意味着成佛；只有成佛，才是真正的解脱。并说“菩提本无树，明镜亦非台，佛性常清净，何处染尘埃！”慧能很重视人的价值，强调人的能动作用，认为“世人性本自净，万法在自性”。“一念修行，自身等佛！”当然，慧能对于人的肯定，最后还是导向于佛教的彼岸世界，不

是要人们面对现实，改造世界，而是要他们向往彼岸世界，追求出世解脱。

3.《六祖坛经》的宗教思想表现在哪些章节

慧能大师画像

有一童子于碓坊边过，唱诵此偈(按：指神秀偈语)，慧能一闻，知未见性；虽未蒙教授，早识大意。遂问童子曰："适来诵是何言偈？"童子答能曰:"尔不知大师言,生死事大,欲传于法，令门人等各作一偈来呈看，悟大意，即付衣法，禀为六代祖。有一上座名神秀，忽于南廊下书《无相偈》一首，五祖令诸门人尽诵。悟此偈者，即见自性;依此修行，即得出离。"

慧能答曰："我在此踏碓八个余月，未至堂前，望上人引慧能至南廊下，见此偈礼拜，亦愿诵取，结来生缘，愿生佛地。"童子引能，至南廊下，能即礼拜此偈，因不识字，请一人读。慧能闻已，即识大意。慧能亦作一偈，又请得一解书人，于西间壁上题着，呈自本心。不识本心，学法无益，识心见性，即悟大意。慧能偈曰：菩提本无树，明镜亦非台；本来无一物，何处染尘埃。

4. 这一段话主要反映了慧能的"悟境"吗

弘忍欲传法给弟子，要求弟子作一首偈颂，以考察谁的悟性最高，然后传法给他。上座神秀作的偈颂是："身是菩提树，心如明镜台，时时勤拂拭，莫使有尘埃。"为众弟子传诵，独弘忍知道其"悟境"不高。及慧能偈出，深得弘忍欣赏，心下"印可"，当夜即传法给慧能，并命他连夜回家，是为六祖。从这里可以看出，慧能的悟性极高，可说是"青出于蓝而胜于蓝"。

5.《六祖坛经》的经典语录主要有哪些

1. 人有南北，佛性即无南北。
2. 菩提般若之智，世人本自有之。
3. 遇悟即成智。
4. 不思量，性即空寂；思量，即是自化。

5. 心量广大，犹如虚空，若空心坐，即落无记空。

6. 性含万法是大，万法尽是自性。

7. 用智能观道，于一切法不取不舍，即见性成佛道。

8. 故知不悟，即佛是为生；一念若悟，即为生是佛。

9. 若欲修行，在家亦得，不由在寺。

10. 一切万法，尽在自心中，何不从于自心顿现真如本性？

6. 研读《坛经》应澄怀心灵吗

研读《坛经》，先要鉴别《坛经》版本，共有四种：敦煌本、惠昕改编本、曹溪原本、元僧宗宝改编本，其中敦煌本为法海辑录，最接近慧能思想原貌。阅读此书，当澄怀心灵，积极进取，切忌“若欲修行，在家亦得，不由在寺”。

1.《抱朴子》包罗了系统的道教理论和方术吗

《抱朴子》分《内篇》和《外篇》，内篇20卷，外篇50卷。作者葛洪（284~364年），字稚川，自号抱朴子，丹阳句容人，东晋著名的道教理论家、医学家和炼丹家。此书内篇言神仙、方药、鬼怪、变化、养生、延年、禳邪、却祸之事，包罗较系统的道教理论和方术，并保存不少化学、天文、医药等方面的科技史料，具有一定的历史价值。外篇则多言人间得失，世事臧否，反映出作者在政治思想方面的主张。其说以道为本，以儒为末，具有“内道外儒”的特色。

2.《内篇》和《外篇》的内容有何区别

《抱朴子内篇》主要讲述神仙方药、鬼怪变化、养生延年，禳灾却病，属于道家。其内容可以具体概括为：论述宇宙本体、论证神仙的存在、论述金丹和仙药的制作方法及应用、讨论各种方术的学习应用、论述道经的各种书目，说明世人修炼的广泛性。

《抱朴子外篇》则主要谈论社会上的各种事情，属于儒家的范畴，也显示了作者先儒后道的思想发展轨迹。其内容可具体概括为：论人间得失，讥刺世俗，讲治民之法；评世事臧否，主张藏器待时，克己思君；论谏君主任贤能，爱民节欲，独掌权柄；论超俗出世，修身著书等。总之，《抱朴子》将玄学与道教神学，方术与金丹、丹鼎与符箓、儒学与仙学统统纳为一体之中，从而确立了道教神仙理论体系。

葛洪提出了修仙必须积累善行，建立功德，慈善为怀。《抱朴子》中强调人不能单纯地从修炼方术入手，人生的抱负也不能仅仅是遁隐山林，要想真正修炼成仙还要建功立业、修身齐家治国平天下。主张在现实社会生活中获得精神解脱和炼得肉体飞升，既做到立时济世，又得超凡入圣。如他说："上士得道于三军，中士得道于都市，下士得道于山林。"他认为修炼既可以保德致长生，也可以治世致太平。通过修炼还可以获得长生，身体不伤，是最大的孝道。

《抱朴子外篇》的撰写时间与问世，均早于《抱朴子内篇》。

《道藏》将其两书刻在一处，并且在《内篇》之后，《外篇》之前，间隔一种《抱朴子别旨》。明人刻此书，从《道藏》中取出，总名为《抱朴子》。

据《晋书·葛洪传》可知，《抱朴子》内外篇原共有116篇。今本已非完帙，亡佚40余篇。严可均在《铁桥漫稿》、《代继莲龛为抱朴子叙》中说："今本仅《内篇》之十五六，《外篇》之十三四耳。"

《内篇》卷前有葛洪《序》，称《内篇》20卷。《隋书·经籍志》称《内篇》21卷，《音》1卷，入"道家"。《新唐书·经籍志·道家》称《内篇》10卷。《宋史·艺文志·杂家》称《内篇》20卷。《郡斋读书志》称《内篇》20卷。历代著录以20卷为多，《内篇》原当为20卷。《道藏》所收即为20卷，卷各一篇，共20篇。

《外篇》卷后有葛洪《自叙》，称著"《外篇》50卷"。《隋书·经籍志》称《外篇》30卷，入"杂家"。《新唐书·经籍志·杂家》称《外篇》20卷。

《宋史·艺文志·杂家》称《外篇》50卷。晁公式《郡斋读书志》称《外篇》10卷。陈振孙《书录解题》曰："《馆阁书目》有《外篇》50卷，未见。"纷纭错互，说法不一。《道藏》所收《外篇》为50卷，与自叙合。

3.《抱朴子》的宗教思想表现在哪些章节

《抱朴子内篇卷之一·畅玄》：玄者，自然之始祖，而万殊之大宗也。眇乎其深也，故称微焉。绵邈乎其远也，故称妙焉。其高则冠盖乎九霄，其旷则笼罩乎八隅。光乎日月，迅乎电驰。或倏烁而景逝，或飘而星流，或漾於渊澄，或霏而云浮。因兆类而为有，托潜寂而为无。沦大幽而下沈，辰极而上游。金石不能比其刚，湛露不能等其柔。方而不矩，圆而不规。来焉莫见，往焉莫追。乾以之高，坤以之卑，云以之行，雨以之施。胞胎元一，范铸两仪，吐纳大始，鼓冶亿类，徊旋四七，匠成草昧，辔策灵机，吹嘘四气，幽括冲默，舒阐粲尉，抑浊扬清，斟酌河渭，增之不溢，挹之不匮，与之不荣，夺之不瘁。故玄之所在，其乐不穷。玄之所去，器弊神逝。

4.《抱朴子·畅玄》阐述的是道的特征吗

《畅玄》是本书开宗明义的第一章。葛洪先寻出天地万物的本原、本体、规律来立本建基，称之曰“玄”。“玄”所表示的概念，先秦道家的创始人老子、庄子都称之为“道”。老、庄也提到过“玄”，那只是“道”的一个重要特征，有幽深冥远，看不清楚的意思。到西汉，扬雄改“道”为“玄”，在《太玄·玄图》中说：“夫玄也者，天道也，地道也，人道也。”魏晋玄学家又使“玄”字大放异彩。这就是葛洪称“玄”不称“道”的缘由。但是，他也清楚“玄”、“道”同义，所以有时他把“玄”与“道”连言，称“玄道”。这一部分谈“玄”的特征、功用等。

5.《抱朴子》的经典语录主要有哪些

1. 命之修短，实由所值，受气结胎，各有星宿。

2. 天道无为，任物自然，无亲无疏，无彼无此也。

3. 所乐善否，判于所禀，移易予夺，非天所能。

4. 但有恶心而无恶迹者夺算，而恶事而损于人者夺纪，若算纪未尽而自死者，皆殃及子孙也。

5. 要道不烦，所为鲜耳。但患志之不立，信之不笃，何忧于人理之废乎?

6. 夫善养生者，先除六害，然后可以延驻于百年。何者是耶?一曰薄名利，二曰禁声色，三曰廉货财，四曰损滋味，五曰除佞妄，六曰去沮嫉。六者不除，修养之道徒设尔。

7. 欲求神仙，为当得其至要。至要者在于宝精、行气、服一大药便足，亦不用多也。然此三事，复有深浅，不值明师，不经勤苦，亦不可仓促而近知也。

8. 是以至人上士，乃施药于未病之前，不追修于既败之后。故知生难保而易散，气难消而易浊。若能审机权，可以制嗜欲，保全性命。

9. 一人之身，一国之象也。胸腹之设，犹宫室也。肢体之位，犹郊境也。骨节之分，犹百官也。腠理之间，犹四衢也。神犹君也，血犹臣也，气犹民也，故治人能治其身，亦如明主能治其国。

10. 夫爱其民，所以安其国。爱其气，所以全其身。民弊国亡，气衰身谢。

6.《抱朴子》确立了道教的神仙理论体系吗

《抱朴子》总结了战国以来神仙家的理论，从此确立了道教神仙理论体系，又继承了魏伯阳炼丹理论，集魏晋炼丹术之大成，它是研究我国晋代以前道教史及思想史的宝贵材料。《抱朴子》在道家体系中具有重要的地位，而葛洪本人也被认为是道家的重要人物，对道家学派的发展起到了重要作用。

第四部分 文学类

本类图书包括中国古代文学与艺术，是中国古代文化精华之一。阅读中国古代诗词、小说、戏曲，一定要反复把玩才能理会其中美感所在。古典戏剧、小说的特点是以语言、动作塑造人物，往往缺乏直接深入的心理描写，因而人物常显得单薄；中国古代诗、词、曲特别注重形式美，讲究韵律、节奏和锻字炼句。读者要把握这些特点，便能更多、更快、更好地从传统古籍中吸取精华。

《诗经》

1.《诗经》是中国第一部诗歌总集吗

关于孔子删诗，近年来学者们提出种种质疑，在此姑且认为《诗经》是由孔子删改编定而成的。《诗经》是一部诗歌总集，其作者多不可考，只能推断是西周至春秋中叶的人。《诗经》分风、雅、颂三部分，风部分多是采自民间，雅、颂部分的作者则多为贵族大夫。

周王朝的统治者常派出采诗官到各地去收集民间诗歌，然后由乐师加以整理，献给天子。当然，也有部分是由士大夫写成献给天子的。天子采集诗歌，一方面是为了娱乐，以此作为教材教育子弟；另一方面则是为了了解人民的反映，考察其政治效果，以便进一步巩固自己的统治。孔子用《诗经》作为教材来教育学生，也是着重其政治作用。

2.《诗经》分风、雅、颂三大部分吗

《诗经》，又名《诗三百》，共收入西周至春秋中叶的诗歌 311 篇。《诗经》分风、雅、颂三大部分。其中十五国风，有诗 160 篇；雅诗分为大雅、小雅，有诗 105 篇；颂诗分周颂、鲁颂、商颂，有诗 40 篇。国风是《诗经》中的精华，反映了古代人民的生产、生活，以及他们追求美好生活的愿望。与一切民间文学相似，婚恋诗也是国风中的重头戏。有的诗反映男女之间的恋爱，如《静女》、《木瓜》；有的诗反映了妇女思念出远门的丈夫或情人，如《君子于役》；有的则是被离弃的女子的控诉，如《氓》。

国风是《诗经》中的精华，不仅内容丰富，而且语言也很优美。雅、颂主要是贵族阶级的乐歌，其中周颂是周王朝祭祀宗庙的乐歌，有着浓厚的宗教色彩，鲁颂与商颂分别是鲁国与宋国的宗庙祭祀歌，而大小雅多为贵族阶级宴饮时所用的歌诗，主要产生在周王朝社会繁荣的时期，多是歌颂祖先和神灵。

3.《诗经》最具代表性的诗篇有哪些

节选自《诗·小雅·采薇》：昔我往矣，杨柳依依。今我来思，雨雪霏霏。行道迟迟，载渴载饥。我心伤悲，莫知我哀！

4.《采薇》是一首征夫行役之诗吗

《采薇》里的这几句诗，是《诗经》中最著名的句子之一，千百年来为人传颂。《采薇》是一首征夫行役之诗。诗中描写的是周朝时，由于少数民族猃狁入侵，男主人翁不得不随军出征，抗击侵略者。诗中反复描写主人翁对侵略者的痛恨，由于他们的入侵，使自己不能安享家居之乐而不得不远征，“不遑启居，猃狁之故”，“岂敢定居？一月三捷”。虽然抗击侵略军是自己的责任与义务，但对家的思念仍让主人翁忧心不已，“忧心孔疚，我行不来”。

最后终于战胜敌人，可以回家了，主人翁归心似箭，急急忙忙赶返家中，“行道迟迟，载渴载饥”诗人在此勾勒出一幅美丽的图景。当他远征之时，是“杨柳依依”的春季，而回归则在“雨雪霏霏”的隆冬。“依依”的，不仅是故乡的杨柳，更是故乡的亲人和主人翁不舍的心。而今回家了，即使是隆冬，即使是“雨雪霏霏”，也不能阻止归家的步履。而且即使是步履如飞，他仍觉得太慢，所以言“行道迟迟”。当然，再快的脚步也跟不上似箭的心。而这种情景，的确让主人翁十分痛苦，“我心伤悲，莫知我哀”。他想一下子飞到亲人身边，而事实上却得一步一步地走，这每一步，对他都是一种折磨。这段话，充分具象地描绘出主人翁思念家乡亲人的心情。

5.《诗经》里的流行诗句有哪些

1. 昔我往矣，杨柳依依；今我来思，雨雪霏霏。
2. 硕鼠硕鼠，毋食我黍。
3. 相鼠有皮，人而无仪。
4. 七月流火，九月授衣。
5. 关关雎鸠，在河之洲。窈窕淑女，君子好逑。
6. 彼黍离离，彼稷之苗。行迈靡靡，中心摇摇。
7. 岂曰无衣？与子同袍。
8. 蒹葭苍苍，白露为霜。所谓伊人，在水一方。

9. 黄鸟黄鸟，无集于谷，无啄我粟。

10. 君子于役，不知其期，曷至哉？

6.《诗经》是古典文学中最灿烂的篇章吗

《诗经》是中国古典文学中最灿烂的一页，是古代儿童的启蒙之书。现代人学习《诗经》不仅是继承中国文化传统，也是提高个人素质的一条快捷方式。读者必须反复诵读，并背诵其中一些名篇名句，才能体会古代语言、古代诗歌的美妙。

《楚辞》

1.《楚辞》是浪漫主义的奠基之作吗

《楚辞》是从楚国发展出来带有“兮”字的一种文学体裁，主要以大诗人屈原为代表。这种体裁因为运用楚地的语言形式，描写楚地的风土人情，表现楚人的情志，带有浓厚的地方色彩，故称“楚辞”，是中国继《诗经》之后，文坛沉寂几百年后再次绽放出的一朵奇葩，也是中国浪漫主义文学的奠基之作。屈原是最杰出的楚辞创作者，他死后，宋玉、淮南小山、东方朔等人也模仿写了一些作品。西汉时，文学家刘向辑录屈原作品以及后代仿作，编成《楚辞》。所以，这一名称即是这类文学样式的总称，也是这部诗歌总集的名称。

2.《楚辞》的创作先驱是屈原吗

《楚辞》收入屈原、宋玉、贾谊、淮南小山、东方朔、严忌、王褒、刘向八位作家共十六篇作品。后来，为《楚辞》作注的王逸又将所著的《九思》加入其中，所以现存《楚辞》共10位作家17篇作品。楚辞创作的先驱屈原，他的诗作在全书中不仅数量最多，而且质量最高。《离骚》是屈原的代表作，所以该文学样式又被称为“骚体”，与《诗经》中的国风并称“风骚”。

屈原是战国时的楚国贵族，才华卓绝，一心想辅助楚王强大自己的祖国。但昏庸的怀王听信谗言，疏远屈原，并将其放逐。政治上的不得志，以及眼见祖国被小人破坏而日益衰落，使屈原的满腔爱国热情化作一篇篇精美的诗篇。他在诗中抒发了自己的美政理想，并开创以香草美人设喻。屈原死后，后起作家如宋玉、景差也创作了一些作品，宋玉的《九辨》“悲哉秋之为气也”还被视为忠耿之祖。但这些作品缺乏屈原报国直谏的思想内容，艺术形式也稍逊色，成就远远不及屈原。

《楚辞》

3.《楚辞》最具代表性的篇章有哪些

节选自《楚辞·离骚》：吾令丰隆乘云兮，求宓妃之所在。解佩纕以结言兮，吾令蹇修以为理。纷总总其离合兮，忽纬繣其难迁。夕归次于穷石兮，朝濯发乎洧盘。保厥美以骄敖兮，日康娱以淫游。虽信美而无礼兮，来违弃而改求。览相观于四极兮，周流乎天余乃下。

望瑶台之偃蹇兮，见有娀之佚女。吾令鸩为媒兮，鸩告余以不好。雄鸠之鸣逝兮，余犹恶其佻巧。心犹豫而狐疑兮，欲自适而不可。凤凰既受诒兮，恐高辛之先我。欲远集而无所止兮，聊浮游以逍遥。及少康之未家兮，留有虞之二姚。理弱而媒拙兮，恐导言之不固。世混浊而嫉贤兮，好蔽善而称恶。闺中既邃远兮，哲王又不寤。怀朕情而不发兮，余焉能忍与此终古。

4.《离骚》是叙述寻找美女的艰难历程吗

这是《离骚》名篇“求女”中的一段文字，诗人在文字中叙述寻找美女的艰难历程。这里的美女，其实就是诗人心中的贤王，他寻找美女，就是找贤王以实现自己的政治抱负，从他对美女的谦恭态度就可见他对贤君的渴望。在选择向有虞二女求媒的媒人时，他东挑西拣，最后终于选定万鸟之王凤凰，因为只有凤凰才配得做媒人。求女的失败，代表诗人寻找贤君的失败。他也清醒认识到失败的原因是“世混浊而嫉贤兮，好蔽美而称恶”。小人当道不仅阻碍诗人实现自己的政治抱负，而且将楚国推向覆亡。诗人满心悲痛，只好借诗歌一抒情怀。

5.《楚辞》的流行诗句有哪些

1. 路漫漫其修远兮，吾将上下而求索。

2. 伏清白以死直兮，固前圣之所厚。

3. 虽不周于今之人，愿依彭咸之遗则。

4. 陟升皇之赫戏兮，忽临睨夫旧乡。

5. 仆夫悲余马怀兮，蜷局顾而不行。

6. 既莫足与为美政兮，吾将从彭咸之所居。

7. 忽反顾以流涕兮，哀高丘之无女。

8. 袅袅兮秋风，洞庭波兮木叶下。

9. 令沅湘兮无波，使江水兮安流。

10. 鸟飞返故乡兮，狐死必首丘。

6.《楚辞》是浪漫主义文学的不朽之作吗

《楚辞》是中国文学史上光辉的一页，是浪漫主义文学的不朽之作，对后世文学产生了深远的影响。研读《楚辞》，一方面有助于提升文学修养，另一方面也对现代艺术的发展有相当作用。《楚辞》用字艰涩，在阅读上有一定难度。而且善用隐喻，必须仔细阅读方能体会其中的妙处。另外，《楚辞》还保留了大量的远古神话传说，反映出当时楚国巫俗信仰风行，呈现超现实的神秘世界。

《晏子春秋》

1.《晏子春秋》是中国最古老的传说故事集吗

晏子春秋是中国最古老的传说故事集，大约成书于战国末期，是后人假托晏婴的名义所作。这部书详细地记述了齐国灵公、庄公、景公三朝贤相晏婴的生平轶事及各种传说、趣闻，215个小故事相互关联和补充，构成了栩栩如生的完整的晏子形象。这部书的语言明快、简洁、幽默和风趣，人物对话富于性格特征，特别是洋溢于人物语言中的幽默感，不但使故事意趣盎然，而且增加了语言的辛辣和讥讽。作者还善于运用比喻的手法，一些寓以生活哲理的比喻，后来成为独立的语汇或成语。

2.《晏子春秋》塑造了晏婴和众多陪衬者的形象吗

《晏子春秋》是记叙春秋时代著名政治家、思想家晏婴言行的一部书。

《晏子春秋》共8卷，包括内篇6卷，不完全真实，外篇两卷，计215章，全部由短篇故事组成。全书通过一个个生动活泼的故事，塑造了主人公晏婴和众多陪衬者的形象。这些故事虽不能完全作信史看待,但多数是有一定根据的,可与《左传》、《国语》、《吕氏春秋》等书相互印证，作为反映春秋后期齐国社会历史风貌的史料。

3. 晏婴是孔子称颂的君子吗

晏婴（？~前500年），字平仲，齐国夷维人，即今山东高密人。为春秋时期齐国正卿。历仕灵、庄、景三朝，执政五十余年。以节俭力行、谦恭下士著称于世。注意政治改革，关心民事，反对祈福禳灾等迷信。

晏婴是齐国上大夫晏弱之子。据说晏婴身材不高，其貌不扬。齐灵公二十六年（前556年）晏弱病死，晏婴继任为上大夫。周敬王二十年（前500年），晏婴病逝。孔丘曾赞曰："救民百姓而不夸，行补三君而不有，晏子果君子也！"现存晏婴墓在山东淄博齐都镇永顺村东南约三百五十米。

晏婴头脑机灵，能言善辩。内辅国政，屡谏齐王。对外他既富有灵活性，又坚持原则性，出使不受辱，捍卫了齐国的国格和国威。司马迁非常推崇晏婴，将其比为管仲。

《晏子春秋》多从侧面记叙了晏婴的言行和政治活动，突出反映了他的政治主张和思想品格。

由于这部书的思想非儒非道，所以，自古以来不太为人所重视。但是，深入其中，细心阅读，就会有不少收获。此书因不是秦人所作，在秦始皇看来当然是离经叛道之作，所以也在禁毁之列。

20世纪70年代，国学大师吴则虞先生曾写过《晏子春秋集释》，认为《晏子春秋》的作者是淳于越。历史上《晏子春秋》的版本有如"四部丛刊"印本、铁剑铜琴楼藏本等。

4.《晏子春秋》充分地表现晏子的节俭观吗

在《晏子春秋》中，晏子的节俭观念也得到了充分的表现。晏子认为，节俭是一个贤人的基本品质，所以，他对那些富贵骄奢、铺张浪费的人或行为从心底里抱有一种反感。他曾对齐景公的穷奢极欲进行了多次的批评。他自己则从节俭要求和约束自己。齐景公多次要给他调整住宅，还趁他出使在外替他建了一座新宅，他都坚决辞谢了。

当齐景公赏赐他车马时，他说："君使臣临百官之吏，臣节其衣服饮食之养，以先齐国之民，然犹恐其侈靡而不顾其行也；今辂车乘马，君乘之上，而臣亦乘之下，民之无义，侈其衣服饮食而不顾其行者，臣无以禁之。"这就是说，他要以节俭作表率，以防百姓过分追求物质享受而造成社会秩序的混乱和道德败坏。

5.《晏子春秋》还表现晏子对礼的重视吗

《晏子春秋》还十分突出地表现了晏子对礼的重视。他说："礼者，所以御民也……无礼而能治国家者，婴未之闻也！"把礼看作是治国的根本，统治百姓的工具，可见礼在晏子心目中的地位。在这一点上，晏子与后来的孔子是很有相似之处的。正因为如此，晏子对无礼或不合礼的行为进行了不遗余力的批评。

《内谏》载："景公饮酒酣，曰：'今日愿与诸大夫为乐饮，请无为礼。'晏子蹴然改容曰：'君之言过矣！群臣固欲君之无礼也。力多足以胜其长，勇多足以弑其君，而礼不便也。禽兽以力为政，强者犯弱，故日易主。今群去礼，则是禽兽也。群臣以力为政，强者犯弱，而日易主，君将安立矣？凡人之所以贵于禽兽者，以有礼也。故《诗》曰：'人而无礼，胡不遄死？'礼不可无也。'"晏子认为，礼是区别人与禽兽的标准。没有礼，人就成了禽兽。作为一国之君，如果带头不讲礼，国家根本就会动摇。《外篇》中载有晏子的另外一番话，内容与上面一段话类似："今齐国五尺之童子，力皆过婴，又能胜君，然而不敢乱者，畏礼也。上若无礼，无以使其下；下若无礼，无以事其上。夫麋鹿维无礼，故父子同。人之所以贵于禽兽者，以有礼也。婴闻之，人君无礼，无以临其邦；大夫无礼，官吏不恭，父子无礼，其家必凶；兄弟无礼，不能久同。'"

6.《晏子春秋》再现了晏子的优良品质吗

《晏子春秋》不仅鲜明地表现了晏子的光辉思想，而且也记载了许多表现晏子优良品质和高尚道德情操的故事。节俭是《晏子春秋》中重点突出的晏子的品质，这一点，上文已有所交代，此不赘言。另外如退思补过、待人宽以约、责人重以周、谦虚谨慎等美德，书中都作了大力宣扬。

《内篇杂下》记载了这样一个感人的故事："景公有爱女，请嫁于晏子，公乃往燕晏子之家。饮酒酣，公见其妻曰：'此子之内子耶？'晏子对曰：'然，是也。'公曰："嘻，亦老且恶矣！寡人有女少且姣，请以满夫子之宫。'晏子违席而对曰：'乃此则老且恶，婴与之居故矣，故及其少且姣也。且人固以壮托乎老，姣托乎恶；彼尝托，而婴受之矣。君虽有赐，可以使婴倍其托乎？'再拜而辞。"齐景公看到晏子的妻子老而丑，想把年轻漂亮的女儿嫁给晏子，晏子严词拒绝了。晏子的这种糟糠之妻不下堂，坚守爱情，不背叛老妻的行为与品德，不仅在男尊女卑的封建时代殊为难得，就是在今天，也是一种十分可贵的品格。

从《晏子春秋》的内容来看，编者或作者似乎有意突出晏子光辉的一面，极力塑造晏子的正面形象，由此也可以推断，此书的编者或作者肯定是一个景仰晏子的人。

7.《晏子春秋》的语言重简洁、明白、传神吗

《晏子春秋》还具有语言明白晓畅，手法多以白描为主的特点。书中除了个别的篇章有一些铺排、夸张的描写，其他的大部分都是朴实简洁的叙述、描写和对话。语言重在简洁、明白、传神，不太在乎辞藻。从上文所举的众多例子中，我们不难发现这一特点。此外，《晏子春秋》中的许多语言，特别是晏子所说的话，不仅朴实简洁，而且蕴含着深刻的哲理，如"为者常成，行者常至"、"有贤而不知，一不祥；知而不用，二不祥；用而不任，三不祥"等等。

8.《晏子春秋》在文学史上有什么价值

《晏子春秋》在文学史上也有一定的价值。它以人物为中心，一事一记，各事之间既有联系又各自独立，形成一个一个的小故事，这些故事都是为了表现晏子的思想品德。全书可以说是晏子的言论及佚事汇编，统而观之，又可以看成是一部晏子传。

此书的第一个突出的文学特点是故事生动，情节曲折，具有很强的可读性。例如《谏下》中的"二桃杀三士"的故事写的是齐国的三位勇士公孙接、田开疆、古冶子因事得罪了晏子，晏子就请求齐景公送两只桃子给他们。

人多桃少，于是三人论功吃桃。公孙接、田开疆自叙功劳后，认为自己功劳最大，都各自拿走了一只桃子吃掉了。等到古冶子叙完功劳后，公孙接、田开疆都觉得自己的功劳不如他，但却都把桃子拿走吃了，觉得羞愧难当，于是举剑自杀。古冶子看到二人自杀了，自己也觉得内疚，于是也举剑自杀了。这件事在《晏子春秋》中写得很详细具体。事件的缘起、发展、高潮、结局都十分清楚，富有戏剧性。

又如《谏下》中的另一件事：齐景公的宠妾婴子死了，齐景公很伤心，不吃不喝，大臣们极力劝慰，但都无济于事。

晏子知道这件事后，就对齐景公说，有一位术士能起死回生。齐景公大喜。晏子就让齐景公到别处去沐浴斋戒。等到齐景公走后，晏子就让人把婴子的尸体装入棺材中埋葬了，然后对齐景公说，术士对婴子已无能为力，现已把她装进棺材中埋葬了。齐景公听了，无可奈何。这件事也写得十分生动曲折，妙趣横生。这一类的故事在《晏子春秋》中占了相当的比重。

《晏子春秋》的另一个突出的文学特点是人物形象栩栩如生，性格、个性鲜明突出。

如上所述，《晏子春秋》的编者或作者是要塑造晏子的正面形象，而且尽量把他塑造得有血有肉、具体可感，因此，运用了细节描写、个性化的语言和行动、对比等手法来突出晏子的形象。在《晏子春秋》中，晏子不仅是仁人，也是智者，不仅思想道德崇高，堪称表率，而且具有鲜明的个性。

在《谏上》、《谏下》中，我们看到了晏子的政治家品格：目光远大、深思熟虑、具有深厚的政治素养、敢于直言劝谏。

在其他篇章中，晏子则是以另外一种形象鲜明地凸现在我们面前的。例如《杂下》所载的“晏子使楚”的故事：晏子使楚，以晏子短，楚人为小门于大门之侧而延晏子。晏子不入，曰：“使狗国者，从狗门入。今臣使楚，不当从此门入。”傧者更道从大门入。见楚王，王曰：“齐无人耶？”晏子对曰：“临淄三百间，张袂成阴，挥汗成雨，比肩继踵而在，何为无人？”王曰：“然则子何为使乎？”晏子对曰：“齐命使各有所主，其贤者使使贤王，不肖者使使不肖王。婴最不肖，故直使楚矣。”

身材矮小的晏子面对着楚王的挑衅，从容应付，临事不乱。不仅没有让楚王占到半点便宜，而且给了有力的回击，让楚王陷入难堪。这则故事充分表现了晏子灵活机智、反应敏捷的特点，同时又表现了他不辱使命，善于应对的外交家才能。

《杂下》中有一则记载：“梁丘据谓晏子曰：‘吾至死不及夫子矣！’晏子曰：‘婴闻之，为者常成，行者常至。婴非有异于人也，常为而不置，常行而不休者，故难及也？’”这一段对话则又表现了晏子坦诚、谦虚的态度。

《谏上》中的一段记载更为生动：齐景公与晏子、艾孔、梁丘据同游牛山，齐景公想到人总是要死的，不禁悲从中来，泪流满面。艾孔、梁丘据也跟着哭起来，只有晏子在一旁冷笑。齐景公问他为何而笑。晏子说，如果人不会死，就不会轮到你齐景公做国君了，正因为人会死，所以才轮到你。而轮到你时，你就想长生不老，可见你是不仁之人。今“不仁之君见一，谄谀之臣见二，此臣之所以独窃笑也”。故事中写了四个人，一笑三哭，笑中可见晏子的正直不阿，哭中可见齐景公的贪婪，艾孔、梁丘据的谄谀拍马。人物特点、人物性格，以及人物表情跃然纸上。

1.《乐府诗集》是研究乐府诗的重要著作吗

郭茂倩，北宋郓州须城人，曾任河南府法曹参军。自汉魏以来，即有乐府诗与乐府的名称。西汉惠帝、武帝之时，曾于中央设立乐府令。乐府令的工作除了将文人的诗歌谱成曲子之外，最重要的就是采风，到民间收集诗歌，后来文人中也有模仿民间诗歌创作乐府诗题的作品。

这些民间诗歌与文人乐府诗，都被称为乐府诗。乐府诗是汉代诗歌的精华，

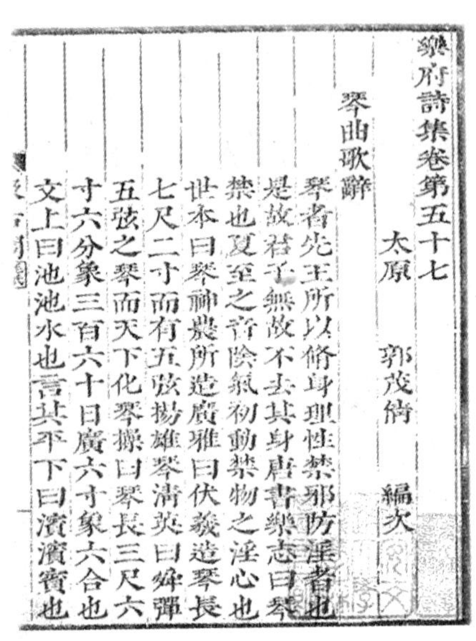
樂府詩集卷第五十七

太原　郭茂倩　編次

琴曲歌辭

琴者先王所以脩身理性禁邪防淫者也是故君子無故不去其身唐書樂志曰琴禁也夏至之音陰氣初動禁物之淫心也世本曰琴神農所造廣雅曰伏羲造琴長七尺二寸而有五弦揚雄琴清英曰舜彈五弦之琴而天下化琴操曰琴長三尺六寸六分象三百六十日廣六寸象六合也文上曰池池水也言其平下曰濱濱賓也

古本《乐府诗集》正文影印件

许多诗歌都写得极其优美，是当时俗乐的代表。宋代时，乐府诗经过数百年的流传，已有所亡佚，文人郭茂倩为了保存这一文化精华，编撰了《乐府诗集》，对保存乐府诗歌和提供丰富的乐府诗研究资料，作出了重大贡献。

2.《乐府诗集》收录的大部分是民间诗吗

《乐府诗集》收录汉魏到唐五代的乐府歌辞，也包括先秦及唐末诗歌，其中大量是民间诗，也有部分为文人仿作。郭茂倩将所有诗歌分成12类，即效庙歌辞、燕射歌辞、横吹曲辞、鼓吹曲辞、相和歌辞、清商曲辞、舞曲歌辞、琴曲歌辞、杂曲歌辞、近代曲辞、杂歌谣辞、新乐府辞。书中每一类有总序，每一曲有题解，并对每一种曲调的歌辞起源和发展，都作了详细的考订。

每一题在排列上都以古诗居前，而后人仿作居后。他的这十二种分类方法，在当时是比较先进的，能较为完整地概括出乐府诗的全貌。乐府民歌是“感于哀乐，缘事而发”，所以诗中都包融着丰富的社会内容与思想。许多诗作都反映出当时社会的矛盾与人民生活的困苦，如《妇病行》，简直就是人民对黑暗社会的血泪控诉。

当然，爱情这个诗歌的永恒主题也不能少，许多爱情诗都写得极为美妙，如《上邪》中女主人翁“山无陵，江水为竭，冬雷震震，夏雨雪，天地合，乃敢与君绝”的爱情誓言，真是千古佳传。从乐府诗中，可以看到当时人民生活的景图与社会的面貌，是一面时代的“镜子”。

3.《乐府诗集》最具代表性的篇章有哪些

节选自《乐府诗集·陌上桑》：日出东南隅，照我秦氏楼。秦氏有好女，自名为罗敷。罗敷喜蚕桑，采桑城南隅。青丝为笼系，桂枝为笼钩。头上倭堕髻，耳中明月珠。缃绮为下裙，紫绮为上襦。行者见罗敷，下担捋髭须。少年见罗敷，脱帽著帩头。耕者忘其犁，锄者忘其锄。来归相怒怨，但坐观罗敷。

4.《陌上桑》是最精彩的咏美诗吗

这是文学史上最美最精彩的写例之一，它将主人翁罗敷之美发挥到淋漓尽致的地步。首先，诗人给罗敷一个美丽环境，“日出东南隅，照我秦氏楼”，这样美妙、清明的境地，只有罗敷这样美丽纯洁的少女才配得上。诗人又赋予罗敷美丽的器物、服饰。虽然罗敷身上穿的、头上戴的、手上提的都不是珠光宝气，但唯有青丝、桂枝、缃绮这样纯洁、美妙的饰物才能衬托出罗敷“清水出芙蓉”般的纯美。她的美是自然天成，不是修饰而来，更不是珠玉堆砌而成。

这是从正面描写罗敷之美，下面行者、少年、耕者、锄者，因为观见罗敷的美丽，连自己该做的事都忘记了，则从侧面烘托出了罗敷的美貌。这段描写十分精彩，将各人痴看罗敷的动作、神态都刻画得入木三分，更让人体会到罗敷的美丽，让自己也巴不得能有机会一睹其风采。这段描写，并没有太多的华美词藻，却活脱脱画出一个文学史上至美的美女，其艺术手法之精纯，的确值得称赞。

5.《乐府诗集》的流行诗句有哪些

1. 孔雀东南飞，五里一徘徊。
2. 枯桑知天风，海水知天寒。
3. 青青河畔草，绵绵思远道。
4. 皑如山上雪，皎若云间月。
5. 中有双飞鸟，自名为鸳鸯，仰头相向鸣，夜夜达五更。
6. 江南可采莲，莲叶何田田。
7. 愿得一心人，白头不相离。
8. 君当作磐石，妾当作蒲苇；蒲苇纫如丝，磐石无转移。
9. 生当复来归，死当长相思。
10. 山无陵，江水为竭，冬雷震震，夏雨雪，天地合，乃敢与君绝！

6.《乐府诗集》是民间诗歌总集吗

《乐府诗集》是民间诗歌总集，有大量珍贵和优秀的民间歌谣，对保存中国文化遗产有不可磨灭的重要贡献。乐府诗文字较浅显、通俗，但只有在反复诵读、比较中才能发现“蓬头粗服”掩盖下的“国色天香”。所以它对今天的诗歌发展仍有其指导和借鉴意义。

《唐诗三百首》

1.《唐诗三百首》是我国最有影响力的诗集吗

《唐诗三百首》的编者蘅塘退士，原名孙洙。《唐诗三百首》的流行及影响之大，有如一朵奇葩。其编选者孙洙，几乎鲜有人知，但对蘅塘退士这个别署却不陌生。蘅塘退士不仅不是名士，而他的选本也无甚神奇之处，但这本书却流传甚广，许多中国人幼年时所熟念的唐诗都是从《唐诗三百首》里学来的，这是编选者蘅塘退士始料未及的。

蘅塘退士编选此书，是因为当时作为儿童启蒙教材的《千家诗》过于粗略，有失水准，不利于儿童学习，而别的选本又太深奥。于是他以沉德潜的《唐诗别裁集》为蓝本，编选了唐人诗中最脍炙人口的作品，供儿童启蒙之用。

2. 熟读唐诗三百首，不会作诗也会吟吗

《唐诗三百首》流传的版本很多，有的版本收录六卷，有的收录8卷，共370首诗，77位作家。蘅塘退士在他的序言中提到他编书的目的是将本书作为私塾的课本，供儿童学习，所以书中收录了许多唐诗精华。他也提到“熟读唐诗三百首，不会作诗也会吟”这句古谚。也许这正是他选诗仅限三百余首的原因，这个数量不多不少，刚好供平常阅读、欣赏之用。

而且《唐诗三白首》也的确做到了脍炙人口，让很多中国人即使没有学会作诗，也受到唐诗的教育。蘅塘退士在书中选录的作者包括三教九流，上至皇帝，下至妓女、和尚，而且每类作者都选择较有代表性的。同样的，他选录的作者及录的作品体裁也很完整，从古风到近体都很完备。

而且他编选诗作时着重收入艺术性高、可读性强和容易记诵的诗篇。他的诗篇都是比较浅显易懂，易于接受的。在他之前，有许多唐诗选集，蘅塘退士便是在这些选本基础上，综合各家所长，又根据自己的看法来编选《唐诗三百首》的。

3.《唐诗三百首》最具代表性的诗篇有哪些

节选其一《游子吟》：慈母手中线，游子身上衣。临行密密缝，意恐迟迟归。谁言寸草心，报得三春晖。

4.《游子吟》是为人所称道的游子思母之作吗

这首流传甚广、为人所称道的游子思母之诗，是唐代著名诗人孟郊的作品。古风是一种不受格律限制的体裁，连大诗人李白也常常选用古风作为自己抒情言志的工具，孟郊在这里也是借用五言古风这一体裁形式表达自己对母亲的思念。这首诗语言平实无华，而这种平实的语言与作者想表达的朴实真挚的感情相结合，是最契合的一种形式。因而这首诗也成为孟郊所有诗作中流传最广的。孟郊写母爱，并不是空口赞扬，而是借助于一个小小的道具——行衣。

儿子要远行，母亲叮咛、关心的事当然很多，但这件衣服，是临走时母亲一针一线缝出来的。也许母亲已烧尽了油灯，手指上也扎满了针眼，却还犹恐衣服不够厚实，不能给远行的儿子足够的温暖，所以她将衣服一针一针缝得十分牢实。这一切，儿子看在眼中，记在心中，如今远游他乡，想起母亲，往事又浮现在眼前。做儿子的远游他方，连最起码的孝道也无法尽到，这比起母亲的爱，实在太渺小。他用小草来比喻自己此刻的心情，即使拼命长出茁壮小草，也无法报答整个春光给它的爱。而诗人自己，也是同样无以报答母亲的拳拳之恋。

5.《唐诗三百首》的流行诗句有哪些

1. 慈母手中线，游子身上衣。
2. 长安一片月，万户捣衣声。
3. 蜀道难，难于上青天。
4. 朱门酒肉臭，路有冻死骨。
5. 君不见黄河之水天上来，奔流到海不复回。
6. 长风破浪会有时，直挂云帆济沧海。
7. 回眸一笑百媚生，六宫粉黛无颜色。
8. 在天愿作比翼鸟，在地愿为连理枝。
9. 离离原上草，一岁一枯荣。

10. 身无彩凤双飞翼，心有灵犀一点通。

6.《唐诗三百首》是一本儿童启蒙教材吗

《唐诗三百首》是流传最广的唐诗选本，对于儿童启蒙教育及普及文化知识，是一个非常好的教材。但由于所选作品多浅近，对从事唐诗研究的人来说，则显得过于单薄，所以本书适合于一般读者。

《文选》

1.《文选》是现存最早的文章总集吗

萧统，字德施，是梁代武帝萧衍的长子，被封为太子，未登基就已卒，死后封谥昭明太子。萧统年幼时即十分聪明，又十分喜爱文学，他手下聚集了一批博学之士，其中“昭明太子十学士”尤其出名，也是他编撰《文选》的得力助手。萧统生活在一个重视文学的家族里，萧氏统治下的梁代，也是六朝文学中最灿烂的一页。当时，崇尚辞赋，喜好博学，已成为一种风气。

在萧统之前，皇室贵族就依靠自己的权势、财富，编辑大量类书、总集。风气影响之下，好学的萧统自然也萌生了编撰总集的念头。由于他的博学，以及前人的成果，使他有了超越前人的见识，从而编撰出《文选》。而由于《文选》的独特价值，使得对它的研究成为一种专门的“《文选》学”，又称“《选》学”。

2.《文选》收录的是从先秦到齐梁时的诗文辞赋吗

《文选》，又称《昭明文选》，现存的一般是唐朝学者李善所注60卷本的《文选》，收录从先秦到齐梁时的诗文辞赋，共分为38类，七百余篇。不少优秀的作品都借此书得以保存下来，《文选》因此成为研究梁以前文学史的重要资料。萧统的选文体现其文学主张，即“丽而不淫，典而不野”，主张文质并用，反对南朝以来浮饰、重视雕凿的文风。但实际上在选文中又不自觉地受其影响，所以《文选》中有相当多重技巧、重文饰的作品。

萧统把经史诸子的文章排除在《文选》之外，认为它们都是以立意记事为主，不属于辞章之列，这使文学能从“文史不分”的牢笼中脱离出来，自成一体。尽管《文选》包罗的时代很长，但萧统的原则是略古详今，所以仍选入大量六朝辞采华丽的文章。自唐代李善为《文选》作注以来，它就得到了广泛的流传，成为后代文人必读之书。同时，研究《文选》的作品也应运而生，千百年来研究者孜孜以求，使得其研究蔚为大观，在中国文学史中形成一门独特的“《文选》学”。

3.《文选》最具代表性的篇章有哪些

节选自《文选·古诗十九首》：青青河畔草，郁郁园中柳。盈盈楼上女，皎皎当窗牖。娥娥红粉妆，纤纤出素手。昔为倡家女，今为荡子妇。荡子行不归，空床难独守。

4.《古诗十九首》多为无名氏之作吗

《古诗十九首》是汉代文人五言诗的早期作品，多为无名氏之作，并非一时一人而成。萧统因这19首诗风格相近，故收在一起，统题为《古诗十九首》，后人便一直沿用此名称。《古诗十九首》虽是文人五言诗中的早期作品，但其艺术上的成熟度也达到了相当高的水准。这里所选的就是其中佳作，诗中描写一个女子在月夜里思夫。闺怨是古诗常用的题材，但作者在这首诗中别具匠心，将惯用的题材写得更加生动、感人。

诗首先以起兴开始，“青青河畔草，郁郁园中柳”，这一景物描写烘托出一派春意盎然之景，也暗示女主人翁正值青春美貌的年华。接下来，诗人又为我们描绘一幅“仕女依窗”图。当皎洁的月光洒落，本应当是花好月圆，但女主人翁却独自凭楼远望。尽管她纤纤素手，身着美丽的纱衣，但也只能独自凭楼。让人不禁升起一股怜惜，顾怜这孤独的少妇，惋惜这一幅春光美景白白浪费。最后诗人揭示少妇幽怨的原因，原来是丈夫远行未归。她想起昔日歌妓时的热闹场景，而今独自空对冷月，心中的孤寂更加深了一层，也更引起读者的怜惜心。

5.《文选》的流行诗句有哪些

1. 事出于沉思，义归乎翰藻。

2. 丽而不浮，典而不野。

3. 增冰为积水所成，积水曾微增冰之凛。

4. 临渊有怀沙之志，吟泽有憔悴之容。

5. 迢迢牵牛星，皎皎河汉女。

6. 青青河畔草，郁郁园中柳。

7. 美人迈兮音尘缺，隔千里兮共明月。

8. 行行重行行，与君生别离。

9. 青青陵上柏，磊磊山中石。

10. 涉江采芙蓉，兰泽多芳草。

6.《文选》是现存最早的诗文总集吗

《文选》是现存最早的诗文总集。由于编撰者水准很高，所以保存了大量优秀的作品，对于研究古代文学有不可估量的价值。但由于受齐梁浮靡风气影响，书中所选的诗文也偏重形式、文采，在阅读时应稍加留意。

《古诗源》

1.《古诗源》是古代的诗歌、歌谣总集吗

沈德潜，字确士，号归愚，江苏长洲人。他在乾隆皇帝时考中进士，颇受皇帝宠信，出任内阁大学士兼礼部侍郎。他论诗主张“格调说”，在当时影响颇大，并编选了《古诗源》、《唐诗别裁集》、《清诗别裁集》。清人学诗，多有宗宋、宗唐两派之争。沈德潜主张格调说，反对当时以袁枚为首的文人提出的“性灵说”。当时文坛有崇宋的风气，文人竞相学习宋诗，而沈德潜却认为唐诗才是诗的正宗，是诗的极盛时期。所以作为文坛领袖，有必要改变文坛宗宋的风气，于是编选上述提到的几部诗集。同时，他认为唐诗的源头是古诗，故发其源流以表明唐诗的正统地位，因而编选了《古诗源》。

2.《古诗源》体现了诗歌自先秦以来的发展变化吗

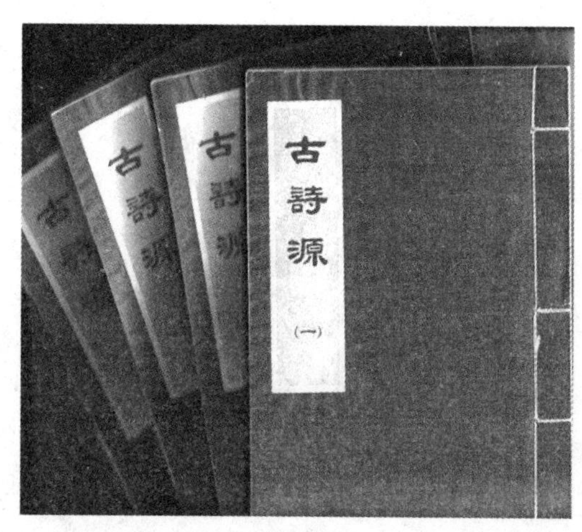

《古诗源》

《古诗源》收录从上古到隋朝的诗歌，共分为14卷。分时代录诗，共分古逸、汉诗、魏诗、晋诗、宋诗、齐诗、梁诗、陈诗、北魏诗、北齐诗、北周诗、隋诗十二朝诗，是唐朝以前诗歌的一次大总结。在沈德潜看来，唐诗是诗的最盛时期，而古诗则是唐诗之渊源。后人学诗，必从诗的源流学起，否则不能真正学会诗歌。而沈德潜编选古诗中最好的部分，以备学诗的人模仿、学习。

同时，古诗作为《诗经》、《楚辞》的后继者，其中也体现了诗歌自先秦以来发展变化的历史，从中既可以窥见唐诗的源头，亦可以窥见《诗经》、《楚辞》的精妙之处。由于《诗经》、《楚辞》都已结集并流传甚广，故本书未收入其中篇章。沈德潜并认为《康衢》、《击壤》这类上古帝王时的歌谣，是“开声之诗”，诗的鼻祖。而汉诗以五言见长，乐府诗为其精华。汉末建安诗也是诗中一大宗，成就斐然。至于南朝宋时，诗的风格、体制大变，逐渐流于艳俗。此书详细阐述唐以前诗歌流变的历史，真正做到了为诗歌追根溯源。

3.《古诗源》最具代表性的诗篇有哪些

节选自《古诗源·野田黄雀行》：高树多悲风，海水扬其波。利剑不在掌，结友何须多。不见篱间雀，见鹞自投罗。罗家得雀喜，少年见雀悲。拔剑捎罗网，黄雀得飞飞。飞飞摩苍天，来下谢少年。

4.《古诗源》的流行诗句有哪些

1. 日出而作，日入而息。
2. 仰手接飞猱，俯身散马蹄。
3. 捐躯赴国难，视死忽如归。
4. 秋风萧瑟天气凉，草木摇落露为霜。

5. 对酒当歌，人生几何?

6. 暧暧远人村，依依墟里烟。

7. 种豆南山下，草盛豆苗稀。

8. 采菊东篱下，悠然见南山。

9. 池塘生春草，园柳变鸣禽。

10. 蝉噪林逾静，鸟鸣山更幽。

5.《古诗源》是欣赏古诗的最佳选本吗

《古诗源》选录的都是唐以前古诗中的佳作、精品，是现代人学习和欣赏古诗的较佳选本。但沈德潜依自己的学术与审美观点所选的作品，以及所做的评价，必然有失之偏颇之处，读者阅读时一定要保持自我的眼光。

《词综》

1.《词综》是首部推介“词”的专著吗

朱彝尊，浙江秀水人，清代浙西词派创始人。康熙皇帝即位时期，他以博学鸿词科被举，担任过朝廷官员，并参与《明史》的编定。他领导的浙西词派在清代影响深远，曾独霸文坛上百年。自宋以来，文人作词已成风尚，清朝也是词坛复兴的时代，学词的人很多，分宗立派，门派甚多，标志着词坛已进入一个成熟时期。与作词相行而成的，对词的编选工作也繁荣起来。自清初以来，词集层出不穷，但其中有许多集子水准不高。在此情况下，词坛领袖朱彝尊认为有必要重编一本词集，一方面可以帮助学词者提高写作水准，另一方面可借编词集来宣扬自己的词学理论。

2.《词综》选录的词作以雅词居多吗

《词综》原本 30 卷，后有汪森补遗的 6 卷，共 36 卷，收录 659 家词人，共 2200 余首词作。朱彝尊按照时代把本书分为唐词、五代十国词、宋词、金词、元词五个部分，其中以宋词入选作家最多，作品数量也最多。由于词长期以来被称为“诗余”、“小技末流”，未能在文学史上得到足够的地位，因此朱彝尊编《词综》也有“尊体”的目的。汪森在序言中提出“自有诗而长短句即寓焉”，这将词提到了与正统文学“诗”一样崇高的地位。

汪森所提出的诗词同源观点虽然不正确，但影响却很大，为词的文学史地位提高奠定了基础。而且浙西词派也认为词不仅是花前月下的作品，也可以借闺阁之情写国家大事，认为这是文人失意、不得志之后寄托感情的方式。朱彝尊最推重的词人是姜夔，他所赞赏的创作风格是词派正宗传统的婉约风格。他认为词与诗有严格的疆界之地，词尚雅应走精工之路，诗应当以“清空骚雅”为最。浙西词派重形式的理论主张，为《词综》的编选打下了深深的烙印，书中选录的词作以雅词居多。

3.《词综》最具代表性的诗篇有哪些

节选自《词综·虞美人》：春花秋月何时了，往事知多少！小楼昨夜又东风，故国不堪回首月明中。

雕栏玉砌应犹在，只是朱颜改。问君能有几多愁？恰似一江春水向东流。

4.《虞美人》是南唐后主亡国之后的作品吗

《虞美人》是南唐后主李煜亡国之后的作品，诗中所流露出的亡国之痛与故国之思，在抗日战争中曾激励起广大人民抗日的爱国热情，在20世纪30年代广为传诵。前人李煜是“蓬头粗服，不掩国色”。的确，李煜的词比起后世柳永、晏殊的词，是太平淡、太不尚修饰，少有浓艳的色彩，也缺少细密的意象，但的确“不掩国色”，在平实的词句中抒写了令人难以忘怀的感情。

这首诗以写景起兴，春花秋月无痕，记录了太多诗人美好的记忆。而今景色依然，却人世沧桑，换了天地。这自然触动了诗人的情思，倍加怀念起往事来。“雕栏玉砌应犹在”，只是主人变换了模样。昔日的帝王，沦为阶下之囚，而故国一如眼前的明月，依然那般灿烂，仿佛触手可及。但伸出手去，只抓住一缕寒风。心中的愁，心中的恨，无以言表，只如那一江春水，滚滚东流，一潮未退又是一潮。

5.《词综》的流行诗句有哪些

1. 问君能有几多愁？恰似一江春水向东流。
2. 明月楼高休独倚，酒入愁肠，化作相思泪。
3. 人情纵似长情月，算一年年，又能得几番圆？
4. 莫道不销魂，帘卷西风，人比黄花瘦。
5. 莫对清樽追往事，更催新火续余欢。
6. 玉人共倚栏杆角，月华犹在小池东。
7. 平芜尽处是春山，行人更在春山外。
8. 小楼西角断虹明，栏杆倚处，待得月华生。
9. 秋千散后朦胧月，满院人间。几处雕栏？一夜风吹杏粉残。
10. 自在飞花轻似梦，无边雨细如人愁，宝帘闲挂小银。

6.《词综》是词学史上一部最著名的选集吗

《词综》是词学历史上一部非常著名的选集，对于一般读者学习词作和研究者的研究，都是很有价值的。值得注意的是，由于编选者抱有派别之见，不免对其他与自己观点不同者有所偏见，不够公允。

《元曲选》

1.《元曲选》是研究元杂剧的重要参考资料吗

臧晋叔，原名臧懋循，字晋叔，浙江长兴人。他不仅与当时著名的戏剧家汤显祖等人为友，而且师从当时的名师，是明代著名戏曲家之一。其生活经历，为他编《元曲选》打下了良好的基础，既有浓厚的兴趣，又具高水平的鉴赏力。本书对元杂剧的保存、流传产生了极其重要的作用。由于明代以来，文人都喜好作曲、写杂剧，但臧晋叔认为这些作品比起元人实在差得太远了。不仅用词滥俗，尤其不懂音律。他认为主要原因在于明人学习元人的杂剧不够用功，因此收集元代杂剧中的精品，编成《元曲选》一书，期望得到真正懂杂剧的知音的赏识。

2.元曲的精妙之处是“妙在不工而工”吗

《元曲选》，又名《元人百种曲》，收录94种元人杂剧，6种明人作品，共100种。这些作品，大多是从臧晋叔家藏剧本中精选而来，臧晋叔对它们都进行了加工整理，使之科条完整，并且在后面附上注音。元代杂剧的流传与保存，很大程度上依赖于本书的编选。而臧晋叔能成功地编出这样一本质量较高的作品，很大程度是他的戏曲造诣很深之故。他对戏曲很有研究，不但精通音律，且有相当进步的文学主张。

他认为元曲“妙在不工而工”，这实际上就是元人杂剧最高评价之处。同时，他指出“曲上乘日当行”，这又抓住了杂剧的本质，杂剧本来就该以曲取胜，所以应当强调曲子的重要性。而当时的文坛中，文人都以写戏曲为能事，但其实大都不懂音律，他提出此说对于纠正文坛这一流弊有积极作用。但是，由于臧晋叔修改原作，对所选录的杂剧进行整理、修订，后人因此提出许多质疑。

3.《元曲选》最具代表性的篇章有哪些

节选自《元曲选·汉宫秋》：俺向着这回野悲凉，草已添黄，色早迎霜。犬褪得毛苍，人搠起缨枪，马负着行装，车运着糇粮。打猎起围场。他他他，伤心辞汉主；我我我，携手上河梁。他部从入穷荒，我銮舆返咸阳。进咸阳，过宫墙；过宫墙，绕回廊，绕回郎，近椒房；近椒房，月昏黄；月昏黄，夜生凉；夜生凉，泣寒螀；泣寒螀，绿纱窗；绿纱窗，不思量。

4.《汉宫秋》演绎的是昭君出塞的故事吗

昭君出塞本是大家熟知的一则故事，而马致远《汉宫秋》把这个故事用另一种风味演绎出来了。故事的核心是王昭君与汉元帝的爱情同汉朝与匈奴的战争之间的矛盾。为了和番，不得不拆散一对同命鸳鸯，即使贵为皇帝也无法避免。这里所选的是王昭君走后，汉元帝带着深深的思念回到都城的一段唱词。从元帝的唱词和思念中，表现出俩人爱情的忠贞与分别的依依。

首先以一段凄美的景物描写起兴，烘托出元帝心中的悲苦。本是秋高气爽，在他眼中却是一派苍黄与悲凉。接下来是一串绝妙的顶针，用一唱三叹的语调唱出心中回肠千转的思念。这串顶针表面上是写汉元帝与昭君别后返回咸阳的活动，回咸阳，进宫，重返昭君住处，物在人离，特别有一种相思之苦。每一连串的重复，既是希望时间能走得慢一点，不忍接受这残酷现实，又是心中哀思无以言表。这段唱词对于表现二人的爱情发挥了画龙点睛的作用。

5.《元曲选》的流行诗句有哪些

1. 散风雪旌节影悠扬，动关山鼓角声悲壮。
2. 侍女齐扶碧玉辇，宫娥双挑缝纱灯。
3. 瑶阶月色晃琉椋，银烛秋光冷画屏。
4. 黄埃散漫悲风飒，碧云黯淡斜阳下。
5. 一程程水绿山青，一步步剑岭巴峡。
6. 在天呵，做鸳鸯常比并；在地呵，做连理枝生。
7. 淡氤氲串烟袅，昏惨刺银灯照。
8. 妆镜里青鸾肠断，银筝上宝雁横秋。
9. 四时雨露匀，万里江山秀。
10. 回野悲凉，草已添黄，色早迎霜。

6. 元曲曾影响了现代的戏剧吗

元曲是中国文学艺术中的瑰宝，直接影响今天的地方戏剧。即使作为案头欣赏，其故事之曲折，语言之优美，也极具欣赏价值。但元曲因供舞台演出之用，有许多语句带有浓厚口语色彩，阅读时应加以注意。

《文心雕龙》

1.《文心雕龙》是我国最早的文学理论专著吗

刘勰（465~520年），字彦和，祖籍山东莒县东莞人。是南朝齐梁间人，深得梁代昭明太子萧统信任，曾任东宫通事舍人，仕途较为顺利。他曾依附当时名僧僧佑，精通佛理，晚年出家，不久便辞世。《文心雕龙》是刘勰三十余岁的作

刘勰塑像

品。在汉末以前，中国没有文学批评的专著，但随着建安以来文学自觉精神的提高，品评文章的风气由之而生。曹丕的《典论论文》、陆机的《文赋》就是这种风气下的产物，并且开创文学批评的新时期。西晋以后，文坛又经过几次变革，提供了新的创作经验。而这一切为《文心雕龙》的产生打下了基础，同时，创作的丰富也需要这样一部完整、系统的理论著作来指导创作实践。

2.《文心雕龙》认为文学与历史有紧密的联系吗

《文心雕龙》共50篇，可分为“文之枢纽”、“论文叙笔”、“割情析采”三大部分，其中，“文之枢纽”是全书的理论基础，“论文叙笔”共20篇，又称文体论，每篇文章分论一至三种体，对主要文体都详细叙述其文体渊源、沿革，以及代表作品，论述十分详密。“割情析采”共24篇，可分创作论与批评论两个部分。创作论19篇文章，详细论述创作过程、作家创作个性和风格，以及写作技巧和声律、音韵等问题。还有批评论五篇，对各个时代的文风及作家的创作成就进行批评。

尤其值得一提的是，他还辟出专门部分探讨批评方法，即批评之批评。最后一篇《序志》是全书的序，叙述作者创作的目的和全书的意图。全书理论体系严谨，完全超过了以前的作品。他在创作论中总结创作的经验，并且阐发质先于文、文质并重的主张。他还认为文学的兴衰与历史朝政的盛衰有紧密的联系。《文心雕龙》提出的种种文学理论和主张，对后世的作家和批评家产生巨大影响，是中国文学理论史上空前绝后的作品。

3.《文心雕龙》最具代表性的篇章有哪些

节选自《文心雕龙·时序》：自献帝播迁，文学蓬转；建安之来，区宇方辑。魏武以相王之尊，雅爱篇翰；文帝以副君之重，妙善辞赋；陈思以公子之豪，下笔琳琅，并体貌英逸，故俊才云蒸：仲宣委质于汉南，孔璋归命于河北；

伟长从宦于青土，公干循质于海隅；德琏综其斐然之思，元瑜展其翩翩之乐，文蔚、休伯之俦，子俶、德祖之侣，傲雅觞豆之前，雍容衽席之上，洒笔以成酣歌，和墨以藉谈笑。观其时文，雅好慷慨；良由此积乱离，风衰俗怨，并志深而笔长，故梗概而多气也。

4.《时序》是论述建安文风的一段著名文字吗

这是《文心雕龙》中论述建安文风的一段著名文字，后人据此为建安文学冠上“建安风骨”之称。刘勰的文学批评观中，一个在当时较新并具有相当进步意义的便是文学的历史观。他认为应当“振叶以寻根，观澜而溯源”，即是应该从文学产生的历史背景，以及其朝代的风俗、气质、盛衰等方面来探索文学产生的深层原因，并分析其气质及变化。

最著名的就是这段建安文学之评，他认为自汉末献帝以来，由于农民起义、诸侯争霸、战乱频仍，社会动荡不安，直到建安年间才逐渐安定下来，以曹氏父子及建安七子为代表的大量文人涌现，而作品就体现出慷慨而旺盛的气势，这种气势与建安时代的特点是息息相关的。

5.《文心雕龙》的流行词句有哪些

1. 文变染乎世情，兴废系乎时序。
2. 振叶以寻根，观澜而溯源。
3. 道沿圣以重文，圣因文而明道。
4. 故情者，文之经；辞者，理之纬。
5. 凡操千曲而后晓声，观千剑而后识器。
6. 无韵者笔也，有韵者文也。
7. 情以物迁，辞以情发。
8. 体物之妙，功在密附。
9. 必以情志为神明，事义为骨髓，辞采为肌肤，宫商为声气。
10. 夸而有节，饰而不诬。

6.《文心雕龙》对现代的文学创作有指导意义吗

《文心雕龙》是中国最早系统地对文学创作、批评、文体等做详密分析的文学理论作品，对现代的文学创作及文学批评具有很大的指导意义。由于受赋的影响，文中字句整齐可观、文采飞扬，本来就是一篇美文，以美文评美文，其可读性也较强。

1.《三国演义》是章回小说的开山之作吗

罗贯中，太原人，号湖海散人。其《三国演义》原名《三国志通俗演义》，是演说三国故事的长篇章回体历史小说。罗贯中创作《三国演义》前，三国故事早已在民间流传。三国故事至迟在晚唐时已开始流传，至宋代通过说书艺人的表演说唱,流传更为广泛。宋元时代三国故事被大量搬上舞台,金元演的三国剧目有《三战吕布》、《赤壁鏖战》、《隔江斗智》等三十多种，还出现了以三国故事为题材的平话小说——《全相三国志平话》。罗贯中在此基础上，运用陈寿《三国志》和裴松之注等正史材料，结合自己的体会，创作出了《三国志通俗演义》。

2.《三国演义》反映了统治集团的种种斗争吗

《三国演义》描写了184年至280年间的历史故事，起自汉末黄巾起义，止于西晋政权建立。小说集中描写了三国时代各封建统治集团在军事上、政治上、外交上的种种斗争，反映广大百姓在动乱时代的灾难和痛苦，以及他们反对战争、要求和平统一的愿望。《三国演义》继承“尊刘贬曹”的传统思想，将以刘备为代表的蜀汉政权作为全书的主导，而以刘备、关羽、张飞和诸葛亮为中心人物，极力宣扬刘、关、张的义气，揭露曹操的权谋、机诈。

作者通过三国之间政治、军事、外交的种种事件，把历史上各种斗争的经验和智能，形象生动地表现出来。作为历史小说，《三国演义》开篇即点出“天下大势，分久必合，合久必分”的历史规律，但作者在对历史事件的叙述中，无不包含了个人的感情好恶色彩。

3.《三国演义》最具代表性的篇章有哪些

《三国演义（节选）》：却说文聘引军追赵云至长坂桥，只见张飞倒竖虎须，圆睁环眼，手绰蛇矛，立马桥上；又见桥东树林之后，尘头大起，疑有伏兵，便勒住马，不敢近前。俄而，曹仁、李典、夏侯惇、夏侯渊、乐进、张辽、张郃、许褚等都至。见飞怒目横矛，立马于桥上，又恐是诸葛孔明之计，都不敢近前，扎住阵脚，一字儿摆在桥西，使人飞报曹操。操闻知，急上马，从阵后来。张飞睁圆环眼，隐隐见后军青罗伞盖、旄钺旌旗来到，料得曹操心疑，亲自来看。

飞乃厉声大喝曰："我乃燕人张翼德也！谁敢与我决一死战？"声如巨雷，曹军闻之，尽皆股栗。曹操急令去其伞盖，回顾左右曰："我向曾闻云长言：翼德于百万军中，取上将之首，如探囊取物。今日相逢，不可轻敌。"言未已，张飞睁目又喝曰："燕人张翼德在此！谁敢来决死战？"曹操见张飞如此气概，颇有退心。飞望见曹操后军阵脚移动，乃挺矛又喝曰："战又不战，退又不退，却是何故！"喊声未绝，曹操身后夏侯杰惊得肝胆碎裂，倒撞于马下。操便回马而走，于是诸军众将一齐望西奔走。

4.《三国演义（节选）》表现了张飞的超人胆识吗

《三国演义（节选）》里这段文字表现的猛将张飞的英雄气概和超人胆识，丝毫不逊于关云长过五关斩六将和赵子龙单骑救主的英雄业绩。当时赵云救阿斗脱离虎口，曹操率百万大军追杀，情况危急万分，正是张飞长坂桥头喝退曹操百万雄师，才化解了这一险情。

5.《三国演义》的流行词句有哪些

1. 滚滚长江东逝水，浪花淘尽英雄。
2. 话说天下大势，分久必合，合久必分。
3. 大丈夫不与国家出力，何故长叹？
4. 运筹决算有神功，二虎还须逊一龙。初出便能垂伟绩，自应分鼎在孤穷。
5. 云长停盏施英勇，酒尚温时斩华雄。
6. 大梦谁先觉？平生我自知。草堂春睡足，窗外日迟迟。
7. 寻章摘句，世之腐儒也，何能兴邦立事？
8. 夫人生天地间，以忠孝为立身之本。

9. 我大汉皇帝，威胜五霸，明继三王。

10. 臣闻治国者，必以奉法为重。法若不行，何以服人？

6.《三国演义》同史实有一定的出入吗

《三国演义》是我国古典四大名著之一。内容丰富复杂，结构宏伟壮阔，艺术严密精巧，人物形象鲜明，但性格单一、偏平。阅读此书，要注意辨别是非善恶观念，同时要注意将它同历史事实区分开来，以正确对待文学形象与历史人物的关系。

《水浒传》

1.《水浒传》是描写农民起义的长篇小说吗

施耐庵，浙江钱塘人，即今杭州人。生卒年不详，约为元末明初，与罗贯中同一时代而稍早。他们共同创作了《水浒传》。宋江等36人在梁山水泊的起义是《水浒传》创作的历史根据。宋末元初，画家龚开的《宋江三十六人赞》首次完整地记录了36人的姓名和绰号，同时的《大宋宣和遗事》也涉及部分水浒故事。之后，水浒故事在民间广为流传，成为艺人们讲述、演唱的重要内容，以此为题材的话本和戏剧相继问世，水浒英雄也增加到108人。施耐庵、罗贯中在宋元以来广为流传的民间故事、话本、戏曲的基础上，重新进行加工创造，终于完成了《水浒传》这部长篇小说。

2.《水浒传》反映的是英雄豪杰的故事吗

《水浒传》生动而又深刻地描写和反映了北宋末年以宋江为领袖、有众多英雄豪杰参加的农民起义队伍而可歌可泣的故事。小说开篇描绘出一幅昏君佞臣专权、统治昏庸腐败的动荡社会景象，英雄豪杰纷纷被逼上梁山。

《水浒传》开始写的多是个别英雄人物如鲁智深、林冲、武松等与社会上恶势力的斗争，逐渐发展成联合斗争，智取生辰纲是这种联合的萌芽，参加者有渔民、贫民、下层文人，也有道士和地主等。在清风寨报仇后，更多好汉纷纷上山，使梁山势力进一步壮大，斗争的力量也大大增强了。

宋江上山以后，树起“替天行道”的大旗，出现了起义英雄武装割据政权的新局面。他们机动灵活地打击敌人，获得了三打祝家庄、踏平曾头市、两赢童贯、三败高俅等一系列胜利，至“排座次”发展到顶峰。此后，由于接受朝廷招安，被派往去镇压以方腊为首的起义队伍，终于导致两败俱伤，轰轰烈烈的水泊梁山起义最后以失败告终。

3.《水浒传》最具代表性的篇章有哪些

《水浒传（节选）》：八方共域，异姓一家。天地显罡煞之精，人境合杰灵之美。千里面朝夕相见，一寸心死生可同。相貌语言，南北东西虽各别；心情肝胆，忠诚信义并无差。其人则有帝子神孙，富豪将吏，并三教九流，乃至猎户渔人，屠儿刽子，都一般儿兄弟称呼，不分贵贱；且又有同胞手足，捉对夫妻，与叔侄郎舅，以及跟随主仆，争斗冤雠，皆一样的酒筵欢乐，无问亲疏。或精灵，或粗鲁，或村朴，或风流，何尝相碍，果然识性同居；或笔舌，或刀鎗，或奔驰，或偷骗，各有偏长，真是随才器使。

4.“节选”描绘的是封建社会的理想境界吗

这段描写梁山好汉排定座次后的欢乐景象。108条好汉齐聚梁山，天上降下石碣，原来108人全是应天星，于是大兴忠义堂，树“替天行道”杏黄旗，排定座次。这是水泊梁山起义事业发展的高峰，作者热情洋溢地歌颂梁山泊这片光明天地，描绘了人民“八方共域，异姓一家”的社会理想，人人平等，亲密无间，彼此称兄道弟，毫无贵贱冤仇之分。它揭示了封建社会里农民所追求的理想境界，而这种政治上要求一律平等和经济上的绝对平均主义理想，在当时是不可能实现的，但它对后世人们反抗压迫，追求自由起了巨大的鼓舞作用。

5.《水浒传》的流行辞句有哪些

1. 禅杖打开危险路，戒刀杀尽不平人。
2. 万里黄泉无旅店，三魂今夜落谁家。
3. 掀翻天地重扶起，戳破苍穹再补完。
4. 指挥说地谈天口，来做翻江搅海人。

5. 替天行道人将至，仗义疏财汉便来。

6. 祸福无门，唯人自招，披麻救火，惹焰烧身。

7. 金阶殿下人头滚，玉砌朝门热血喷。

8. 断送落花三月雨，摧残杨柳九秋霜。

9. 乾坤皆秀，尖峰仿佛接云根；山岳推尊，怪石巍峨侵斗柄。

10. 莫把行藏怨老天，韩彭赤族已堪怜。一心报国摧锋日，百战擒辽破腊年。

6. 读《水浒传》能够感受到英雄人物的侠肝义胆吗

《水浒传》是中国古典四大名著之一，直到今天，仍然有其现实意义。读者阅读此书，可从中感受英雄人物的侠肝义胆和豪杰气概，学习他们扶危济困、追求自由平等的可贵情操。《水浒传》结构完整、情节生动、语言简明，读来特别畅快。但仍属通俗市井小说，其艺术水准还不是很高。

1.《西游记》是最优秀的神魔小说吗

吴承恩，字汝忠，号射阳山人，淮安山阳人，即今江苏淮安人。出于一个小商人家庭，先世原为书香门第。他在前人基础上创作了《西游记》。《西游记》取材于唐僧玄藏取经的故事。贞观三年，玄藏不顾禁令，偷越国境，历时17载，行经百余国，前往天竺取回佛经六百五十七部。此后民间便流传着许多有关取经的故事。南宋《大唐三藏取经诗话》开始把各处神话与取经故事串联起来，到元代基本定型，出现了唐僧、孙悟空、猪八戒和沙僧师徒等人物形象。吴承恩在此基础上进行加工整理，创作成书。

2.《西游记》讲述的是唐僧取经的故事吗

《西游记》主要讲述手无缚鸡之力、一心向佛的唐僧带着三个顽劣不堪的

《西游记》作者吴承恩

徒弟孙悟空、猪八戒、沙僧上西天取经的故事，一路上历遍千山万水，经过九九八十一难，克服重重困难，战胜各种妖魔鬼怪，终于到达西天，取得真经。唐僧慈悲为怀，有时不免迂阔；孙悟空艺高胆大，机智勇敢，是智能的化身；猪八戒好吃懒做，贪财贪色，是愚蠢的象征；沙僧忠厚诚实，处于孙悟空和猪八戒两者之间，充当一个和事老的角色。

全书以孙悟空的活动为主要线索，开篇至第七回写唐僧出世之前孙悟空的活动，他破石而生，带领群猴过着逍遥自在的生活，后外出拜师学艺，大闹地府、龙宫，后又上天大闹天宫；第八回至十二回写如来说法、观音访僧、魏征斩龙以及唐僧出世等故事，交代孙悟空随唐僧取经的缘由；第十三回到全书结束，写孙悟空被迫皈依佛教，拜唐僧为师，保护唐僧到西天取经，并在八戒，沙僧的协助下，一路斩妖除怪，最终修成“正果”。

3.《西游记》最具代表性的篇章有哪些

《西游记（节选）》真个光阴迅速，不觉七七四十九日，老君的火候俱全。忽一日，开炉取丹。那大圣双手捂着眼，正自揉搓流涕，只听得炉头声响，猛睁睛看见光明，他就忍不住，将身一纵，跳出丹炉，呼啦的一声，踢倒八卦炉，往外就走。慌得那架火、看炉，与丁甲一班人来扯，被他一个个都放倒，好似癫痫的白额虎，疯狂的独角龙。老君赶上抓一把，被他一捽，捽了个倒栽葱，脱身走了。即去耳中掣出如意棒，迎风晃一晃，碗来粗细，仍然拿在手中，不分好歹，却又大乱天宫，打得那九曜星闭门闭户，四天王无影无形。这一番，那猴王不分上下，使铁棒东打西敌，更无一神可挡，只打到通明殿里，灵霄殿外。

4.《西游记（节选）》描绘的是大闹天宫的情形吗

这一段描写孙悟空大闹天宫的情形。孙悟空自破石而生，带领群猴过着无忧无虑、逍遥自在的生活。后来外出拜师学艺，学得高强本领和72般变身法，不满三界僵死的秩序，下龙宫强行索取海神针金箍棒，又去冥府硬行勾掉生死簿上的名字，被龙王、阎王告上天庭，也毫不畏惧。先后被封为弼马温、齐天大圣，但心里仍然不满足，于是大闹天宫，被收入太上老君炼丹炉，反而炼得火眼金睛。故事充分显示了孙悟空艺高胆大、不畏豪强、向往自由的个性特征。

5.《西游记》的流行辞句有哪些

1. 天产仙猴道行隆，离山驾筏趁天风。漂洋过海寻仙道，立志潜心建大功。
2. 争名夺利几时休？早起晚眠不自由！不觉金仙没垢姿，西方妙相祖菩提。
3. 不生不灭三三行，全气全神万万慈。
4. 仙名永驻长生箓，不堕轮回万古传。
5. 欺诳今遭刑宪苦，英雄气概等时休。
6. 龙游浅水遭虾戏，虎落平原被犬欺。纵然好事多磨障，谁像唐僧西向时？
7. 出家立志本非常，推倒从前恩爱堂。外物不生闲口舌，身中自有好阴阳。
8. 养性修真熬日月，跳出轮回把命逃。
9. 妄想不复强灭，真如何必希求？本原自性佛前修，迷悟岂居前后？
10. 广大无边真妙法，至真了性劈旁门。

6.《西游记》的内容体现出了生活的影子吗

《西游记》所描写的幻想世界和神话人物，体现出生活的影子，直到今天仍有其现实意义。读者阅读此书，当透过纷繁复杂的神魔故事，学习其中反抗权贵、追求自由，以及不畏艰难险阻的美好情操。

1.《三言》是通俗小说创作的杰出代表吗

“三言”，话本小说集《喻世明言》、《警世通言》、《醒世恒言》的合称，明末冯梦龙纂辑。“三言”是我国文学史上著名的白话短篇小说集，它的问世有力地推动了晚明时期拟话本的创作活动。

在明代中后期，通俗小说的创作取得了极大的发展，其中冯梦龙的“三言”就是它们的杰出代表。从表面上看，“三言”主要是对宋元话本，明代拟话本进行编辑，但实际上，冯梦龙在对其进行编辑的同时，进行了一定的修订。编辑与修订便是冯梦龙的文本重构。

从“三言”中我们可以看出冯梦龙的思想极为复杂，但是，我们仍可以从中分辨出其思想的总体结构形式，这便是：以近古新兴的渲染自然人性的主情人文思想去解构传统文化思想的同时，又以吸纳了释道的儒家思想为主导去兼容和消化主情思潮。“三言”即是冯梦龙那种思想形式下的独具特色的小说艺术形式，我们可以把它概括为：儒雅与世俗互摄互涵的中和审美形式，这具体体现在“三言”的审美情感形式，叙事结构模式等诸方面。

2.《三言》大都刻印于天启年间吗

《喻世明言》，原名《古今小说》，大约刻于泰昌、天启之际，所收多为宋元话本，少数明人拟话本。其中不少作品取材于现实，描写了市井细民的生活，表现了他们的思想感情。如《宋四公大闹禁魂张》歌颂了见义勇为、蔑视官府的宋四公，表达了人民反抗剥削压迫的愿望。《蒋兴哥重会珍珠衫》反映了市民的婚姻爱情观念。《羊角哀舍命全交》、《吴保安弃家赎友》、《范巨卿鸡黍死生交》等歌颂了朋友的情义。《沈小霞相会出师表》则是直接反映当时统治阶级内部忠奸斗争的作品，描写了反权奸严嵩的斗争。这些作品都在一定程度上反映了时代的特征。

《警世通言》刻于天启四年（1624年）。所收宋话本和明代拟话本共40篇，其中的优秀作品，多取材于现实生活，描写、反映市民的生活与思想情趣。其中描写爱情的作品占有相当大的比例。如《杜十娘怒沉百宝箱》、《玉堂春落难逢夫》、《白娘子永镇雷峰塔》等，描写了封建社会中妇女的不幸遭遇，歌颂她们冲破封建礼教的束缚，大胆地追求幸福与爱情。也有一些描写市民阶层在封建统治下所遭受的迫害以及他们的反抗斗争的作品，如《崔待诏生死冤家》等。

《醒世恒言》刻于天启七年（1627年），所收宋元话本和明代拟话本40篇，其中大部分为明代拟话本，这些作品多取材于现实生活和民间故事，其中关于婚姻爱情之作占有突出的位置，这些作品歌颂了青年男女对爱情的追求，对封建礼教的抗争，以及对爱情的忠诚、专一。如《卖油郎独占花魁》是其中最杰出的代表，反映了市民阶层的爱情观。歌颂朋友的情义和患难相助的精神在《醒世恒言》中也很突出。《施润泽滩阙遇友》歌颂了两个小手工业者之间的友谊，表现了文学作品内容的一个新方面。另外，《灌园叟晚逢仙女》、《一文钱小隙造奇冤》表现了人民对封建压迫的不满和反抗情绪。

3.《三言》主要体现的是儒家的"中庸之道"吗

随着城市工商业的发展，社会财富的增长，明代中晚期出现了封建统治的危机，具体表现在以道德信条为基础的国家统治机器迅速显出它的脆弱性。旧有的道德价值体系，实质上已不可避免地面临瓦解。在这种供广大听众消闲取乐的世俗小说由宋元时的涓涓细流发展成为江湖河海，由口头的说唱文学发展成为正式的书面语言。

冯梦龙毕生所从事的通俗文学的整理与编辑工作，是与当时文艺环境分不开的，当时的主情思潮弥漫文坛，这一点对冯梦龙的影响是极其深刻的，但我们不难发现他的文艺思想及审美倾向有着自己的特色。即是他在对通俗文艺的整理与编辑的创作中本着坚持发扬儒学的基本精神，并包容其他文化思想的一种思维方式。在这里值得注意的是冯梦龙所提倡和宣扬的儒学精神是先秦的儒学精神，这里也包含了一些释、道思想，而不是宋明之际提倡宣扬的"存天理，灭人欲"的理学。

宋明理学认为理不仅是自然界的最高原则，同时也是人类社会的最高原则。准确地说是封建等级制度及与其相适应的封建伦常的总称。二程说："上下之分，尊卑义也，理之当也"，朱熹说："宇宙之间，一理而已，其张之为三纲，其纪之为五常，盖皆此理之流行，无所适而不在。"这样理学禁锢下的人的感性的枷锁的时候，个体感性的高扬就成为必然。

冯梦龙所提倡宣扬的先秦儒学就成为他高扬个体感性的一种方式。先秦以孔子为代表的儒学，其道德伦理的核心是"仁"学，"仁"学在某种意义上说，就是人本主义的人学，认所谓"爱人"、"爱众"为指归。而"爱人"、"爱众"就是尊重人的感性存在。如："樊迟问仁，子曰：'爱人'。"子曰："泛爱众，而亲仁"这也就是《孟子·离娄下》所说的"仁者爱人"，以及《礼记·中庸》说的"仁者，人也"。孔子之所以重视"仁学"就因为在他看来，只有仁人才能推行礼制，不然

“人而不仁，如礼何”这与冯梦龙的文艺思想有着共同之处。冯梦龙就是借“三言”等通俗文学的创作让死气沉沉的晚明儒学生动起来，活泼起来。

明正统文艺只讲理性，不讲情，似乎与伦理哲学，经学和史学等在理论上没有了区别，从而受到情真意切，不与诗文争名的中下层文艺的挑战。于是当时中晚明民俗文艺思潮兴起，大批进步文人学士激烈抨击正统诗论批评中的假道学，而通过儒学伦理文化批评的方式，重构以“情教”为中心的道德批评格局，发展民艺价值观和忧患政治人生观的统一。冯梦龙也是想借此方式来实现其“情”与“理”的和谐统一。

具体到冯梦龙的“三言”，其在思想上主要体现为儒家的“中庸之道”。“中庸”是孔子及整个儒家在为人处世方面的总原则，在儒学体系中“仁”是总体的道德内容，“礼”是总体的道德规范，二者构成了儒学的总纲。如“子曰：‘中庸之为德也，其至矣乎！民鲜久矣’”，“有子曰：‘礼之用，和为贵，先王之道斯为美，小大由之’”，“致中和，天地位焉，万物育焉”。

“中庸之道”在艺术上具体表现为“中和之美”。“中和之美”的美学理想对中国古代文艺发生了极其广泛而深远的影响，并已积淀为中华民族深层的审美心理结构，成为集体无意识。在明朝中晚期社会背景涵盖下的冯梦龙，有意无意地、自觉不自觉地接受了“中和之美”的熏陶，在“三言”这个白话短篇小说领域中垦拓出一片“中和之美”的艺术天地。我们不难看出，他编辑、整理“三言”的主要目的就是为了“喻世”、“警世”、“醒世”唤醒世人改变世风。即如：“六经国史之外，凡著述，皆小说也，而尚理或病于艰深，修辞或伤于藻绘，则不足以触里耳而振恒心，此《醒世恒言》所以继《明言》、《通言》而作也。”

冯梦龙作为一个封建社会中的进步文人，尽管其思想受到了市民意识的深刻影响，但基本方面还是站在回归先秦儒学精神的立场上。在儒雅与情俗之间进行中和的调适。因此，总的来说，他仍要求小说的内容“不害于风化，不谬于圣贤，不戾于诗书经史‘以求’令人为忠臣，为孝子，为贤牧，为良友，为义夫，为节妇，为树德之士，为积善之家，如是而已矣”。

4.《三言》特别重视描写“男女之情”吗

在《三言》中，冯梦龙特别重视小说中描写的“男女之情”，他在《情史叙》

中提出“情始于男女”、“万物如散钱,一情为线牵”只要加以正确导引,可使它“流注于君臣父子兄弟朋友之间”以达到“情教”的目的,产生像《六经》一样的作用。另外值得一提的是，他还在理论上反对在小说中描写色彩内容。

《醒世恒言序》云 :“若夫淫谈亵语，取悦一时，贻秽百世。”冯梦龙在当时淫风特盛的晚明文坛发表这样的见解是难能可贵的，是他在儒雅与情俗之间进行调适的结果。这一立场在当时就受到人们的重视。凌蒙初在《拍案惊奇序》中就指出 :“近世承平日久，民佚志淫，一二轻薄我恶少，初学拈笔，便思污蔑世界，广摭污造，非荒诞不足法，则亵秽不忍闻，得罪名教，种业来世，莫此为甚。而且纸为之贵，无翼飞，不胫走，有识者为世道忧之，以功令历禁，宜其然也。独龙子犹氏所辑《喻世》等诸言，颇存雅道，时着著良规，一破今时陋习。”

5.《三言》的“中和之美”是对文坛的一种革新吗

“三言”的叙事结构缺乏像西方小说那样强烈的戏剧冲突，在叙事的过程中呈现出一种平和冲淡的结构形式。此种结构形式主要是通过让人物性格带上软弱性、局限性，当情节发展到严峻关头，以“中庸”、“中和”来冲淡缓解的方式来实现。这或多或少减轻了作品批判的锋芒与力度。

“三言”的“中和之美”的艺术形式是冯梦龙在晚明对当时文坛的一种匡正与革新，为通俗世情小说的发展注入了新的活力。它从单纯的伦理说教或色情描写中走出，成为一部儒雅与情俗，艺术真实与生活真实高度融合的杰作，在中国小说史上闪耀着永恒的光辉!

《金瓶梅》

1.《金瓶梅》是我国第一部世情小说吗

《金瓶梅》是我国第一部长篇世情小说，明代隆庆至万历年间成书，作者署名兰陵笑笑生。《金瓶梅》共100回，版本有1617年“东吴弄珠客”序的《金瓶梅词话》系统和明代崇祯年间的《原本金瓶梅》系统。《金瓶梅》借《水浒传》中武松杀嫂一段故事为引子，通过对兼有官僚、恶霸、富商三种身份的封建时代市侩势力的代表人物西门庆及其家庭罪恶生活的描述，暴露了北宋中叶社会的黑暗和腐败，具有较深刻的认识价值。

2.《金瓶梅》书名代表金钱、美酒和女色吗

《金瓶梅》的书名从小说中西门庆的三个妾潘金莲、李瓶儿、庞春梅的名字中各取一字而成。也有人认为，实际上有更深一层涵义，即“金”代表金钱，“瓶”代表酒，“梅”代表女色。

《金瓶梅》描绘了一个上自朝廷内擅权专政的太师，下至地方官僚恶霸乃至市井间的地痞、流氓、帮闲所构成的鬼蜮世界。西门庆原是个破落财主、生药铺老板。他善于夤缘钻营，巴结权贵，在县里包揽讼事，交通官吏，知县知府都和他往来。他不择手段地巧取豪夺，聚敛财富，荒淫好色，无恶不作。他抢夺寡妇财产，诱骗结义兄弟的妻子，霸占民间少女，谋杀姘妇的丈夫。为了满足贪得无厌的享乐欲望，他干尽伤天害理的事情。但由于有官府做靠山，特别是攀结上了当朝宰相蔡京并拜其为义父，这就使他不仅没有遭到应有的惩罚，而且左右逢源，步步高升。这些描写，反映了明代中叶以后，朝廷权贵与地方上的豪绅官商相勾结，压榨人民、聚敛钱财的种种黑幕。

3.《金瓶梅》是一部描写民情生活的巨著吗

《金瓶梅》是一部以描写家庭生活为题材的现实主义巨著，它假托宋朝旧事，实际上展现的是晚明政治和社会的各种面相，是一个社会断层的深入剖解。

一是全书描写了西门庆的一生及其家庭从发迹到败落的兴衰史，并以西门庆为中心，一方面辐射市井社会，一方面反映官场社会，展开了一个时代的广阔图景，彻底暴露出人间的肮脏与丑恶。西门庆一方面凭借经济实力来交通权贵，行贿钻营，提高政治地位；另一方面又依靠政治地位来贪赃枉法，为所欲为，扩大非法经营，从而成为集财、权、势于一身的地方一霸。作品还通过西门庆的社会活动，反映了上自朝廷下至市井，官府权贵与豪绅富商狼狈为奸，鱼肉百姓、无恶不作的现实，从客观上表明了这个社会的无可救药。

二是《金瓶梅》以相当多的篇幅描写了西门庆及其妻妾的家庭活动，写出了这个罪恶之家的林林总总，反映了正常人性惨遭扭曲和异化的过程。以潘金莲、李瓶儿、庞春梅为代表的诸多女性，尽管出身、性格、遭遇不尽相同，但都被超常的情欲、物欲所支配。她们以扭曲的人性去对抗道德沦丧的夫权社会，又在人性的扭曲中走向堕落和毁灭。作品在原始欲望的文本表象下面，同时具备了对人性本质的拷问，善与恶的分界在这本书中有了另一种解释。现实主义，这是《金瓶梅》与《红楼梦》的不同之处。

《金瓶梅》插图

4.《金瓶梅》开启了文学取材于现实生活的先河吗

《金瓶梅》是中国文学史上第一部由文人独立创作的长篇小说。从此，文人创作成为小说创作的主流。《金瓶梅》之前的长篇小说，莫不取材于历史故事或神话、传说。《金瓶梅》摆脱了这一传统，以现实社会中的人物和家庭日常生活为题材，使中国小说现实主义创作方法日臻成熟，为其后《红楼梦》的出现做了必不可少的探索和准备。

《金瓶梅》是我国第一部由文人独创的率先以市井人物与世俗风情为描写中心的长篇小说。它的诞生标志着诸如《三国演义》、《水浒传》、《西游记》等几部小说取材于历史故事与神话传说而集体整理加工式小说创作模式的终结，开启了文人直接取材于现实社会生活而进行独立创作长篇小说的先河。历代研究《金瓶梅》者，不乏其人，论著层出不穷。尤其是改革开放以来，更是备受研究者的关注。

5.《金瓶梅》也存在着一些严重的缺点吗

当然，《金瓶梅》也存在着一些严重的缺点。作者对现实黑暗的暴露，缺乏鲜明的爱憎和严肃的批判。在解释人生和社会生活方面，带有明显的宿命论思想。小说中大量的淫秽描写，使小说丧失了美学价值，并为后起的淫秽小说开了不良的先例。

《二拍》

1.《二拍》反映了明代市民生活和思想意识吗

《二拍》是中国拟话本小说集《初刻拍案惊奇》和《二刻拍案惊奇》的合称，作者凌蒙初。这两部书的思想倾向和艺术风格均相同，故人们习惯上常合称之为“二拍”。《二拍》与《三言》合称“三言二拍”。刊于明代崇祯年间。每集40篇，共80篇，内有一篇重复，一篇杂剧，故实有拟话本78篇。作品多是取材于古往今来的一些新鲜有趣的逸事，敷演成文，以迎合市民的需要，同时也寓有劝惩之意。

2.《二拍》的问世主要是应书商之邀而作吗

《初刻拍案惊奇》、《二刻拍案惊奇》分别写于1627年和1632年。凌蒙初创作“二拍”的动机，据《拍案惊奇·序》和《二刻拍案惊奇·小引》大致有三：

一是应书商所邀。由于冯梦龙的“三言”“行世颇捷”，于是凌蒙初即在“肆中人”的要求下编撰起《拍案惊奇》，由于《拍案惊奇》问世后反响极大，销路畅通，在书商的怂恿下，凌蒙初又开始了《二刻拍案惊奇》的创作。

二是救时匡弊、挽救颓风。

明代中后期，社会风气渐趋淫靡，小说创作亦堕入恶道，产生了一大批格调低下，以描写男女淫乱为主的艳情小说。凌蒙初认为这些小说“广摭诬选”、“亵秽不忍闻”，背离了小说创作“劝善惩恶，有益风化”的宗旨。他再三声明自己创作“两拍”“意存劝诫，不为风雅罪人”。

三是宣泄苦闷，创作自娱。举业上的坎坷多艰，使他郁郁不乐，愁苦万端，为宣泄苦闷，抒发悒郁情怀，以游戏笔墨求取精神的慰藉。

3.《二拍》的内容大致包含四个方面吗

“二拍”的内容概括起来大致包含四个方面：一是描写爱情与妇女问题的。

这在“二拍”中占有重大比重。这一题材的作品很大部分肯定了青年男女，特别是年轻女性对爱情坚贞的信念、大胆的追求，反对“父母之命，媒妁之言”的陈旧观念，具有明显的进步性。

在这一题材的作品中，有不少还表现与肯定了青年男女，特别是女性对情欲的积极追求，这是肯定人欲的晚明启蒙思潮的鲜明体现。从肯定情欲的观念出发，不少作品对那些受情欲驱使而失去贞操的妇女表示宽容和同情。

二是描写商人与商业活动的。这在“二拍”中也占有相当的比重。在“二拍”所描写的众多商人形象中，大部分是正面人物。他们忠厚老实，买卖公平，对事业、爱情追求执著，并最终获得成功。

“二拍”也描写了一大批反面的商人形象，有癖好女色的，有狠心刻毒的，有嫌贫爱富的，有凶暴残忍的、有薄情厌旧的。“二拍”不仅刻画了众多的形形色色的商人，还写到了世人对商人和经商行业的看法，已视经商为正道、善业，不仅认为官宦人家与商人通婚是门当户对，商人甚至高于读书人；商人的将本求利，也被视为正当的谋生手段；他们对金银财货的追求，被当作美好的理想愿望；对商人的活动不以“义”来评价，只是单纯地叙写和赞颂商人追求暴富的商业活动。

三是描写官吏及其活动的。“二拍”写了不少贪官和酷吏。有贪赃枉法的，有谋通强盗的，有官盗一体的，有徇私舞弊的，有买官卖官的。“二拍”也写了不少的好官。他们能主持正义，为民伸冤。

四是描写社会险恶，世风颓废的。有描写盗贼横行不法的，有骗子行骗的，有僧尼道士淫乱不法的，有贪图钱财，事亲不孝，甚至家庭成员反目成仇的。

“二拍”真实地反映了当时世俗社会的生活风貌，鲜明地体现出反抗封建礼教，争取个性自由的时代精神，它是明代写实小说的代表作。它生动地反映了明代随着社会阶级关系的改变而发生的生活观念的变化，表现了金钱对封建社会的腐蚀和冲击，形象地勾勒出一副资本主义萌芽时期中国社会的生活画卷。它肯定人们对金钱财富的追求和聚敛，不仅赞扬人们通过经商致富，对通过其它途径获取财富的行为也表示支持。

除了一般意义上的反对封建礼教，争取爱情自由外，“两拍”肯定人类对情欲的积极追求，对那些受情欲驱使失去贞操的妇女，表示了宽容和谅解，显示出与传统相背离的道德标准。它还肯定每一个人都有生存权利，鼓励人们摆脱封建礼教的束缚去追求自身的幸福，体现出新的人生价值观念，表现了尊重个性，追求个性解放的思想意识。

4.《二拍》是我国第一部文人独立创作的小说集吗

“二拍”基本上是凌蒙初个人独立创作的，是我国文学史上第一部文人独立创作的拟话本小说集，它标志着我国古代白话短篇小说已由集体的锤炼跃进到个人的创造，由说话人的技艺转为作家的文学创作，由娱乐听众的手段变成教育讽劝的工具，它已成了作家的自觉的事业了。它是我国古代白话小说史上的一个里程碑。

“二拍”较之“三言”，其撷取的社会内容更贴近普通百姓的生活，反映了中国十七世纪正在崛起的城市市民阶层的普遍要求与思想情感，从中折射出特定历史阶段的社会风貌、时代精神。因此，更真实地反映了当时的时代，这是“二拍”的价值所在。

5.《二拍》的成就远比《三言》逊色吗

由于《二拍》中宣扬封建迷信和因果报应的思想比较严重，而且书中多有猥亵的描写，更有些作品利用前人题材近乎抄袭，以致成就远比“三言”中的明人拟话本逊色。

1.《封神演义》是中国古代神魔小说的代表作之一吗

《封神演义》，明代神魔小说，许仲琳所著。许仲琳，号钟山逸叟，其生平事迹不详。根据日本库藏的明万历年间刻本上注题：“钟山逸叟许仲琳编辑。”通常人们都以许仲琳为该书作者。他大约生活于明代隆庆、万历年间。《封神演义》全书100回，是许仲琳在宋元两代讲书人的话本《武王伐纣平话》基础上，参照历史，博采民间有关殷周斗争故事的传说，并加以虚构演绎而成。

2.《封神演义》是参考民间传说演绎而成的吗

《封神演义》共100回，以宋讲史话本《武王伐纣平话》为基础，参考古籍和民间传说，再根据作者自己的想象，从而演绎成这一百回的长篇神魔小说。它借历史事件，托古讽今，表达作者对现实生活的不满；又通过神魔斗法的魔幻色彩，宣扬封建宿命论思想。武王伐纣的传说故事，本来就是在封建王权与神权基础上批判商纣王的暴虐，而融入了大量神魔描写。

《封神演义》继承《武王伐纣平话》的写作传统，故事从纣王进香惹恼女娲娘娘写起。气恼的女娲命人下界惩处纣王，于是狐精妲己进宫，深得纣王欢心。商纣王宠辛妲己，扰乱朝政，引起群臣不满。周武正继承父业，以姜子牙为太师，起兵反纣。商朝气数已尽，姜子牙得到哪吒等神兵天将的帮助，与纣王军队展开一场浩大的神魔斗法。最后终于攻破殷都，纣王自焚，周王朝取代了商朝。姜子牙顺从天命，归国大开封神榜，封赏各路有功神将神人。周武王得天下，也分疆裂土，分封有功之臣为天下诸侯。天下遂定，故事也到此终结。

3.《封神演义》最具代表性的篇章有哪些

节选自《封神演义》第十二回：夜叉来到九湾河一望，见水俱是红的，光华灿烂；只见一小儿把红罗帕蘸水洗澡，夜叉分水大叫曰："那孩子将什么作怪东西，把河水映红，宫殿摇动？"哪吒回头一看，见水底一物，面如蓝靛，发似朱砂，巨口獠牙，手持大斧。哪吒曰："你那畜生，是个甚么东西也说话？

夜叉大怒，"吾奉主公点差巡海夜叉，怎骂我是畜生？"分水一跃，跳上岸来，望哪吒顶上一斧劈来。哪吒正赤身站立，见夜叉来得勇猛，将身躲过，把右手套出干圈，望空中一举。此宝原系昆仑玉虚宫所赐太乙真人镇金光洞之物，夜叉那里经得起。那宝打将下来，正落夜叉头上，只打的脑浆迸流，即死于岸上。哪吒笑曰："把我这乾坤圈都污了。"

4."节选"写的是"哪吒闹海"的故事吗

这是著名的"哪吒闹海"故事中的一段，将艺高胆大、初生之犊不怕虎的纯真儿童形象烘托得活灵活现。哪吒故事本是民间流传已久，《封神演义》的作者又将它变得更为生动。故事中夜叉仗势欺人的嚣张形象与哪吒不更世事的天真烂漫形成一个鲜明的对比。夜叉不仅面貌狰狞，而且口气咄咄逼人，表现出水晶宫龙王一族仗势欺人已是由来已久。事实上，连哪吒的父亲李靖也十分怕他们。而哪吒，不仅是少不更事，而且在骨子里就有着反抗暴强的精神，所以才会有打死夜叉、抽龙筋的强烈反抗行动。他的光辉形象与凶恶的龙王、懦弱的李靖形成鲜明对比，是书中最耀眼的英雄之一。

5.《封神演义》主要讲述的是武王伐纣的故事吗

《封神演义》主要讲述的是武王伐纣的故事。小说开头第一回到30回，以及87回到结局，基本取材于《全相平话武王伐纣书》，并借鉴了明代嘉靖、隆庆年间余邵鱼主编的《新刊京本春秋五霸七雄全像列国志》西周部分内容，辅以其他史料和幻想成分，扩充改编而成。

小说从纣王帝辛到女娲宫进香，调戏女娲娘娘开始，以女娲吩咐千年狐狸精、九头雉鸡精和玉石琵琶精三妖“托身宫院，惑乱君心，使武王伐纣，以助其功”为楔子，详细叙述武王代纣，姜子牙封神的经过，揭露纣王设炮烙、剖孕妇等暴行。作者假借历史事件托古讽今，曲折地反映了明代社会厂卫特务横行、帝王骄奢淫逸的现实生活，表达了人民对暴政的痛恨和反抗，以及对仁政的渴求和向往。

6.《封神演义》的思想内容有一定的进步意义吗

《封神演义》通过设炮烙、造虿盆、剖孕妇、敲骨髓等情节，描写纣工的残暴不仁，从而揭示了反商斗争的基础。历史上的商、周是两个部族，没有明确的君臣关系，作者把武王伐纣处理为“以臣伐君”、“以下伐上”，是“灭独夫”之举，姜子牙则以“天下者，非一人之天下，乃天下人之天下也”的主张，号召诸侯“吊民伐罪”，突出了双方的正义与非正义性质。哪吒剔骨还肉、黄飞虎反商归周等情节也进一步强调了“父逼子反”、“君逼臣反”而不得不反的精神。

这些描写显然是与封建伦理规定的君臣、父子关系相背离的，具有一定的进步意义。书中对纣王沉湎酒色久不设朝，以及任意诛杀大臣等描写，与明代后期朝政腐败的一些事实有相合之处，而它表现出来的那些新观念也显然与当时出现的社会思潮有着密切的联系。

但另一方面,书中又充满着“成汤气数已尽,周室当兴”的天命观，每个参加商周之争的人不过是“完天地之劫数,成气运之迁移”,阵亡后也无一例外地“一道灵魂进封神台去了”，这就模糊了正义与非正义的界限,笼罩着浓重的宿命观念和神秘色彩。此外,作者还一再宣扬“儒、道、释”三教合一的观点和“青竹蛇儿口，黄蜂尾上针，两般由自可，最毒妇人心”的“女祸”思想，也大大削弱了它的思想意义。

7.《封神演义》在艺术上有千篇一律之感吗

《封神演义》以宋元讲史话本《武王伐纣平话》为基础，博采民间传说，发挥神话传说善于想象夸张的特长,赋予各类人物以奇特的形貌,以至杨任剜目后可在手掌内生出神奇的眼睛，雷震子胁下长有可以飞翔的肉翅，哪吒则能化为三头八臂。仙术道法也神奇莫测，如土行孙等的土遁、水遁之法，陆压的躬身杀人之术等，都给读者以较深印象，小说在人物描绘上有一定成就，如妲己的阴险残忍，杨戬的机谋果敢，闻仲的耿直愚忠,申公豹的恶意挑拨等等,都写出了一定的性格。

有些情节也相当曲折生动，如“哪吒闹海”一节，由7岁哪吒在河边的嬉戏玩耍，生发出一段意想不到的争斗，叙来层次分明，高潮迭起，同时也表现出哪吒由天真顽皮到勇武狠斗的性格发展过程。此外如黄飞虎反出朝歌、广成子三谒碧游宫等，也有复杂细致的描写。

此书虽有上述特色，但总的说来，《封神演义》在艺术描写上偏于叙事而忽略揭示人物的内心活动，因而多数人物性格并不鲜明，铺叙故事则有重复雷同之处，尤其是数次设阵破阵，更有千篇一律之感，情节发展也有不够严谨的地方。据传作者创作此书有“欲与《西游记》、《水浒传》鼎立而三”之意，实则略逊一筹。但明清以来，它在民间仍得到广泛的流传。

8.《封神演义》的流行词句有哪些

1. 摆一摆，乾坤动撼。
2. 分开肉球，跳出一个孩儿来，满地红光，面如傅粉。
3. 清水池边明月，绿杨堤畔桃花。
4. 蕊宫仙子临凡，月殿嫦娥下世。
5. 两极仙杏安天下，一条金棍定乾坤。

6. 转身似猛虎摆头，起落像蛟龙出海。

7. 空中展动一团锦，左右纷纭万簇花。

8. 一怒飞腾起在空，黄金棍摆气如虹。

9. 忽然风过三阵，风中竟带吼声。

10. 自古贤良周易少，臣忠群下助雍熙。

9.《封神演义》对现在的影视均有借鉴作用吗

《封神演义》是中国古典神魔小说的代表，其描写手法与幻想色彩对现在的小说创作和电影、电视的创作均有借鉴作用。但不能否认作者由于其认识的局限性，而在书中大量宣扬的迷信思想和宿命论具有相当多的不健康因素，特别容易对青少年造成毒害。阅读时要注意这方面的影响。

1.《红楼梦》是中国最杰出的长篇小说吗

曹雪芹（1715 ~ 1764年），名沾，字梦阮，号雪芹，又号芹溪、芹圃。祖籍辽阳，先世原是汉人，后为满洲正白旗内务府“包衣”。曹雪芹一生经历了曹家盛极而衰的过程，早年曾在南京过了一段“锦衣纨绔”、“饫甘餍肥”的生活；晚年凄苦困顿，嗜酒狂狷，但对现实傲岸不屈。

《红楼梦》作于曹雪芹困苦的晚年，创作过程十分艰辛，披阅十载，增删五次，未及完稿，因幼子夭折、感伤成疾，就此搁笔长逝。其手稿原名《石头记》，共80回，后由乾隆进士高鹗续成后40回，总计120回，更名《红楼梦》，终于成就了这部思想精深、结构完整、艺术高妙的千古文学巨著。

2.《红楼梦》反映的是四大家族的兴衰吗

《红楼梦》借甄士隐、贾雨村之口，讲述尘缘未尽、灵石化生的贾宝玉在人世间的际遇。小说描写的不是“洞房花烛、金榜题名”的爱情故事，而是写出贾宝玉、林黛玉、薛宝钗之间的恋爱和婚姻悲剧。作者把贾宝玉安排在大观园众多女子的中央，写他与这些女孩子的生活交往。他把全部热情和理想寄托在那些被侮辱、被损害的女孩子身上，认为天地间灵淑之气只钟于女子，男人不过是些渣滓浊物而已。

他与林黛玉两情相悦、倾心相爱，但在家族势力的重压下不得不与薛宝钗结婚，最终造成黛玉惨死。小说以宝黛钗的感情纠葛和婚恋悲剧为主线，以贾府大观园为基点，写了贾、王、史、薛四大家族的兴衰更替，而在更为广阔的社会层面上，体现了封建社会后期的种种矛盾，揭露富贾官僚的黑暗和罪恶，对封建制度进行了深刻而有力的批判。

3.《红楼梦》最具代表性的篇章有哪些

《红楼梦（节选）》：不想刚走来，正听见湘云说经济一事，宝玉又说：“林妹妹不说这些混账话，要说这话，我也和她生分了。”黛玉听了这话，不觉又喜又惊，又悲又叹，所喜者，果然自己眼力不错，素日认他是个知己，果然是个知己。所惊者，他在人前一片私心称扬于我，其亲热厚密，竟不避嫌疑。所叹者，你既为我之知己，自然我亦可为你之知己矣；既你我为知己，又何必有“金玉”之论，既有“金玉”之论，也该你我有之，又何必来一宝钗呢？所悲者，父母早逝，虽有铭心刻骨之言，无人为我主张；况近日每觉神思恍惚，病已渐成，医者更云：“气弱血亏，恐致劳怯之症。”我虽为你的知己，但恐不能久待；你纵为我的知己，奈我薄命何！

4.《红楼梦（节选）》描写的是黛玉的复杂心理吗

这段话描写黛玉的复杂心理，为后文叙述人物命运作伏笔。黛玉听到宝玉背里和史湘云、花袭人说自己从来不讲“仕途经济”的那些“混账话”，心里又喜又惊，又悲又叹。她自幼父母双亡，被托于贾府抚养，常有寄人篱下之感。她因宝玉真诚待她，也很喜欢宝玉。但又横生一段“金玉”之论，自己无人做主，兼之抑郁纤敏、忧思成疾，恐不能与宝玉长期相好。这些深入、细致的描绘，把黛玉内心曲折的情感刻画得细致入微，从而也深刻揭示出人物的性格，为人物性格发展和命运安排作伏笔。

5.《红楼梦》的流行词句有哪些

1. 满纸荒唐言，一把辛酸泪。都云作者痴，谁解其中味。
2. 假作真时真亦假，无为有处有还无。
3. 一局输赢料不真，香消茶尽尚逡巡。
4. 身后有余忘缩手，眼前无路想回头。
5. 春恨愁悲皆自惹，花容月貌为谁妍。
6. 可叹停机德，堪怜咏絮才。玉带林中挂，金簪雪里埋。
7. 势败休云贵，家亡莫论亲。
8. 情天情海幻情身，情既相逢必主淫。
9. 漫言不肖皆荣出，造衅开端实在宁。
10. 一场幽梦同谁近，千古情人独我痴。

6.《红楼梦》为博大精深的艺术佳作吗

《红楼梦》为文人独创，内涵宏富，博大精深，艺术高妙，卓绝千古。两百年来，“红学”研究蓬蓬勃勃，蔚为大观。《红楼梦》是传统古籍不可不读之巨著，读者对于此书，当细细把玩，字斟句酌，其中诗词佳句，可堪良久赏玩，不思茶饭矣。

1.《儒林外史》是中国古典讽刺小说的杰作吗

吴敬梓，清代安徽全椒人。出身于贵族士大夫家庭，后来遭遇家庭变故，家产丧失殆尽，以后靠卖文维持清贫生活。他是一个学问深厚的文人，所结交的也多是些学问精深而不热衷功名的士人。贫穷的家庭生活并没有让他消沉，反而让他有更多机会接触下层社会，为创作提供丰富资料。科举制度是中国沿袭上千年的选拔人才的制度，清代袭用明朝科举，采用八股取士的方式。科举制度和它所代表的封建制度本身，都已经成为严重束缚人思想的枷锁。而深受其害的文士们，又在其制度下演出一幕幕不堪入目的丑剧。吴敬梓正是用他的笔写出他眼中的事。

2.《儒林外史》充分暴露了封建制度的黑暗吗

《儒林外史》通行的是56回本，最末一回似他人所作，所以今本删去最后一回，为55回。书中刻画了各类文人，对利欲熏心的丑恶者进行了揭露和批判，充分暴露了封建制度的黑暗。在理想的真儒、名士面纱褪尽之后，吴敬梓对中下层平民，那些自食其力、自由自在的人流露出了无比羡慕的心情。故事首先从范进中举写起。范进是个穷秀才，家徒四壁。而中举人之后，房子、银子、奴仆样样俱全。这样的反差，让人不得不醉心功名。鲁翰林醉心八股，让女儿也在妆台镜前摆满八股文章。

还有官府的黑暗、官员的腐败，例如汤知县枷死回民老师父，激起民愤，不仅不受处罚，反而将五个回民问罪。社会的黑暗，礼教的束缚，不仅拘束了人的思想，而且让人殉死礼教。王三娘丈夫死后，迫于礼教的压力，绝食殉夫。地方官反而以此为烈妇、贞节，大摆宴席以庆贺。《儒林外史》正是以自成单元的故事向人披露清朝社会的黑暗，以及封建制度的没落。

3.《儒林外史》最具代表性的篇章有哪些

节选自《儒林外史》第六回：话说严监生临死之时，伸着两个指头，总不肯断气。几个侄儿和些家人都来讧乱着问，有说为两个人的，有说为两件事的，有说为两处田地的，纷纷不一，只管摇头不是。赵氏分开众人，走上前道："爷，只有我能知道你的心事。你是为那灯盏里点的是两茎灯草，不放心，恐费了油。我如今挑掉一茎就是了。"说罢，忙走去挑掉一茎。众人看严监生时，点一点头，把手垂下，登时就没了气。合家大小号哭起来，准备入殓，将灵柩停在第三层中堂内。

4.《儒林外史（节选）》活画出了守财奴的形象吗

严监生是中国文学史上著名的守财奴形象，丝毫不逊色于外国文学中的葛朗台、波留希金。垂死者最后的愿望应当是他久未完成的夙愿，而严监生，他的遗愿竟然只是两根灯草。这个令人啼笑皆非的遗愿，体现的是什么呢？在第五回里，严监生大大地批评他哥哥家的奢侈，夸赞自己夫妻四口在家度日，猪肉也舍不得买一斤，每当小儿子要吃时，就在熟切店里买四个钱哄他。这个爱财如命的老监生，他一生的性格也就从两根灯草中体现出来了，这才是作者用笔辛辣之处。而严监生的这一性格体现出当时社会重财货、重富贵的价值取向。正是这样的价值观、人生观，才会使众多文人成为科举制度的笔下囚。

5.《儒林外史》的流行词句有哪些

1. 三年清知府，十万雪花银。

2. 乡试也不应，科岁也不考，逍遥自在，做些自己的事情。

3. 钱到公事办，火到猪头烂。

4. 就是孔夫子在而今，也要念文章，做举业。

5. 我们念书的人，全在纲常上做功夫，就是做文章代孔子说话，也不过是这个理。

6. 须是骨头里挣出来的钱才做得自由。

7. 八股文章欠究，任你做出甚么来，都是狐禅，邪魔外道。

8. 好男不吃分家饭，好女不穿嫁时衣。

9. 我又不贪你的钱，又不慕你的势，又不借你的光，你敢叫我写起字来！

10. 世情看冷暖，人面逐高低。

6.《儒林外史》的艺术特色震古烁今吗

《儒林外史》是中国杰出的讽刺小说，它的语言艺术与性格刻画，的确是今人创作极可借鉴的。而《儒林外史》的口语化特色，使作品呈现通俗特色，是值得注意的。同时，书中所保留的一些封建残余思想，在阅读时也应加以分辨。

1.《镜花缘》是以女性为中心的长篇小说吗

李汝珍，字松石，清代直隶大兴人。他官运不达，只任过河南县丞。但文学功底极厚，少年即从名师学习，学问渊博，精通音律，对经史百家都有较多了解，这些为他创作《镜花缘》打下了坚实的基础。明末清初以后，随着社会的稳定，各种矛盾暴露出来，于是反映社会问题的小说也应运而生。社会的进步，民主思想的萌芽，使得妇女地位有所提高，而男尊女卑的问题也有所改观。

清版《镜花缘》正文影印件

另外，随着西方各国与清王朝交流的增多，各种海外趣闻打开了人们的眼界，这也是李汝珍创作的思想源泉之一。由此种种原因，李汝珍以女性作为小说的主角与社会活动的积极参与者，描写她们的才华，赞扬她们的能力，是一部具有朦胧民主思想的作品。

2.《镜花缘》的故事发生在武则天时代吗

《镜花缘》写的是唐代女皇武则天时，她下令百花寒天一齐开放，众花神不敢抗旨，只得开放。开花后，花神被遣下凡变成一百个凡间女子。百花仙子降生为秀才唐敖之女，取名小山。唐敖进京应试，高中探花，但却因曾与起兵讨伐武则天的徐敬业结为异姓兄弟，于是被革去探花。唐敖深受打击，不再留恋功名，于是与妻弟林之洋结伴，到海外经商。从未出过国的唐敖游历海外各个稀奇古怪的国家，看到许多奇风异俗，罕人异事。如两面国、女儿国等。后来他吃了仙草，入蓬莱山上求仙，一去不返。

唐小山思父心切，在林之洋的带领下再次游历海外诸国，却毫无发现。在蓬莱山上，唐小山得到父亲的信，嘱咐她改名唐闺臣，要她中举，记录百花神下凡后的百姓事迹。唐小山返回唐朝，参加女试，一百才女名列榜中。与泣红亭天书所记一样，百花花神人间重逢，连日饮宴、游戏。小山别后重入小蓬莱寻父，入山不返。最后中宗复位，尊则天为“大圣皇帝”，下令明年再开女试。

3.《镜花缘》最具代表性的篇章有哪些

节选《镜花缘》第三十二回：多九公笑道：“其所异于人的，男子反穿衣裙，作为妇人，以治内事；女子反穿靴帽，作为男子，以治外事。男女虽亦配偶，内外之分，却与别处不同。”唐敖道：“男子为妇人，以治内事，面上可用脂粉？两足可须缠裹？”林之洋道：“闻得他们最喜缠足，无论大家小户，都以小脚为贵；若讲脂粉，更是不能缺的。”

4.“节选”写的是发生在女儿国的故事吗

这段话选自《镜花缘》里女儿国的故事。清朝以来，妇女地位低下，而提高妇女地位的民主思想则时已萌芽，李汝珍就深受影响。他写这部《镜花缘》就有提高妇女地位的意识，在女儿国里，尤其用一串啼笑皆非的故事让男子明白女子受到的非人待遇，从而认识到妇女地位的必要性。

这段话里，三个清朝男子谈论到女儿国男主内、女主外的配偶方式，觉得十分可笑。事实上不仅女儿国，就是百位才女不仅在才学上，在胆识上，各个方面都不弱于男子。而他们所嘲笑的女儿国男子作妇人，抹脂粉，裹双足，实际上是千百年来男权社会对妇女的摧残。这时，让几个深入女儿国的男子去设身处地体验他们强加给女子的摧残与压迫，其含义更深，其作用比直接的诉说更重要。在古典小说中，李汝珍第一次将妇女地位问题如此显著地提出来，的确有一定进步意义。

5.《镜花缘》的流行词句有哪些

1. 女有为女，妇有为妇；常有为常，变有为变。
2. 酒要一壶乎？两壶乎？菜要一碟乎？两碟乎？
3. 欲高门第须为善，要好儿孙必读书。
4. 优游道德之场，休息篇章之圃。
5. 不意里面藏着一张恶脸，鼠眼鹰鼻，满面横肉。
6. 原来狼心狗肺都是又歪又偏的！
7. 世上那些忘恩的，连鱼鳖也不如了！
8. 马有垂缰之义，犬有湿草之仁。
9. 世间行善的自有天地神明鉴察。
10. 男子为妇人，以治内事。

6.《镜花缘》记载的是海外的奇人异事吗

《镜花缘》算得上一本奇书，它所描写的海外诸国奇人异事，体现了古人丰富的想象力，今天看起来尤有价值。但李汝珍在书中论才、论文，不免有夸耀学问之嫌，描写中也有虚夸不实之处，这些都是阅读中应予以注意的。

《聊斋志异》

1.《聊斋志异》是中国文言短篇小说发展的高峰吗

蒲松龄，字留仙，号柳朱，清代山东淄博人。他生于书香门第，但祖上功名不显，家中一直贫寒。虽然一生潦倒，但他尤其喜欢奇闻轶事，常常去找人听故事。这种丰富的阅历使蒲松龄的创作有了丰富、坚实的基础。自魏晋南北朝以后，笔记小说开始流行，产生了大量记录神鬼怪异和人物轶事的小说。

唐宋以来小说创作曾出现了一个高潮，而明代以来传奇和志怪小说的风气又兴盛起来，出现了超越前人的作品，蒲松龄的小说也就是在这样的背景中产生的。同时，又因长期以来鬼神思想的流行，使得鬼怪狐的故事在民间流传甚广。这也是蒲松龄的创作素材与源泉。

2.《聊斋志异》是以鬼怪故事揭露人间的罪恶吗

《聊斋志异》由491个各自独立的小故事组合而成。一部分是作者亲眼所见，但绝大部分采自民间，而且有完整的故事情节、鲜明的人物形象，是中国古典文言小说中的精品。本书有数量极多的爱情题材作品，表现青年男女追求自由爱情而反抗礼教的束缚。其中有相当一部分是人鬼、人妖之恋，如《婴宁》、《小谢》、《莲香》等。

而《连城》中乔生与连城的爱情又突破以往才子佳人的旧模式，达到知己之恋的新境界。作品中也揭露了政治黑暗、官吏腐败对人民的压迫与剥削，最著名的是《促织》。因为皇帝斗蟋蟀，搞得民间一片哀怨，成名的儿子由于弄死了父亲千辛万苦捕来的蟋蟀，不得不以死谢罪，魂化作蟋蟀才救了一家性命。这充分暴露在黑暗的封建统治中，人民无法生存的痛苦境地。科举制度是当时社会的一大重要问题,作者在作品中也充分揭示了科举制度的罪恶,并颂扬了不肯屈就科举的文人。《于去恶》、《司文郎》等作品则指责考官的庸俗无能，只是借此发财而埋没了人才。蒲松龄透过一个个故事展开了清代社会生活的全貌。

3.《聊斋志异》最具代表性的篇章有哪些

节选《聊斋志异·鸦头》：即出鸦头书。书云："知孜儿已在膝下矣。妾之厄难，东楼君自能缅悉。前世之孽,夫何可言！妾幽室之中,暗无天日,鞭创裂肤,饥火煎心，易一晨昏，如历年岁。君如不忘汉上雪夜单衾，叠互暖抱时，当与儿谋，必能脱妾于厄。母姊虽忍，要是骨肉，但嘱勿致伤残，是所愿再。"

4.《鸦头》是青年追求爱情自由的名篇吗

《鸦头》是《聊斋志异》中男女青年追求爱情自由的名篇。女主人翁鸦头被母逼迫卖淫，鸦头不从。后遇书生王文，两相生情，于是私奔，但被母追回，关在密室之中。这封短信就是鸦头被抓回后，日受鞭挞，寄给王文的求救书。这封短信虽只寥寥百来字，但却表现了鸦头的性格。

首先，她向王文叙述自己在母家所受的种种折磨。不仅关入幽室，日日忍受鞭打折磨，甚至连饭也没得吃。但即使受如此之苦，鸦头仍然矢志不改，不肯屈从母亲，仍然守节以待王文。从这里可以窥见鸦头对爱情的忠贞，对爱人的依恋，为了自由爱情不惜忍受折磨。但是，对于赐予她这种种非人待遇的母亲和姐姐，她却并无怨言，念及骨肉情深，还唯恐王文会伤了她们。这样的无私，正是中国传统妇女的典型。从这一封百余字的短信，不难理解理解鸦头在作品中的举动。

5.《聊斋志异》的流行词句有哪些

1. 天下官虎而吏狼者，比比也！

2. 使天下知半生沦落，非战之罪也。

3. 得言诸公，目不睹坟典，不过少年持敲门砖，猎取功名，门既开，则弃去。

4. 显荣富贵，当于蜃楼海市中求之耳。

5. 花面逢迎，世情如鬼。

6. 铜臭熏天，遂教枉死城中全无日月。

7. 飞扬跋扈，狗脸生六月之霜。

8. 隳突叫号，虎威断九衢之路。

9. 金光盖地，因使阎摩殿上，尽是阴霾。

10. 官宰悠悠，竖人毛发。

6.《聊斋志异》宣扬的有封建迷信思想吗

《聊斋志异》是清代文言短篇小说的佳作，其所反映的社会生活广泛丰富，塑造人物娓娓动人，至今仍是文案中的精品，欣赏价值极高。本书虽是文言，但文字也较浅显易懂。读者唯应注意作品中偶有的封建迷信思想，不能把故事当事实。

《孽海花》

1.《孽海花》是具有进步倾向的历史谴责小说吗

《孽海花》是清朝末期的一部在思想和内容上具有进步革命倾向的历史谴责小说。最早发表于1905年。作者是金松岑。金松岑（1874~1947年），江苏吴县人，爱国学社重要成员。曾与章太炎、邹容一同宣传资产阶级民主革命。《孽海花》后经曾朴修改、续写，编成一部60回的长篇小说。

曾朴（1872~1935年），清代小说家，字太朴，后改字孟朴，又字小木、籀斋，笔名东亚病夫，江苏常熟人。留世作品有诗集《未理集》、《羌无集》、《响沫集》，散文集《推十合一宝文集》等，与李宝嘉、吴趼人、刘鹗并称清末四大小说家。鲁迅先生在《中国小说史略》中将这部小说与《官场现形记》、《廿年目睹之怪现状》及《老残游记》并称为清代四大谴责小说。这部小说自问世以来，曾再版多次，是一部很有社会影响的作品。

2.《孽海花》的成书过程和版本比较复杂吗

《孽海花》的成书过程和版本比较复杂，现分述如下：

1903年10月《江苏》本。1903年金松岑应东京的江苏留日学生办的《江苏》杂志之约，写了《孽海花》前六回，其中第一、第二回刊登于《江苏》第八期上，作者署联所，即金松岑的笔名。1904年3月，金氏在《爱自由者撰译书广告中》中，将《孽海花》标以“政治小说”，并介绍说：“此书述赛金花一生历史，而内容包含中俄交涉，帕米尔界约事件，俄国虚无党事件，东三省事件，最近上海革命事件，东京义勇队事件，广西事件，日俄交涉事件，以至今俄国复据东三省止，又含无数掌故、学理、轶事、遗闻。精彩焕发，趣味浓深。现已付印，即日出书。”可见此书是以揭露帝俄侵略野心为主题，仅拟写至1903年为止。这即《孽海花》最初的计划。实际上金著《孽海花》并未成书出版。

1905 年小说林本。1904 年 8 月，曾朴于上海创办小说林书社。金松岑即将所作《孽海花》前六回交给曾朴，两人共同商定了 60 回目，曾朴手拟了一份《孽海花》人物名单，计 110 名，分为“旧学时代”、“甲午时代”、“政变时代”、“庚子时代”、“革新时代”、“海外运动”六个阶段计划全面反映晚清社会。随即曾朴对前六四进行了修改，并续写下去，经过三个月的努力，一气呵成了 20 回，分成两编，于 1905 年正月和八月由日本东京翔鸾社印刷、小说林社发行。为 32 开本，铅印。

此书两册封一均以海水浪花岛屿为背景，中间横书“孽海花”三字。封二中央书“孽海花”三个大字，右上端标以“历史小说”，左下侧书“亚兰女史题”，均坚行书写。卷首有赛金花半身照片，题“状元夫人曹梦兰，又名赛金花像”。每卷卷首均题“爱自由者起发，东亚病夫编述”，每卷卷末均有插图。第一回结尾列有全编60回的回目。此书今上海图书馆有藏本。

1907年《小说林》杂志创刊后，曾朴又续写了五回，连载于该刊第一期21回、22回，第二期23回、24回，第四期25回，以后中辍。1916年强作解人曾将21回至24回编为三编，并与佚名的《孽海花人名索隐表》、强作解人的《孽海花人物故事考证》八则及《续考》丨一则合刊，由上海拥百书局排印，上海望云山房发行。

曾朴此时创作的25回，至今未见有合刊的单行本行世。阿英在《晚清文学丛钞·小说二卷》中仅收了一至九回，魏绍昌在《孽海花资料》中仅收了第一至六回及25回，均非全壁。

真美善本。1927年曾朴由政坛重返文坛，在上海创办了真美善书店和《真美善》杂志，开始了《孽海花》的修改与续写工作。这一年，曾朴对前25回进行了修订，特别对其中的一至六回和25回作了较大的变动，如删去首回所列的60回回目；删去反对科举制度、反对封建专制君主，以及陈千秋主张用“霹雳手段”推翻清廷的激烈言论；删去第二十五回两则反映下层人民抗日卫国要求的故事；将四五两回有关兴中会的革命活动下移至29回；添进了龚自珍与太清西林春、龚孝琪与褚爱林、曹公坊与李霞芬、刘永福与花哥等艳情故事。1928年1月真美善书店出版了修订本第一二编24回。

此书每编一册，每册各五卷十回，封面有自由女神像，中间竖写书名，题署“东亚病夫著”，第一编卷首有作者《修改后要说的几句话》一文作为代序，两编每回均有辰伯所作插图一至三幅不等。今上海图书馆有藏本。

曾朴修订、续写的21回至35回，先连载于《真美善》杂志上，由一卷一期至五卷六期，断断续续刊登了三年多。1935年1月真美善书店将21回至30回作为第三编出版，同时又将一至三编15卷30回合为一册印行，这就是通行的30回本初制本。此书上海图书馆有藏本。

今所见1941年上海真美善书店重刻本、1944年上海真美善书店三刻本、1940年成都孙次舟叙录本、1955年北京宝文堂本、1956年上海文化出版社本、1957年台北世界书局本，都是根据真美善初刊本30回重印的。1959年中华书局上海编辑所印行了《孽海花》增订本，除真美善本三十回外，并附录了31回至35回及《孽海花人物索隐表》。1979年上海古籍出版社据此又重印了增订本35回。

3.《孽海花》是第一部描写民族革命的作品吗

《孽海花》以小说主人公傅彩云和洪钧的婚姻生活为主要线索，以真实的历史事件以及真实的历史人物，深刻地提示了统治阶级内部的权力斗争，达官显贵奢靡的生活以及吏制的腐败，向人们展示出了一幅正在走向灭亡的封建王朝真实的历史画卷。

《孽海花》通过真实描写，愤怒地谴责声讨了腐朽的统治者，发出了“四百兆同胞，愿你早登觉岸”的呼唤，并且从不同的角度，对社会上层的活动，如改良思潮、洋务派的产生、中法战争、中日甲午战争等军事外交方面的斗争做了不同程度地反映，深刻地表现了唤起民众的主题和反对帝国主义侵略的倾向。

小说的第一回是相当精彩的部分。它向读者展示了一个醉生梦死、歌舞升平的世界。而当厄运来临之际，这些花天酒地的人们各显其形。有主战的，有主和的，有如惊弓之鸟的，有袖手旁观的。作者就是在这样的情况下拿起笔，写下了30年的血和泪。

《孽海花》以恢弘的视野，超越当时中国社会现实的领域，描述了日本、俄国、德国的政治生活，并借俄国作家托尔斯泰、赫尔岑、车尔尼雪夫斯基的文章，论述俄国初期革命运动的情况，同时以俄国人毕叶的话，宣扬“天赋人权，万物平等”的民主主义启蒙思想。仅就此而言，该书堪称第一部描写民主革命和民族革命的作品。这在同一时期的著作中，是一个伟大的壮举。

4.《孽海花》是以真实的历史人物为原型吗

《孽海花》中的人物在实际生活中都是有其原形的，书中的孙汶便是现实生活中的孙中山，龚和甫便是谭嗣同，方代胜便是袁世凯的化身。作者通过对这些人物的描写，把揭露的矛头直接指向满清最高统治者——慈禧。中法战争失败后，慈禧更加苟且偷安，朝中似是歌舞升平，实则风雨飘摇。

在甲午中日战争中，她竟然置国家安危于不顾，动用海军军费修建颐和园，供自己享乐之用。而朝中的一般官员则仍然纵情声色，麻木不仁。作者以“奴乐岛”的岌岌可危暗喻了满清王朝必将灭亡的必然趋势。作者还以饱满的爱国主义热情，描绘了以孙汶为代表的革命党人，并详细地叙述了诸多革命党人的战斗历程。文中对革命党人所从事的革命活动给予了高度的评价，对以孙汶为代表的革命党人寄予了极大的希望。

5.《孽海花》除原作外还有两种续作吗

《孽海花》的续作有两种，一是陵士谔的《新孽海花》。此书衔接小说林本《孽海花》一至20回，自21回“背履历库丁蒙廷辱，通苞苴妃子受官笞”起，至62回“专制国终撄专制祸，自由神还放自由花”止，回目完全袭用曾朴、金松岑所订的60回，1912年9月由上海大声图书局出版，共四册，后因涉讼毁版，此书与原作殊不称。

二是燕谷老人，即张鸿的《续孽海花》。张鸿系曾朴同乡挚友，受曾朴之托而作续书。此书衔接真美善本《孽海花》一至30回，由31回续写至60回，仍以赛金花为线索，主要描绘了清末戊戌变法和庚子事变两大历史事件，文字生动，是一部较好的续作。此书于1943年由真美善书店出版，翌年再版过一次，1982年黑龙江人民出版社出版了新的校订本。

6.《孽海花》是“奇妙与真实”结合的文学作品吗

《孽海花》的结构颇具独创性。作者曾对此作过极为形象而确切的比喻。“譬如穿珠，《儒林外史》等是直穿的，拿着一根线，穿一颗算一颗，一直穿到底，是一根珠链；我是蟠曲回旋着穿的，时收时放，东西交错，不离中心，是一朵珠花。譬如植物学里说的花序，《儒林外史》等是上升花序或下降花序，从头开去，谢了一朵再开一朵，开到末一朵为止。我是伞形花序，从中心干部一层一层的推展出各种形象来，互相连结，开成一朵球一般的大花”。

《孽海花》作为历史小说，刻画人物性格吸取了我国古代“良史”的实录精神。同时，又借鉴了《儒林外史》“秉持公心，指摘时弊”的讽刺手法，以写实笔法评说事件、权衡人物。即使对威毅伯，即影射李鸿章这样的人物，亦绝非一概骂倒，既写他在甲午海战中负有“因循坐误”的历史责任，又不是把失败的全部责任统统归咎于他。

西太后挪用“一国命脉所系”的海军经费，威毅伯又如之奈何呢？既写他害怕开战的胆怯心理，又写他的知已知彼、老成持重。既写他签订丧权辱国的《马关条约》，因而遭到国人唾骂，又从深层次写出签约的根源在于国家的贫弱。总之，在作者笔下，威毅伯不是一个被简单化、脸谱化了的人物，而是一个具有历史真实感的艺术形象。

《孽海花》在艺术方面，亦多有不足之处。其结构虽云工巧，独创性亦显而易见，但是，把30年间历史重大事件连结于金、傅婚姻生活故事这条主线，终难免有牵强之处。然而，所有这些终究只是白玉中之微瑕而已。

1.《老残游记》是四大谴责小说之一吗

《老残游记》，晚清谴责小说，刘鹗所著。刘鹗，字云抟，又字公约，号老残，又号洪都百炼生，清末文学家、古文字学家。1857年生于江苏丹徒，即今江苏镇江一封建官僚家庭。刘鹗自幼聪慧，但无意科举，厌恶八股。钻研过天算、医学、水利等。曾因治河有功，官至知府，后弃官经商。1900年，八国联军攻占北京时，刘鹗从占领北京的侵略者手中购买了原属于中国人的，被侵略者抢走的国库中的粮食，以赈济北京难民，而被清政府以私售仓粟罪发配新疆，于1909年客死迪化，即今乌鲁木齐，时年52岁。

刘鹗的留世作品有《铁云诗存》、《弧角三术》、《治河七说》、《勾股天元草》、《三省黄河图说》、《要药分剂补正》、《历代黄河变迁考》等。同时，他在甲骨文方面也取得了很大的成就，曾与王懿荣共同编刻第一部甲骨文汇编《铁云藏龟》，奠定了我国古文学基础。

2.《老残游记》是以暴露官场黑幕而闻名于世吗

《老残游记》与同时代的《官场现形记》、《廿年目睹之怪现状》等小说，以暴露官场黑幕而闻名于世。其最大的特点是对当时所谓的“清官”，进行了揭露和嘲讽。作者有云：“赃官可恨人人知之，清官可恨人多不知。”故而作者着意刻画了一系列丑恶可憎的“清官”面孔，旨在告诉人们行将崩溃的封建官僚制度的腐败已无可救药。另外，书中还展示了作者的道德观念和美学思想，因而在我国的近代文学史中具有重要的地位。

3.《老残游记》的内容主要是揭露吏治腐败吗

20世纪初，一向闭关自守的中国，从1840年开始，经历了六十多年的风风雨雨之后，再也难以支撑将倾之大厦。西方列强侵入中国后，威逼软弱无能的清政府签订了一系列的不平等条约。为了更多地掠夺中国的财富，西方列强相互之间加剧了在华利益的争夺，促使处于封建社会的中国急速地向半封建半殖民地社会转化。此时的清政府为了满足侵略者的欲望，为了维护自己的统治，开始了对广大劳动人民更加残酷的敲诈和剥削。清政府吏治的腐败和官场的黑暗，使人们彻底失去了对它所抱的希望。《老残游记》就是在这样的历史条件下产生的。

《老残游记》作者刘鹗

《老残游记》全书以一个手摇串铃的江湖医生老残的见闻和活动为线索，重点刻画了玉贤、刚弼两个官吏酷行暴政的形象，揭露当时官场的黑幕，反映晚清社会的弊端。小说的故事情节经历了由暴露赃官到批评清官的过程，其中掺杂了作者新颖、独到的认识和见解。因此鲁迅先生说："历来小说，皆揭赃官之恶，有揭清官之恶者，自《老残游记》始也。"

《老残游记》描写了当时"清官"玉贤、刚弼的主观臆断，草菅人命。玉贤，自称清正廉明，暗地里贪婪成性，甚于赃官。当地老百姓说："俺们这个玉大人，真是了不得，赛过活阎王，碰着了就是个死！"言语中流露出对"父母官"的畏惧和痛恨。刚弼，故作善性，却残忍毒辣，是"下流的酷吏"。老残看不惯他，大闹公堂，斥问刚弼："天理何存？良心安在？"

对于如玉贤这些自以为是的"清官"们，作者积压在胸怀的愤怒通过笔端发泄了出来，他说："官愈大，害愈甚：守一府则一府抚，抚一省则一省残，宰天下则天下死！"这是小说的主题，彻底暴露了即将毁灭的封建王朝统治。

4.《老残游记》的"叙景状物，时有可观"吗

《老残游记》在艺术上取得了一定的成就，作者十分注重叙事写景，鲁迅先生称"叙景状物，时有可观"，从而形成了它的独特风格。

《世说新语》

1.《世说新语》是中国笔记小说的先驱吗

刘义庆，南朝宋人。他是刘宋王朝宗室，袭封临川王，曾任兖州刺史等职。他一向爱好文学，喜欢招纳文人，门下文士众多。《世说新语》就是在门下文士的帮助下修饰而成的。魏晋以来，文人尚清谈。当时人都以品评人物为乐事，个人声名成毁，决于片言。他们标榜高格玄妙的语词，崇尚放荡不羁，任意洒脱的行为，许多人都争相为之。于是文人们就其言行举止进行评说，品其人物高下。同时，自先秦以来小说轶事的风气，在魏晋也蔚为大观，时人竞相写小说。在这两种风气的影响下，才会出现刘义庆的《世说新语》，以小说记录文人名士之高下，述其轶事、言辞。

2.《世说新语》记录的是士族文士的逸事吗

《世说新语》原本为八卷，今本三卷，按照内容共分德行、言语、政事、文学等36门。书中主要记录汉末至东晋间士族文士的逸闻轶事，全面反映了当时士族的思想、生活、情感等。作者以人物品评的角度，来记录士族的言行，表现当时的社会风气与士族风度。书中大量描写人所倾慕的“魏晋风度”与“名士风流”，体现出当时士族名士玩弄风雅、追求风流自赏的态度。

在他们看来，只有自然率性、无拘无束、不为外物染性情、感动形于色的人才能算得上是真名士，例如《雅量篇》载谢安与人下棋，战报传来晋军大捷，他闻传后竟默默无语，丝毫不被这胜利的狂喜所感染。直到旁人再三追问，他才轻描淡写地说：“小儿辈大破贼。”此外《世说新语》也描写当时一些贪婪凶残的士族形象，这些人一方面是背离风度、风流，为士人所不齿，同时也是对贵族阶级本质的暴露。与之相应的是，宣扬“以孝治天下”的晋王朝，其黑暗统治令人生畏，人人有朝不保夕之感。《世说新语》在其故事中揭露晋王朝的虚伪统治，以及士人无以自保的黑暗现实。

3.《世说新语》最具代表性的篇章有哪些

节选《世说新语·任诞》：王子猷居山阴，夜大雪，眠觉，开室，命酌酒，四望皎然。因起彷徨，咏左思《招隐诗》，忽忆戴安道。时戴在剡，即夜乘小船就之。经宿方至，造门不前而返。人问其故王曰："吾本乘兴而行，兴尽而返，何必见戴？"

4.《任诞》展现的是士大夫所崇尚的风度吗

《任诞》是《世说新语》里极著名的一则故事，集中展现了魏晋士族大夫所崇尚的风度。王子猷是当时名士，他的率性、任意而为十分出名。夜大雪，王子猷半夜醒来，第一反应就是酌酒赏雪吟诗。这是名士应有的高雅生活，不为天寒所动，反而赏雪饮酒。他将物质条件置之脑后，首先是满足精神的愉悦。追求高尚的精神、人格本来就是魏晋风度的中心内容，王子猷不仅夜雪饮酒，而且随身带把锄头，随时准备掘地自埋，展现出对死亡的洒脱。

王子猷的洒脱的确是魏晋风度中的风范，后面记载的则是他率性而为的表现。雪夜独酌，自然想起故人，遂有访戴一举。一夜风雪霜冻，终于到了戴安道家，他却要驾舟回家。这种超乎寻常人思维的举动，在王子猷看来正是自然，是顺应自己个性的行为，所以才乘兴而行，兴尽而归。王子猷是魏晋名士风度的代表，是魏晋人尚玄、尚清谈之时代风气下的产物。这种个性的张扬，与魏晋时代文人自觉的时代特征是相适应的，是人性觉醒的表现。

5.《世说新语》的流行词句有哪些

1. 当共戮力王室，完复神州，何至作楚囚相对。
2. 天生刘伶，以酒为名，一饮一斛，五斗解酲。妇人之言，慎不可听。
3. 乘兴而行，兴尽而返。
4. 我以天地为栋宇，屋室为裈衣。
5. 一手持蟹螯，一手持酒杯，拍浮酒池中，便足了一生。
6. 酒正使人人自远。
7. 张屋下陈尸，袁道上行殡。
8. 酒正自引人着胜地。

9. 三日不饮酒，觉形神不复相亲。

10. 名士不必须奇才，但使常得无事，痛饮酒，熟读《离骚》，便可称名士。

6.《世说新语》都是蕴含深意的小故事吗

《世说新语》是记载汉末至魏晋的士族文士轶事的小说，不仅有相当的文学价值，也具有相当的史料价值。其故事短小，往往片言只语中蕴含深意，只有结合魏晋士人的社会风气与时代特征，才能明白其中的意义。

《西厢记》

1.《西厢记》是中国较早的多本杂剧剧本吗

王实甫，又名德信，元代大都人，当时著名的戏曲作家。《录鬼簿》记录他所作的剧本十三种，最著名的是《西厢记》，其它如《破窑记》、《丽春堂》等流传也很广。婚姻恋爱是受历代文人墨客关心的一个话题，由于宋代理学的兴起，提倡用封建伦理道德约束人的生活。“父母之命，媒妁之言”的封建婚姻制度对无数青年男女造成了极大的伤害。而元代社会经济的繁荣，城市的崛起在一定程度上解放了人的思想，给了男女青年更多自由恋爱的机会，包办婚姻的矛盾为此显得比较突出。王实甫正是基于对自由恋爱的同情，本着“愿天下有情的都成眷属”的美好愿望，写下《西厢记》，以表达对封建婚姻制度的不满。西厢记》又名《崔莺莺待月西厢记》，采用多本杂剧形式，共五本二十一折，是我国较早的多本杂剧剧本。

2.《西厢记》表现的是自由恋爱的故事吗

《西厢记》又名《崔莺莺待月西厢记》突破了元杂剧每剧四折的传统体例，采用多本杂剧形式。从而使剧情更曲折，故事更丰富，在戏曲史上作出了重大贡献。在王实甫之前，已有唐代元稹的传奇小说《莺莺传》，宋代赵令畤的《商调

现代版《西厢记》

蝶恋花》鼓子词，以及金代董解元的《西厢记》诸宫调等流行，故事的基本情节已经定型，但王实甫在自己笔下使这一传统故事焕发了异彩。

《西厢记》“天下夺魁”的故事写的是崔相国病故，崔夫人及小姐莺莺暂住普救寺，莺莺与书生张生一见钟情。叛将孙飞虎垂涎莺莺美貌，派兵围寺；张生得到老夫人亲口许婚，依靠朋友帮助解了危难。老夫人却食言赖婚，张生情急中卧病不起，使女红娘帮助莺莺冲破了封建礼教的束缚，使两人自由结合。老夫人又以门户相要挟，迫使张生上京应试。贵公子郑恒以早有父母之命为由，上门抢婚，并捏造假信，使老夫人同意与莺莺的婚事。正在情急中，高中状元的张生心系莺莺，回到家乡，终于揭穿郑恒的阴谋，有情人终于成眷属。

3.《西厢记》最具代表性的篇章有哪些

节选《西厢记》四本第三折：碧云天，黄花地，西风紧，北雁南飞。晓来谁染霜林醉？总是离人泪。恨相见得迟，怨归去得疾。柳丝长玉骢难系，恨不得倩疏林挂住斜晖。马儿迍迍行，车儿快快随，却告了相思回避，破题儿又早别离。听得道一声“去也”，松了金钏；遥望见十里长亭，减了玉肌。此恨谁知?

4.《西厢记》是以文辞优美著称吗

与关汉卿的剧作不同，《西厢记》是以文辞优美著称的，这两段唱词正好体现了这一特点。《碧云天》一句，是千古传诵的名句，用秋景的描写表达自己内心的痛苦。这样一个秋风凄凉的日子里，心正如落叶黄花一般受着冷风的鞭挞。那红色的霜林，不是别人，正是我别离的血泪给染红的。

这一比喻，用形象的词句传达出莺莺心中无限的痛苦，刚刚与张生成婚，又面临别离。接下来的这段唱词则直接抒发了莺莺的情感。虽然是一个受封建礼教束缚很久的少女，一旦情窦打开，就再也顾不得许多，一任感情流淌，“恨不得倩疏林挂住斜晖”，因为不舍张生的离去，希望用拖住日光这样的办法来使得时间走得慢一点，使她与张生相会的时间多一点。“听得道一声去也”，早已失却闺秀的风范，松散金钏，不顾打扮，只是一心悲哀。这些精美的唱词表达出了恋爱中的少女对爱人的眷念，以及别离的伤悲。

5.《西厢记》的流行词句有哪些

1. 晓来谁染霜林醉？总是离人泪。
2. 下西风黄叶纷飞，染寒衰草萋迷。
3. 未饮心先醉，眼中流泪，心内成灰。
4. 泪添九曲黄河溢，恨压三峰华岳低。
5. 归家若到罗帏里，昨日个绣衾香暖留春住，今夜个翠被生寒有梦知。
6. 青山隔送行，疏林不作美，淡烟暮霭相遮蔽。
7. 夕阳古道无人语，禾黍秋风听马嘶。
8. 遍人间烦恼填胸臆，量这些人小车儿如何载得起？
9. 罗衣不奈五更寒，愁无限，寂寞泪栏杆。
10. 不近喧哗，嫩绿池塘藏睡鸭；自然幽雅，淡黄杨柳带栖鸦。

6.《西厢记》是元代戏曲中的精品吗

《西厢记》是元代戏曲中的精品，作为戏曲研究及案头欣赏均有相当高的价值。与“本色当行”的剧本不同，《西厢记》注意人物性格的刻画，以及文字的修饰，素以文辞精美著称。阅读应尤其留意其文辞，才能体味《西厢记》的美。

《桃花扇》

1.《桃花扇》是借个人爱情写南明历史的剧作吗

孔尚任，字聘之，又字季重，自号云亭山人，清初山东曲阜人。自幼便接受严格的传统教育，但他的兴趣又十分广泛，对于诗文、声律都十分精通，这一切都为他创作《桃花扇》打下坚实基础。明朝末年，在李自成起义军与吴三桂引入清军的双重打击下，明王朝统治瓦解，明朝众臣拥立福王朱由崧建立南明王朝。

在民族矛盾空前尖锐之时，南明王朝本应团结一致、共同御敌。但事实上统治集团内部的勾心斗争并未因此而停止，反而愈演愈烈，白白断送了反清复明的大好形势。这种情形令广大爱国志士痛心不已，孔尚任正是借笔写出这段历史。

2.《桃花扇》写的是名妓李香君的爱情故事吗

《桃花扇》共四十出，主要描写的是复社四公子之一的侯方域与秦淮名妓李香君之间的爱情故事。借离合之情，写兴亡之感，借两人的爱情，写出南明王朝的衰亡。剧中虽然有两条线索，但两条线索水乳交融，根本分不清谁是谁；事实上侯李的爱情也是南明兴亡的晴雨表。

故事中，由于李香君拒绝阉党余孽阮大铖赠送的嫁妆而开罪了阮大铖。后来侯方域随史可法守扬州抗击清兵，李香君独守空闺，拒绝再嫁。她认识到马士英、阮大铖的丑恶面目以及他们为南明带来的危害，而在一次宴会上痛斥他们。阮大铖设计将李香君送入宫中，幸而李香君母亲顶替她入了宫，李香君由此隐姓与侯方域失去联络。

另一方面，由于马士英、阮大铖的破坏，使得统治集团内部矛盾重重，不能团结应敌。镇守江北四镇的将领先后被敌人攻破，左良玉、史可法名将也在战争中牺牲。南明统治覆亡了，侯方域死里逃生，回来寻找李香君。经历生死离别，国家灭亡的一对恋人，最终相约出家，枯守青灯以了终生。

3.《桃花扇》最具代表性的篇章有哪些

节选《桃花扇·却奁》：【旦怒介】官人是何说话，阮大铖趋附权奸，廉耻丧尽，妇人女子，无不唾骂。他人攻之，官人救之，官人自处于何等也？

【川拨棹】不思想，把话儿轻易讲。要与他消释灾殃要，与他消释灾殃，也提防旁人短长。

【拔叠脱衣介】脱裙衫，穷不妨，布荆人，名自香。

4.《却奁》一出表现了李香君的深明大义吗

这是《桃花扇》最出名的《却奁》一出。阮大铖当时作为阉党余孽，受人唾弃。为了结交复社文人，特地托杨龙友为李香君准备嫁妆，撮合侯李两人。这段说白与词就发生在两人明白真相之后。侯方域因受阮大铖如此恩惠，口气有所缓和，香君听后不由怒上心头。她性格直爽，立即指责侯方域的作为有损文士人格。阮大铖之流祸害国家，导致明朝灭亡，虽然是青楼女子的李香君也不齿其为人。

在这里，作者刻画出了一位深明大义，不受金钱引诱的青楼女子。虽然李香君也喜欢漂亮衣裙，然一旦得知是阮大铖所赠时，她毫不犹豫地推却了这些东西，“哪知道这几件钗钏衣裙，原不放到我香君眼里”，这句话出自一个以卖笑为生的青楼女子之口，实在令人敬佩。而这出《却奁》也奠定了李香君的性格形象。有了这一出，她以后坚贞等待侯方域，大骂阮大铖等高尚的行为也就不让人奇怪了。

5.《桃花扇》的流行词句有哪些

1. 山松野草带花挑，猛抬头秣陵重到。
2. 残军留废垒，瘦马卧空壕；村郭萧条，城对着夕阳道。
3. 野火频烧，护墓长楸多半焦。
4. 问秦淮旧日窗寮，破纸迎风，坏槛当潮，目断魂消。
5. 残山梦最真，旧境丢难掉，不信这舆图换稿。
6. 王气金陵渐凋伤，鼙鼓旌旗何处忙？怕随梅柳渡春江。
7. 无主春飘荡，风雨梨花摧晓妆。
8. 花林疏落石斑斓，收入倪黄画眼。
9. 怕催花信紧，风风雨雨，误了春光。
10. 隔春波，碧烟染窗；倚晴天，红杏窥墙。

6.《桃花扇》是借离合之情写国事兴衰吗

《桃花扇》是借离合之情，写兴亡之感的历史剧，不仅是研究南明历史的教材，也为历史题材的文艺创作提供了样板。由于侯李爱情与政局变化糅合在一起，加上人物众多，剧情复杂，读者须仔细阅读方能辨明两事的脉胫。

1.《长生殿》是清代传奇的代表作品吗

洪升，字昉思，号稗畦，清初钱塘人。他出身于一个没落士大夫家庭，受过良好的教育，与当时著名文人交往甚密。但由于家庭受到清王朝迫害，兄弟均流落四方，加上洪升自己在孝懿皇后丧期演唱戏剧，得罪朝廷，所以从此失去仕进机会，只能回乡潦倒终生。洪升生活的清初，文人反清复明的思想还比较重，他也深受影响。唐明皇与杨贵妃的故事自安史之乱后就广为流传，不仅留下了白居易《长恨歌》，而且戏剧史上也有元人白朴《梧桐雨》，明人吴世美《惊鸿记》这样的优秀剧作。洪升用他的《长生殿》重新演绎了这个流传甚广的故事，并把自己对亡明的思念写进唐王朝破国的故事中去。

2.《长生殿》是唐明皇与杨贵妃的爱情传奇吗

《长生殿》也是一部以离合之情写兴亡之感的剧作，只不过借用的是唐明皇与杨贵妃的传奇爱情故事。与《桃花扇》不同的是，《长生殿》将爱情与战争两条线索独立并行，使两种感情更加鲜明。同时，《长生殿》更注意修辞炼字，许多唱词都极为优美、古雅。李杨两人的爱情自《长恨歌》之后千古流传，但洪升却把它发展到一个前所未有的极点。故事描写的是杨贵妃承宠，唐明皇专情而疏于朝政。

安禄山深得皇帝信任，被委以重任，而密谋造反。正当唐明皇李隆基与杨贵妃浓情蜜意之时，噩耗传来，安禄山起兵反唐。唐明皇只得带着官员后宫逃往四川。行至马嵬坡，众将士驻兵不前，要求惩处杨氏兄妹；唐明皇只得忍痛赐死杨贵妃。叛军兵破后班师回朝，唐明皇日思夜梦杨贵妃，在孤独中忍受相思之苦。后来道士远访仙岛，见到已成仙的贵妃，送回两人当初定情的钿盒。真挚的爱情感动上天，两人终于在月宫重圆。在洪升笔下，帝王的爱情早已退却王气，纯乎是一对相依为命的苦命鸳鸯，历尽千般苦难终于破镜重圆。

3.《长生殿》最具代表性的篇章有哪些

节选《长生殿·闻铃》：【前腔】淅淅零零，一片凄然心暗惊。遥听隔山隔树，战合风雨高响低鸣。一点一滴又一声，一点一滴又一声，【和】愁人血泪交相迸。对这伤情处，忆荒茔。白杨萧瑟雨纵横，此际孤魂凄冷。鬼火光寒，【草闷】湿乱萤。只悔仓皇负了卿，负了卿！独在人间，不愿生。语娉婷，相将早晚伴幽冥。一恸空山寂，铃声相应，阁道崚嶒，似我回肠恨怎平！【尾声】迢迢前路愁难罄，招魂去国两关情。【合】雨后尖山万点青。

4.《闻铃》是唐明皇思念杨贵妃的唱段吗

马嵬坡赐死杨贵妃之后，唐明皇进入蜀中，青山绿水，反而让他更加思念起杨贵妃。这段唱词是唐明皇在剑阁避雨时，万般思念杨贵妃时所唱。在这里，我们看到的不是一个霸气的帝王，而是一个痴情男子对亡妻的深情呼唤。作者将背景安排在雨中，雨点愁肠，别是一番滋味在心头。

淅沥的小雨一点一滴往下落，打入李隆基的心坎，混着相思血泪往外迸，连这满天的雨，都是为杨贵妃哭泣的泪。烟雨漫漫，锦绣江山看上去都是如此萧瑟，是杨贵妃孤独的魂魄漫游的坟场。此时的李隆基，早没有远离叛军的喜悦，满心只是悔恨，辜负了杨贵妃的情，不该妄送了杨贵妃性命。这声声呼唤，句句叹息，是流自心内的血，是伤情人眼中的泪。

5.《长生殿》的流行词句有哪些

1. 情似坚金，钗不单分盒永完。
2. 半棵树是薄命碑碣，一杯土是断肠墓穴。
3. 可怜那抱幽怨的孤魂，只伴着呜咽的望帝悲声啼夜月。
4. 高春风解释着愁，沉香亭同倚栏杆。
5. 天淡云闲，列长空数行新雁。
6. 幽州鼙鼓喧，万户蓬蒿，四野烽烟。
7. 只怕无情种，何愁有断缘。
8. 但使有情终不变，定能偿夙愿。
9. 在天愿为比翼鸟，在地愿为连理枝。天长地久有时尽，此誓绵绵无绝期。

10. 百年离别在须臾，一代红颜为君尽。

6.《长生殿》是历史剧中写得最好的吗

《长生殿》是历史剧中写得极好的一部，它将传统上升到了一个新的高度，赋予旧故事新生命，对于现代戏剧、小说创作有一定意义。故事中展现的唐代历史与李杨爱情，可信但不可尽信，应在感动的同时注意到洪升将李杨爱情升华到一个前所未有的高度，但并非全是写实。

1.《牡丹亭》是戏曲史上的杰作吗

汤显祖，字义仍，号若士，明代江西临川人。他出身于书香世家，早年就有才名，与当时东林党领袖顾宪成、高攀龙等是好友。由于他不肯阿附权贵，政治上一直郁郁不得志，于是全心投入到戏曲创作中。自宋以来，理学思想成为国家统治思想，严重地压抑着正常人性的发展。尤其是一些假道学，骨子里并不真是圣人，却偏要装出一副道学相来教训人。

汤显祖特别佩服当时的思想家李贽，深受其思想影响，主张率性，崇尚真性情，反对假道学。因此，他对当时封建伦理道德十分反感，于是写下《牡丹亭》提倡追求自由爱情与个性解放的精神，反对封建礼教的束缚。

2.《牡丹亭》是追求个性解放的作品吗

《牡丹亭》共55出，又名《还魂记》，是明代戏曲中的代表作品，对戏曲发展具有重要作用。故事描写的是南安太守杜宝的女儿杜丽娘，在假道学的父亲和私塾老师的管束下，身心受到严重束缚，当她无意中发现府中的花园时，少女的天性被激发而起。她困倦中在一颗柳树下睡着了，睡梦中与书生柳梦梅相会，与柳梦梅一见钟情。但是杜太守对女儿管束甚严，杜丽娘甚至在梦中也不能与柳梦梅尽情相会，她因此积郁而死。

《牡丹亭》的作者汤显祖

三年后，柳梦梅到南安养病，得到杜丽娘的自画小像，认出这就是与自己梦中相会的女子，产生深深爱慕。杜丽娘感而还魂，两人终于结成夫妻。柳梦梅上京应试，高中状元。当杜宝得知女儿还魂与柳梦梅私自结为夫妻时，气急败坏，不肯与女儿相认，后经众人劝说，圣旨封诰，终于一家团圆。汤显祖在这里塑造的是一个全新的女性形象，杜丽娘不仅敢于恋爱，还敢于与爱人相会，冲破重重阻碍，与爱人结合。这也反映了汤显祖所尊奉的童心说在解放人性、主张个性自由中的作用。

3.《牡丹亭》最具代表性的篇章有哪些

节选《牡丹亭·惊梦》：【皂罗袍】原来姹紫嫣红开遍，似这般都付与断井颓垣。良辰美景奈何天，赏心乐事谁家院！【合】朝飞暮卷，云霞翠轩；雨丝风片，烟波画船，锦屏人忒看的这韶光贱！

4.《惊梦》表现了少女对被耽误青春的惋惜吗

这是《牡丹亭》中最著名的《惊梦》中的一段唱词，传流甚广。在这段唱词中，杜丽娘表现出一个青春觉醒的少女对满园春色发出对自己被耽误的青春的惋惜。杜实对女儿管束甚严，连自家这样漂亮的花园也不告诉她，怕她起了怀春之思。杜丽娘一直处于严格的封建礼教管束之中，乍见这春光明媚的美景，她心中被压抑已久的少女的天性一下子复苏了。她眼看着姹紫嫣红的美景，心中却升起一股伤感。

因为她眼看着这美景，正如自己蓬勃的青春一般，无人欣赏，无处宣泄，只能付诸东流，付与断井颓垣，白白浪费。这是少女天性的恢复，是人性的复苏，是个性解放的表现。在汤显祖笔下，杜丽娘不再是个唯唯诺诺的弱女子，而是敢爱敢恨，敢于为爱献身的女子。虽然还只是在梦中与爱人相会，但已经迈出了女性解放的一大步。而这段唱词，是杜丽娘个性复苏的第一步，为整个剧情的发展奠定了基础。

5.《牡丹亭》的流行词句有哪些

1. 梦回莺啭，乱煞年光遍，人立小庭深院。
2. 原来姹紫嫣红开遍，似这般都付与断井颓垣。
3. 良辰美景奈何天，赏心乐事谁家院！
4. 竹宇闻鸠，朱幡引鹿。
5. 月明无犬吠黄花，雨过有人耕绿野。
6. 几曲屏山展，残眉黛深浅。
7. 何意婵娟，小立在垂垂花树边。
8. 这般花花草草由人恋，生生死死随人愿，便酸酸楚楚无人怨。
9. 蛟龙失水砚池枯，狡兔腾天笔势孤。
10. 百事不成真画虎，一枝难稳又惊乌。

6.《牡丹亭》塑造了女性的崭新形象吗

《牡丹亭》是明代戏曲中的代表作，它塑造的女性形象是中国文学史上崭新的形象，是研究古代戏曲与当时文人思想的重要资料。读者阅读时，尤其应注意汤显祖所塑造的这几个人物形象，他们不仅在文学史上，而且在中国历史上也有着极其重要的地位。

1.《窦娥冤》是中国戏曲史上最著名的悲剧吗

关汉卿，号已斋叟，元代大都人。他曾任元朝太医院尹，以医生为业。但业余从事戏剧创作，创作出《窦娥冤》、《鲁斋郎》、《蝴蝶梦》等一大批戏曲作品，是中国文学史上的伟大作家，也是中国戏曲的奠基人。元代统治者对汉人实行歧视、压制政策，使大量有才学的文人有力无处使，转而投身艺术创作。

同时，唐宋以来的参军戏、话本、杂剧的发展为元曲的产生提供了艺术上的准备，使元曲的产生成为可能。而城市经济在元代也空前繁荣起来，大量城市平民的出现，要求相应的娱乐活动为之服务。这一切，都为元曲的产生提供了条件。关汉卿正是在这样的时代背景下创作出名剧《窦娥冤》的。

2.《窦娥冤》是对黑暗社会的控诉吗

《窦娥冤》原名《感天动地窦娥冤》，是关汉卿最著名的剧本。剧本描写的是女主角窦娥七岁时，因父亲借了蔡婆的高利贷无法归还，而被抵押给蔡婆做了童养媳。父亲赴京应试，窦娥则开始了小媳妇生活。好容易成亲了，新婚不久，丈夫就一病呜呼，婆媳俩相依为命。但没过多久，平静的生活起了变化。蔡婆出门收高利贷，险些被赛卢医杀害，恶棍张驴儿父子救了她的命。张驴儿以性命威胁，要蔡婆两婆媳嫁他父子为妻。蔡婆无奈中只得答应，窦娥却宁死不从。

张驴儿怀恨在心，设计想毒死蔡婆嫁祸窦娥，谁料却毒死了自己父亲。窦娥含冤入狱，被昏官判以死刑。刑场上窦娥立下三桩誓愿，以示清白。她的冤屈感动了天地，三桩誓愿都一一实现。三年后，窦娥的父亲担任廉访使，复查此案，终于为女儿平反昭雪。关汉卿用他的笔控诉了元代社会的黑暗、官场的腐败，人民在暗无天日的黑暗统治中毫无生活的希望。同时也揭示人民在这样的统治中也决不低头，以及敢于指斥天地的反抗精神。

3.《窦娥冤》最具代表性的篇章有哪些

《窦娥冤（节选）》：【滚绣球】有日月朝暮悬，有鬼神掌着生死权。天地也，只合把清浊分辨，可怎生糊突盗跖、颜渊：为善的受贫穷更命短，造恶的享富贵又寿延。天地也，做得个怕硬欺软，却原来也这般顺水推船。地也，你不分好歹何为地？天也，你错勘贤愚枉做天！哎，只落得两泪涟涟。

4.“节选”唱段是窦娥发出的无助的呼喊吗

这是窦娥被押赴刑场途中所唱出的一段对天地的控诉。无辜的窦娥被抓进监狱，至死不肯承认自己有罪。昏官收了张驴儿的银子，以蔡婆来要挟窦娥就范。为了救助年老的婆婆，窦娥不得不屈招，但她心里怀着的无限冤屈，却要通过唱词宣泄出来。天地本应是掌管人间生死祸福，是最公正的判官，但窦娥在此却对天地发出了声声血泪的控诉。指天地善恶不辨，好坏不分，让恶人享福，好人遭罪。

这与平常天理不合的做法，是天地的罪过，是它们勾结坏人，怕硬欺软，不敢为好人伸张正义，乐于为坏人助威。这样的判官，窦娥控诉它们“何为地”、“枉做天”，简直有负自己的盛名。窦娥把满腔怨恨都化在对天地这一对最高判官的指斥上，而这不仅是窦娥一个人的控诉。在当时昏庸、黑暗的官府统治之下，人民生活在水深火热之中，所以对天地的控诉就是对元朝统治者的控诉，是社会黑暗之中人民无助的呼喊。

5.《窦娥冤》的流行词句有哪些

1. 天若是知我情由，怕不待和天瘦。
2. 催人泪的是锦烂漫花枝横绣闼，断人肠的是剔团圆月色挂妆楼。
3. 有日月朝暮悬，有鬼神掌着生死权。
4. 若没些儿灵圣与世人传，也不见得湛湛青天。
5. 岂不闻飞霜六月因邹衍?
6. 做甚么三年不见甘霖降，也只为东海曾经孝妇冤。
7. 浮云为我阴，悲风为我旋。
8. 这的是衙门从古向南开，就中无个不冤哉。
9. 若果有一腔怨气喷如火，定要感得六出冰花滚似棉。
10. 地也，你不分好歹何为地？天也，你错勘贤愚枉做天！

6.《窦娥冤》是一部揭露黑暗现实的名剧吗

《窦娥冤》是关汉卿一部揭露黑暗现实的名剧，对于研究元代社会的真实面貌有一定参考作用。关汉卿的剧作特点是“本色当行”，用质朴的语言表达真挚的情感。阅读时应注意这一语言特点，以及其所表达的对现实的批判与对人民的同情。

《琵琶记》

1.《琵琶记》是元末南戏的代表作品吗

高明，字则诚，元代温州瑞安人。他早年在家乡读书，后来中了进士，做过几任小官，曾参加过南方抗元的义军，因与主帅意见不合，遂退出义军，隐居乡间，开始著书生活。

《琵琶记》是他的最重要的作品，其它如《闵子骞单衣记》等都有所亡佚，经五人收辑，还存有五十余篇。南戏又名温州杂剧或永嘉杂剧，自南宋以来，温州经济繁荣，城市发达，杂剧空前繁荣起来。当时地方上流行一种陋俗，即妻子抛头露面挣钱养活丈夫，操持家务；一旦丈夫中举之后，就将前妻一脚踢开，另娶所欢。这成为社会的一个普遍问题，而高明《琵琶记》就是反映的这一社会问题。

2.《琵琶记》批判了科举制度对文人的迫害吗

《琵琶记》是根据元末在民间流传甚广的南戏《赵贞女》改编而成的，共42出。书中描写的是秀才蔡伯喈上京应试，高中状元之后入赘牛丞相家，娶牛小姐为妻的故事。

作为一个深受封建礼教压迫的文人，蔡伯喈辞试不能，辞官不能，辞婚又不能，只能为官京城，为婿丞相府，而置千里之外的父母及发妻赵五娘于不顾。丈夫一去不复返，赵五娘只得独力照顾年老的公、婆。谁知由于官府的欺压，以及严重自然灾害的侵袭，一家三口陷入饥荒之中。公婆相继去世，无依无靠的赵五娘只得带上琵琶开始千里寻夫路。

经历路途上的千般艰难，万般辛苦，终于来到京城，却得知丈夫已入赘牛丞相府做了人家的女婿。幸而牛小姐是贤慧的女子，不仅认了赵五娘，还拜她做姐姐。后得皇帝圣旨，封两人同为夫人，终于一家团圆，得了个大圆满的结局。虽然结局很美，但剧中所反映的深刻的社会问题却是一出悲剧。它批判了封建社会科举制度对文人的迫害，以及平民妇女受压迫、受剥削的悲惨命运。

3.《琵琶记》最具代表性的篇章有哪些

节选《琵琶记》第二十出：【孝顺歌】呕得我肝肠痛，珠泪垂，喉咙尚兀自牢嗄住。糠，遭砻被舂杵，筛你簸扬你，吃尽控持。悄似奴家身狼狈，千辛万苦皆经历。苦人吃着苦味，两苦相逢，可知道欲吞不去。

【前腔】糠和米，本是两倚依，谁人簸扬你作两处飞？一贱与一贵，好似奴家共夫婿，终无见期（丈夫，你便是米么，米在他方没寻处。奴便是糠么，怎的把糠救得人饥馁？好似儿夫出去，怎的教奴，供给得公婆甘旨？）。

4.“节选”表现了中国妇女的善良与坚忍吗

这一段唱词是蔡家遭受连年饥荒，赵五娘为供奉年老公婆，自己只得吃糠充饥时，面对难以下咽的糠，联想起自己悲苦身世所唱的心中之苦。从唱词中，我们可以感受到五娘独自一人面对重重灾难的痛苦，以及她对丈夫的思念。最妙的是赵五娘就以眼前的糠作喻来表达自己的感情。她把糠比作自身，遭受了千般折磨，被视为废物一般的低贱，却在饥饿中充当了救人性命的粮食。

她又把米比作丈夫，虽然糠与米本是相倚而生，但由于命运的安排，一个贱，一个贵，分道两路，遭受不同的结局。虽然有种种折磨，虽然有丈夫的离弃，五娘心中念念不忘的仍是公婆。虽然“呕得我肝肠痛，珠泪垂”，但五娘仍然要义无反顾地把糠吃下去，因为只有这样才能节省下粮食来救公婆。这表现了中国妇女的善良、坚忍，而这段唱词对于刻画五娘的形象也极为重要。

5.《琵琶记》的流行词句有哪些

1. 滴溜溜难穷尽的珠泪，乱纷纷难宽解的愁绪。
2. 骨崖崖难持的病体，战钦钦难捱过的时和岁。
3. 糠和米，本是两倚依，谁人簸扬你做两处飞？
4. 小门深巷里，春到芳草，人闲清昼。
5. 愿岁岁年年人在，花不常斟春酒。
6. 帘幕风柔，庭帏昼水，朝来峭寒轻透。
7. 山青水绿还依旧，叹人生青春难又，唯有快活是良媒。
8. 把几分春三月景，分付与东流。

9. 春昼，只见燕双飞，蝶引人，莺活似求友。

10. 懊恨别离轻，悲岂断强，愁非分镜。

6.《琵琶记》影响了明清戏曲吗

《琵琶记》是元末“南戏之祖”，对明清戏曲影响很大，对今人研究戏曲艺术也有很大的帮助。与明代戏曲相比，它的语言更平实，情节更简单。阅读时尤其应注意剧中所宣扬的封建教化思想，应撇开这些糟粕而挖掘其中的精华之处。

《古文观止》

1.《古文观止》是著名的启蒙教材吗

吴楚材、吴调候系叔侄俩人，均为清初康熙年间文士。吴家是书香门第，古文传统根底深厚，两位作者不仅从小受业古文，而且学识渊博，学问精深。这样的家学渊源与个人学识，为他们编选《古文观止》提供了厚实的基础。

自明以来，复古成为一种倾向，文人竞相学古诗，作古文，引以为荣，但模拟古人之作必须有较好的本子以供参考，因此自明以来编选古诗、古词、古曲、古文成为一种风尚，也产生了一些优秀作品。但在古文的编选上，一直没有一种简洁、精审、易学的本子。吴氏叔侄由于一直潜心古文研究，自己古文水准也极高，因此在编选风气的影响下，编选出《古文观止》这样雅俗共赏的集子，流行甚广。

2.《古文观止》选编的文章都是古代的名篇佳作吗

《古文观止》，“观止”取“叹为观止”之意而命篇。全书共12卷，所收文章上自东周，下迄明末，共220篇。由于吴氏编选的目的是为了便于读书人欣赏与学习，因此所选的篇目都是自东周以来古文中的名篇。所选文章，以散文为主，也有少量骈文。作者按照时代顺序将全书分别编排为十二卷，而且所选篇目都繁简适中，宜于学习。

在每篇文章中，作者都附有简短的评说，以介绍文章背景，解释词句，评论内容等等，文字简洁准确。既使得读者对文章有了清晰的了解，又未增加作品的篇幅。由于上述的种种优点，使得《古文观止》在文人中颇为流行，成为学习古文的必读之书。因此在清代，私塾中往往将《古文观止》作为学生学习古文的启蒙教材。此外，由于清代考据之风盛行，文人尚朴，故清学又称“朴学”。这风气无疑对吴氏父子有所影响，他们在编选《古文观止》时相当严谨，不仅慎于选篇，而且在评论中也据实以答，不论是读音还是辨字，都十分精切而确当。这样的作风，的确使本书成为难得之书。

现代版《古文观止》

3.《古文观止》最具代表性的篇章有哪些

节选《古文观止》卷一《郑伯克段于鄢》：初，郑武公娶于申，曰武姜。生庄公及共叔段。庄公寤生，惊姜氏，故名曰寤生，遂恶之。爱共叔段，欲立之，亟请于武公，公弗许。及庄公即位，为之请制。公曰：“制，严邑也，虢叔死焉。佗邑唯命。”请京。使居之，谓之京城大叔。

4. 吴氏的评论对理解文章有画龙点睛作用吗

这段文字是《左传》非常著名的《郑伯克段于鄢》。郑庄公由于寤生，为母亲姜氏所恶。姜氏想立小儿子共叔段为王，但没有成功。庄公即位后，心中暗自怨恨。他立弟弟为京的诸侯，并不断娇宠，纵使他背离人心，并起兵谋反。事实上，庄公暗地里早已集结兵士，一举摧毁了共叔段的谋反。这段话就是故事之初，奠定了整个故事基调和基本矛盾的起因。故事线索很明白，而吴氏叔侄的评语对故事的理解也有画龙点睛的作用。

首先看对词语的解释，吴氏对“寤生，言生之难，绝而复苏也。”这不仅将寤的意思解释出来了，而且特别形象生动，给人留下了深刻印象。解释“遂恶之”为“一遂字，写尽妇人任性情况”。《左传》特别讲究春秋笔意曲折，而吴氏的解释则将曲隐的春秋笔法直述出来。在解释武姜请立段时，吴氏说“以上叙武姜爱恶之偏，以基骨肉相残之祸”，将这段文字在全篇中的地位与作用表白，给读者清晰的谋篇布局概念。由以上分析可见吴氏的评论对理解文字有画龙点睛作用，的确是启蒙的好教材。

5.《古文观止》的流行词句有哪些

1. 一鼓作气，再而衰，三而竭。
2. 君处北海，寡人处南海，唯是风马牛不相及也。
3. 辅车相依，唇亡齿寒。
4. 劳师以袭远，非所闻也
5. 此所谓天府，天下之雄国也。
6. 毛羽未丰满者，不可以高飞。
7. 兵胜于外，义强于内，威立于上，民服于下。
8. 安有人主不能出其金玉锦绣，取卿相之尊者乎？
9. 贤人用而天下服，一人用而天下从。
10. 式于廊庙之内，不式于四境之外。

6.《古文观止》的评语是阅读的钥匙吗

《古文观止》是清代以来文人的启蒙教材，其编审之精，评品之当，在今天也不失为一本了解古文作品的入门教材。阅读本书时，不仅应当注意其所选的古代名篇，对编者所加评语也应注意，因这些评语是阅读的一把钥匙。

1.《李太白全集》是李白诗最完备的注本吗

王琦，号琢崖，清代钱塘人。他是当时有名的学者，学识渊博，功底深厚。他不仅有《李太白文集》问世，还有《李长吉歌诗汇解》五卷。同时还帮助赵殿成注解《王右丞集》中的佛典故事。这几部书都是当时盛传一时的名著，影响很大。清代文人本身著述成就本不高，但由于盛行考据之风，所以在研究前人作品上成就相当高。汉学到了清代为之大盛，清代可以说是总结中国古代文学的朝代。其中，注解前人诗文的作品也很多。而且由于清人学风朴实、精谨、审慎，其注释往往较前人有更高的价值。在王琦之前，还有南宋、元、明各代文人对李白诗文的注释，但尤以王琦成就最高，其编注的《李太白全集》是最完备的注本。

2. 李白诗是浪漫主义诗风的代表吗

《李太白全集》是李白诗与文的合注。本书共30卷，另有附录六卷。李白，字太白，号青莲居士，是唐朝最伟大的诗人之一，是浪漫主义诗风的代表。李白从小受过良好的教育，长大后又游历各地，见识丰富，而且天资聪明过人。唐王朝全盛之时的高昂、激进、飘逸的风格影响了李白，使他的诗作也带上了这样的风格。

少年李白的诗作充满昂扬向上的精神，有为国建功立业、济苍生、安社稷的抱负。而这一精神也是贯穿他诗歌的一条主线，是他一生中占主导地位的思想。如“齐心戴朝恩，不惜微躯捐”这样的句子，就体现了这一思想，李白游历祖国山水，也写下了许多赞美大好山河的句子，如“飞流直下三千尺，疑是银河落九天”。

作为封建士大夫，李白在忠心报国的同时，也碰到“士不遇”的难题。唐玄宗虽然欣赏李白的才气，并封他做翰林院学士，但并没有真正给他施展才华的机会。他在诗中则以“且放白鹿青崖间，须行即骑访名山。安能摧眉折腰事权贵，使我不得开心颜？”来消解。

3. 李白诗最具代表性的篇章有哪些

节选《李太白全集》卷五《塞下曲》：五月天山雪，无花只有寒。笛中闻折柳，春色未曾看。晓战随金鼓，宵眠抱玉鞍。愿将腰下剑，直为斩楼兰。

4.《塞下曲》是李白对戍边战士的赞颂吗

这首诗是李白对戍边战士的赞颂，更是本身抱负的写照。边塞诗是唐代诗人创作的一大主题。对边塞的关心，是对国家大事的关心，也是诗人们渴望像战士一样保卫国家、建功立业的雄心。李白写这首诗时，先构想了边塞的艰苦生活，然后用这种艰苦来烘托战士们报国雄心不改的豪气。

“五月天山雪，无花只有寒”，正值人间五月芳菲的时候，但天山上相伴战士的是雪花而非鲜花。“只有寒”三个字将环境的奇寒一语道出，为抒写其伟大塑造了一个艰苦的自然环境。“笛中闻折柳”承上联而来，山上无花当然也无柳。但羌管悠悠，战士们在笛声中思念故乡，思念故乡的杨柳依依。这个时节的故乡，应当是繁花似锦，柳色青青，而战士的眼中却只有雪花飘飘。

“晓战随金鼓，宵眠抱玉鞍”，准备跳上马背，加入战斗。虽然环境是这样的恶劣，条件是这样的艰苦，乡情是这样的浓烈，但是报国的热情却丝毫没有减退。“愿将腰下剑，直为斩楼兰”。难道这样一个报国爱国的战士，不是诗人李白自己的内心独白吗?

5.《李太白全集》的流行诗句有哪些

1. 不知明镜里，何处得秋霜。
2. 愿将腰下剑，直为斩楼兰。
3. 飞流直下三千尺，疑是银河落九天。
4. 一唱都护歌，心摧小如雨。
5. 君看石芒砀，掩泪忠千古。
6. 乘风破浪会有时，直挂云帆济沧海。
7. 蜀道之难难于上青天!
8. 天生我材必有用，千金散尽还复来!
9. 清水出芙蓉，天然去雕饰。
10. 床前明月光，疑是地上霜。举头望明月，低头思故乡。
11. 孤帆远影碧空尽，唯见长江天际流。
12. 君不见黄河之水天上来，奔流到海不复回。

6.《李太白全集》是研究李白的最好读本吗

《李太白全集》是李白最完备的注本，不仅收录诗文完备，其注解也极详尽，是研究和学习李白诗作非常好的读本。在阅读时应结合王琦的注来读，这样才能掌握其写作背景与用典出处，对理解李白诗作有很大作用。

1.《王右丞集笺注》是王维诗集注的佳作吗

赵殿成，清代乾隆年间文士，素有才名，所注《王右丞集笺注》是王维诗注本中较为完备的一种。盛唐诗人各成一家，王维以其“秋水芙蓉，倚风自笑”的特点成为一大家，自唐以来欣赏王诗的人很多。王维诗最早的集子是他弟弟夏卿为他结集而成，共十卷。

盛时王维诗传一千余首，后来几经散佚，现存仅四百余首。后代传王维诗的有四家刻本最好，赵殿成取其所长，汇成本书的底本。因为古人偏爱王诗，为其作注的有许多家，但其注往往穿凿附会，背离王诗本意。基于这一原因，赵殿成决定整理前人旧注，搜遗补逸，达到“总期无失作者本义之旨”的目的。

2. 王维是能文能诗的贵族吗

《王右丞集笺注》共28卷，按照诗体分类分卷，另有附录一卷，包括弁言、诗评、画录、年谱、序文。王维，字摩诘，唐朝太原祁县人，是开元、天宝间的著名诗人。他出身贵族家庭，不但能文能诗，而且精通书画和音乐，官运亨通。但安史之乱时，被迫为安禄山之官，肃宗回京后曾一度被贬，最后又升任尚书右丞，故世称王右丞。王维的佛理修为很高，这不仅影响了他“半官半隐”的生活态度，而且也影响他“秋水芙蓉”的诗作。

王维诗中最出色的是山水田园诗，这主要是他隐居终南、辋川时闲情逸致生活的再现。不但将景物描摹得逼真，而且也体现了诗人的一派悠然自得。“空山不见人，但闻人语响。返景入深林，复照青苔上”。的名句正是山水诗的代表。作为盛唐诗人，王维也有一些游侠、边塞的诗作。这是他以及那个时代诗人们寄心家国，渴望建功立业的抱负，是盛唐昂扬、高亢气象在诗人们心中的烙印。“相逢意气为君饮，系马高楼垂柳边”，正是一个少年游侠的意气风发之作。

3.《王右丞集笺注》最具代表性的篇章有哪些

节选《王右丞集笺注·山居秋暝》：空山新雨后，天气晚来秋。明月松间照，清泉石上流。竹喧归浣女，莲动下渔舟。随意春芳歇，王孙自可留。

4.《山居秋暝》是田园诗的代表作吗

这首《山居秋暝》是王维山水田园诗中的代表作，流传很广，意境也十分优美。王维的山水诗在当时冠绝一时，由于深受佛老思想影响，诗作中充满了佛家空无寂寥的哲理，让人仿佛置身一个世外桃源般与世相隔的境地，极其空灵、飘逸、高妙。这首《山居秋暝》正体现了王维山水诗的特点，“空山新雨后，天气晚来秋”，将山谷中雨过天晴的清新烘托出来，为整首诗奠定了一个清新的基调。雨后的山谷，空气清爽，万物经过雨水的洗涤也显出格外的洁净。“明月松间照，清泉石上流”，这是广为流传的名句。

在这样宜人的夜晚，碧空万里，一轮皎月当空，松枝疏疏落落，漏下三五点月光。月光落到松脚下清泉之上，像珍珠，又像银针，随着泉水在石头上欢快地流动，星星点点，给夜色平添了几分意趣。“竹喧归浣女，莲动下渔舟”，在上两联极力描绘的自然极静的环境中，响起一串串银铃般的笑声。浣纱少女们的欢笑，渔船缓缓行过莲叶激起的水声，让这如诗如画的美景添了几分丝竹之声。王维精通诗画音乐，而他的诗作也常常能将各种美感融为一体，在盛唐诗人中别树一格。

5.《王右丞集笺注》的流行诗句有哪些

1. 劝君更尽一杯酒，西出阳关无故人。
2. 漠漠水田飞白鹭，阴阴夏木啭黄鹂。
3. 唯有相思似春色，江南江北送君归。
4. 新丰美酒斗十千，咸阳游侠多少年。
5. 渡头余落日，墟里上孤烟。
6. 野老念牧童，倚杖候荆扉。
7. 大漠孤烟直，长河落日圆。
8. 人闲桂花落，夜静春山空。月出惊山鸟，时鸣春涧中。
9. 空山不见人，但闻人语响。返景入深林，复照青苔上。

10. 木末芙蓉花，山中发红萼。涧户寂无人，纷纷开且落。

6. 王维的诗以空灵、含蓄著称吗

《王右丞集笺注》是王维诗注本中较完备的一种，保存的王维诗作也很完整，是欣赏者、研究者不可缺少的书籍。王维诗向以空灵、含蓄著称，阅读他的诗只有反复咀嚼，调动听觉、视觉、感觉诸种器官，将自身置于一个同样幽静的环境中，才能够真正品味王诗之妙。

1.《杜诗镜铨》以简明扼要著称吗

杨伦，清代阳湖人。他素有才名，所结交的也都是当时饱学之士，曾主持过武汉江汉书院。渊博的学识，精审的态度，为杨伦编注《杜诗镜铨》一书打下了坚实基础。自唐以后，杜甫之诗广为流传，其名之盛过于李白，文人学诗多宗杜甫。杜甫诗工，学作较李白诗容易。

同时，杜甫在诗中流露出来的家国之忧也让文人更为钦佩。宋、元、明以来为杜诗作笺注的，不下数十家，但注者往往穿凿附会，割裂原意，使杜诗失去了其本来面貌。杨伦吸取前代各家注本的精华，编注《杜诗镜铨》，使杜诗的本来面目、本来精神呈现出来，成为杜诗注本中较前代更好的本子。

2. 杜甫是一个备受艰辛的诗人吗

《杜诗镜铨》共20卷诗文,二卷《读书堂杜工部文集注解目录》,另附有杜甫的《传志》、《年谱》、《评论》。杜甫，字子美，生于一个奉儒守官的官僚家庭。虽然祖上显赫，但杜甫一生境遇不佳，又遭逢安史之乱，备受艰苦。他亲眼目睹战争带给人民的乱离与悲苦，而写下著名的“三吏”、“三别”，用他的笔哀悼为国捐躯的义士，以及战争中遭受巨大痛苦的人民。

安史之乱是杜甫创作中的一个重要时期，如“暮投石壕村，有吏夜捉人。

老翁逾墙走，老妇出门看。”这样的诗句以看似平实的语句记录人民的苦难，表达诗人心中难忍的悲悯与同情。“却看妻子愁何在，漫卷诗书喜欲狂”的诗句则表达出大乱初定，闻得官兵胜利时溢于言表的喜悦，表现了诗人对家国的无限热爱。安史之乱以后，杜甫过了长达一年之久的漂泊生活。

这段艰苦日子让他接近下层人民。他在漂泊中写下一千余首诗，表现社会生活，表达内心情感。杜诗的沉郁，与整个盛唐昂扬、飘逸的风格迥异，惟其如此，才能更全面地映现社会生活的各个方面，也才能不负于“诗史”的称谓。

3.《杜诗镜铨》最具代表性的篇章有哪些

节选《杜诗镜铨·春望》：国破山河在，城春草木深。感时花溅泪，恨别鸟惊心。烽火连三月，家书抵万金。白头搔更短，浑欲不胜簪。

4.《春望》表达了对国家的无比热爱吗

这是杜甫诗中的名篇，通过眼前景引起的家国离乱之感，表达对国家的无比热爱。他的喜怒哀乐总是与国家的盛衰起伏相呼应，“国破山河在，城春草木深”，有黍离之悲。国亡但国土山川仍在，只是家国易主，陷入敌人手中。国破家亡，人民离散，人心无思耕种，往日良田美景，今日只剩下乱草杂树丛生。一个“深”字点出这战乱之日久，人民受罪之日多。

“感时花溅泪，恨别鸟惊心”，因为眼见耳闻身历的战乱之痛实在太多太多，想到国家不知要到哪一天才能复原，顿时感慨油然而生。看见鲜花，心中也无美感，只有伤心的眼泪祭花；树上双飞双栖的鸟儿，让诗人心中升起的却是家国离乱、亲人分散、人不团圆的悲怆，听得鸟儿的声声啼叫，只觉得惊心触目。“烽火连三月，家书抵万金”，连日连月连年的战争，让诗人妻离子别，这时一封报平安的家信，值得上黄金万两。“白头搔更短，浑欲不胜簪”，战争使得国破家散，人民罹难，种种遭遇让诗人心中的痛苦无以表达，头发因焦虑而变白，纷纷掉落，连簪子也插不上了。这短短的一首诗，饱含诗人对国家命运的甚多忧虑。

5.《杜诗镜铨》的流行诗句有哪些

1. 安得广厦千万间，大庇天下寒士俱欢颜？风雨不动安如山。呜呼，何时眼前突兀现此屋，吾庐独破受冻死亦足！

2. 三月三日天气新，长安水边多丽人。

3. 车辚辚，马萧萧，行人弓箭各在腰。

4. 朱门酒肉臭，路有冻死骨。

5. 会当凌绝顶，一览众山小。

6. 致君尧舜上，再使风俗淳。

7. 麻鞋见天子，衣袖露两肘。

8. 勿为新婚念，努力事戎行。

9. 哀鸣思战斗，回立向苍苍。

10. 射人先射马，擒贼先擒王。

11. 故凭锦水将双泪，好过瞿塘滟滪堆。

6. 杜甫诗是反映社会生活较深广的作品吗

《杜诗镜铨》是杜诗注本较为精审的本子，对于学习和研究杜诗的人而言，是非常好的教本。杜甫诗多写家国之思，反映社会生活较深、较广，而其风格也以沉郁顿挫著称。阅读时要充分把握杜诗的这些特点，才能对其作品有较深入的理解。

《东坡乐府》

1.《东坡乐府》是苏词最完备的集子吗

《东坡乐府》是宋代大词人苏轼的词集。苏轼，字子瞻，号东坡居士，故以此命篇。《东坡乐府》成集于宋代，现存最早的刻本为元代刻本。自宋以来，研究、注解东坡词的注家很多，龙榆生的《东坡乐府笺》则是苏词编年笺注本中最完备的本子。

词自唐五代起就开始在文人中流行起来，宋代更是词的全盛时期。但是自五代以来“词为艳科”已成一个定论，词人词作者都脱不了花前月下的窠臼，题材也多是离别相思，而使得词的进一步发展受到阻碍。苏轼以其超绝的才情，旷达的性情，让词在他手中别开生面，扩大其题材，充实其内容与风格，形成北宋词坛独具特色的豪放词。

2. 苏轼为北宋词坛开辟了新天地吗

《东坡乐府》共两卷，收录了宋代大词人苏轼的词作三百余首，是苏词最完备的本子。苏轼生活在北宋中叶，是继唐以后中国社会与中国文化再一次繁荣的时期。虽然外有少数民族窥视，内有统治危机，但总的来说社会是稳定的，文人生活也格外安逸。在这样的背景之中，苏轼作为一个天才、博学的文人，深受儒道释各家思想的影响。他的天才与勤奋，为北宋词坛与文坛开辟了一片新天地。苏词中数量较多、对后代影响最大的是他抒发自然的豪放词。

最著名的如《念奴娇·赤壁怀古》，借赤壁咏怀三国周瑜少年而功业有成的故事，其实是抒发自己年岁已老而依然一事无成的焦虑，留下了“大江东去，浪淘尽、千古风流人物”这样的千古名句。虽然是豪放词人，苏轼也有婉约的一面，他的婉约词情真意切，感人肺腑，而又一改五代词中矫揉造作的虚情。《江城子·记梦》，借梦境怀念已故多年的妻子，写得情切切意绵绵，千古传诵，成为古来悼妻的名篇。作为一位天才词人，苏轼开辟词坛新风，在婉约词与豪放词中都取得了极高成就。

3.《东坡乐府》最具代表性的篇章有哪些

节选《东坡乐府·水调歌头》：明月几时有？把酒问青天。不知天上宫阙，今夕是何年。我欲乘风归去，又恐琼楼玉宇，高处不胜寒。起舞弄清影，何似在人间。转朱阁，低绮户，照无眠。不应有恨，何事长向别时圆？人有悲欢离合，月有阴晴圆缺，此事古难全，但愿人长久，千里共婵娟。

4.《水调歌头》是苏轼咏怀的名篇吗

《水调歌头·明月几时有》是苏轼咏怀的名篇，千百年来受人赞赏，并留下“但愿人长久，千里共婵娟”这样的千古名句。这首词是苏轼在中秋之夜思弟之作，其情真意切令人感动。开首四句化用李白“把酒问月”的诗句，以一种豪迈的笔调将这首咏怀之作的感情放在一个高迈、旷达的基础之上。“我欲乘风归去”，“归”字将苏轼以仙人自况的心情点出。

“又恐琼楼玉宇，高处不胜寒”两句写出心中矛盾，想回归天界，又眷念人间。

果然，下句“起舞弄清影，何似在人间”道出真意，与其做个孤零零的仙人，莫若在人间与友为伴。下阙转入怀弟的正题，“转朱阁，低绮户，照无眠”，刻画出一个在月夜思念弟弟，难以入眠的词人形象，兄弟情深渗透字里行间。忧思难忘，作者只好以“人有悲欢离合，月有阴晴圆缺”这样富含哲理的词句来聊以自慰。虽然是怀人之作，但却一洗婉约词中的“断肠”、“清泪”之词，在淡淡的笔调中写兄弟情挚。末句又以“千里共婵娟”共勉，流露的是旷达、超逸，是苏轼一生性格的再现。

苏轼

5.《东坡乐府》的流行诗句有哪些

1. 但愿人长久，千里共婵娟。
2. 小轩窗，正梳妆，相顾无言，唯有泪千行。
3. 我醉歌时君和，醉倒须君扶我，唯酒可忘忧。
4. 墙内秋千，墙外道，墙外行人，墙内佳人笑。
5. 大江东去，浪淘尽，千古风流人物。
6. 乱石穿空，惊涛拍岸，卷起千堆雪。
7. 老夫聊发少年狂，左牵黄，右擎苍，锦帽貂裘，千骑卷平岗。
8. 会挽雕弓如满月，西北望，射天狼。
9. 回首向来萧瑟处，归去，也无风雨也无晴。
10. 拣尽寒枝不肯栖，寂寞沙洲冷。

6. 苏轼词是以豪放词著称吗

《东坡乐府》是苏轼词最完备的本子，苏词的艺术成就和历史地位都相当高，阅读与研究价值很高，《东坡乐府》是必备之书，读者应当注意的是，以豪放词得名的苏轼，也有相当数量的婉约词，这也是苏词与苏轼人格的重要组成部分。

《稼轩长短句》

1.《稼轩长短句》是研究辛词最完备的集子吗

辛弃疾，字幼安，号稼轩，故以其名号命篇。他是南宋豪放词人的代表，使豪放词达到一个新的高度。随着北宋王朝的灭亡，徽钦二帝被俘，南宋王朝的建立，民族矛盾达到空前尖锐的程度。辛弃疾作为爱国志士中的一员，也投身到反金的战斗中去。他在青年时期就曾组织义军反抗金兵南侵，南归宋王朝之后，又不顾自己官职低微，多次上书请战，反对南宋投降派的议和妥协。但是，由于投降派在南宋王朝中长期掌权，主战派包括辛弃疾在内受到种种打击迫害，使他壮志未酬。这样特殊的时代，这样特殊的身世遭遇，为辛词创造出一种豪壮而苍凉、雄奇而沉郁的独特风格。《稼轩长短句》共十二卷，是收录辛词最完备的集子。

2.《稼轩长短句》是辛弃疾的爱国词吗

由于辛弃疾所处的南宋偏安时期是民族矛盾空前激化的时期，满腔报国热情的辛弃疾留下了大量的爱国词。他对被分裂的北方国土怀着深深的眷念，由于曾做过金人统治下的沦亡之民，所以对金人铁蹄下北方的人民与北方的土地至为担忧。“郁孤台下清江水，中间多少行人泪。西北望长安，可怜无数山”这样的句子正反映了他对沦陷故土的怀念。作为一个抗金志士，他的词作中当然不能缺少抗金斗争的作品。

“八百里分麾下炙，五十弦翻塞外声，沙场秋点兵”，为了激励战士，不惜将八百里之名马分为士兵口中餐，一派沙场点兵，迎战金兵的气势。由于当权的迫害，使辛弃疾壮志难酬，常常发出怀才不遇的悲音。“雕弓挂壁无用，照影落清杯”就是这种心情的写照。除了这些爱国的壮词，辛弃疾也有不少流连山水的写景之作，其词之清新，简直不像出自一个赳赳武夫之手。“明月别枝惊鹊，清风半夜鸣蝉”就是这样的代表。

3.《稼轩长短句》最具代表性的篇章有哪些

节选《稼轩长短句·水龙吟》：楚天千里清秋，水随天去秋无际。遥岑远目，献愁供恨，玉簪螺髻。落日楼头，断鸿声里，江南游子，把吴钩看了，栏干拍遍，无人会，登临意。休说鲈鱼堪脍，尽西风，季鹰归未？求田问舍，怕应羞见，刘郎才气。可惜流年，忧愁风雨；树犹如此！倩何人，唤取红巾翠袖，揾英雄泪。

4.《水龙吟》是辛弃疾豪放词的代表作吗

《水龙吟·登建康赏心亭》一词是辛弃疾豪放词的代表作，集中体现其豪放性格与壮怀报国的热情。辛弃疾素有“掉书袋”之称，这首词中也有大量的典故引用。起首两句，以景物描写烘托出秋高气爽，“秋水共长天一色”的辽阔景象，将一个豪迈的诗人形象烘托出来。“遥岑远目，献愁供恨，玉簪螺髻”运用韩愈、皮日休、周邦彦等人的典故，将情景交融在一起。

“落日楼头”数句则由情及人，将词的本意表达出来。这数句全是短句连用，一气呵成，给人以气势磅礴之感，诗人那渴求建功立业却报国无门的惆怅跃然纸上。下阙又连用数典，表明心志。虽然壮志难酬，虽然报国无门，但词人仍满怀一腔热忱，不愿做“求田问舍”的富家翁。但细思量现实的处境，却仍然矛盾重重，“可惜流年”，心头抑郁，却得不到丝毫慰藉，只能暗自落下“英雄泪”。

5.《稼轩长短句》的流行诗句有哪些

1. 西北望长安，可怜无数山。
2. 青山遮不住，毕竟东流去。
3. 更能消，几番风雨，匆匆春又归去。
4. 布被秋高梦觉，眼前万里江山。
5. 众里寻他千百度，蓦然回首，那人却在，灯火阑珊处。
6. 少年不识愁滋味，爱上层楼，爱上层楼，为赋新词强说愁。而今尝尽愁滋味，欲说还休，欲说还休，却道天凉好个秋。
7. 千古兴亡多少事，悠悠，不尽长江滚滚流。
8. 千古江山，英雄无觅，孙仲谋处。

9. 茅檐低小，溪上青青草。醉里吴音相媚好，白发谁家翁媪？

10. 闲愁最苦！休去倚危栏，斜阳正在，烟柳断肠处。

6.《稼轩长短句》是欣赏、研究辛词的代表作吗

《稼轩长短句》是辛弃疾词作最完备的集子，是欣赏、研究辛词的代表著作，其词作洋溢着爱国热情，这是辛词的主流。辛词又喜用典，读者若对典故不熟悉，可能会对辛词缺乏更深的认识。

中国的语言文字研究历史悠久，成就卓著，富有民族特色。这部分书籍，大都具有很强的学术性，如何读这类书呢？首先应当读书的序例，即序文和凡例。序常常讲到写书的纲领、目的，凡例是作者认为应该注意的地方。其次，要摘要做笔记，把重要的地方抄下来。第三，应当试作眉批，在书眉上加自己的评论，会有助于将书的内容吸收进去。

《四库全书总目提要》

1.《四库全书总目提要》创古代目录学的典范吗

纪昀（1724～1805年），字晓岚，一字春帆，晚号石云，直隶献县人，即今河北人。清代著名学者、文学家，1754年进士。历任翰林院编修、四库全书馆总裁、侍读学士、兵部侍郎、礼部侍郎、左都御史、兵部尚书、礼部尚书、协办大学士。

纪昀博辨宏通，任四库全书馆总纂官，负责编纂《四库全书总目提要》，倾心于此，卓有成就。纂修官之中，有著名学者戴震、邵晋涵、周永年、翁方纲、朱筠、姚鼐等。

《四库全书总目提要》是纂修《四库全书》过程中所撰成的提要汇编。《四库全书》的纂修，始于1772年朱筠奏请校阅《永乐大典》，从1773年开始，每校完一种书，必做一篇提要，附在书前，供皇帝阅书参考。直到1781，《四库全书总目提要》才全部完成。

2.《四库全书总目提要》著录典籍达一万余种吗

《四库全书总目提要》，又称《四库全书总目》，简称《四库提要》。共200卷，著录典籍共1.07万种，其中编入《四库全书》者3472种，“存目”228种。

《四库提要》200卷，按经、史、子、集四部分类，每部再复分类目。各类下又细分子目，名之为层，各部分类如下：

经部分10类，44卷，包括：易10卷、书4卷、诗4卷、礼7卷、春秋6卷、孝经一卷、五经总义两卷、子书3卷、乐两卷、小学5卷。

史部分15类，46卷，包括：正史两卷、编年两卷、纪事本末一卷、别史一卷、杂史4卷、诏令、奏议两卷、传记8卷、史钞一卷、载记一卷、时令一卷、地理11卷、职官两卷、政书4卷、目录3卷、史评3卷。

子部分14类，57卷，包括：儒家8卷、兵家两卷、法家一卷、农家一卷、医家3卷、天文算法两卷、术数4卷、艺术3卷、谱录两卷、杂家18卷、类书5卷、小说家5卷、释家一卷、道家两卷。

集部分5类，53卷，包括：楚辞一卷、别集37卷、总集9卷、诗文评3卷、词曲3卷。

3.《四库全书总目提要》最具代表性的篇章有哪些

选录二则提要，以供鉴赏。

《提要·崧庵集》157卷云：宋李处权撰，处权《宋史》无传……唯方回《瀛奎律髓》中录所作《送二十兄还镇江》诗一首，而注其后云：处权，字巽伯，洛阳人，邯郸公淑之后，有《崧庵集》。宣和间与陈叔易、朱希真以诗名，南渡后尝领三衢云之。其履贯略可考证，而不言其距李淑为世。《建康志》有李处全小传，称处全，淑之曾孙，本丰县人，后迁溧阳，官至朝请大夫。而王明清《挥尘余话》亦称大理少卿李传正为淑之孙，即处全之父。据此，则处权实淑曾孙，而家于溧阳，《瀛奎髓》所称洛阳，当有刻本传？以溧为洛耳。

《提要·类篇》卷四一云：旧本题目马光撰。景宝癸亥，董南一作光《切韵指掌图序》，亦称光尝被命修纂《类篇》，古文奇字，搜猎殆尽。然书后有附证曰："宝元二年十一月，翰林院学士丁度等奏：今修《集韵》，添字既多，与顾野王《玉篇》不相参协，欲乞委修韵官，将新韵添入别为类篇，与《集韵》相副施行。时修韵官独有史馆检讨王洙在职，诏洙修纂，久之洙卒。

嘉祐二年九月，以翰林学士胡宿代之。三年四月，宿奏乞光禄卿直秘阁掌禹锡、大理寺丞张次立，同加校正。六年九月，宿迁枢密副使，又以翰林学士范镇代之。治平三年二月，范镇出镇陈州，又以龙图阁直学士司马光代之，时已成书，缮写未毕，至四年十二月上之"。然则光于是书，特缮写奏进而已，传为光修，非其实也。

4.《四库全书总目提要》的流行词句有哪些

1. 咸以孔子之是非为是非，固未尝有是非耳！

2. 义存褒贬，而考征则往之疏舛。

3. 于是薛史遂微，元明以来罕有援引其书者，传本亦渐渐湮没。

4. 史之为道撰述欲其简，考征则欲其详。

5. 圣人观其始末，得其是非，而后能安以一字之褒贬。

6. 苟无事为，号圣人不能作《春然》。

7. 苟不知其为，虽圣人读《春秋》不知所以褒贬。

8. 自六经以外，立说者皆子书也。

9. 集部之目，《楚辞》最古。

10. 古人不以文章名，故秦以前书无称。

5.《四库提要》是研查资料的引路者吗

《四库全书总目提要》是一部享有盛名的著作，它仅用三百多万字的篇幅，就将一万多种古籍的概貌呈献。我们要研究古代的社会科学、自然科学，就离不开古籍。而我国的古籍浩如烟海，要想用最短的时间在茫茫的书海中找到我们所需要的资料，就需要像《四库提要》这样的引路者。

1.《康熙字典》是中国字典史上的一座丰碑吗

张玉书（1642～1711年），字素存，号润浦，江苏丹徒人。1661年进士，历任编修、侍讲、内阁学士、刑部、兵部、户部尚书。曾多次视察黄河、运河工程，多所建议。所作古文辞，雍容典雅，称一代大手笔。卒赠太子太保，谥文贞。

陈廷敬（1639～1712年），字子端，号说岩，山西泽州人。1658年进士。官至文渊阁大学士，兼吏部尚书。生平好学，与汪琬、王士祯等切磋诗文，皆能得其深处。

汉字字典编纂体例和编纂技术，从东汉许慎的《说文解字》，经南朝梁顾野王的《玉篇》、金代韩孝彦、韩通昭父子的《四声篇海》，到明代梅膺祚的《字汇》，经过各朝各代学者绞尽脑汁，实践创造而日臻完善。为集前人之大成，显

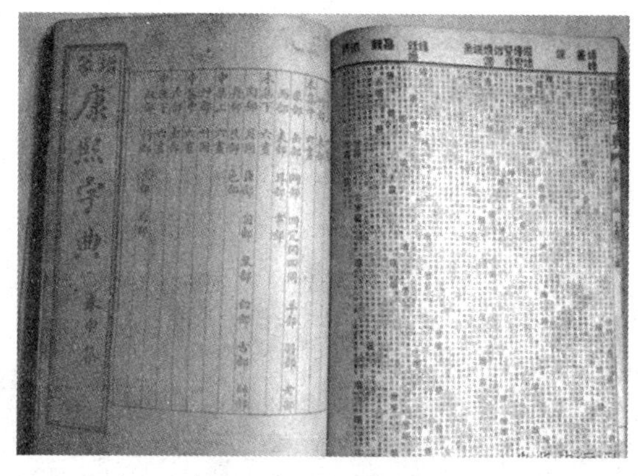
《康熙字典》影印件

大清之隆盛，清圣祖玄烨于1710年，命张玉书、陈廷敬等30人，在《字汇》的基础上，编纂了一部规模空前的大字典。经过六年努力，终于在1716年完成，皇帝赐名曰：《康熙字典》。

2.《康熙字典》共收单字47035个吗

《康熙字典》，12集42卷。

《康熙字典》是楷书字典，共收单字47035个，这个数字远远超过《字汇》收录的33179个，而比《四声篇海》54595个略少。

《康熙字典》排字法是部首笔画法。它承袭《说文解字》偏旁部首法，立214个部首。同部首的字按笔画数序排列。214部首字也按笔画数序排列。起于一画，终于17画。每部所收字，也按笔画多少应序排列。

《康熙字典》将214部依笔画数序分成子、丑、寅、卯、辰、巳、午、未、申、酉、戌、亥12集，每集又分上中下三卷。卷首有凡例、等韵、检字等，卷末附补遗和备考。

《康熙字典》的释字体例是先音后义。每个单字下，先列历代主要韵书，如《唐韵》、《广韵》、《集韵》、《洪武正韵》的仅切，然后释义。每条义项下一般都引古书为例。如果被释字多音多义，就逐项解释。

3.《康熙字典》的序是康熙大帝写的吗

《康熙字典》的序是康熙大帝写的，叙述了编纂此字典的缘由和目的。下面是此序的节选：易传曰："上古结绳而治，后世圣人易之以书契，百官以治，万民以察。周官外史掌达书名于四方，保氏养国子教以六书，而考文列于三重。盖以其为，万事百物之统纪，而足以助流政教也。古文篆隶随世递变，至汉许氏始有《说文》，然重义而略于音，故世谓汉儒识文字而不识子母。

江左之儒识四声而不识《七音》，《七音》之传肇自西域以三十六字为母，纵为四声，横为七音，而后天下之声总于是焉。尝考管子之书，所载五方之民其声之清浊高下，各象其川原，泉坏浅深广狭而生。故于五音必有所偏，得则能全备七音者鲜矣。此历代相传取音者，所以不能较若画一也。自《说文》以后，字书善者于梁则《玉篇》，于唐则《广韵》，于宋则《集韵》，于金则《五音集韵》，于元则《韵会》，于明则《洪武正韵》，皆流通当世，衣被后学。其传而未甚显者，尚数十百家。

当其编辑皆自谓毫发无憾，而后儒推论？輙多同异，或所收之字繁省失中，或所引之书滥无准，或字有数义而不详，或音有数切而不备。鲁无善兼美，具可奉为典常而不易者，朕每念经传至博音义，繁赜据一人之见，守一家之说，未必能会通罔缺也。爰命儒臣悉取旧籍次第排纂切音解义。一本《说文》、《玉篇》，兼用《广韵》、《集韵》、《韵会正韵》，其余字书一音一义之可采者。靡有遗逸。

4.《康熙字典》的经典词句有哪些

1. 上古结绳而治，后世圣人易之以书契。

2. 耳，主听也。

3. 君子之于学也，藏焉、修焉、息焉、游焉。

4. 奸，犯，非礼也。

5. 追，从也，顺也。

6. 一，唯初太始道立于一，造分天地，化成万物。

7. 人，天地之性最贵者也。

8. 代，古之王者易代改号取法五引日代。

9. 兄，长也。

10. 凶，忧恐也，从人在凶下。

5.《康熙字典》是集历代字书之大成的字典吗

《康熙字典》是我国第一部以“字典”命名的工具书，也是集历代字书之大成的古代官修字典。《康熙字典》在汉语辞书史上有其重要地位，它继承《说文解字》以后历代字书之优点，并孕育20世纪初之现代化汉语语文字典、辞典的诞生。此书问世以来，执汉语字典之牛耳逾二百年。

1.《说文解字》是我国的第一部字典吗

许慎，东汉著名的经学家和和语言文字学家。关于其生平事迹，《后汉书·儒林传》有一段简短的记载，现转引如下：

许慎，字叔重，汝南召陵人也，性淳笃。少博学经籍，马融常推敬之，时人为之语曰："五经无双许叔重。"为郡功曹，举孝廉，再迁，除交长。卒于家。最初由于五经传说臧名不同，为此许慎撰《五经异义》，又作《说文解字》十篇，皆传于世。

许慎在任太尉南阁祭酒时，开始从古文经学家贾逵学习古文经，并编纂《说文》，于100年完成初段。此后又用了22年时间，修改补充。121年，许慎在病中，由其子许冲献上这部几十年心血结晶的重要著作。

2.《说文解字》所收的单字都是小篆吗

《说文解字》全书共15卷，每卷分上下。第一卷至第十四卷为正文。第十五卷上是叙和部首，卷下是后叙。据《后叙》载，全书收篆文字头九千三百五十三字，另收文1163字，说解的字是13.3441万字。

《说文解字》所解说的汉字，即这部字典所收的单字，它们的字体不是我们今天通用的楷书，而是小篆。小篆不是汉代通用的字体，汉代通用隶书。在汉字发展史上，从殷商到秦代，是古文字时期，早骨文、金文和篆书都属于"古文字"；从汉代开始到现代，是今文字时期，隶书和楷书属于"今文字"。

小篆是古文字的终点，隶书是今文字的开端。许慎为什么收小篆而不收隶书？这和他撰写《说文解字》的目的是一致的。许慎收罗小篆而全面解说，目的就在于提高古文经字的地位，从根本上纠正今文经字家任意解说文字的弊病。

3.《说文解字》的经典词句有哪些

节选《说文解字·序》：古者庖牺氏之王天下也，仰则观象于天，俯则观法于地，视鸟兽之文与地之宜，近取诸身，远取诸物，于是始作《易》八卦，以垂宪象。及神农氏结绳为治而统其事，庶业其繁饰伪萌生。黄帝之史仓颉见鸟兽蹄迒之迹，知分理之可相别异也，初造书契。百工以乂，万品以察，盖取诸夬"扬于王庭"。言文者宣教明化于王者朝廷，君子所以施禄及下，居德则忌也。

仓颉之初作书，盖依类象形，故谓之文。其后形声相益，即谓之字。字者言孳乳而寖多也。着于竹帛谓之书。书者，如也。以迄五帝三王之世，改易殊体，封于泰山者七十有二代，靡有同焉。

《周礼》：八岁入小学，保氏教国子，先以六书。一日指事。指事者，视可识，察而见意，上下是也。二日象形。象形者，画成其物，随体诘诎，日月是也。三日形声。形声者，以事为名，取譬相成，江河是也。四日会意。会意者，比类合谊，以见指伪，武信是也。五日转注。转注者，建类一首，同意相受，考老是也。六日假借。假借者，本无其字，依声托事，令长是也。

4.《说文解字》的序阐述了本书的宗旨吗

上面这段话写出了许慎对文字产生的原因和文字的发展规律的认识，还阐述了文字的创造和发展进程，以及汉字的造字原则和形体结构。

5.《说文解字》的经典词句有哪些

1. 盖文字者，经艺之本，王政之始，前人所以重后，后人可以识古。
2. 百工以人，万品以察。
3. 指事者，视而可识，察而见意。
4. 形声者，以事为名，取譬相成。
5. 会意者，比类会谊，以见指伪。
6. 转注者，建类一首，同意相受。
7. 假借者，本无其字，依声托事。
8. 象形者，画成其物，随体诘诎。
9. 男，丈夫也。从田从力。
10. 六艺群书之诂，皆训其意，而天地鬼神，山川草木，鸟兽虫鱼，杂物奇怪，可制礼仪，世间人事，莫不毕载。

6.《说文解字》是识别研究甲骨文的重要工具书吗

《说文解字》是我国第一部系统的文字学著作，也是我国第一部字典。它在我国文字学史上有崇高的地位，对后世产生了深远的影响。研究先秦的哲学、历史、文学、研究汉语史、研究汉字史、识别研究甲骨文，《说文解字》是不可须臾离开的工具书。

《汉书·艺文志》

1.《汉书·艺文志》是现存的第一部古典目录吗

班固是我国古代著名的史学家、文学家。出生于封建官宦家庭，又是儒学世家。他从小聪颖好学，9岁就能写出成篇的漂亮文章，诵诗读赋也朗朗上口。班固23岁时，其父病逝。他因父丧回归故里，并着手整理其父的遗作《后传》，后明帝让他继续完成《汉书》的编纂。

当时兰台藏书非常丰富，据说光武帝迁都洛阳时，曾用二千余辆车装载经牒秘书。其后，宫廷藏书又大量增加，超过以前的三倍以上。班固身居兰台令史之位，遂有机会接触浩博的史书，可以遍观东汉以前的典籍，从而为撰写《汉书·艺文志》创造了十分有利的条件。这样经过二十余年的不懈努力，到汉章帝建初年，《汉书·艺文志》才大体写成。

2.《汉书·艺文志》记载了历代的文化状况吗

班固《汉书·艺文志》师袭刘歆《七略》，按6略38种门类，综录先秦至西汉著述，共收596家，即相当于五百九十六部书，13269篇，包括哲学、史学、文学、政治、经济、法律、军事、天文、历法、占卜星相以及医学卫生。每种之后有小序，每略之后有总序，对学术原委、是非得失和类名意义，都作了简要评述。其从纵横两个方面记载了当时的文化状况。

3.《艺文志》是据刘歆的《七略》改编的吗

《汉书·艺文志》乃是据刘歆的《七略》改编而成，下面是《汉书·艺文志》的序的节选：昔仲尼没而微言绝，七十子丧而大义乖，故春秋分为五，诗分为四，易有数家之传。战国纵横，真伪纷争，诸子之言，纷然殽乱。至秦，患之，乃燔灭文章，以愚黔首。汉兴，改秦之败，大收篇籍，广开献书之路。

迄孝武世，书缺简脱，礼坏乐崩，圣上喟然而称曰：朕甚闵焉。于是建藏书之策，置写书之官，下及诸子传说，皆充秘府。

至成帝时，以书颇散亡，使谒者陈农求遗书于天下。

诏光禄大夫刘向校经传诸子诗赋，步兵校尉任宏校兵书，太史令尹咸校数术，侍医李柱国校方技。每一书已，向辄条其篇目，撮其指意，录而奏之。

会向卒，哀帝复使向子侍中奉车都尉歆卒父业。歆于是总群书而奏其七略，故有《辑略》、《六艺略》、《诸子略》、《诗赋略》、《兵书略》、《术数略》、《方技略》。今删其要，以备篇籍。

4.《汉书·艺文志》的经典词句有哪些

1. 《春秋》所贬损大人当世群臣，有威权势力，其事实皆形于传，是以隐其书不宣，所以免时难也。

2. 论语者，孔子应答弟子，时人及弟子相与言而接闻于夫子之语也。

3. 孝经者，孔子为曾子陈孝通也。

4. 夫孝，天之经，地之义，民之引也。举大者言，故曰《孝经》。

5. 已所常习则保安之，夫尝所见者则妄毁诽。

6. 唐虞之隆，殷周之盛，仲尼之业，已试之效者也。

7. 惑者既失精微，而辟者又随时抑扬，违离道本，苟以哗众取宠。

8. 道家者流，盖出于名官，历记成败存亡祸福古今之道，然后知秉要执本，清虚以自守，卑弱以自持，此人君人南面之术也。

9. 阴阳家者流，盖出于义和之官，敬顺昊天，历象日月星辰，敬授民时，此其所长也。

10. 法家者流，盖出于理官，信赏必罚，以辅礼制。

5.《汉书·艺文志》主要录的是宫廷藏书吗

《汉书·艺文志》著录当时宫廷所藏的图书，辨别了学术源流，是现存最早的史志目录。《艺文志》也表现出班固的学术思想及各学科和学派的源流及短长，在我国学术史和目录学的研究上为人们所重视。

《隋书·经籍志》

1.《隋书·经籍志》是又一部重要的图书目录吗

魏征（580～643年），字玄成，曲城人，即今河北馆陶人。他是唐初一位杰出的政治家，也是当时一位重要的史学家。

629年，诏令魏征等设局撰修《隋书》，房玄龄任监修，魏征任主编，颜师古、孔颖达、许敬宗等人参加执笔，到636年，完成了纪55卷。书中的序、论皆出自主编魏征之手，故题魏征撰。后又完成《志》30篇。

据《原跋》注说："《隋书》的《五行志序》，诸本褚遂良作。而《经籍志》四卷，独褚……魏征撰。"因魏征于武德末和贞观初曾两次进行大规模的图籍搜集和整理工作，故此志由他撰成。

魏征

2.《经籍志》把经籍分为经、史、子、集四部吗

《隋书·经籍志》共四卷。志中把经籍分为经、史、子、集四部。经部分为易、书、诗、礼、乐、春秋、孝经、论语、异说、小字等10类；史部分为正史、古史、杂史、霸史、起居住、旧事、职官、仪注、刑

法、杂传、地理、谱系、簿录13类；子部分为儒、道、法、名、墨、纵横、杂、农、小说、兵、天文、历数、五引、医方14类；集部分为楚辞、别集、总集3类。

四部各书，皆着录书名卷数、作者职官姓名，并著录亡佚之书。凡四部书有2127部，36708卷。每类之后各有小序一篇，各部之后又各有大序一篇。大体上说，经部各序论述经籍的演变，史部各绪论叙史体的发展，子部各序评论各家的短长，集部各序记述文风的推移。四部之后，又附有道、佛两录。

道经分为经戒、饵服、房中、符箓四类，凡371部，1216卷。佛经分为大乘经、小乘经、杂经、杂疑经、大乘律、小乘律、杂律、大乘论、小乘论、杂论、记等11类，凡1950部，6190卷。道、佛两录，仅记各类部数卷数，没有着录书名、作者，但都有大序一篇，论叙道、佛的源流，还有一小段后论，论述作者何故“录其大细，附于四部之末”的旨意。

3.《隋书·经籍志》最具代表性的篇章有哪些

节选《隋书·经籍志》卷一：夫经籍也者，机神之妙旨，圣哲之能事，所以经天地，纬阴阳，正纪纲，弘道德，显仁足利物，藏用足以独善，学之者将殖焉，不学者是将落焉。

大业崇之，则成钦明之德，匹夫克念，则有王公之重。其王者之所以树风声、流显号、美教化、移风俗，何莫由乎斯道：故曰：“其为人也，温柔敦厚，《诗》教也；疏通知远，《书》教也；广博易良，《乐》教也；絜静精微，《易》教也；恭俭庄敬，《礼》教也；属辞比事，《春秋》教也。”遭时制宜，质文迭用，应之以通变，通变之以中庸。

中庸则可六，通变则可矣，其教有适，其用无穷，实仁义之陶钧，诚道德之橐也。其为用大矣，随时之义深矣，言无得而称焉。故曰：“不疾而速，不行而至。”今之所以知古，后之所以知今，其斯之谓也。是以大道方行，俯龟象而设卦，后圣有作，仰鸟迹以成文。书契已传，绳木弃而不用，史言既位，经籍于是兴焉……

4.《隋书·经籍志》序总论了经籍的起源和发展吗

本篇序总论经籍的起源和发展，概述经籍历次的毁灭散失和访求搜集经过，以及收藏缮写和著录情况，并追述自刘歆著《七略》和班固作《汉书·艺文志》

以后，中经晋荀勖继魏郑默《中经》“更著《薪簿》”把经籍分成甲乙丙丁四部，宋王俭又著《四部目录》和别撰《七志》，齐谢月出等著《四部书目》、梁阮孝绪著《七录》的发展进程。

5.《隋书·经籍志》的经典词句有哪些

1. 言则左史书之，动则右史书之。

2. 详其体别，盖史官之旧也。

3. 仁义礼智，所以治国也，方技数术，所以活身也。

4. 名不正则言不顺，言不顺则事不成。

5. 玉不琢，不成器，人不学，不知道。

6. 孔子删书，别为之序，各陈作者所由。

7. 夫史官者，必求博闻强识，疏通知远之士，使居其位，百官为职，咸所贰焉。

8. 天下同归而殊途，一致而百虑。

9. 儒、道、小说、圣人之教也，而有所偏。

10. 道、佛者，方外之教，圣人之远致也。

6.《隋书·经籍志》是对我国古籍的第二次总结吗

《隋书·经籍志》是继《汉书·艺文志》后对我国古籍的第二次大总结，也是一部非常重要的古代图书总录。它考究书籍之存亡，著录当时所存的要籍，附载已经亡佚的书目，概述文献学的学术源流，同时发展我国古代目录学。

1.《书目答问》是近代最详尽的国学书目吗

张之洞（1837～1909年），字孝达，号香涛，直隶南皮人，即今属河北人。1863年进士，授翰林院编修。1867年出任湖北学政。1873年任四川学政。次年在成都创建尊经书院，后历任两湖、两广、两江总督。1907年调任军机大臣，掌管学部事务。卒谥文襄。

《书目答问》成于1874年张之洞督学四川时，当时“诸生好学者来问应读何书，书以何本为善？”，他有感于“偏举既嫌挂漏，志趣学业亦各不同，因此编撰此书以告禄学”，可见此书不同于国家藏书和家藏书的书目，是一部具有推荐性而初学适用的书目，与供帝王将相或专家学者使用的书目并不相同。《书目答问》是近代最详尽的国学书目。

2.《书目答问》共收录书二千二百种吗

《书目答问》共四卷，正录、附录约收书2200种。它所划分的部类如下：

经部分3类：正经正注类列朝经注、经说、经本考证类小学类。

史部分14类：正史类、编年类、纪事本末类、古史类、别史类、杂史类、载记类、传记类、诏令奏议类、地理类、政书类、谱录类、金石类、史译类。

子部分13类：周秦诸百类、儒家类、兵家类、法爱类、农家类、医爱类、天文算法类、术数类、艺术类、杂家类、小说家类、释、道家类、类书。

集部分4类：别集类、总集类、诗文译类、丛书类。

另有附录二种：一、别录：包括群书读本、考试初学各书、词章初学各书、童蒙初学各书；二、清朝著述诸家姓名：列举清代学者的姓名籍贯。

该书著录每一种书的项目包括：书名、卷数、著者、版本等，间有注明其刻者、校者、注者、笺者。

3. 张之洞编选《书目答问》的缘由是什么

节选《书目答问》书目总一：诸生的学者，来问应读何书，书以何本为善，编既嫌挂漏，志趣学业，亦各不同，因录此以告初学。

读书不知要领，劳而无功，知某书宜读，而不得校精校注本，事倍功半。今为分别条流，慎择约举，视其性之所近，各就其部求之，又于其中，详分子目，以便类求，一类之中，复以义例相近者，使相比附，再叙时代，令其门径秩然，缓急易见。凡所著录，并是要典雅记，各适其用。总期令初学者，易买易读，不致迷惘眩惑而已。

凡无用者，空疏者，偏僻者，杂者，不录。古书为今书所包括者，不录。注释浅陋者，妄人删改者，编刻譌谬者，不录。古人书已无传本，今人书尚未刊行者，不录。旧椠旧钞，偶一有之，无从购求者，不录。

经部举学有家法实事求是者，史部举义例雅饬考证详核者，子部举过古及有实用者，集部举最著者。

多传本者举善本，未见精本者举通行本，未见近刻者举今日现存明本。

4.《书目答问》的经典词句有哪些

1. 四书文必有朱注、五经文及经解，古注仍可采用，不知古注者，不得为经学。

2. 目录之学最要者，《汉书·艺文志》。

3. 史论最忌空谈论。

4. 举其博通，不腐陋者。

5. 由小学入经学者，其经学可信。

6. 由经学入史学者，其史学可信。

7. 由经学史学入理学者，其理学可信。

8. 以经学史学兼词章者，其词章可用。

9. 以经学史学兼经济者，其经济成就远大。

10. 周秦诸子，皆自成一家学术，后世群书，其不能归入经史者，强附子部。

5.《书目答问》是一本“本末兼备”的书吗

《书目答问》是近代最详备、最实用的国学书目。选书有求“本末兼备”，并讲求慎择好书；它不是广泛罗列，而是扼要推荐。全书虽不是每书都有评价，但部、类前或后，有简短说明，对读者读书、查找出处，具有指导作用。直到今天，它还是一部很有参考价值的书目。

1.《尔雅》是我国第一部训诂学著作吗

《尔雅》的作者，现在大致有三种说法：一是认为是周公原作《尔雅》一篇，后来由孔子、子夏等增补而成。二是认为是孔子的门人所作。三、认为是秦汉间经师们缀辑旧文而成。一般认为第三种说法比较正确。

《尔雅》这个名字乍看起来，一般人或许觉得不太容易理解，其实，“尔”就是“近”的意思，“雅”是“正”的意思。对一个字怎样才能接近于正确的读音和理解呢？这就要靠训诂了，而这也就是《尔雅》书名的由来。

由于《尔雅》是解释古代经书中用字的书，所以在古时与其它有关的著作一起归于经部，后又被置于《十三经》之列，成了儒家的一部经典。

2.《尔雅》是一部百科全书吗

《尔雅》一书，篇幅不大，但内容极为丰富。今本《尔雅》共分19篇。这19篇是：释诂、释言、释训、释亲、释宫、释器、释乐、释天、释地、释丘、释山、释水、释草、释木、释虫、释鱼、释鸟、释兽、释畜。

从篇目所反映的内容来看，前三篇是古代文献词语训释的汇编。具体来说，《释诂》、《释言》主要解释单词的；《释训》主要是解释叠音词或连绵词的。后十六篇是解释人事百科名称的。

现依次介绍如下：《释亲》，解释亲属的名称。《释宫》，解释宫室的名称以及与宫室有关的道路、桥梁等名称。《释器》，解释各种器物的名称，此外还包括有关服饰、饮食方面的一些名称。《释乐》，解释音乐术语及各种乐器的名称。《释天》，解释天文以及与天文有关的历法、气象等名称。

《释地》，解释有关地理的名称。《释丘》，解释自然形成的名称。《释山》，解释有关山岳的名称。《释水》，解释有关泉水河流的名称。《释草》，解释各种草本植物及其形状特征的名称。《释木》，解释各种木本植物及其形状特征的名称。《释虫》，解释各种昆虫的名称以及对其习性的说明。《释鱼》，解释各种鸟类的名称以及对其形体特征、生活习性的说明，《释兽》，解释各种兽类的名称。《释畜》，解释各种家畜的名称。

3.《尔雅》最具代表性的篇章有哪些

《尔雅》19篇，共有词目1439条。现选录部分条目供鉴赏：

《释诂》第一

迄、臻、极、到、赴、来、吊、舟、格、泪、怀、推、詹、至也。

赉、贡、锡、畀、予、贶、赐也。

悦、怿、愉、释、宊、协、服也。

靖、唯、漠、图、询、度、咨、诹、究、如、虑、谟、猷、肇，谋也。

典、彝、法、则、刑、范、矩、庸、恒、律、戛、职、秩，常也。

《释亲》第四

父为考，母为妣。

父之姐妹为姑。

子之子为孙，孙之子为曾孙，曾孙之子为玄孙，玄孙之子为来孙，来孙之子为昆孙，昆孙之子为仍孙，仍孙之子为云孙。

母之考为外王父，母之妣为外王母，母之王考为外曾王父，母之王妣为外曾王母。

女子谓兄之妻为嫂，弟之妻为妇。

女子之夫为婿。

妇之父母，婿之父母相谓为婚姻。两婿相谓为亚。

《释宫》第五

牖户之间谓之扆，其内谓之家。东西墙谓之序。

西南隅谓之奥，西北隅谓之屋漏，东北隅谓之宦，东南隅谓之窔。

4.《尔雅》的经典词句有哪些

1. 室有东西厢曰庙，无东西厢有室曰寝。

2. 谷不熟为饥，疏不熟为馑，果不熟为荒，仍饥为荐。

3. 大波为澜，小波为沦，下波为径。

4. 父为考，母为妣。

5. 子子孙孙，引无极也。

6. 泰山为东岳，华山为西岳，衡山为南岳，恒山为北岳，嵩山为中岳。

7. 水中可居者曰洲。

8. 狒狒，如人，被发，迅走，食人。

9. 明星谓之启明。

10. 男子，先生为兄，后生为弟。

5.《尔雅》是研究先秦词汇的重要参考资料吗

《尔雅》辑录大量的古代词语，加以整理、解释，为我国辞典之先河，对后世有很大的影响，是研究先秦词汇、阅读古书的重要参考资料。它不仅解释词语，还包含广博的百科知识，以及描述古代社会的面貌，反映当时对天文、地理、生物等方面的理解，所以也是我们研究古代社会生活、思想状况的重要史料。

1.《方言》是我国的第一部方言学著作吗

扬雄（前53～18年），字子云，蜀郡成都人。西汉著名的辞赋家、哲学家、语言学家。

扬雄一生，官职一直低微，他历汉成帝、哀帝、平帝而“三世不从官”。新莽时，以三朝耆老的资历“转为大夫”，地位略有上升，但并不参与国事。杨雄曾校书天禄阁，晚年仍过着清贫的生活。由于政治上不得志，终在郁闷中辞世。

在我国，调查方言有悠久的传统。远在周代，中央王朝每年八月都要派使者坐着轻车到各地去调查民风、民谣和方言，并把调查结果报告给天子，然后藏于王室。周代的方言调查，是与采诗的工作同时进行。遭遇秦火，《诗》因可以讽诵记忆，故能保全，而方言材料却只能着于竹帛，因此没有留于后世。扬雄调查方言和撰写《方言》一书，也是为了继承这个中断已久的古老传统。

扬雄画像

2.《方言》记载的方言以秦晋方言居多吗

《方言》一书全称是《輶轩使者绝代语释别国方言》

《方言》原书15卷，收录九千余字。今本《方言》13卷，收录万余字，应是后人有所增补。各卷的区分没有严格的标准，但大体上是按意义分类。卷一、卷二、卷三是释语词；卷四是释衣服；卷五是释器皿、家具、农具等。卷六、卷七又是释语词；卷八是释动物；卷九释车、船、兵器等；卷十也是释语词；卷十一释昆虫；卷十二、十三也是释语词。

《方言》的内容可以分为两部分，一是绝代语释；一是别国方言。绝代语释，即释绝代语，所谓绝代语，指的是古代词语。所谓别国方言，指的是当时存在于各国的方言、主要是汉语方言，包括北方方言、湘方言、闽方言、粤方言等。除了汉语方言外，还收录了不少少数民族的词语，如朝鲜、满、蒙、苗、土家、壮、侗等族的词语。

《方言》所记载的方言，有详有略。其中以秦晋方言居多，特别是卷一、卷二，所占的比重最大，而且词义的解释和辨析都比较详细。不仅如此，在解释别的方言的时候，也常常用这一方言地区的词语来比况。

3.《方言》最具代表性的篇章有哪些

节选《方言》附录“扬雄《答刘歆书》”：雄叩头。赐命谨至，又告以田仪事，事穷竟白，案显出，甚厚甚厚。田仪与雄同乡里，幼稚为邻，长艾相更，视觊动精彩，似不为非者，故举至日，雄之任也。不意淫迹污暴于官朝，令举者怀报而低眉，任者含声而宛舌。知人之德，尧犹病诸，雄何惭焉!叩头叩头。

又敕以殊言15卷，君何由知之？谨归诚底里，不敢违信。雄少不师章句，亦于五经之训所不解。常闻先代輶轩之使奏籍之书，皆藏于周秦之室；及其破也，遗弃无见之者，独蜀人有严君平、临邛林闾翁孺者，深好训诂，犹见輶轩之使所奏言。翁孺与雄外家牵连之亲。又君平过误，有以私遇；少而与雄也，君平财有千言耳。翁孺梗概之法略有。

翁孺往数岁死，妇蜀郡掌氏子，无子而去。而雄始能草文，先作《县邸铭》《王佴颂》《阶闼铭》及《成都城四隅铭》。蜀人有杨庄者为郎，诵之于成帝，成帝好之，以为似相如，雄遂以此得外见。此数者皆都水君常见也，故不复奏。雄为郎之岁，自奏少不得学，而心好沉博绝丽之文，愿不受三岁之奉，且休脱直，事之繇，得肆心广意，以自克就。有诏可不夺奉，令尚书赐笔墨钱六万，得观书于石渠。如是后一岁作《绣补》、《灵节》、《龙骨》之铭诗三章，成帝好之，遂得尽意。

4.《答刘歆书》叙述的是编写《方言》的原委吗

扬雄《答刘歆书》叙述的是编写《方言》的原委，他准备辞官而写《方言》，结果感动成帝，还赐笔墨钱六万，并允许他到石室参看资料。他便充分利用前人积累的资料，其中有林闾翁孺的梗概之法，严君平手里的千余字资料，同时还大量进行实地调查，经过长达二十七年的艰苦努力，终于完成《方言》这部巨著。

5.《方言》的经典词句有哪些

1. 党、晓、哲，知也。
2. 釜，自关而西或谓釜，或谓之父。
3. 汩、遥，疾行也。
4. 戏、惮，怒也，齐曰戏，楚曰惮。
5. 茹，食也；吴越之间凡贪饮食者谓之茹。
6. 蜻蛉谓之蛉。
7. 半步为跬。
8. 兽之初生谓之鼻，人之初生谓之首。
9. 逢、遂，迎也。
10. 火果，火也；楚转语也。

6.《方言》也是世界上第一部方言著作吗

《方言》是我国最早的一部比较全面的方言词汇著作，也是世界上第一部方言著作。《方言》一书主要记载当时汉语方言词汇的地理分布，有时也透露出不同地区的某些语音差异。扬雄《方言》无论对于汉语史的研究，还是在中国语言学史乃至文化史上都具有十分重要的地位。

1.《释名》是我国第一部汉语词源学著作吗

《隋书·经籍志》著录《释名》八卷，刘熙撰，今本《释名》题为“汉处士北海刘熙撰”。《颜氏家训·音辞》说：“刘熹（熙）制《释名》。”但是，《后汉书》中没有刘熙的传记，而在《后汉书·文苑·刘珍传》中却说刘珍“撰《释名》30篇，以辨物之称号。”不过，各种史书的《经籍志》都未曾著录刘珍《释名》，唐宋的类书也专称引，因此，清代学者钱大昕和郝懿行都认为所谓刘珍作《释名》是范晔的错误说法。

刘熙是否撰写了也叫《释名》的另一部著作，在此不作深究，总之，今天见的《释名》无疑是东汉时刘熙所著。刘熙，字成国，北海人，生卒年不详，大约是东汉灵帝、献帝间人。为郑玄门人，曾在交州避乱和从事讲学活动。

2.《释名》收词一千五百多条吗

《释名》共8卷27篇，篇名如下：释天、释地、释山、释水、释丘、释道、释州国、释形体、释姿容、释长动、释亲属、释言语、释饮食、释彩帛、释首饰、释衣服，释宫室、释床帐、释书契、释典艺、释器用、释币器、释兵、释车、释船、释疾病、释丧别。从篇目的安排上看，《释名》显然是受《尔雅》的影响，继承了《尔雅》的分类原则，即按意义将有关的词类聚在一起。因此后来有人又把《释名》称为《逸雅》，看成是雅书的一种。

《释名》收词一千五百多条，大多数是当时的常用词，对每个词语的解释都采用声训的方法。

《释名》的声训可归为三类：

（一）以同字相训。这一类是被释字与释字完全相同，即用原字释原字。

（二）以音同字为训。这一类是被释字与释字的声母、韵部完全相同，但声调可同也可不同。

（三）以音近字为训。这一类是被释字与释字的声母韵部不完全相同，但在读音上相接近。

除声训外，《释名》还运用了义训。《释名》义训有两种情况：一是对声训的说解，说明声训的由来，二是直接运用义训。

3.《释名》最具代表性的篇章有哪些

节选《释名·序》：熙以为自古造化制器立象，有物以来迄于近代，或典礼所制，或出自民庶，名号雅俗，各方多殊，圣人于时就而弗改，以成其器，着于既往，哲夫巧士以为之名，故兴于其用而不易其旧，所以崇易简，省事功也。

夫名之与实，各有义类。百姓日称而不知其所以之意，故撰天地、阴阳、四时、邦国、都鄙、车服、丧纪，下及民庶应用之器，论叙指归，谓之《释名》，凡27篇。至于事类，未能究备。凡所不载，亦欲智者以类求之。博物君子，其于答难解惑，王父幼孙，朝夕侍问以塞，可谓之士，聊可省诸。

4. 刘熙的序阐述了他撰写《释名》的目的吗

刘熙的序，表明他撰写《释名》的目的：“夫名之于实，各有义类。百姓日称而不知其所以之意。故撰天地、阴阳、四时、邦国、都鄙、车服、丧记，下及民庶应用之器，论叙指归，谓之《释名》。”可见，《释名》的用意在于探索汉语常用词的“所以之意”，也就是要研究词语得名的缘由。因此，就性质而言《释名》当属于词源字的范围，这与其它的字书辞书大不相同。

5.《释名》的经典词句有哪些

1. 名之与实，各有义类。

2. 土，吐也，吐生万物也。

3. 扬州，州界多水，水扬波也。

4. 水中可居者曰洲；洲，聚也，人及鸟兽所聚息之处也。

5. 国城曰都；都者，国君所居，人所都会也。

6. 萧墙，在门外萧之也，臣将入于此自肃敬之处也。

7. 刀，到也；以斩我到其所，乃击之也。

8. 疹，诊也；有结聚可得诊见也。

9. 法，逼也；人莫不欲从其志，逼正使有所限也。

10. 水注谷曰沟，田间之水亦曰沟；沟，构也，纵横相交构也。

6.《释名》是第一部从语言学角度撰写的专著吗

《释名》是我国第一部自觉的纯粹从语言学角度撰写出来的专著，书中记录了很多汉代通用的语词，可与《尔雅》、《说文》等书相参证。全书以声为训，或取同音字，或取同韵韵近字，或取声同声过字，由此可以考证汉末的语音，是一部极有价值的书。

1.《经典释文》是一部注释音义的训诂著作吗

陆德明（约550~630年），名元朗，以字行，苏州人，经学家、音韵训诂学家。

陆德明初受学于南朝陈代著名经学家周弘正，博览群书，覃恩善辩。历仕陈、隋、唐，在陈，曾任始兴王国左常待，迁国子助教，隋炀帝时，擢为秘书学士，后亦迁国子助教，621年被太子李世民征为秦府文学馆学士，成为当时著名的“十八学士”之一，被画成画像表彰。不久又拜为太学博士。贞观初，唐太宗封他为国子博士。陆德明在583年开始编写《经典释文》，完稿于589年以前。

2.《经典释文》汇集了十四部著作的注文和注音吗

《经典释文》30卷，汇集前代关于《周易》、《古文尚书》、《毛诗》、《周礼》、《礼记》、《仪礼》、《春秋左氏》、《春秋公羊》、《春秋谷梁》、《论语》、《老子》、《庄子》、《尔雅》等14部著作的经文和注文的音义。

全书汇集了汉魏六朝以来的音切训诂凡二百三十余家。卷一为序录。序录可以说是全书的纲领，包括序、条例、次第和注解传述人四部分。“序”说有着收的时间、编由和训释的原则。“条例”说明全书的体例。“次第”说明内容安排的次序及其理由。“注解传述人”说明各种经典的师承源流和注解传述各家。卷二至卷三十依次为以下十四种经典的音义:《周礼》二卷,《仪礼》一卷、《礼记》四卷、《春秋左传》六卷、《春秋公羊传》一卷,《春秋谷梁传》一卷、《孝经》一卷,《论语》一卷、《老子》一卷、《庄子》三卷、《尔雅》二卷,绝大部分注释都有反切注音,总计一万条以上。

3.《经典释文》最具代表性的篇章有哪些

节选《经典释文》卷五《毛诗音义上》：静女遗我唯季反，姝赤朱反，美色也。说文文作始，云好也。可说音悦，篇末注同搔首苏刀反踟直知反蹰直诛反。贻我本又作诒，音怡，遗也。下句协韵，亦音以志反。彤管徒冬反，彤，赤也；管，毛管。着于知略反，又直略反，下同。炜于鬼反，赤貌。

说怿说本又作悦，毛王上音悦，下音亦，郑说音始悦反，怿作释，始亦反。自牧州牧之牧，徐音目，田官也。荑徒兮反。茅，始生也。洵本亦作询，音荀，信也。以共音恭。窈乌了反，窕徒了反。之处昌虑反。之为于伪反，注同，或如字。

4.《毛诗音义上》标注的是《诗经》中的名篇吗

“静女”为《诗经·邶风》中的篇名。其中的姝、搔首、踟蹰、贻我，彤管、炜、说怿、自牧、洵、之为是摘自《诗经》原文中的字句，遗我、可说、着于、以共、窈窕之处是摘自《诗经》郑文中的字句。标音用直音、反切两种方法，如：遗，唯季反，姝，赤朱反。说，音悦，询，音荀。

此外，还用“如”字表示读本来的、常用的读音，如：为，于伪反，或如字。采用各家音读时，每种读音之前标以姓氏，如：说怿，毛王上音悦，下音亦。毛指毛亨，王指王肃，又如：牧，徐音目，徐指徐邈，除了标看之处，还考录诸本之字的异同，如：姝，《说文》作袾；贻，本又作诒；说，本又作悦；

洵，本亦作询。

5.《经典释文》的经典词句有哪些

1. 中人这性好逸豫，故成以无逸。
2. 稼穑，农夫之艰难事，先知之乃谋逸豫，则知小之人所依怙。
3. 守者，谓其地之民，占我山林者也。
4. 书崩者，为天下恩痛王者也。
5. 子者，男子之通称。
6. 诵习以时，学无废业，所以为说怿。
7. 人有所不知，君子不怒。
8. 以学为首者，明人必须学也。
9. 古者井田方里为井，十井为乘，百里之国适千乘也。
10. 为国者举事必敬慎，与民必诚信。

6.《经典释文》是一部别具风格的语言学总集吗

《经典释文》是一部别具风格而以注音为主兼及释义的总集，乃是博大精深的著作。它是解释儒家经典文字的书，注解极为详备，为研究古籍历史的重要参考资料。书中记载的音义对考证晋宋以后音韵的变迁和古代词义的转变，以及一字的多音多义等都有很大用处，是一部极有价值的语言资料书。

1.《广韵》是我国现存最早的一部韵书吗

陈彭年（961 ~ 1017 年），字永年，宋抚州南城人，即今江西南城县人，我国古代语文学家。985 年中进士，调江陵府同理参军，累官至兵部侍郎。卒赠右仆射，谥文僖。陈彭年少好学，尝叩事徐铉，深得徐氏真传。宋真宗时，陈彭年与雍丘等奉诏根据唐代流传下来的《切韵》、《唐韵》等一系列韵书刊定撰集而重修，成于

1008年。

2.《广韵》共收入了二〇六韵吗

《广韵》全书五卷，平声二卷，上、去、入声各一卷。每一声内各分为若干韵，凡同韵的字都类聚在一起。上平二十八韵，下平二十九韵，上声五十五韵，去声六十韵，入声三十四韵，共二〇六韵。

《广韵》二〇六韵中有一百九十三韵和陆法言的《切韵》分韵相同；有二韵和王仁昫《刊谬补缺切韵》增加的相同（即增加上声俨韵，去声酽韵）；有十一韵和蒋斧印本《唐韵》从真韵分出谆，从轸韵分出准，从震韵分出，从质韵分出术，从寒韵分出桓，从早韵分出缓，从翰韵分出换，从曷韵分出末，从歌韵分出，从哿韵他出果，从固韵分出过。《广韵》与《切韵》、《唐韵》的韵目用字有些改变。

《广韵》二〇六韵，每一个声调中每一个韵部和其它声调中相应的韵部，都有一定的搭配关系。入声韵只和有鼻音韵尾的阳声韵相配，阴声韵部都有平上去。全书平上去韵数不等，阳声类韵数也不相符。这是因为去声泰、祭、废四韵都没有平上入声相配，所以多出四韵；冬韵、臻韵的上声，臻韵的去声，痕韵的入声，字数都极少，附见于邻近的韵，没有单独列出韵目来。

《广韵》二〇六韵，如不计算声调，以冻董送屋为一韵，支低实为一韵，用平声包括上去入三声，那么平声五十七韵，再加上没有平上入相配的那四个去声韵，实际上只有六十一韵。如果把三十四个入声韵独立出来，则有九十五韵。用系联法细分，韵数还可分得更多。

3.《广韵》最具代表性的篇章有哪些

《广韵（节选）》：上平声：东韵—童，独也，言童子未有室家也。忡，忧也。通，达民。虹，带蝀也；又冬韵—淙，水声；又钟韵—蓉、芙蓉。

下平声；仙韵—鲜，鲜洁也。蝉，蜩也。宣，明也。筌，取鱼竹器；又宵韵—骄，马高六尺。嫖，身轻便貌。

上声：肿韵—捧，两手承也。勇，猛也。踊，跳也。又纸韵—豕，猪也。

去声：至韵—駟，一乘四马。又志韵—痣，黑子。试，用也。又未韵—慰，安慰。费，耗也；又愿韵：贩，买贱卖贵。又换韵：乱，理也，又兵寇也。

入声：屋韵—斛，十斗。哭，哀声。匐，匍匐，伏地貌。陆，高平曰陵。

肉，骨肉；又烛韵—勖，勉也。绿，青黄色。又质韵：蟀，蟋蟀。又月韵：筏，大曰筏，小曰桴，乘之度水。

《宋本广韵》

4.《广韵（节选）》属直接训释吗

《广韵》释义有两种方式：直接训释和引用他书训释。上述例子属直接训释。《广韵》对字（或词）的直接训释采取了多种方式，有同义词互训，如通，达也；度，用也等。有异名互训，如虹，带东也；蟑，蜩也等。有定义式的，如，羊臭也；马四，一马四乘等。有说明或描写的，如筌，取鱼竹器；嫖，身轻便貌等。有声训，如童，独也。有反训，如乱，理也。还有用包含本字在内的合成词或边绵字来解释的，如慰，安慰；畏，畏惧；肉，骨肉等。

5.《广韵》的经典词句有哪些

1. 五家为邻，五邻为里。
2. 不听五声之各曰聋。
3. 廷，停也，人所停集之处。
4. 妻之姐妹同出为姨。
5. 吴楚则时伤轻浅，燕赵则多涉重浊；秦陇则去声为入，梁益则平声似去。
6. 欲广文路，自可清浊皆通；若赏知音，即须轻重有异。
7. 论南北是非，古今通塞。
8. 剖析毫厘，分别黍累。
9. 凡有文藻，即须声韵。
10. 江东取韵，与河北复殊。

6.《广韵》是研究汉语语音史的重要依据吗

《广韵》就是增广《切韵》的意思。《切韵》失传，《广韵》就成为研究汉语语音史最为重要的依据。语言学家分析《切韵》所代表的中古音，当然依据《广韵》；

清代汉学大师们探讨周秦古韵，也以《广韵》为参照物；现代语言学家研究近代音和现代方言、更以《广韵》为出发点。《广韵》在音韵学家心目中,简直成了北极星。

《文则》

1.《文则》是我国第一部修辞学专著吗

陈骙（1127～1203年），字叔进，台州临海人。陈骙博学多能，才华出众，1154年中进士，先后担任少监、太子谕德、知府、中书舍人、礼部尚书、同知枢密院，参知政事等职。死后追赠少傅，谥号文简。

陈骙为官不畏权势，往往敢于直言进谏，终因得罪权贵，故遭贬官。他不仅是一位杰出的治国之才，也是一位学有所成的著名学者，他曾任编修官参与国史的编修，特别在罢官之余，遍览群书，于1170年写成《文则》一书，终于奠定其在学术史上的地位。

2.《文则》的重点是文体风格问题吗

《文则》全书共分甲、乙、丙、丁、戊、己、庚、辛、壬、癸十个部分。其主要内容如下：

一、关于行文风格的问题。主要见于“甲”部分，有下列几点：文章以自然和谐为佳。文章要自然素朴，语句要流畅，不应刻意雕琢，矫揉造作。文章贵简洁而不疏缺。文章既不要繁杂，又要避免空疏，要做到简洁，但不是越简越好，而是“文简而理周”。文章应明确而不晦涩，叙事的文章应该做到委婉含蓄，但含蓄不等于晦涩难懂，表意应该明确。文章应贵涉俗，不要滥用古语。文章要注意语言运用，反对“搜摘古语，撰叙今事”。

二、关于修辞手法问题。这是全书论述的重要内容，它散见于甲、乙、丙、丁、戊、庚各部分。论述的修辞手法有：对偶、倒装、析字、经喻、引用、层递，重叠、重复、避复、答问、反语、排比。

三、关于语法问题。散见于乙、丁、己各部分，讨论的语法问题有：论述助词的作用及分析句子的运用，前者说明什么是病辞和疑辞，后者又分不同句式的运用、复句的运用、长短句的运用。

四、关于文体风格问题:这也是全书论述的重要内容，除了见于“用”部分外，其余全部集中在“辛”、“壬”、“癸”各部分。有下列二点:论术及体的起源和发展，以及评论文章的风格特点。

此外，《文则》一书还探讨了篇章结构、语言的发展和方言的关系，以及继承与借鉴等问题，这也是值得重视的。

3.《文则》最具代表性的篇章有哪些

摘录原书修辞问题的部分例证，供大家鉴赏，并加“按”作适当的说明解释。

对偶：

文有意相属而对偶者。如:“诲尔谆谆,听我藐藐。”(按:见《诗·大荡抑》谆谆，教侮不倦的样子。藐藐，轻视，小看。)

又如：“故谋用是作，而兵由此起。”(按：见《礼记、礼运》)

有事相类而对偶者。如：“佑贤辅德，显忠遂良。”(按：见《尚书·仲虺之诰》)

倒装：

《春秋》书曰：“吴子遏伐楚，门于巢，卒。”《公羊传》曰：“门于巢者何？入门乎巢而卒也！然夫子先言门，后言‘于巢’者，于文虽倒，而寓意深奥。”(按：吴子遏，即吴王诸樊。巢：殷周时的小国。)

析字：

取偏旁以成句。如《周礼》曰:“五人为伍。”(按:见《周礼·地官·族师》)《中庸》曰：“诚者自成也。”

取音韵以成句。如《方饮酒义》曰:“秋之为言愁也。”(按:《方饮酒义》为《礼记》篇名)又如《孟子》曰：“校者教也。”(按：见《孟子·滕文公上》)。

反语：

诗人《庭燎》之咏，文虽美之，意则箴之;张老轮奂之辞，文虽颂之，意则讥臭。(晋献文子成室，张老曰:“美哉轮焉，美哉奂焉，歌于斯，哭于斯，聚国族于斯。”)

自汉以来，靡丽之赋，劝自讽一，乌足知此。（按 :《庭燎》为《诗经 · 小雅》中的一篇）

4.《文则》的经典词句有哪些

1. 《诗》，可以兴，可以观，可以群，可以怨。

2. 劳之来之，匡之直之，辅之翼之。

3. 若是其靡也，死不如速朽之愈也。

4. 人之所以为人者，言也。

5. 犹缘木而求鱼也。

6. 天子如堂、君臣如陛，众庶如地。

7. 鱼相忘乎江湖，人相忘乎道术。

8. 名，德之与也。

9. 信之所以为信者，道也。

10. 诚者自成也。

5.《文则》就是文章的法则、规范吗

“文则”就是文章的法则、规范，是作者所“考”、所领悟到的。《文则》首次对汉语的修辞手法进行全面而系统的研究，也是首次把修辞的研究和语法结合起来。它重视文章内容和形式之间的关系，探讨了文体的修辞风格，从而为文体的研究开辟了新的途径。《文则》作为中国早期第一部修辞学专著，其对后世有着十分深远的影响。

1.《中原音韵》是普通话语音的源头吗

周德清（1277~1365 年），字日湛，号挺斋，江西高安人。大约十七八岁时，周德清开始从事元曲创作，过着“歌台舞榭”、“诗酒疏狂”的生活。他一面从事创作，一面潜心研究元曲的写作方法、音律和语言规范。

他仔细分析和研究元曲大家关汉卿、郑光祖、白朴、马致远的作品，当时的曲坛问题不少，在音律和语言上存在着混乱，使人无所适从。大约在元泰定年间，戏曲界、学术界展开了一场关于“正语作词”的论争。周德清极力主张：“欲作乐府，必正言语；欲正言语，必宗中原之音。”1324年秋，他完成了具有划时代意义的著作《中原音韵》。

2.《中原音韵》是以韵部为纲、声调为经吗

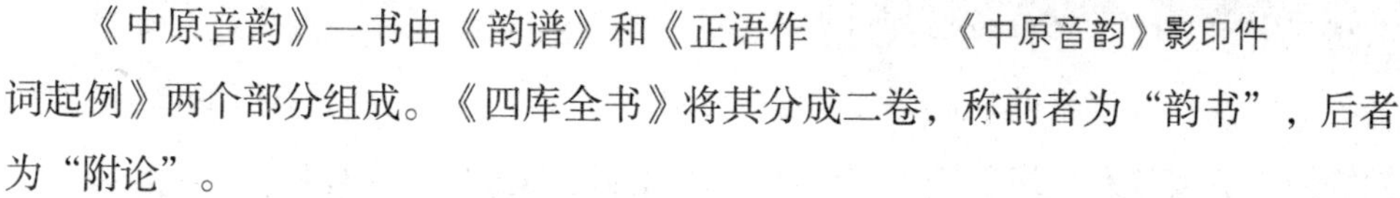

《中原音韵》影印件

《中原音韵》一书由《韵谱》和《正语作词起例》两个部分组成。《四库全书》将其分成二卷，称前者为“韵书”，后者为“附论”。

第一部分是“韵谱”，也就是曲韵韵书。《中原音韵》的语音系统主要是在“韵谱”中得到反映的。第二部分叫“正语作词起例”，详细论述韵书的编排体例、字音的辨别、用字的方法以及宫调的创作方法等内容。

《中原音韵》全书共收5866字，分19个韵部。19个韵部的名称是：一东钟、二江阳、三支思、四齐微、五鱼模、六皆来、七真文、八寒山、九桓欢、十先天、十一萧豪、十二歌戈、十三家麻、十四车遮、十五庚青、十六尤侯、十七侵寻、十八监咸、十九廉纤。

每个韵部之下再分平声阴、平声阳、上声、去声四类，入声则按当时唱腔的念法，分别派入平声阳、上声、去声三声中，这种安排方法与元曲的上声通押有关。每个韵部之下又按照“每空是一音，以易说字为头”的体例来安排小韵，凡同音字皆属于同一小韵。《中原音韵》这种以韵部为纲，以声调为经的安排方式，与《切韵》一系的今音韵书大不相同。

3.《中原音韵·序》叙述了作此书的缘由吗

节选《中原音韵·序》：乐府作而声律盛，自汉以来然矣。魏晋隋唐体制不

一，音调亦异，往往于文虽工，于律则弊。宋代作者如苏子瞻，变化不测之才，犹不免制词如诗之诮。若周邦彦姜尧章辈，自制谱曲，稍称通律，而词气又不无卑弱之憾。辛幼安自北而南，元裕之在金末。

国初虽词多慷慨，而音节则为中州之正学者。取之我朝，混一以来朔南暨报，教士大夫歌咏必求正声。凡所制作，皆足以鸣国家气化之盛，自是北乐府出，一洗东南习俗之陋。大抵雅乐之不作，声音之学不传也，久矣。

五方言语又复不类，吴楚伤于轻浮，燕冀失于重浊，秦陇去声为入，梁益平声似去，河北河东取韵尤远吴人。呼饶为先，读武为姥，说如近鱼，切为丁心之类，正音岂不误哉。高安周德清工乐府，善音律，自着《中州音韵》一帙，分若干部以为正语之本。

变雅之端，其法以声之清浊定字为阴阳，如高声从阳低声从阴，使用字者随声高下措字为词。各有攸当，则清浊得宜，而无凌犯之患矣。以声之上下分韵为平仄，如入声直促难谐音调，成韵之入声悉派三声，志以黑白，使用韵者随字阴阳置韵，成文各有所协，则上下中律，而无拘拗之病矣。是书既行于乐府之士，岂无补哉！又自制乐府若干调，随时体制，不失法度，属律必严，此事必切，审律必当，择字必精，是以和于宫商，合于节奏，而无宿昔声律之弊矣。

4.《中原音韵》的经典词句有哪些

1. 文律二者，不能兼美。

2. 天下治平，朝廷将必有大制作。

3. 言语一科，欲作乐府，必正言语。

4. 欲正言语，必字中原之者。

5. 声分平仄，谓无入声。

6. 以入声派入平、上、去三声也。

7. 派入三声者，广其韵耳。

8. 世之共称唐诗、宋词、大元乐府，诚哉。

9. 逢双不对，衬字尤多。

10. 吴楚伤于轻浮，燕翼失于重浊，秦陇去专为入，梁益平声似去，河北河东取韵尤远。

5.《中原音韵》在戏曲史上具有很高的权威吗

《中原音韵》是最早的一部曲韵韵书。其中的有关理论和创作方法都是从当时北曲的实际出发，根据实际材料归纳出来的，因而此书在戏曲史上具有很高的权威，对于北曲的创作和演唱发挥了很强的规范作用。《中原音韵》又是历史上第一部以当时口语来描写对象的韵书。《中原音韵》所记录的是元代首都大都的语音，《中原音韵》即现今普通话语音的鼻祖。

《助字辨略》

1.《助字辨略》是专门研究古汉语虚词的著作吗

刘淇，生卒年月不详，字武仲，又字龙田，号南泉，又号卫园、南田山居等。祖籍河南确山，实居山东济宁。因父官山东按察使，卒葬山东济宁，刘淇与其弟汶遂居济宁。刘氏兄弟两人均受知于清世宗，时人称他们为“二难”。长白人国泰在《助字辨略》序说刘淇“博闻强记，生平喜著书，性格恬澹，不妄与人交，然亦以此见重于进，当世士大夫，无不知有刘老人者”。刘淇的著作有《周易通说》、《禹贡说》、《助字辨略》、《堂足志》、《卫园集》等。

2.《助字辨略》是按平水韵排列吗

全书收词476个，按平水韵排列，因为平声字多，故分上平声、下平声，其余为上声、去声、入声、共计五卷。

根据作者自序。把助字分为30类。这里的所谓助字，范围要比现代的所谓虚词广。现分述如下：

1. 重言。指的是两字同义而复用。

2. 有文。这是指语义上可有的字但在引文中没有出现。

3. 助赢。主要指的是位于保存中的助词。

4. 断辞。指表示某种肯定或必然的词。亦称果辞、决定之辞、必辞等。

5. 疑辞。

6. 咏叹辞。疑词和咏叹辞都是表示语气的词，这两类词关系密切。

7. 急辞。指表示时间急或语气急的词。

8. 缓辞。其义与急辞相对。

9. 发语辞。指句首助词。

10. 语已辞。指名末助词。

11. 设辞。指表示假设之意的词。

12. 别异之辞，指用于连接，带有转折之意的词。

13. 继事之辞。指用于连接，带有顺承之意的词。

14. 或然之辞。指带有未定或假设之意的词。

15. 原起之辞，指表示时间概念的辞。

16. 终竟之辞。其义与原起之辞相对。

17. 顿挫之辞。指在名中起停顿作用的词。

18. 承上。

19. 转下。

20. 语辞，指有声而无本字的词。

21. 通用。音义相同或相近，可以通用的词。

22. 专辞。指有某种限定的词。

23. 仅辞。指表示某种程度的词。

24. 叹辞。

25. 几辞。几，指将及之义。

26. 极辞。指表示某程度或范围的词。

27. 括辞。

28. 方言。

29. 倒文。指不按平常词序行文。

30. 实字虚用。

3.《助字辨略》最具代表性的篇章有哪些

节选《助字辨略》卷五：复，《礼记·礼运》：言偃复问曰：“如此乎礼之急也！”

案复，又也，更也，再也，重也。上文云言偃侍侧曰："君子何叹？"此又更问，故云复也。《汉书·匡衡传》："陛下圣德天覆，子爱海内，然阴阳未和，奸邪未禁者，殆论议者未丕扬先帝之圣功，是以群下更相是非，吏民无所信，争言制度不可用也，务变更之。所更或不可行，而复复之。"

上复字，又也。下复字，反也《世说注·山谷启事》曰："诏选秘书丞。"涛荐曰："绍平简，温敏，有文思，又晓音，当成济也；犹宜先作秘书郎。"诏曰："绍如此，便可为丞，不足复为郎也。"此言不必又使之为郎也。又《左传·文公七年》："复为兄弟如初。"此复字，犹还也，仍也。

又《世说注》："王处仲谓阮修曰：'鸿胪丞差有禄，卿常无食，能作不？'修曰：'为复可耳。'"语助，复，可，犹言亦可。又《世说》："君出临海，便无复人。"又云："阿奴今日不复减向子期。"陶渊明诗："谓人最灵智，独复不如兹。"此复字，语助也。

4.《助字辨略》都有释义和举证吗

《助字辨略》于每字之下一般先释义，然后列举书证，或者先列举书证，然后再释义。在释义时，总是尽可能利用古代字书、韵书的解释，其中用得最多的是《尔雅》和《广韵》，此外还有《说文》、《广雅》等。同时还利用了各种传、注、疏的材料。作者还在许多词条中用"愚案"的形式进一步阐述了自己的观点，或是对所引书证内容的疏通解释；或是说明虚词的类别、意义和用法；或是对前人的学说补充和修正。这种体例比较科学。

5.《助字辨略》的经典词句有哪些

1. 其旨远，其辞文。
2. 人莫大焉亲戚君臣上下。
3. 一寸之地，一人之为，天子无所利焉，诚以定治而已。
4. 吾与富贵而诎于人，宁贫贱而轻世肆志焉。
5. 非但君当知臣，臣亦当知君。
6. 所谓修身在正其心者。
7. 所谓齐其家在修其身者。
8. 礼，谓其姊亲而先姑也。
9. 凡言谓，言为而不人，失之也。

10. 但使主人能醉空，不知何处是他乡。

6.《助字辨略》十分注意分析虚词的表达作用吗

《助字辨略》实为第一本有较高水平的研究古籍虚词的书。作者不仅训释虚词的意义，而且也像分析实词一样，十分注意分析虚词在文章表达中的作用。刘淇之后，又出现了一些研究虚词的专著，成就自然超越刘淇，但刘淇筚路蓝缕之功实不可没。

1.《经传释词》是解释经传古籍中虚词的专著吗

王引之（1765～1834年），字伯申，号曼卿，江苏高邮人，是著名的训诂学家。1799年进士，初授翰林院编修，累官至工部尚书，卒谥文简。王引之出身名门世家，父亲王念孙是干嘉时代著名的朴学大师、一代名儒。由于家学渊源，王引之从小就受到良好的启蒙教育。他以父为师，勤奋好学，在学术研究上取得了重大成就，成为干嘉朴学的代表人物之一。他和其父王念孙的音韵训诂之学，被后人称为“高邮王氏之学”，在中国语言学史上有卓越的贡献。

王引之于1790年赴京从其父学习经义，从此展开对经籍中虚词的研究。1798年终于完成《经传释词》一书。

2.《经传释词》共收虚字一百六十个吗

《经传释词》全书十卷。共收虚字160个，以一个字为一个条目，但有些条目不只包含一个字，所以实际收录的词共有248个。

作者对虚词内部类别的区分非常精细。现根据作者在引文中说明的类别，分别加以介绍：1.发声。犹如发语词。2.叹声。叹恨之声也。3.怒声。感叹词。4.词。即语气词也。5.叹词。6.问词。7.疑词。8.急词。指句首语气词。9.语助。10.句中语助。11.句末语助。12.词助。13.问词之助。以上“词助”“问词之助”均位词

經傳釋詞
十卷

經傳釋詞序
經傳中實字易訓虛詞難釋顏氏家訓雖有音辭篇于
古訓罕有發明賴爾雅說文二書解說古聖賢經傳之
詞氣最爲近古然說文惟解特造之字如亏白而不及假
借之字如而雖爾雅所釋未全讀者多誤是以但知依訓
所而不知同迪
但見言訓我而忘其訓聞
以毛鄭之精猶多誤解何況其餘高郵王氏喬梓貫通
經訓兼及詞氣昔聆其終風諸說每爲解頤乃勸伯申
勒成一書今二十年伯申侍郎始刻成釋詞十卷元讀

《经传释词》影印件

尾。14.语词。15.助语词。以上“语词”“助语词”与语助义同。16.发语词。17.语中助词。18语已词。19.词之终。即句末语气词。20.词之转。21.转语词。以上“词之转”与“转语词”义同。22.言之间。即连词，一说助词。23.词之承上而转。24.承上之词。25.承上启下之词。26.起下之词。27.连及之词。28.更端之词。29.假设之词。30.异之之词。31.或然之词。32.大略之词。33.本然之词。34.指事之词。35.不然之词。36.拟议之词。以上“不然之词”“拟议之词”皆为语气词。一带否定兼感叹语气，一表猜测语气。37.句绝之词。38.状事之词。多指词尾。39.比事之词。40.状物之词。即词头，一说是助词。41.不定之词。42.合声。

以上42类还没有囊括《经传释词》中所标明的全部词类名称，这里只是摘其要并加以概括、归纳罢了。此外，还有不少词只是分列义项没有标示名称。

3.《经传释词》最具代表性的篇章有哪些

节选《经传释词》卷八：

《尔雅》曰：“斯，此也。”常语。

斯，犹“则”也。亦常语。

斯，犹“乃”也。《书·洪范》曰：“女则锡之福。时人斯其唯皇之极。”《金滕》曰：“周公居东二年，则罪人斯得。”《诗·小节旻》曰：“谋犹回遹，何日斯沮。”《宾之初筵》曰：“太侯既抗，弓矢斯张。”《角弓》曰：“受爵不让，至于已斯亡。”《礼记·檀弓》曰：“人喜则斯陶，陶斯咏，咏斯犹，犹斯舞。”“斯”字并与“乃”同义。《诗·斯干》曰：“乃安斯寝，乃寝乃兴。”“斯”，亦“乃”也，互文耳。

4.《经传释词》全书的释词方法有十种吗

《经传释词》全书释词方法有十种：举同文而互证，举两文以比例，因互文而知其同训，即别本以见例，因古注以互推；采后人所引以相证、连文、声转、字通。

5.《经传释词》的经典词句有哪些

1. 语词之释，肇于《尔雅》。
2. 古今异语，别国方言，类多助语之文。
3. 其散见于经传者，皆可比例而知；触类长之，斯善式古训也。
4. 自汉以来，说经者宗高雅训，凡实义所在，既明箸之矣，而语词之例，则略而不究。
5. 前人所未及者补之，误解者正之，其易晓者则略而不论。
6. 之，言之间也，若“在河之洲”之属是也，常语也。
7. 哉，叹词也，或为叹美，若“大哉干元”之属。
8. 而者，承上之词，或在句中，或在句首，其义一也，常语也。
9. 恶，犹“安”也；“何”也。
10. 因，犹也，亦声之转也。

6.《经传释词》的取材只限经传吗

《经传释词》是继《助字辨略》之后又一部具有较高成就的研究古代汉语虚词的著作。《经传释词》比《助字辨略》晚出一百年，两书比较，《经传释词》取材只限经传，不及《助字辨略》广泛，《助字辨略》对某些虚词的解释也有胜过《经传释词》之处，但《经传释词》在说解体例上、词语分类以及释义方法上都要比《助字辨略》具有更高的学术水平。

1.《读书杂志》是校勘史、子、集等古籍的札记吗

王念孙（1744～1832年），字怀祖，号石臞，世人称石臞先生。江苏高邮县人。清代著名音韵学家、训诂学家。1775年进士，选翰林院庶吉士，散馆改工部主

事，升郎中。擢陕西道御史，转吏科给事中，最后官至永定河道。王念孙出身于学者官宦之家，祖父王曾禄一生以讲学为业，父亲王安国是雍正进士，官拜吏部尚书，长于经学。王念孙幼承庭训，8岁能属文，10岁学毕群经，旁及各种史籍，被誉为“神童”。

乾隆二十一年（1756年），著名学者戴震来京在王府执教，王念孙和段玉裁均拜戴震为师，研究文学、音韵、训诂，造诣精深。王念孙不仅是一位清正廉洁、勤于国事的官员，更是一位在学术上作出了重大贡献、开创了一代学风的宗师。他一生勤奋写作、著述宏富。《读书杂志》正编在王念孙生前于1812年至1831年陆续刊印；余编由其子王引之整理，于道光十二年（1832年）刊行。

2.《读书杂志》正编、余编共八十四卷吗

《读书杂志》全书正编 82 卷，余编两卷。正编 82 卷，包括《逸周书杂志》4 卷、《战国策杂志》3 卷、《史记杂志》6 卷、《汉书杂志》16 卷、《管子杂志》12 卷、《晏子春秋杂志》两卷、《墨子杂志》6 卷、《荀子杂志》8 卷《补遗》一卷、《淮南内篇杂志》22 卷、《汉隶拾遗》一卷，共计札记 5300 条。余编分上下两卷，上卷包括《后汉书》、《老子》、《庄子》、《吕氏春秋》、《韩子》、《法言》；下卷包括《楚辞》和《文选》，共有札记 260 条。

“杂志”的“志”即“志”、“记”的意思。内容主要是校勘，也兼及训诂。

《读书杂志》从校勘入手，同时紧密结合训诂，对古籍中出现的各种错误进行疏记。

3.《读书杂志》最具代表性的篇章有哪些

节选《读书杂志・战国策第二・楚》：以其类为招，倏忽之间坠于公子之手黄雀俯噣白粒，仰栖茂树，鼓翅奋翼，自以为无患，与人无争也。不知夫公子王孙，左挟弹，右摄丸，将加己乎十仞之上，以其类为招。昼游乎茂树，夕调乎酸咸，倏忽之间，坠于公子之手。念孙案：以其类为招，类当为颈字之误也。招，旳也，言以其颈为准的也。《吕氏春秋・本生篇》曰：“万人操弓，共射一招。”高注：招，埻的也。《别类篇》曰：“射招者，欲其中小也。”《文选・阮籍〈咏怀诗〉》注，引此作以其颈为的。

《艺文类聚・鸟部》、《太平御览・羽族部》并引此云：“左挟弹，右摄丸，以加其颈。”姚曰：《春秋后语》云：‘以其颈为的，的或为招。”以上姚校本语。招的古声相近，故字亦相通也。凡从勺声之字，古音皆属宵部，故的从勺声而通作招。《说文》：“杓，从木，勺声，甫摇切。尥，从尤，勺声。”

《玉篇》平交、力吊二切，皆其例也。倏忽之间，坠于公子之手。姚云：“《三同集》无此十字。”曾云“一本有”。念孙案：无此十字者是也。一本有者，后人妄加之耳。夕调乎酸咸，谓烹之也。即烹之矣，何又言倏忽之间坠于公子之手乎？下文说黄鹄之事，至昼游乎江河，夕调乎鼎鼒，以下更不赘一语，此独于夕调乎酸咸之下加二语，以成蛇足，甚无谓也。《文选·咏怀诗》注及《艺文类聚》、《太平御览》引《战国策》并无此十字。《新序·杂事篇》亦无此十字。

4.《读书杂志》训诂与校勘的原则有四个方面吗

纵观全书，其训诂与校勘所运用的原则、条例，可概括为如下诸方面：因声求义、古音通假、协韵、辨析字形、语词连用。

5.《读书杂志》的经典词句有哪些

1. 以其类为招，类当为颈字之误也。
2. 此策及《赵世家》皆作左师触龙言愿望见太后，今本龙言二字误合为詟耳。
3. 臣人谓已得人为臣，臣于人谓已事他人。
4. 过而为政于天下，指秦言之，非谓尊之太过也。
5. 此以父喻君，子喻民，则作慈父者是也。
6. 戊当依景佑本作戊，戊古钺字。
7. 政读为征，谓以武力相征伐也。
8. 古字多以政为片，不可枚举也。
9. 惠公当周公，古德字也。
10. 必成本作成必，成即诚字也。

6.《读书杂志》校勘的成就最大吗

《读书杂志》是王念孙倾注毕生精力写成的，其成就集中在训诂与校勘两方面，其中尤以校勘的成就最大。本书校订古书的讹误，疏解前人的疑义，大都确凿不易，对校勘学的发展有很大的影响，而对于阅读或整理古籍也有极大帮助。

《古书疑义举例》

1.《古书疑义举例》是一部论述古汉语表达的书吗

俞樾（1821～1906年），字荫甫，号曲园居士，浙江德清人，著名的经学家、语文学家。清道光进士，官翰林院编修，提督河南学政，晚年讲学于杭州诂经精舍。

俞樾的《古书疑义举例》是其著作中最富创造性和影响力的著作。关于本书的写作缘由和目的，作者在其自序中交代得很清楚。序文中说明，由于历史的发展、语言文字的演变，加以后人传抄刻写的错误，使古书出现许多疑义，为“使童蒙之子，习知其例，有所据依”故写作此书。

2.《古书疑义举例》共诠释辞例八十八例吗

《古书疑义举例》全书7卷，共诠释古书辞例88例。

这88例中，从内容上看，可以概括为两部分：前4卷51例，除少数是用字之例外，其余均属造句之例。卷一主要是用词中的特殊表达法；卷二主要是语言成分的省略和繁复；卷三主要是修辞问题；卷四是虚词的使用问题。后3卷37例主要是校勘之例，包括古书的误衍、误政、误改和误解、错简和错分篇章等问题。

本书辞例虽只有88条，但能所援引的典籍却十分丰富，包括经、史、子、集各类计近百种，举凡重要的、常见的古书都囊括在内。现摘要如下：

易、书、诗、韩诗外传。周礼、仪礼、礼记、大戴记、春秋、左传、公羊传、谷梁传、春秋繁露、论语、孟子、孝经、逸周书、国语、战国策、史记、汉书、后汉书、吴志、晋书、宋书、南齐书、旧唐书、列女传、荀子、老子、庄子、文子、管子、晏子春秋、韩非子、墨子、吕氏春秋、淮南子、贾子、穆天子传、论衡、风俗通、抱朴子、考工记、颜氏家训、法言、说苑、盐铁论、文选、东坡集等。此外，还有各种传、笺、注、疏的材料；还有各种字书，如尔雅、玉篇、方言、说文等；还有清代人的著作；读书杂志、经传释词、日知录、潜研堂全集、四书释地等。

3.《古书疑义举例》最具代表性的篇章有哪些

现摘抄辞例几则，供大家鉴赏。

倒句例：

古从多有以倒句成文者，顺读之则失其解矣。僖公二十三年《左传》："其人能靖者与有几？" 昭十九年："谚所谓室于怒市于色者。" 皆倒句也。

错综成文例：

古人之文，有错综其辞以见文法之变者。如《论语》："迅雷风烈。"《楚辞》："吉日兮良辰。"《夏小正》："剥枣栗零。" 皆是也。

倒文协韵例：

《诗·既醉篇》："其仆淮河，厘尔女士。厘尔女士，从以孙子。" 按：女士者，士女也。孙子者，子孙也。皆倒文以协韵。

古人行文不避繁复例：

古人行文，亦有不避繁复者。《孟子·梁惠王篇》："故王之不王，非挟泰山以超北海之类也；王之不王，是折枝之类也。"《离娄篇》："瞽瞍底豫而天下化，瞽瞍底豫而天下之为父子者定。" 两"王之不王"，两"瞽瞍底豫"，若省其一，读之便索然矣。

又有举小名以代大名者。《诗·采葛篇》："一日不见，如三秋兮。" 三秋，即三岁也。岁有四时而独言秋，是举小名以代大名也。《汉书·东方朔传》："年十三学书，三冬文史足用。"三冬，亦即三岁也。学书三岁而足用，故下云"十五学击剑"也。注者不知其举小名以代大名，乃泥冬字为说，云"贫子冬日乃得学书"，失其旨矣。

4.《古书疑义举例》的经典词句有哪些

1. 执今人寻行数墨之文法，而以读周、秦、两汉之书，譬犹执山野之夫，而与言甘泉、建章之巨丽也。
2. 大疾风而波兴，木茂而鸟集。
3. 大夫不得造车马。
4. 一日不见，如三秋兮。

5. 不知古人美恶不嫌同辞，学者当各依本文体会，未可徒泥其辞也。

6. 智不足与权变，勇不足以决断，仁不能以取予。

7. 君子以顺德，积小以高大。

8. 多知而无亲，博学而无方，好多而无定者，君子弗与也。

9. 故贵为天子，富有天下，而世不不谓贪者，其大计存也。

10. 智者乐水，仁者乐山。

5.《古书疑义举例》是一部发人深省的著作吗

《古书疑义举例》是一部内容丰富发人深省的训诂学著作。俞氏对于古书中的各种有关文字、训诂、语法、修辞、音韵、校勘的问题，加以区分归纳，整理为八十八条例证，每一条例证下面再举出若干实例，并一一作出令人信服的解释。这对于人们学习古代文献，正确理解古书原义，都有很大帮助。

1.《马氏文通》是第一部汉语语法著作吗

马建忠（1845～1900年），字眉叔，江苏丹徒人。幼年在上海读书，谙拉丁文、希腊文、英文和法文，运用上述语言的能力“与汉文无异”。1875年，他以郎中资格，被李鸿章派往法国留学，同时兼任中国驻法公使的翻译。回国后，参加洋务派集团，主张发展民营工商业。

鸦片战争后，在中国有识之士之间形成教育救国、科学救国的思潮。马建忠认为，要使国家富强，就必须学习西方的先进科学技术，而学习先进科学技术，必须缩短学习本国文化的过程。因此他想给人们一个易于了解、便于学习的法则来缩短学习语文的年限，以腾出更多的时间学习自然科学和社会科学。马氏博学多识，他一方面借用拉丁语法，另一方面又吸收中国传统语文学中的成果，历经十余年的勤求探索，终于在1898年完成了中国第一部语法书《马氏文通》。

2.《马氏文通》以文言文为研究对象吗

全书以典范的文言文为研究对象，取材于四书、三传、史记、汉书以及韩愈的文章，例句有七八千个。本书系统模仿西方传统语法，同时注重汉语的实际用法。全书分十卷，卷一“正名”，介绍主要的术语，为字、词、次、句、读等各种语法术语下定义，共23个术语，可说是全书的大纲。

卷二至卷九依次论述各类实词和虚词，而对虚词的研究尤为深入。根据意义，马氏先将字分为实字、虚字两大类。然后再把实字分成五类：名字、代字、动字、静字、状字；虚字分成四类：介字、连字、助字、叹字。接着，又把各种字类区分出次类，如动字再分成内动字、外动字等等。马氏认为：每个词都有定类，但在句子当中，当词义发生变化时，词类也会变化，这种变化他称作“词类假借”。

卷十论句读，是句法的总论。根据语义间的逻辑关系，作者将句子成分分为七种，而详尽且细致地描述句子成分中的结构规律。

3.《马氏文通》最具代表性的篇章有哪些

在《马氏文通》里，马氏把形容词叫作“静字”。我国古代语文学家一向把名词叫作静字，也包括一些形容词。马氏既然把形容词作“静字”，那么“名字”就只限于名词。动静相对，义颇允当。

《文通》把静字分成两类：一为“象静”，是“以言事物之如何也”，即是形容性状的；二为“滋静”，是“以言事物之几何也”，即是表示数量的。现代语法书上一般都把数量词独立，对于把数量词归入形容词，也许会感到奇怪。其实，把数量词归入形容词的不止是《文通》，黎锦熙先生的《新著国语文法》也是这样，大约是依照当时西方语法书的通例。

汉语的形容词义以作谓语，古今的汉语都是如此。《文通》注意到“静字”可以作“语词”的特点，说：“静字或为语词，更名曰表词，所以有别也。故曰，表词者，所以决事物之静境也。”

由此可见马氏认为“静字”可以作“语词”，并把它更名为“表词”，以表示它跟动字作“语词”有别，所以特立“表词”一章，置于“静字”章之后。马氏在八十多年以前，不为泰西“葛郎玛”所拘泥，有这样的见解，就是他的高明之处。后来有些语法学家仿效英语语法，认为作谓语的非动词不可，反而把作谓语的形容词叫作“同动词”。可是《文通》的“同动字”只有“不记行而唯言不动之境者”，没有一个形容词交错其中，这又是马氏的高明之处。

4.《马氏文通》的经典词句有哪些

1. 凡字有事理可解者，曰实字。
2. 无解而唯以助实字之情态者，曰虚字。
3. 君子学以致其道。
4. 凡实字以名一切事物者，曰名字，省曰名。
5. 凡虚字以鸣人心中不平之声音，曰叹字。
6. 凡虚字用以煞字与句读者，曰助字。
7. 凡虚字用以为提承展转字句者，统曰连字。
8. 凡虚字以联实字相关之义者，曰介字。
9. 凡实字用以指名者，曰代字。
10. 凡实字以有事物之形者，曰静字。

5.《马氏文通》是第一部系统的语法书吗

《马氏文通》体大精深，不回避问题和矛盾，是中国第一部系统的语法书。它开一代先河，突破中国古代语言文学的研究传统，揭示出语言内部的结构规律，创立了中国古代汉语的语法学，标志着我国古汉语语法研究的新阶段。近百年来古汉语语法研究的进展，与马建忠的功绩密不可分。

《马氏文通》

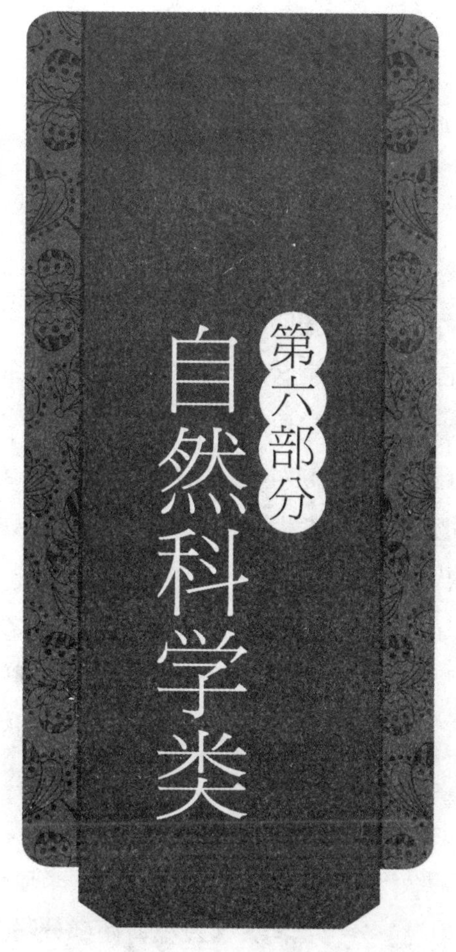

第六部分 自然科学类

中国古代自然科学已经达到了相当高的水准，本部分所介绍的有医学、农学、工程学、地质学等。这类书籍的读法又分两种情况：一是自然科学常识的爱好者，可采用快速读书法，就是从所阅读的文字中迅速吸取有用资讯的读书方法；二是专业科技人员，可采用联系实际读书法。学用结合，学以致用，把读书学习所获得的知识运用到实践中去，在某种意义上讲，是更加深入的学习。

《黄帝内经》

1.《黄帝内经》是我国医学理论之源吗

《黄帝内经》的书名冠以黄帝，但作者并非轩辕黄帝。黄帝本是我国历史上原始社会末期生活在中原一带的民族之一，与“神农氏”并称为汉民族始祖。由于神农、黄帝两个民族对华夏文化形成有着深远影响，所以作为炎黄子孙的汉民族，往往把祖先的一些发明创造、典章制度等假托于黄帝之名。

据现代一些学者研究，认为《黄帝内经》一书，并不是一个人所作，而是一部起始于战国，完成于西汉的跨时代集体之作。从现存的《黄帝内经》可以看出，除后人的部分增补外（例如唐代王冰对《素问》的增补），其内容有许多学术观点不一和自相矛盾之处。从书中所引用的《奇垣五中》、《阴阳从容》、《揆度》、《明堂》、《上经》、《下经》等久已失传的古代医经著作来看，它的写作时代又很久远。所以《黄帝内经》应当是我国古代医家对秦、汉以前各医学家之医学理论的结论汇编，而假以黄帝之名，来提高其学术地位。

2.《黄帝内经》分《素问》、《灵枢》两部分吗

《黄帝内经》共分《素问》、《灵枢》两部分，每部分各为81篇，共162篇。

《素问》主要论述自然界变化的规律、五运六气、人与自然的关系、人体的生理、病理、病因、诊断、治则、药物、病证、治法、养生等。

《灵枢》主要论述自然事物变化的规律、人与自然、人体生理、病因病机、摄生、诊断、治疗及医德等。《灵枢》的核心是脏腑经络学说。

在理论上，《黄帝内经》为传统医学建立以下学说，即“阴阳五行说”、“脉象学说”、“脏象学说”、“经络学说”、“病因学说”、“病机学说”、“病证”、“诊法”、“论治”及“养生学”、“运气学”等，并建立了“四诊参合”的诊法原则。

《黄帝内经》另一个重要内容是建立了研究“五运六气”的运气学说。它是

以五引、六气、三阴三阳为其理论基础，并配合天干、地支，来测知气候变化的规律和疾病的流行发展。这是把人体的生理变化与自然界气候变化相统一的“天人相应”学术理论。

3.《黄帝内经》最具代表性的篇章有哪些

节选《素问·灵兰秘典论篇第八》：黄帝问曰：愿闻12脏之相使，贵贱何如?岐伯对曰：悉乎哉问也!请遂言之。心者，君主之官也，神明出焉。肺者，相傅之官，治节出焉。肝者，将军之官，谋虑出焉。胆者，中正之官，决断出焉。膻中者，臣使之官，喜乐出焉。脾胃者，仓廪之官，五味出焉。大肠者，传道之官，变化出焉。小肠者，受盛之官，化物出焉。肾者，作强之官，伎巧出焉。三焦者，决渎之官，水道出焉。膀胱者，州都之官，津液藏焉，气化则能出矣。凡此12官者，不得相失也。故土明则下安，以此养生则寿，殁世不殆，以为天下则大昌。主不明则12官危，使道闭塞而不适，形乃大伤，以此养生则殃，以为天下者，其宗大危，戒之戒之!

4.《灵兰秘典论篇》论述的是人体十二脏的功用吗

《黄帝内经》在文体上是以“回答”形式论述所阐发的医学理论。本段论述人体 12 脏各自的功用，12 脏健康即“主明则下安，以此养生则寿，殁世不殆，以为天下则昌”。反之，“则 12 官危，使闭塞而不适，形乃大伤，以此养生则殃，以为天下者，其宗大危”。

5.《黄帝内经》的经典词句有哪些

1. 夫四时阴阳者，万物之根本也。
2. 圣人春夏养阳，秋冬养阴。
3. 五脏者，中之守也。
4. 头者，精明之府。
5. 得强则生，失强则死。
6. 道者，圣人行之，愚者佩之。
7. 从阴阳则生，逆之则死。
8. 夫病已成而后药之，乱已成而后治之，譬犹渴而穿井，斗而铸锥，不亦晚乎!

9. 心者，君主之官也，神明出焉。

10. 今夫五脏之有疾也，譬犹刺也，犹污也，犹结也。

6.《黄帝内经》总结了上古时代的医疗实践经验吗

《黄帝内经》不仅总结秦汉以前上古时代前人的医疗实践经验，也为后人辑录了丰富的古代医学文献资料。由于时代的局限，人们对疾病的认识、治则等并非完善，所以难免有不足之处。我们应用历史发展的眼光看待这些问题，但这点并不影响《黄帝内经》在传统医学中的重要地位。

《本草纲目》

1.《本草纲目》是闻名中外的中医药宝典吗

李时珍（1518～1593年），字东璧，号濒湖山人，湖北蕲州人，是我国伟大的医学家和药物学家。

伟大的医学家李时珍

李时珍出生在一个世代行医的家庭，幼时体弱多病。李时珍的父亲希望他能通过科举来改换门庭，因此极力鼓励他读书应试。而他十四岁便考取秀才，但明代科场腐败，以后几次乡试，他都未能中举。由于世医之家的熏陶，他自幼就热衷于医药，科场失利，促使他在24岁时正式走上了行医之路。

在长期临床实践和亲自上山采药、收集民间药方的基础上，李时珍参核了八百余种文献，对各种药物进行辨证的研究。在他35岁那年，开始了《本草纲目》的编写，历时27年，期间又对原稿进行二次重大修改，终于在1578

年正式完稿。

2.《本草纲目》分列水、火、土、金石等十六部吗

《本草纲目》全书共190万字，52卷，分列水、火、土、金石、草、谷、菜、果、木、器服、虫、鳞、介、禽、兽、人十六部。作者又为每部分若干类，每一类又分列所属药物。全书共载药物1892种，比《论证类本草》增加了374种药，附图1019幅，载方一万多首。全书总目如下：

第一、二卷为序例；第三、四卷为百病主治药类；第五卷为水部二类：天水类、地水类；第六卷为火部一类；第七卷为土部一类；第八至十一卷为金石部，分五部分：金类、玉类、石类、卤石类、附录；第十二至二十一卷为草部类，共分十一类：山草类、芳草类、隰草类、毒草类、蔓草类、水草类、石草类、苔类、杂草类、有名未用；第二十二至二十五卷为谷类，共分四类：麻麦稻、稷稻、菽豆、造酿；第二十六至二十八卷为菜部，分五大类：荤辛类、柔滑类、蓏菜类、水菜类、芝栭类；

第二十九至三十三卷为果部，分六类：五果类、山果类、夷果类、味类、蓏类、水果类、附录；第三十四至三十七类为木部，分六类：香木类、乔木类、灌木类、寓木类、苞木类、杂木类、附录；第三十八卷服器部二类：服帛类、器物类；第三十九至四十二卷为虫部四类：卵生类、化生类、湿生类、附录；第四十三、四十四卷为鳞部五类：龙类、蛇类、鱼类、无鳞类、附录；第四十五、四十六卷为介部二类：龟鳖类、蚌蛤类；第四十七至四十九卷为禽部四类：水禽类、原禽类、村禽类、山禽类、附录；第五十、五一卷为兽部五类：畜类、兽类、鼠类、寓怪类；第五十二卷人部一类。

3.《本草纲目》最具代表性的篇章有哪些

节选《本草纲目·绿矾·发明》：时珍曰：绿矾酸涌濇收，燥湿解毒，化涎之功，与白矾同，而力差缓。按张三丰仙传方，载伐木丸云：此方乃上清金蓬头祖师所传。治脾土衰弱，肝木气盛，木来克土，病心腹中满，或黄肿如土色，服此能助土益元。用苍朮两斤，米泔水侵两宿，同黄酒面曲四两炒赤色，白矾一斤，醋拌晒干，入瓶煅，为末，醋糊丸梧子大。每服三四十丸，好酒米汤任下，日两三服。时珍尝以此方加平胃散，治一贱役中满腹胀，果有效验。盖此矾色绿

味酸，烧之则赤，既能入血分伐木，又能燥湿化涎，利小便，消食积，故胀满黄肿疟痢疳疾方往往用之。其源则自张仲景用矾石、消石治女劳黄疸方中变化而来。

4.《发明》反映了李时珍创造性地运用古方吗

《本草纲目·绿矾·发明》医案反映李时珍创造性地运用古方，治疗疾病的经验。

5.《本草纲目》的经典词句有哪些

1. 壅者，塞也。宣者，布也，散也。郁塞之病，不升不降，传化失常。
2. 生姜之辛补肝。
3. 杜仲之补肾气，熟地黄之补肾血。
4. 人参之补脾气，白芍药之补脾血。
5. 有惊则气乱，而魂气飞扬，如丧神守者，并铁粉、雄黄之类以平其肝。
6. 有恐则气下，精志失守而畏，如人将捕者，宜磁石、沉香之类以安其肾。
7. 脱者，气脱也，血脱也，精脱也，神脱也。
8. 脱阳者见鬼，脱阴者目盲，此神脱也，非涩药所能收也。
9. 湿有外感，有内伤。
10. 益精则苁蓉、枸杞之属。

6.《本草纲目》对自然科学也有巨大贡献吗

《本草纲目》是我国医药学宝库中的一部光辉巨著。它记述大量药物，论述诸多有关药物的采集、炮制、鉴定、培植等方法，而补充“七方”、“十剂”、“气味阴阳”、“生降沉浮”的药物理论。《本草纲目》不仅丰富了传统医药学宝库，同时对矿物、化学、地质、天文等自然科学也有巨大贡献。它的成书推动了我国本草学的发展与研究，并使之走向更加科学的道路。

1.《九章算术》是我国现存最古老的数学著作吗

《九章算术》成书约为东汉初年，不是一时一人之作，而是经由很多人的修改和补充而成，目前仅知汉北平侯张苍（？～公元前152年）和大司农中丞耿寿昌都曾参与过搜集、增删的工作。

刘徽是魏晋之间的大数学家，曾注过此书。刘徽在魏元帝景元四年（263年）注《九章算术》，并撰《重差》一卷。《重差》之今名为《海岛算经》，与《九章算术》同列入《算经十书》。

2.《九章算术》的内容经过多次增补才有九章吗

现今传本的内容经过多次增补，分为九章。

1. 方田：我国古代对正方形及矩形的田统称为方田，本章研讨分数四则算法和平面求面积法。
2. 粟米：粮食交易的计算方法。本章所论主要是比例算法。
3. 衰分：也称为差分，以现今术语来说，就是配分法或配分比例。
4. 少广：因其截纵之多，以益广之少，即开方之法，为方田法之还原。
5. 商功：立体形求体积法。
6. 均输：按人口多少、路途远近、谷物贵贱等平均交纳租税或摊派徭役的算法。
7. 盈不足：本章共二十问，第一至四问是一盈一不足，第五问是两盈，第六问是两不足，第七问是一盈一适足，第八问是一不足一适足，第九以后各问，并非盈不足，而是以盈不足术计算的问题。
8. 方程：当诸物繁冗，诸价错杂，按一定之式作为比例的算法。
9. 勾股：勾股定理的应用和简易测量问题的解法。

3.《九章算术》最具代表性的篇章有哪些

节选《九章算术 · 少广》：少广以御积幂方圆。

（按:一亩之田,广一步,长二百四十步。今欲截取其纵,少以益其广,故曰“少广”。）

术曰：置全步及分母子，以最下分母遍乘诸分子及全步。”

（按：以分母乘全步者，通其分也；以母乘子者，齐其子也。）

各以其母除其子，置之于左，命通分者。又以分母遍乘诸分子，及已通者。皆通而同之，并之为法。

（按：诸子悉通，故可并之。为法，亦宜用合分术，列数尤多。若用乘则算数至繁，故别置此术，从省约。）

置所求步数，以全步积分乘之，为实。实如法而一，得从步。此以田广为法，以亩积步为实。法有分者，当同其母，齐其子，以同乘法实，而使齐于法。今以分母乘全步及子，如母而一。并竝以并全法，则法实俱长，意亦等也。故如法而一，得从步数。

今有田广一步半。求田一亩，问从几何？答曰：一百六十步。

术曰：下有半，是二分之一，以一为二，半为一，并之，得之，为法。置田二百四十步，亦以一为二乘之，为实。实如法，得步。

今有田广一步半，三分步之一。求田一亩，问从几何？答曰：一曰三十步一十一分步之一十。

术曰：下有三分之一为六，半为三，三分之一为二，并之，得一十一，为法。置田二百四十步，亦以一为六乘之，为实。实如法，得从步。

4.《九章算术 · 少广》是求面积的长的篇章吗

此篇研讨的是：在已知土地面积及宽的条件下，求长的具体数字的方法。

5.《九章算术》的经典词句有哪些

1. 按周公制礼而有九数，九数之流，则《九章》是矣。

2. 往者暴秦焚书，经术散坏。

3. 广从步数相乘得积步。

4. 广从里数相乘得积里。

5. 勾股各自乘，并而开方除之，即弦。

6. 股自乘，以减弦自乘，其余开方除之，即勾。

7. 勾自乘，以减弦自乘，其余开方除之，即股。

8. 令县卒，各如其居所及行道日数而一，以为衰。

9. 以人数乘未并者各自为实。

10. 并上下广而半之，以高若深乘之，又以袤乘之，即积尺。

6.《九章算术》是世界著名的古代数学著作之一吗

《九章算术》是我国古代算经中最重要的一种，也是世界著名的古代数学著作之一。这是一部以农为主的生活应用数学专著，其中有关负数、分数计算，以及一次方程解法等都具有世界意义的成就。它不仅指导着我国数学的发展达两千余年之久，而且对世界数学的发展也有不可估量的巨大影响。

《金匮要略》

1.《金匮要略》是我国第一部研究杂病的医学专著吗

张机（148～221年）字仲景，东汉南郡涅阳县人，即今河南省南阳人。据传曾任长沙太守，故后人亦惯称他为张长沙，被历代医家奉称医圣和医方之祖。

张仲景生活在东汉五朝末期，当时由于农民起义、诸侯割据，中原战乱不断，疾病流引，人民处在水深火热之中。张仲景的家原是南阳望族，人口众多。但由于连年的战争、灾荒、疾病，使张仲景的家族二百余口人，有三分之二丧亡，而死于伤寒的占了十分之七左右。

天灾、人祸，疾病所带来的惨痛，深深地触动了张仲景，“感往昔之沦丧，伤横夭之莫救”。于是他立志于医学研究，认真探讨、钻研古代医学著作，广泛收集民间验方。经过多年的钻研，并参考《素问》、《灵枢》、《八十一难》、《阴阳大论》、《胎胪药录》等古代医学著作，同时结合自己的临床经验，终于着成医学巨著《伤寒杂病论》。

《金匮要略》原为《伤寒杂病论》的一部分。

2.《金匮要略》最后三篇是宋人所附吗

《金匮要略》全书共分3卷25篇。其《脏腑经络先后病脉证第一》是全书的总论。全书最后三篇，因疑为宋人所附，所载方治又多见于后世方书，所以在一般《金匮要略》版本中不加载。

《金匮要略》除最后3篇外，其余前22篇，共记载痉病、湿痹、百合病、阴阳毒、疟疾、中风、历节、血痹、虚劳、肺痿、肺痈、肺胀、胸痹、心痛、短气、奔豚气病等四十余种疾病。全书共载攻方205首，其中四首只存方名而无药味。对于疾病的治疗，除记有方药治疗外，还载有针灸治法、饮食调养及病后护理。

在方药的使用上又有内外用药之分，如内服药：汤、丸、散、酒；外用药：熏、坐、洗、敷等，并强调药物的炮制、配伍、煎、服等方法。由于人的体质不同及病机上的差异，张仲景在《金匮要略》中对方剂的运用提出了同是一种疾病，但治疗方法应有所不同的"同病异治"和"异病同治"的原则。其所载方剂，在治法上大致可概括为午、吐、下、和、温、清、消、补等八种方法，同时以辨证施治为原则，症变治亦变，随症用药。

3.《金匮要略》最具代表性的篇章有哪些

节选《金匮要略·脏腑经络先后病脉证第一》：问曰：上工治未病，何也？师曰：夫治未病者，见肝之病，知肝传脾，当先实脾，四季脾王不受邪，即勿补之。中工不晓相传，见肝之病，不解实脾，唯治肝也。夫肝之病，补用酸，助用焦苦，益用甘味之药调之。酸入肝，焦苦入心，甘入脾。脾能伤肾，肾气微弱，则水不行；水不行，则心火气盛则伤肺；肺被伤，则金气不行；金气不行，则肝气盛。此治肝补脾之要妙也。肝虚则用此法，实则不用之。经曰：虚虚实实，补不足，损有余。是其义也。余脏准此。

夫人禀五常，因风气而生长。风气虽能生万物，亦能害万物。如水能浮舟，亦能覆舟。若五脏元真通畅，人即安和，客气邪风，中人多死。千般疢难，不越三条：一者经络受邪，入脏腑为内所因也；二者，四肢九窍，血脉相传，壅塞不通，为外皮肤所中也；三者，房室金刃，虫兽所伤，以此详之，病由多尽。若人能养慎，不令邪风干忤经络，适中经络，未流传脏腑，即医治之，四肢纔觉重滞，即导引吐纳，针灸膏摩，勿令九窍闭塞。更能无王法，禽兽灾伤，房室勿令竭之，服食节其冷、热、苦、酸、辛、甘，不遗形体有衰，病则无由入其理腠。腠者，是三焦通会元真之处，为血气所注；理者，是皮肤脏腑之文理也。

4.《脏腑经络先后病脉证》说明了治病的先后顺序吗

在《金匮要略·脏腑经络先后病脉证第一》里，作者以回答的形式，先从论述病因开始，接着依据病情的变化而举出主症，并以此提出方治。

5.《金匮要略》的经典词句有哪些

1. 天人相应，整体观念。
2. 感往昔之沦丧，伤横夭之莫救。
3. 上了疗君亲之疾，下以救贫贱之厄，中以保身长全，以养其生。
4. 夫肝之病，补用酸，助用焦苦，益用甘味之药调之。
5. 肝色青而反色白，非其时色脉，皆当病。
6. 有阳无阴，故称厥阳。
7. 唇口青，身冷，为入脏即死。
8. 病在外者可治，入里者即死。
9. 病者素不应食，而反暴思之，必发热也。
10. 疮家虽身疼痛，不可发汗，汗出则痉。

6.《金匮要略》是以论述内科为主的医学著作吗

《金匮要略》是与《黄帝内经》、《难经》、《神农本草经》并称的我国“医学四大经典”之一，为古代杂病治疗学的典范，对继承和研究传统医学有重要价值。《金匮要略》是以论述内科为主的杂病医学。它的内容极其丰富，体现了张仲景“天人相应，整体观念”的医学理论，并充分反映了我国传统医学的特点。

《齐民要术》

1.《齐民要术》是我国最早的一部古农学专书吗

贾思勰是我国古代一位著名的农业科学家。关于他的生平，《魏书》没有记载，我们只从《齐民要术》中得到一点零星的材料。他大约生于5世纪末至6世纪中叶，曾做过高阴郡，即今山东境内太守。从他的政治态度和思想来看，他属于地主阶级中的革新派。

他虽然著作了《齐民要术》这一部中外闻名的农学要籍，但其一生行迹，却缺乏史传和文献记载。仅从书序中得知他经历北魏孝文帝以后的衰败之世，目击兵荒马乱、生产滞落、饥民辗转的悲惨景象，因而立志重视农事，振兴经济，在博访周谘多年之后，以积聚的大量技术资料写此成书。

2.《齐民要术》里有一篇重要的《杂说》吗

贾思勰

《齐民要术》正文分为10卷，共92篇；除正文外，还有一篇重要的序言和卷端《杂说》，总字数将近十二万。它比较系统地总结了北魏时期及古社会人民的生产经验，内容丰富多彩，“起自耕农，终于醯醢”，从农、林、渔、牧到酿造加工，甚至包括烹调技术，都作了专门介绍；涉及的学科知识不仅有农学，还包括化学、生物学、生物化学、医药学、天文气象学等等。

其中谈到的很多技术及其原理的发明或发现，都比外国要早，有的甚至比欧洲早一千年以上，而有些在今天仍有其实践价值。例如耕作技术上的防旱保墒措施，土地利用方面的绿肥轮作制和套种制，作物品种的人工选择、选育和分类鉴定，对植物性别和授粉作用的观察认识，家畜的舍饲管理、繁育、外形鉴定及疾病防治，以及酿造加工方面的工艺技术等。

总之，《齐民要术》一书较有系统地记载了6世纪中叶及以前的工艺技术，是我国黄河中下游地区人民从实践中累积下来的农业科学技术知识。

3.《耕田第一》是介绍播种前的耕作技术吗

本篇主要是介绍播种前的耕作技术及原理，并引用前人特别是泛胜之的大量论述，涉及耕作学和土壤学中一些根本性的问题。公元前一世纪，泛胜之总结的耕作原则，以及保持和改良土壤的措施等，贾思勰都继承下来了，并在很多方面有重大发展。例如泛胜之提出“慎勿旱耕”，要“得时之和”、“适地之宜”；贾思勰也指出，耕田要“燥湿得所”。但他又进一步指出：“若水旱不调，宁燥不湿。”因为“燥耕虽块”碰到下雨就碎解了。这比泛胜之说的要主动一些。在整地方面，贾思勰说得更为周到，他更注意精耕细作，因为能有效保持土壤结构和保墒，其中有很多是符合现代科学原理的。

贾思勰第一次系统地记载了农作物的利用，特别是豆科植物作绿肥的绿肥轮作制。远在两千多年前的战国时期，我国就有关于利用野生绿肥的记载；到西晋时期，开始出现绿肥轮作制；后魏时期，绿肥轮作制有了更大发展，并得到普遍推广。而欧洲在很长一段时间内，采用的是“休闲——冬作——夏作”三田休闲轮作制，即通过休耕来达到恢复地力的目的。

到了17世纪50年代，在法国兰德斯出现了“亚麻——芜菁——燕麦——三叶草”四田轮作制。到了17世纪30年代，在英国的诺福克开始实行“根用作物（马铃薯）——夏季谷实类作物——三叶草——冬种作物”四田轮作制，但这种取消休闲的四田轮作制开始较为普遍推广是在19世纪中期，而休闲轮作制的结束则是20世纪的事。德国在1890年才首次报导豆科绿肥改良沙土地的优点，这些都比我国晚了一千多年。

4.《齐民要术》的经典词句有哪些

1. 一农不耕，民有饥者；一女不织，民有寒者。

2. 人生在勤，勤则不匮。

3. 力能胜贫，谨能胜祸。

4. 饥寒至身，不顾廉耻。

5. 寒者不贪尺玉，而思短褐；饥者不愿千金，而美一食。

6. 智如禹、汤，不如常耕。

7. 一年之计，莫如树谷；十年之计，莫如树木。

8. 用天之道，因地之利，谨身节用，以养父母。

9. 家贫则思良妻，国乱则思良相。

10. 起自耕农，终于醯醢，资生之业，靡不毕书。

5.《齐民要术》显示了我国古代农业科学技术的成就吗

《齐民要术》内容包括农、林、渔、牧各个方面，载录的知识和农业技术极为丰富，全面显示我国在公元六世纪时农业科学技术发展的水平和成就，及对隋、唐以后农业科学之发展产生的重大影响。《齐民要术》也是世界上最早而且影响广泛的农学著作，对日本、英国的一些农业科学家产生了很大影响。

《梦溪笔谈》

1.《梦溪笔谈》是中国科学史上的坐标吗

沈括是杰出的科学家，也是中国十一世纪革新派政治家、外交家、理财家和军事家。他出生于官僚家庭，自幼好学，14岁即读完家中藏书。后来跟随父亲到过福建泉州、江苏润州、四川简州和京都开封等地，因此有机会广泛接触社会，了解各地山川物产、风土民情，增长了见识。沈括24岁进入仕途，做过几处县令。33岁中进士，后被举荐到京师昭文馆编校图书，掌管天象观测，这一职务为他博览群书、研究天文历法提供了方便。后参与王安石变法，担任推行新法的重要官职，变法失败后被贬官。以后又几经宦海浮沉，晚年定居润州梦溪园，总结一生经历和科学活动，写出了中外闻名的科学巨著《梦溪笔谈》和其它多种著作。

2.《梦溪笔谈》是一部笔记体文集吗

《梦溪笔谈》为一部笔记体文集，正文26卷，还有《补笔谈》三卷，《读笔谈》一卷，合计30卷。其书分为故事、辩证、乐律、象数、人事、官政、机智、艺文、书画、技艺、器用、神奇、异事、谬误、讥谑、杂志、药仪17个门类，内容涉及的范围异常广泛。

《梦溪笔谈》中保留下来的科技史资料是最宝贵、最有价值的。比如：举世闻名的宋朝庆历年间毕升发明的活字版排版印刷术，从制造活字到排成书版的详细情况，《梦溪笔谈》为人们留下了唯一的记载。今天历史博物馆中陈列的仿制品，就是用沈括记下来的方法制造的。还有作为四大发明之一的指南针的装置方法，也是《梦溪笔谈》为我们留下了详细记载。

又当时有名的鲁班式建筑巧匠喻皓和他总结木结构建筑经验的《木经》，以及发明新法堵住黄河决口的河工高超，都是名不见经传的人物，但沈括记下了他们的事迹。而首先发现彩虹是大气中折射现象的学者孙恩恭出身平民，编成了当时最先进的历法《奉元历》的卫朴，也是沈括为他们记下事迹。因此，清代阮元编写第一部科学家的《畴人传》，陆心源编辑《宋史翼》，很多资料都取材自《梦溪笔谈》。

3.《梦溪笔谈》最具代表性的篇章有哪些

节选《梦溪笔谈卷十八·技艺·活版印刷》：板印书籍，唐人尚未盛为之。自冯瀛王始印五经，已后典籍，皆为板本，庆历中，有布衣毕升，又为活板。其法用胶泥刻字，薄如钱唇，每字为一印，火烧令坚。先设一铁板，其上以松脂、蜡和纸灰之类冒之，欲印则以一铁范置铁板上，乃密布字印，满铁范为一板，持就火炀之，药稍熔，则以一平板按其面，则字平如砥，若止印三二本，未为简易；若印数十百千本，则极为神速。

常作二铁板，一板印刷，一板已自布字，此印者才毕，则第二板已具。更互用之，瞬息可就。每一字皆有数印，如“之”“也”等字，每字有二十余印，以备一板内有重复者。不用则以纸贴之，每韵为一贴，木格贮之。有奇字素无备者，旋刻之，以草火烧，瞬息可成。不以木为之者，文理有疏密，沾水则高下不平，兼与药相粘不可取，不若燔土，用讫再火令药熔，以手拂之，其印自落，殊不沾污。升死，其印为予群以所从得，至今保藏。

4.《梦溪笔谈·技艺》介绍的是活版印刷知识吗

毕升创造的活字版印刷术是我国印刷技术的重大突破，它既能节省费用，又能缩短时间，非常经济方便，不仅在我国，在世界印刷技术史上，也是一件伟大的创举。沈括的记载，是至今所知唯一记载毕升活字版印刷术的文献，他对整个工艺过程作了详细的叙述，使后人能根据这一记载重现毕升的活字版印刷工艺，这是一篇极其珍贵的历史文献。

5.《梦溪笔谈》的经典词句有哪些

1. 所与谈者，唯笔砚而已，谓之笔谈。

2. 中国衣冠，自北齐以来，乃全用胡服。

3. 沙随风流，谓之流沙。

4. “野马”，乃田野间浮气耳，远望如群马，又如水波。

5. 桂枝之下无杂水。

6. 求星辰之行，步晦朔消长，谓之“缀术”。

7. 以镫距地而张之，射三百四十余步，能洞重札，谓之“神臂弓”，最为利器。

8. 登州海中时有云气，如宫室、台观、城堞、人物、车马、冠盖，历历可见，谓之“海市”。

9. 吴人多谓梅子为“曹公”，以其尝望梅止渴也。

10. 黄道与月道，如二环相叠而小差。

6.《梦溪笔谈》是一部综合性著作吗

《梦溪笔谈》为我国科技史上一部综合性著作，被西方学者称为中国古代的百科全书。书中记载我国古代技术是北宋时期自然科学成就和科技发展中的重大贡献。阅读此书，不仅可以了解宋代科学技术发展水平，还能让我们从多层面认识当时的社会，增长多方面知识，相当于读一本自然科学与社会科学的百科全书，很有裨益。

1.《天工开物》是我国古代的工艺百科全书吗

宋应星（1587~1661年），字长庚，奉新人，即今江西奉新县人。出身于没落的官僚地主家庭，28岁考中举人，直至47岁才出任江西分宜县教谕。在此期间，他将长期积累的有关农业和手工业技术方面的丰富资料加工整理，编撰成《天工开物》一书，于1637年刊行。之后又出任福建汀州推官、亳州知府。明亡后弃官回乡，不复出，直至去世。

《天工开物》吸收了前人成果，但主要还是宋应星的实地调查研究。它是世界上第一部关于农业和手工业生产的综合性著作，是中国古代一部综合性的科学技术著作，外国学者称它为“中国17世纪的工艺百科全书。

2.《天工开物》有现代思想的萌芽吗

《天工开物》共分为上、中、下三编，凡18卷，前有《序》，书中有插图123幅。

上篇六卷，记载稻、麦、黍、稷、梁、粟、麻、菽等的耕作技术和使用的农具，以及养蚕、织布、染色的技术、经验和使用的机械，并有制盐、熬糖等加工技术，主要都是有关食品和服装方面的内容。

中篇七卷，记载制陶、冶铸、舟车、制油、造纸等方面的情况与有关经验。

下篇五卷，包括金、银、铜、铁、锡的开采和冶炼，以及兵器、火药和朱、墨、酒的制作工艺和珠宝玉器的开采加工情况。

在这部著作中，有不少现代思想的萌芽，例如明确提出“土脉历时代而异，种性随水土而分”，认为“人群分而物产异，来往贸迁，以成宇宙”，可以说在某种程度上映现了近代物种起源和商业流通思想，这是很宝贵的。当然，鉴于当时中国社会的现况和中国儒家传统的思维方式，他的许多见解还处于经验的阶段，而许多记载也还仅限于对观察见闻的记载。

3.《天工开物》最具代表性的篇章有哪些

节选《天工开物·中篇·第九卷·海舟》介绍海舟的结构及使用情况：凡海舟，元朝与国初运米者日遮洋浅船，次者日钻风船（即海鳅）。所经道里止万里长滩、黑水洋、沙门岛等处，苦无大险；与出使琉球、日本暨商贾爪哇、笃泥等舶制度，工费不及十分之一。

凡遮洋运舡制，视漕舡长一丈六尺，阔二尺五寸，器具皆同，唯舵杆必用铁力木，艌灰用鱼油和桐油，不知何义。凡外国海舶制度大同小异。闽广洋船，截竹两破排栅，树于两旁以抵浪。登、莱制度又不然。倭国海舶两傍列橹手栏板抵水，人在其中运力。朝鲜制度又不然。

至其首尾各安罗经盘以定方向，中腰大横梁出头数尺，贯插腰舵，则皆同也。腰舵非与梢舵形同，乃阔板斫成刀形，插入水中，亦不捩转，盖夹卫扶倾之义，其上仍横柄拴于梁上，而遇浅则提起，有似乎舵，故名腰舵也。

凡海舟，以竹筒贮淡水数石，度供舟内人两日之需，遇岛又汲。其何国何岛合用何向，针指示昭然，恐非人力所阻。舵工一群主佐，直是识力造到死生浑忘地，非鼓勇之谓也！

4.《天工开物》的经典词句有哪些

1. 首山之采，肇自轩辕，源流远矣哉！
2. 金之生也，以土为母，及其成形而效用于世也，母模子肖，亦犹是焉。
3. 铸炮，西洋、红夷、佛郎机等用熟铜造。
4. 凡钱通利者，以十文抵银一分值。
5. 凡铸钱熔铜之罐，以绝细土末和碳末为之。
6. 人群分而物产异，来往贸迁，以成宇宙。
7. 四海之内，南资舟而北资车。
8. 凡车利行平地，古者秦、晋、燕、齐之交，列国战争必用车，故“千乘”“万乘”之号，起自战国。

5.《天工开物》是我国古代的科技著作吗

《天工开物》是我国和世界科技史上一部有关农业和手工业、交通运输、兵器制造技术的重要文献，在科学技术地位比较低的古代中国，宋应星能潜心钻研，写出这样一部“大业文人，弃掷案头”、“于功名进取毫不相关”的大著作，实在值得我们今天学习和研究。

《徐霞客游记》

1.《徐霞客游记》是以日记体写成的考察文献吗

徐弘祖（1586～1641年），字振声，号霞客，明代江阴人，是我国历史上著名的旅行家和地理学家。他出生于官僚家庭，自幼好奇书，而不为当时的科举制度所束缚。

徐霞客从22岁起开始旅行，泛舟太湖，登东、西洞庭山。之后又历游天台、雁宕、白岳、武夷、庐山、太和、罗浮、五岳以及佛教四大名山中的珞珈、九华、五台等名山。

在当时交通条件十分简陋的情况下，徐霞客外出考察，有时坐船、骑马或乘轿，但主要是步行。旅途中还几次绝粮，数次遇盗，都濒临绝境。但无论在何种情况下，徐霞客在一日行程结束后，总要把当日经历与观察所得记录下来。

徐霞客

徐霞客在旅途中以日记体裁所写的这些记录，在他去世的时候还只是一些初稿，没有编订成册。后逢战乱，原稿也散佚，幸亏徐霞客幼子徐寄苦心收集，才能刊刻成书，这就是现行的《徐霞客游记》。

2.《徐霞客游记》是详细记载各地山川风貌的著作吗

《徐霞客游记》凡十卷，包括游天台、

雁宕（雁荡）、黄山、武夷、庐山、嵩山、华山、五台、恒山等诸山，以及游浙江、江右、楚地、粤西、黔、滇等地区的日记。其详细记载了各地山川风貌、河流水文、地质状况和植物分布，勾勒出我国各个不同地区的特点。

从科学性的角度看，徐霞客晚年对西南地区岩溶地貌的考察，较欧洲学者对岩溶地貌进行系统考察和分类要早二百多年。此外，他根据自己亲身的经历，否定了历来人们按照《禹贡》所载，认为长江导源于岷山的说法，而指出金沙江才是长江的正源。此外，有关西南水系的不少记载，也改正了当时官修《一统志》的讹误。

3.《徐霞客游记》最具代表性的篇章有哪些

节选《徐霞客游记》卷二上《浙游日记》：十一日不及晨餐，与静闻从寺后蹑磴北止，觅白云洞，逾岭而北。岭坳忽下，洼如盂磬。披莽从之，一洞岈然，下坠深黑，疑即白云。仰问樵者曰：此洞窗也。白云在北，乃复上北行，两山夹中，又环成一洼，大且百丈，深数十丈，螺旋而下，中无滴水，倘置水甚中，即仙游鲤湖矣。

然山顶四环，无一隙泻者，仅见此。又下，从峡西转，则为白云洞，洞门北向，门顶一石横裂，梁架于上，入洞仰窥，所称鹊桥者非耶！转而左，渐下渐黑，有门穹然，内似甚深，外有石屏遥峙。黑暗中，以杖探地而入，数十步，洞倍宽广，第无灯炬，四顾无所睹。返步出，抵穹门，初入黑甚者，至是历历可见，乃转屏出洞，逾岭还。饭而出寺，循旧路西下，二里至洪桥，未度，从桥左人居后上紫云洞。

门西向，中垂柱四五，界为数重，琼窗翠幄，处处皆是，亦敞亦奥，肤色俱胜。洞北一奥，宛转邃深，亦以无炬返。下度洪桥，循涧而东，度石梁，水源洞即在其侧。洞门南向，正跨涧上，洞口垂石缤纷，中一柱自下属上，若擎之而起，其上嵌空纷纶，复辟一窦，幻作海蜃状。洞中上下分二层，下即涧水所出，隘束之。

一层由洞门蹑磴上，入渐下，下则空广愈无极，但闻水声，亦以无炬不及穷。出坐洞口擎柱内，观石态古幻，始与静闻别洞源而去，循西岭出坞，又西南十五里，达兰溪南关。饭而登舟，刺行五里，泊横山头。

4.《浙游日记》是游三洞的真实记载吗

《浙游日记》是徐霞客和友人游白云洞、紫云洞和水源洞的真实记载，上述三洞在灵隐寺北，洞口垂石千姿百态，洞广深邃。徐霞客与静闻游此三洞，只因无炬而没有尽兴。

5.《徐霞客游记》的经典词句有哪些

1. 登不必有径，荒榛密箐，无不穿也。
2. 涉不必有津，冲湍恶泷，无不绝也。
3. 绝壁四合，摩天劈地，曲折而入，如另一辟一寰界。
4. 嶂顶齐而色紫，高数百丈。
5. 重岩之上，一峰亭亭插天，为观音岩。
6. 高峰尽处，一石如劈。
7. 碧莲峰里住人家。
8. 勇山唯石，故多穿穴之流，而水悉澄清。
9. 洞有口如卷幕者，潭有碧如澄靛者。
10. 山腋两壁，峭立亘天，危峰乱叠。

6.《徐霞客游记》是一部极为珍贵的文学巨著吗

《徐霞客游记》乃千古奇书。此书不仅具有很高的科学价值，而且还是一部极为珍贵的文学巨著。其笔力雄健，辞采飞扬，通过他的精心描绘，把瑰丽的中国山河，展现在人们眼前。所以，前人评此书是世间的真文字、奇文学。

《水经注》

1.《水经注》是一部记载河流水道最著名的典籍吗

郦道元（470～527年），字善长，范阳涿鹿县人。他是我国历史上最有名的地理学家、散文家。

郦道元出身官僚家庭，袭封永宁侯。曾任御史中尉，执法严猛，为权豪所惮恨，于关左大使时，被雍州刺史肖宝所害。郦道元好学博览，遍历北方考察河道沟渠，搜集与之有关的风土人情、历史传说、神话故事，撰成《水经注》一书。

《水经注》是给《水经》加注。《水经》是一部记载河流水道的地理著作。其作者不详，据清代学者考证，认为《水经》作者上不及两汉，下不至晋朝，当为三国时人。此书虽是为《水经》加注，但确是以《水经》为纲，作了原书20倍的补充和扩展，实为一本巨著，是我国古代较完整的一部以记载河道水系为主的综合性地理著作。

2.《水经注》记载了我国各条河流的水文变化吗

《水经注》40卷。《水经》记载我国水道仅137条，而《水经注》的记载有1252条，大至江河，小到溪流。

《水经注》记载的河流众多，尤其是北方水系，更为详细。而它不仅记载了当时黄河的水道，还记载了黄河以前的古道。书中对于水道源头存在伏流的记载，在科学上是极有创见的。此外对各条河流之水文变化的记载，更是前代著作中所未见。对于书中的一千多条河流，《水经注》大都记载了它们的发源、流程与归宿。从源地开始的整个流程，沿途的河床宽度、滩濑、瀑布、急流等情况，其中有的描述得非常细致。除了上述有关河流的地貌现象外，在河流水文方面，诸如河流的含沙量、水位、流速、冰期等各方面，也都有详细的描述。

《水经注》不只局限于记载与河流水道直接关涉的河水源头、河道流向与变迁、汇入河海等项，更重要的是，以河流水道为纲，用大量篇幅，记述所经地区的自然地理、人文地理、山川胜景、历史沿革、风俗习惯、人物事故等。

《水经注》中还有郦道元搜集各地流行的歌谣、谚语，数量也很可观。

3.《水经注》最具代表性的篇章有哪些

节选《水经注・卷三十四・江水二》：其下十余里，有大巫山，非唯三峡所无，乃当抗峰岷峨，偕岭衡疑。其翼附群山，并概青云，更就霄汉辨其优劣耳。神孟涂所处。《山海经》曰：“夏后启之臣孟涂，是司神于巴，巴人讼于孟涂之所，其衣有血者执之，是请生，居山上，在丹山西。”

郭景纯云：“丹山在丹阳，属巴丹山”，西即巫山者也。又，帝女居焉，宋玉所谓天帝之季女，名曰瑶姬，未行而亡，封于巫山之阳，精魂为草，寔为灵芝。所谓巫山之女，高唐之姬，旦为行云，暮为行雨，朝朝暮暮，阳台之下。旦早视之，果如其言，故为立庙，号“朝云”焉。其间首尾一百六十里，谓之巫峡，盖因山为名也。

自三峡七百里中，两岸连山，略无阙处。重严叠嶂，隐天蔽日，自非停午夜分，不见曦月。至于夏水襄陵，沿泝阻绝。或王命急宣，有时朝发白帝，暮至江陵，其间千二百里，虽乘奔御风，不以疾也。春冬之时，则素湍绿潭，回清倒影，绝巘多生怪柏，悬泉瀑布，飞漱其间，清荣峻茂，良多趣味。每至晴初霜旦，林寒涧肃，常有高猿长啸，属引凄异，空谷传响，哀转久绝。故渔者歌曰：“巴东三峡巫峡长，猿鸣三声泪沾裳。”

4.《水经注·江水二》记载的是巫峡地理吗

从四川巫山县大溪口至湖北巴东县官渡口为巫峡。峡谷绵延四十公里，又称大峡。它是三峡中最曲折幽深的峡谷。千姿百态的“巫山十二峰”屹立在巫峡两岸，其中尤以神女峰最为高峻。作者结合古籍和历史故事来描绘巫峡风光——奔腾的江水、两岸奇峻的山势，以及峡中四时景物的变化，隽洁优美，富于诗情画意。

5.《水经注》的经典词句有哪些

1. 巴东三峡巫峡长，猿鸣三声泪沾裳。
2. 涧下白纱细石，状若霜雪，水木相映，泉石争辉。
3. 百鸟翔禽，哀鸣相和。
4. 猿鸣至清，山谷传响，泠泠不绝。
5. 山高入云，远望增状，若岭纡曦轩，峰枉月驾。
6. 河流激荡，涛涌波襄，雷奔电泄，震天动地。
7. 其间倾涧怀烟，泉溪引雾，吹畦风馨，触岫延赏。
8. 天马来兮历无草，径千里兮巡东道。
9. 翠柏荫峰，清泉灌顶。
10. 亭带山临江，松岭森蔚，沙渚平静。

6.《水经注》是记述南北朝水道情况的学术著作吗

《水经注》是一部以注释的形式，全面记述我国南北朝水道情况的学术著作。这部书不仅在我国地理学、考古学、水利学上具有重要地位，在文学上也取得了卓越的成就，它是魏晋南北朝时期山水散文的集锦、神话传说的荟萃、名胜古迹的导游图、风土民情的采访录。

1.《海国图志》是一部记述各国历史地理的著作吗

魏源（1794～1875年），字默深，湖南邵阳人，出身于中小地主官僚家庭。他是鸦片战争前后封建地方阶级改革派，是中国近代史上与龚自珍齐名的今文经学家、思想家和史学家。

鸦片战争爆发后，由于战事的失利，一些较为开明的中小地主官僚如林则徐、魏源等，悲愤填膺，爱国心切，议论时政，希望给中国找到一条富强之道。故而，他们在倡导革新，整饬内政的同时，也开始急切地探索世界大势，以求得“御夷之策”。

一股“开眼看世界”的新思潮在知识界，在士林中潮湃激荡，介绍海外情况，摸清入侵中国的英国等“夷情”，已是每一个有志于富国强兵的中国人的迫切愿望，历史学界没有理由不为他们提供各种有价值的历史信息。魏源《海国图志》的编撰，正是在这种时代思潮的冲击下开始的。

从道光二十六年六月开始，魏源用了一年半的时间，于次年十二月完稿，这就是我们今天看到的《海国图志》的最早本子——五十卷本。道光二十七年，又增补为六十卷本，后复穷数年之功，扩成一百卷本，于咸丰二年刊于高邮。

2.《海国图志》共一百卷两个部分吗

《海国图志》凡一百卷。内容上，全书主要分成两部分：

第一部分为自撰部分，包括《筹海篇》及各总叙、后评和文中夹注，它集中体现了作者反侵略的思想和精心筹划的“以夷攻夷”、“以夷款夷”和“师夷长技以制夷”等抗敌策略，是全书的灵魂。

第二部分为资料汇编部分，这是全书的主体内容。它汇集当时所能得到的外国史地资料，编排时，由近而远，首南洋、印度，次非洲，再次欧洲，最后南北美洲，并根据反侵略的需要，分类介绍船炮、火轮船、地雷、水雷、望远镜等西洋技艺，读来脉络分明。其中孰详孰略，也都经过斟酌。

可见，《海国图志》虽记载广博，却始终不脱离反侵略的中心，书中各部分正是在这一中心思想的贯穿下，构成了独具风格，较为有机的整体。

3.《海国图志》最具代表性的篇章有哪些

节选《海国图志·筹海·议战》：今日之事，苟有议征用西洋兵舶者，则必曰借助外夷，恐示弱，及一旦示弱数倍于此，则甘心而不辞；使有议置造船械，师夷长技者，则曰糜费，及一旦糜费十倍于此，则又谓权宜救急而不足惜；苟有议翻夷书刺事者，则必曰多事，及一旦有事，则或询英夷国都与俄罗斯国都相去远近，或询英夷何路可通回部，甚至廓夷效顺，请攻印度而拒之，佛兰西、弥利坚愿助战舰，愿代讲款而疑之。以通市二百年之国，竟莫知其方向，莫悉其离合，尚可谓留心边事者乎！

4.《海国图志·议战》讲的是“师夷长技”吗

魏源学说思想影响最大者，莫过于倡导“师夷长技以制夷”的“师夷”思想，这是魏源先进思想中重需要的方面，它使《海国图志》在中国近代思想史和史学史上放射出光芒，给予人们希望和力量。

当时，顽固派唱着传统的反奇技淫巧的老调，反对“师夷长技”之说。魏源斥责那些墨守成规，反对“师夷”的顽固派为“夏虫”、“井蛙”。

5.《海国图志》的经典词句有哪些

1. 师夷长技以制夷。

2. 善师四夷者，能制四夷，不善师外夷者，外夷制之。

3. 造炮不如购炮，造舟不如购舟。

4. 墨利加北洲之以部落代君长，其章程可垂奕世而无弊。

5. 至于朝纲，不设君位，唯立官长贵族等办理国务。

6. 推择万官理事，不立王侯。

7. 主谳狱，亦以推选充补，有偏私不公者，群议广之。

8. 岂天地之气，自西北而东南，将中外一家欤！

9. 冀雪中国之耻，重边海之防。

6.《海国图志》为国人提供了全新的近代世界概念吗

《海国图志》是我国近代史学史上第一部详细、较具系统的世界史地著作。它不仅为国人提供系统的世界史地知识和全新的近代世界概念，跨出了认识世界的重要一步，而且还为抗敌御侮的反侵略，提供了不少可资利用的资料。

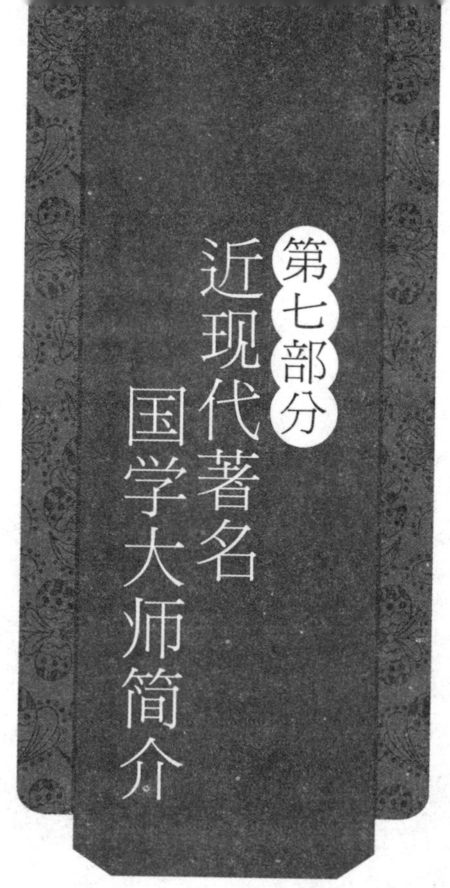

俞樾（1821～1907年），字荫甫，号曲园，晚自号曲园居士。浙江德清人，晚清著名文学家、教育家、书法家，著名国学大师。

俞樾一生孜孜不倦致力教育，辛勤笔耕，著有五百余卷学术巨著《春在堂全书》，除《群经平议》50卷、《诸子平议》50卷、《茶香室经说》16卷、《古书疑义举例》7卷外，其《第一楼丛书》31卷、《曲园俞楼杂纂》共百卷，并颇资考证。

俞樾长于经学和诗词、小说、戏曲的研究，所作笔记搜罗甚广，包含有中国学术史和文学史的珍贵资料。

孙诒让（1848～1908年），幼名效洙，又名德涵，后名诒让，字仲颂，别号籀庼，浙江瑞安人。

孙诒让是我国近代著名的一代经师，由于他的学术研究极为朴实，故又称朴学家，并被誉为“有清三百年朴学之殿”，他13岁就著成了《广韵姓氏刊误》，18岁写成《白虎通校补》，一生著作达35种，对经学、史学、诸子学、文字学、考据学、校勘学等方面都有卓越的成就。孙诒让的三十余种著作，以《周礼正义》、《墨子间诂》、《札迻》、《古籀拾遗》、《契文举例》、《名原》、《温州经籍志》、《籀庼述林》

尤负盛名。

孙诒让主要著作《周礼正义》是解释周礼最精审详备之作，《墨子间诂》为训诂名著，被誉为“现代墨子复活”，《契文举例》是考释殷墟文字最早的著作。

杨守敬（1839～1915年），字惺吾、号邻苏，晚年自号邻苏老人，湖北省宜都市陆城镇人，清末民初杰出的历史地理学家、金石文字学家、目录版本学家、书法艺术家、泉币学家、藏书家，有83种著作传世，驰名中外。

杨守敬用毕生的精力和学识，运用金石考古等多种方法研究《水经》、《水经注》，历经四、五十年，集我国几百年水经研究之大成，撰写有代表巨著《水经注疏》、编绘有《历代舆地沿革图》、《历代舆地沿革险要图》和《水经注图》等。

杨守敬对目录版本学的造诣也颇深，撰著有《湖北金石志》、《日本金石志》、《望党金石录》等。编辑有《寰宇贞石图》、《三续寰宇访碑录》等。目录版本方面的著作《日本访书志》，与人合辑的《古逸丛书》等，都颇受当时学者名流的推重，至今也是少有的杰作。

王先谦（1842～1917年），字益吾，因宅名葵园，学人称为葵园先生，湖南长沙人。曾任城南书院、岳麓书院山长。光绪六年（1880年）任国子监祭酒，复在国史馆、实录馆兼职，充云南、江西、浙江三省乡试正副考官；光绪十一年（1885年）督江苏学政。

王先谦在任内延揽文人，开设书局，校刻《皇清经解续编》，成书一千余卷；还刻有《南菁书院丛书》等。

王先谦博览古今图籍，研究各朝典章制度。治学重考据、校勘，荟集群言。除前述校刻《皇清经解续编》外，还编有清《十朝东华录》、《续古文辞类纂》等；著有《汉书补注》、《水经注合笺》、《后汉书集解》、《荀子集解》、《庄子集解》、《诗三家义集疏》等。

刘师培（1884～1919年），字申叔，号左盦，江苏仪征人，一代经学大师。治学方面，刘师培在继承《左氏》家学的同时，善于把近代西方社会科学研究方法和成果，吸收到中国传统文化研究中来，开拓了传统文化研究的新境界。

刘师培运用进化论思想研究古代社会生活的《论小学与社会学之关系》、《读书随笔》、《国学发微》、《小学发微补》等，具有开创意义；关于《左传》的研究成果，有《春秋左氏传古例诠征》、《春秋左氏传例略》、《春秋左氏传答问》、《春秋左氏传时月日古例考》、《读左札记》等;他研究《周礼》所著的《周礼古注集疏》、《礼经旧说考略》、《逸礼考》以及《古书疑义举例补》、《论文札记》等，都有较高的学术地位。

严复（1854 ~ 1921 年），原名宗光，字又陵，后改名复，字几道，汉族，福建侯官人，是清末很有影响的资产阶级启蒙思想家，翻译家和教育家，是中国近代史上向西方国家寻找真理的“先进的中国人”之一。著作有《严几道诗文钞》等，著译编为《侯官严氏丛刊》、《严译名著丛刊》。在学术方面，严复翻译了《天演论》、《原富》、《群学肄言》、《群己权界论》、《社会通诠》、《穆勒名学》、《名学浅说》、《法意》《美术通诠》等西洋学术名著，是近代中国开启民智的一代宗师。

沈曾植（1850 ~ 1922年），字子培，号乙盦，晚号寐叟，浙江嘉兴人。1880年考中进士，供职刑部。

在职期间，他精研古今律法，著有《汉律辑存》、《晋书刑法志补》等书，之后，他出任总理各国事务衙门章京，主管俄国事务，因而，益究四裔舆地之学，于辽、金、元三史，创获颇多，声名远播。

1893 年，俄罗斯使臣喀西尼以《唐阙特勤碑》、《突厥苾伽可汗碑》、《九姓回鹘受里登汩没密施合毗伽可汗圣文神武碑》影印本，求沈曾植翻译考证，沈作三碑跋博得众人认同。此事后来广为流传，西方学者也多加以引用。

在沈曾植一生的著述中，有关舆地之学占了很重要的部分，计有《元秘史笺注》、《皇元圣武亲征录校注》、《岛夷志略广证》、《蒙古源流笺证》等十余部。

王国维（1877 ~ 1927年），字伯隅、静安，号观堂、永观，汉族，浙江海宁盐官镇人。我国近现代在文学、美学、史学、哲学、古文字、考古学等各方面成就卓著的学术巨子，国学大师。

作为中国近代著名学者，王国维从事文、史、哲学数十载，是近代中国最早运用西方哲学、美学、文学观点和方法剖析评论中国古典文学的开风气者，又是中国史学史上将历史学与考古学相结合的开创者，确立了较系统的近代标准和方法。

这位集史学家、文学家、美学家、考古学家、词学家、金石学家和翻译理论家于一身的学者，生平著述62种，批校的古籍逾两百种。收入其《遗书》的有42种，以《观堂集林》最为著名。被誉为“中国近三百年来学术的结束人，最近八十年来学术的开创者”。

辜鸿铭（1857～1928年），名汤生，出生于南洋马来半岛西北的槟榔屿一个英国人的橡胶园内，是中国近现代为数稀少的一位博学汉学，又精通西方语言与文化的学者，号称“清末怪杰”。

辜鸿铭精通英文、法文、德文、拉丁文、希腊文、马来文等9种语言，通晓文学、儒学、法学、工学与土木等文、理各科。他创造性地翻译了中国“四书”中的三部，即《论语》、《中庸》和《大学》，并著有《中国的牛津运动》和《中国人的精神》（原名《春秋大义》）等书，向西方人倡扬东方的文化和精神，产生了重大的影响，在西方形成了“到中国可以不看紫禁城，不可不看辜鸿铭”的说法。

廖平（1852～1932年），初名登廷，字旭陵，号四益；继改字季平，改号四译；晚年更号为六译。四川井研县青阳乡盐井湾人。他一生研治经学，作出了超越前人的学术贡献，并起到了一个融合古今中西各种学说，富有时代特色的经学理论体系，他是中国近代最著名的经学大师，在中国近代学术界占有极其重要的地位。

廖平于光绪二年（1876年）由官方供奉，进入成都尊经书院深造，光绪七年（1881年）注《春秋谷梁传》，次年成《谷梁集解纠谬》两卷和《公羊何氏角诂十论》。其说多为前人未发之论。他一生著述甚丰，计一百多种，主要辑为《六译馆丛书》。

黄侃（1886～1935年），初名乔鼐，后更名乔馨，最后改为侃，字季刚，又字季子，晚年自号量守居士，湖北省蕲春县人，著名语言文字学家。黄侃1905年留学日本，在东京师事章太炎，受小学、经学，为章氏门下大弟子。

黄侃在经学、文学、哲学各个方面都有很深的造诣，尤其在传统“小学”的音韵、文字、训诂方面更有卓越成就，他主张中国传统语言文字学的研究应以《说文》和《广韵》两书为基础，他重视系统和条理，强调从形、音、义三者的关系中研究中国语言文字学，以音韵贯穿文字和训诂。

黄侃的主要著作有《黄季刚先生遗嘱专号》、《黄侃论学杂著》、《集韵声类表》、《日知录校记》等多种。

章太炎（1869 ~ 1936 年），名炳麟，字枚叔，初名学乘。后改名绛，号太炎。早年又号“膏兰室主人”、“刘子骏私淑弟子”等。中国浙江余杭人，清末民初民主革命家、思想家、中国近代著名朴学大师。著名学者，研究范围涉及小学、历史、哲学、政治等等。在文学、历史学、语言学等方面，均有成就。

章太炎一生著作颇多，约有四百余万字。著述除刊入《章氏丛书》、《续编》外，遗稿又刊入《章氏丛书三编》，所著《新方言》、《文始》、《小学答问》，上探语源，下明流变，颇多创获。关于儒学的著作有《儒术新论》、《订孔》等，都有极高的研究价值。

鲁迅（1881 ~ 1936年），原名周树人，字豫山、豫亭，后改名为豫才，浙江绍兴人，著名文学家和国学大师。

鲁迅于1902年赴日本留学，1912年纂辑谢承《后汉书》，1913年校《嵇康集》，1915年1月辑成《会稽郡故书杂集》一册，同月刻《百喻经》。

1923年，鲁迅出版《中国小说史略》上卷，次年出版《中国小说史略》下卷，并校《嵇康集》及《嵇康集》序。鲁迅一生的著作和译作近一千万字，其主要成就在杂文和小说方面，但其国学方面的成绩也不容忽视。

钱玄同（1887 ~ 1939年），原名钱夏，字德潜，号疑古，浙江吴兴（现浙江湖州市）人。语文改革活动家、文字音韵学家、中国“五四”新文化运动的倡导者之一、著名思想家。

他积极主张汉字改革。认为汉字难认、难记、难写，不利于普及教育、发展国语文学和传播科学技术知识，他还倡导使用新式标点符号、阿拉伯数字、公元纪念法、汉字横行书写等。

在音韵学研究方面，他的代表作是《文字学音篇》。这是一篇全面论述传统音韵学的著作。其中既继承了章太炎等的传统音韵学的成果，又受到了高本汉的现代语音学研究方法和观点的影响，在当时学术界产生了很大的反响。此外，他还著有《〈广韵〉四十六字母标音》、《古音无“邪”纽证》、《古韵二十八部音读之假定》等。其中多用现代语音学的知识分析音理，拟测古音，在方法论上有所创新。另外，他还著有《说文部首今读》、《说文音符今读》、和《中国文字学说略》、《说文部首今语解》、《中国文字形体变迁新论》等论著。

吴梅（1884 ~ 1939 年），男，字瞿安，号霜崖，江苏苏州人，著名戏曲理论家、教育家和诗词曲作家。吴梅一生致力于戏曲及其它声律研究和教学。主要著作有《顾曲麈谈》、《曲学通论》、《中国戏曲概论》、《元剧研究》、《南北词谱》等。

吴梅对古典诗、文、词、曲研究精深，作有《霜崖诗录》、《霜崖曲录》、《霜崖词录》行世。又长于制曲、谱曲、度曲、演曲，作《风洞山》、《霜崖三剧》等传奇、杂剧十余种。老先生终生执教，自 1905 年至 1916 年，先后在苏州东吴大学堂、存古学堂、南京第四师范、上海民立中学任教。1917 年至 1937 年间，在北京大学、东南大学、中央大学、中山大学、光华大学、金陵大学任教授。

罗振玉（1866 ~ 1940年），初字坚白，后改字叔蕴、松翁、贞松老人，仇亭老民等，原籍浙江上虞县永丰乡，客籍江苏省淮安，著名农学家、教育家、考古学家、金石学家、敦煌学家、目录学家、校勘学家、古文字学家，中国现代农学的开拓者，中国近代考古学的奠基人。

罗振玉在政治上始终“恪守旧制”，以满清遗老身份曾任伪“满洲国”监察院院长。但他对中国科学、文化、学术又颇有贡献，参与开拓中国的现代农学、保存内阁大库明清档案、从事甲骨文字的研究与传播、整理敦煌文卷、开展汉晋木简的考究、倡导古明器研究。他一生著作达189种，校刊书籍642种。

蔡元培（1868～1940年），字鹤卿，又字仲申、民友、孑民，乳名阿培，并曾化名蔡振、周子余，汉族，浙江绍兴山阴县人，原籍浙江诸暨。著名教育家、政治家。中华民国首任教育总长，1916年至1927年任北京大学校长，革新北大，开“学术”与“自由”之风。

蔡元培始终信守爱国和民主的政治理念，致力于废除封建主义的教育制度，奠定了我国新式教育制度的基础，为我国教育、文化、科学事业的发展作出了富有开创性的贡献。著作有《蔡元培语萃》、《文化融合与道德教化》、《蔡元培学术文化随笔》、《蔡元培教育文选》、《蔡元培教育论著选》等。

梁启超（1873～1929年），字卓如，号任公，又号饮冰室主人、饮冰子、哀时客、中国之新民、自由斋主人等。汉族，广东新会人。中国近代维新派领袖，学者。梁启超在哲学、文学、史学、经学、法学、伦理学、宗教学等领域，均有建树，以史学研究成绩最著。

1901至1902年，梁启超先后撰写了《中国史叙论》和《新史学》，批判封建史学，发动“史学革命”。1922年起在清华学校兼课，1925年应聘任清华国学研究院导师。

这期间著有《清代学术概论》、《墨子学案》、《中国历史研究法》、《中国近三百年学术史》、《情圣杜甫》、《屈原研究》、《先秦政治思想史》、《中国文化史》、《变法通议》等。

他一生著述宏富，有多种作品集行世，以1936年9月11日出版的《饮冰室合集》较称完备。《饮冰室合集》计148卷，1000余万字。

康有为(1858～1927年），又名祖诒，字广厦，号长素，又号明夷、更甡、西樵山人、游存叟、天游化人，晚年别署天游化人，广东南海人，人称“康南海”，清光绪年间进士，官授工部主事。出身于士宦家庭，乃广东望族，世代为儒，以理学传家。近代著名政治家、思想家、社会改革家、书法家和学者，他信奉孔子的儒家学说，并致力于将儒家学说改造为可以适应现代社会的国教，曾担任孔教会会长。

主要著作有《春秋董氏学》、《孔子改制考》、《康子篇》、《新学伪经考》、《日本变政考》、《大同书》、《欧洲十一国游记》、《广艺舟双楫》等。

马衡（1881～1955年），字叔平，别署无咎、凡将斋，浙江鄞县人。西泠印社第二任社长，金石考古学家、书法篆刻家。早年在南洋公学读书，曾学习经史、金石诸学。精于汉魏石经，注重文献研究与实地考察。1922年被聘为北京大学研究所国学门考古研究室主任兼导师，同时在清华大学、北京师范大学、北京女子师范大学兼课。

马衡毕生致力于金石学的研究，上承清代乾嘉学派的训诂考据传统，又注重对文物发掘考古的现场考察，主持过燕下都遗址的发掘，对中国考古学由金石考证向田野发掘过渡有促进之功，遂使其学术水平领先于时代，被誉为“中国近代考古学的前驱”。其主要著作有《中国金石学概要》、《凡将斋金石丛稿》等。

沈兼士（1887～1947年），浙江吴兴人。中国语言文字学家、文献档案学家、教育学家。1905年与兄沈尹默自费东渡日本求学，入东京物理学校。时章太炎先生居东瀛，沈兼士拜其门下，并加入同盟会。回国后曾历任北京大学、清华大学等校国文系教授，故宫博物院文献馆馆长等职。

他在语言文字领域的贡献主要体现在积极参加国语运动，创建汉语字族学。在建立汉语字族学方面，著有《广韵声系》一书，在中国传统语言学研究的经验与成果的基础上，将语义与语音结合起来研究，以文字为标音符号，从叙述谐声字发展的历史轨迹中，揭示汉语语根与派生词的亲族关系，即建立汉语的字族学。他认为这是建设汉语语言学的必要条件。

此外，他还著有《声训论》、《广韵异读字研究序》等著作以及一些研究具体某个汉字的字族的论文等。

钱基博（1887～1957年），字子泉，别号潜庐，中国江苏无锡人，国学大师，教育家。13岁读《资治通鉴》和《续资治通鉴》，先后将两部巨著圈点七遍，又精研《读史方舆纪要》。16岁撰《中国舆地大势论》，发表于《新民丛报》。1937年，在浙江大学中文系任教授。抗日战争胜利后，转任武昌私立华中大学教授。

钱基博著述丰厚，见解独特，深受学界敬重，其主要著作有《经学通志》、《现代中国文学史》、《韩愈志》、《韩愈文读》、《古籍举要》、《国学必读》、《读庄子天下篇疏记》、《名家五种校读记》、《文心雕龙校读记》、《版本通义》、《骈文通义》、《明代文学》、《四书解题及其读法》、《文史通义解题及其读法》、《周易解题及其读法》、《老子解题及其读法》、《孙子章句训义》等多种。

胡小石（1888~1962年），名光炜，字小石，号倩尹，又号夏庐，斋名愿夏庐，晚年别号子夏、沙公，江苏南京人，原籍浙江嘉兴，国学大师。

胡小石一生著作等身。早年所著《中国文学史讲稿》上编，取“一代有一代之胜”观点，阐述中国文学演变，颇具卓识，后来的文学史家冯沅君、陆侃如、刘大杰的著述均受其启发。对楚辞之学，综合旧闻，择善而从，独创新说。

著有《远游疏记》、《楚辞郭注义证》、《楚辞释名》、《离骚文例》、《屈原与古神话》、《楚辞札记》(未定稿)《甲骨文例》、《读契札记》、《金文释例》、《齐楚古金表》、《声统表》、《广韵正续》、《说文部首疏证》、《江津方言志》等。

梅光迪（1890~1945年），字迪生，一字觐庄，安徽宣城人。梅光迪于12岁应童子试，18岁肄业安徽高等学堂，1911年考取第三届庚子赔款留美生考试。同年赴美入威斯康星大学，专攻文学。1920年自美归国，应刘伯明邀，到南京高等师范任教。翌年1月与刘伯明等创办学衡杂志，以“阐扬旧学、灌输新知”为职志。撰文介绍欧西古代重要学术文艺，以及近世学者论学之作，期国人于西方文化有更真切深透之了解，而融新变故，能寻得更适当的途径。

梅光迪学问渊博，为我国对中西文化思想很有研究的一位学者，但不轻易动笔，不急求出版，所以一生著作不多。其中文著述大多收入梅光迪文录，英文著作收入家信集，以为附录。

刘文典（1889~1958年），原名文聪，字叔雅。安徽合肥人，国学大师。刘文典1909年赴日本留学，1916年回国，在北京大学任教，研究诸子著作。

刘文典学识渊博，学贯中西，通晓英、德、日多国文字，专长校勘学，版本目录学，唐代文化史等学科。1923年，刘文典出版专著《淮南鸿烈集解》，受到学术界极大重视。继《淮南鸿烈集解》之后，刘文典又从事《庄子》、《说苑》等书的校勘，写了《三余札记》。1939年，完成了《庄子补正》、《说苑斠补》等书的校勘编撰。

他的主要著作还有：《淮南鸿烈集解》、《三余札记》、《进化论讲话》、《进化与人生》等。

傅斯年（1896～1950年），字孟真，山东聊城人，祖籍江西永丰。历史学家、学术领导人、五四运动学生领袖之一、中央研究院历史语言研究所的创办者。傅曾任北京大学代理校长、国立台湾大学校长。他所提出的“上穷碧落下黄泉，动手动脚找东西”的原则影响深远。

在学术上，傅斯年信奉考证学派传统，主张纯客观科学研究，注重史料的发现与考订，发表过不少研究古代史的论文。并多次去安阳指导殷墟发掘。他主持历史语言研究所期间，延揽一流人才，著作有《傅孟真先生集》。

余嘉锡 (1884～1955年)，字季豫，号狷庵，湖南省常德县人。14岁作《孔子弟子年表》，15岁又注《吴越春秋》。18岁乡试中举人。1927年去北平，参加审阅《清史稿》，受私立辅仁大学校长陈垣赏识，被聘为讲师，主讲目录学。随后又在北京大学、中国大学、民国大学、女子师范大学等校兼教目录学。

余嘉锡把毕生精力用在教学和著述上，治学严谨，博览群书，既是文献目录学家，又是史学家，最精于考证。已经出版的著作有《目录学发微》、《古书通则》、《四库提要辩证》、《世说新语笺疏》以及《余嘉锡论学杂著》等。特别是《四库提要辩证》一书，为毕生精力所萃，它就原著指陈得失，旁征博引，考证详实，为学术界的一部名著。《世说新语笼疏》于校诂文字外，尤重于魏晋人事的品评之中。他说：“一生所著甚多，于此最为劳粹。”这部书是后人研读古典名著《世说新语》的最佳版本，1952年秋，撰就《元和姓纂提要辩证》书稿。

柳诒徵（1879～1956年），字翼谋，号劬堂、知非，江苏镇江人。17岁考中秀才，1914年2月，应聘为南京高等师范学校国文、历史教授；1925年东南大学发生学潮后一度离去北上，先后执教于清华大学、北京女子大学和东北大学；1927年任江苏省立国学图书馆馆长，1929年重返南京，任教中央大学；并曾任南京图书馆馆长、考试院委员、江苏省参议员。

抗战期间，柳诒徵先后任教于浙江大学、贵州大学和重庆中央大学，兼任国史馆纂修。

新中国成立后，柳诒徵执教于复旦大学。曾主编《江苏省立国学图书馆图书总目》、《江苏省立国学图书馆现存书目》。著有《中国文化史》、《国史要义》、《东亚各国史》、《中国版本概说》、《劬堂读书录》等书。

朱师辙（1879～1969年），字少滨，号允隐，生于黟县，祖籍苏州。文字训诂学家、历史学家。

1912年，朱师辙与其父朱孔彰相继任清史馆编修，与名学者缪荃等，汇集清代史料，成《清史稿》536卷，其中《艺文志》有一百多篇出于朱师辙之手。后任北平辅仁大学及中国大学教授，另有《商君书解诂》、《和清真词》、《黄山樵唱》、《清史述闻》等著作。

马一浮（1883～1967年），幼名福田，字一佛，后字一浮，号湛翁，别署蠲翁、蠲叟、蠲戏老人，男，汉族，浙江绍兴人。中国国学大师、一代儒宗，一生著述宏富，有“儒释哲一代宗师”之称。

马一浮少年时读书，过目能诵，时称神童。早岁应浙江乡试，名列榜首，后与马君武、谢无量在上海创刊《二十世纪翻译世界》传播西方文化，时有“天下文章在马氏”之誉。

马一浮对文字学、古典文学及哲学均深有造诣，能法、英、德、日、俄、拉西六种外文。著述甚富，主要有《泰和会语》、《宜山会语》、《复性书字讲录》、《尔雅台答问》、《尔雅台答问继编》、《老子道德经注》、《马一浮篆刻》、《蠲戏斋佛学论著》、《蠲戏斋诗编年集》、《避寇集》、《朱子读书法》等，所著后人辑为《马一浮集》。

熊十力（1885～1968年），原名继智、升恒、定中，号子真、逸翁，晚年号漆园老人，汉族，著名哲学家，新儒家开山祖师，国学大师。湖北省黄冈县上巴河张家湾人。

1917年赴广州参加孙中山领导的“护法运动”,失败后,决意专心从事哲学研究。先后在武昌文华大学、天津南开中学、北京大学、浙江大学任教。著有《新唯识论》、《原儒》、《体用论》、《明心篇》、《佛教名相通释》、《乾坤衍》等书。其学说影响深远，在哲学界自成一体，“熊学”研究者也遍及全国和海外。

1956年完成《原儒》，全书共三十三万余字，重点发掘了儒学中有价值的部分，并按照自己的理解，以“六经注我”的精神，重新阐释了儒学经典和儒学史。

张君劢（1887～1968年），原名嘉森，字士林，号立斋，别署“世界室主人”，笔名君房，上海宝山人。近现代学者，被部分学者认为是早期新儒家的代表之一。

1918年,张君劢等六人随梁启超去欧洲考察,之后留在德国师从倭铿学习哲学。后来曾参与创办过政治大学、学海书院和民族文化书院，当过北京大学和燕京大学教授,是1923年“人生观论战”的发起人和后来《文化宣言》的发起人,并先后有《人生观》、《民族复兴之学术基捶》、《中华民国民主宪法十讲》、《社会主义思想运动概论》、《中国专制君主制之评议》、《主国之道》、《明日之中国文化》、《新儒家思想史》等论著发表和出版，被公认是现代新儒家的重镇。

张君劢的主要著作有《中西印哲学文集》、《新儒家哲学发展史》、《思想与社会序》、《民族复兴之学术基础》等。

蒙文通（1894～1968年），字尔达，名文通，四川省盐亭县石牛庙乡人，我国现代杰出的历史学家，国学家。蒙文通在中国古代史及古代学术文化研究领域中，辛勤耕耘了一生，造诣很深，成就甚高。

1914年，蒙文通所著的《孔氏古文说》，笔触深入旧史与六经的根基，由此辨其差别进而解开以后学者在二者上争论的症结。蒙文通独特的见地深得业界赞同。之后，蒙文通又相继撰述《近二十年汉学之平议》、《经学抉源》、《天问本身》、《周秦民族史》、《中国史学史》、《考古甄微》、《儒家政治思想之发展》、《墨学之流变及其原理》等专论。

陈寅恪（1890～1969年），江西义宁人，中国现代最负盛名的历史学家、古典文学研究家、语言学家。

陈寅恪长期致力于教学和史学研究工作，在史学研究中写出了高水平的史学著作，为人们开拓了历史的视野，对我国史学研究作出了贡献。

其主要著作有《陈寅恪魏晋南北朝史讲演录》、《隋唐制度渊源略论稿》、《唐代政治史述论稿》、《金明馆丛稿初编》、《金明馆丛稿二编》、《陈寅恪学术文化随笔》、《陈寅恪文集》、《李唐氏族推测之后记》等。

范文澜（1893～1969年），初字芸台，改字仲澐，浙江绍兴人。范文澜在私塾读书时，就已经读了《四书》、《五经》和《泰西新史揽要》等书。他尤爱读《礼记》"大同之世"、陶潜《桃花源记》。

大学时代，从刘师培治经、陈汉章治史，黄侃学文。在南开大学任教时，应顾颉刚之约，组织朴社，出版书刊。1925年出版的《文心雕龙讲疏》，是范文澜的第一部学术著作。1926年，出版了《群经概论》。1931年，出版了《正史考略》。《文心雕龙讲疏》改为《文心雕龙注》。

从范文澜早年三部学术著作看出，他文学、经学、史学都很精通。抗日战争以后，范文澜出版了《中国通史简编》和《中国近代史》上册，这是他以后半生精力撰写出来的两部重要著作。

吕思勉（1884～1957年），字诚之，江苏常州人，12岁以后在父母师友的指导下读史书，了解中国历史。16岁自学古史典籍。1926年起，任上海光华大学国文系、历史系教授兼系主任。抗战期间，归乡闭户著书。抗战胜利后，重返光华大学。1949年后，任华东师范大学历史系教授。

吕思勉先生是我国现代著名的史学家，知识渊博，学术造诣高。他的史学研究通贯各时代，周瞻各领域，在中国通史、断代史和各种专史领域都作出了独到的贡献，为后人的学习研究留下了一笔宝贵的财富。

其主要著作有《白话本国史》、《吕著中国通史》、《先秦史》、《秦汉史》、《两晋南北朝史》、《隋唐五代史》、《先秦学术概论》、《理学纲要》、《中国民族史》、《中国制度史》、《论学集林》等。

汪国垣（1887～1966年），字辟疆，晚号方湖，江西彭泽人，近代目录学家、藏书家。1898年，汪国垣随父游宦河南，1904年考入河南客籍高等学校。毕业后经河南提学使孔祥霖主考录取，于1909年保送北京京师大学堂，专攻中国文史。1925年应章士钊之约，任北平女子大学教授。1925年后兼任江西通志局纂修。1927年后改任南京第四中山大学文学院中国文学系副教授，授“目录学”、“读书指导”以及“各类文体习作”等课程，深为同系师生所推重。

汪国垣在大学攻读时，撰有《禁书书目提要》、《读书举要》、《丛书书目索引》、《太平天国引用书目考证》等书目。1934年著成《目录研究》，1955年由商务重印。此书为汪国垣精心之作，自汉魏六朝以及元明书籍目录，原原本本，条理井然，展读一过，对于古书版本之源流类别，可以知其大概。晚年研究《水经注》，积稿成帙。1954年病作辍笔，未竟其业，居常引为憾事。

陈中凡（1888～1982年），又名钟凡，字觉元，号觉元，原名钟凡。江苏盐城人。历任北京大学附设国史编撰处撰辑员，北京女子高等师范学校中文部主任教授，南京东南大学、广东大学、上海暨南大中文系教授兼文学院院长，金陵女子文理学院中国文学讲座教授，南京大学中文系教授。

陈中凡治学根基深厚，从研究书目学、诸子群经到文学批评史，以及先秦、两汉、隋唐五代、宋元金文学史。建国后致力于中国戏剧史的研究，在文学、历史学、哲学乃至目录学、古文字学、教育学、艺术史诸方面均有建树。早在20世纪20年代，他就出版了我国第一部《中国文学批评史》。

此后数十年内他出版的专著有《诸子书目》、《经学通论》、《诸子通谊》、《中国韵文通论》、《周秦文学》、《汉魏六朝文学》、《两宋思想述评》以及《中国民主思想发展史》、《民主与教育》等十余部。

胡适（1891～1962年），原名嗣穈，学名洪骍，字希疆，后改名胡适，字适之，笔名天风、藏晖等，汉族，安徽绩溪上庄村人。现代著名学者、诗人、历史学家、文学家、哲学家。因提倡文学革命而成为新文化运动的领袖之一。

胡适是个学识渊博的学者，在文学、哲学、史学、考据学、教育学、伦理学等诸多领域均有不小的造诣。就对孔子和儒学的研究而言，在1919年出版《中国哲学史大纲》（上卷）中，胡适首先采用了西方近代哲学的体系和方法研究中国先秦哲学，把孔子和儒学放在一定的历史条件下，用"平等的眼光"与诸子进行比较研究，破除了儒学"独尊"的地位和神秘色彩，具有开创性的影响。

胡适著作很多，又经多次编选，比较重要的有《胡适文存》、《胡适论学近著》、《胡适学术文集》、《胡适自传》等，多部作品广为流传。

汤用彤（1893～1964年），字锡予，生于甘肃省渭源县。中国著名哲学史家、佛教史家，教育家、著名学者。曾任北京大学副校长，校长，中国科学院哲学社会科学部委员。

汤用彤通晓梵语、巴利语等多种外国语文，所著《汉魏两晋南北朝佛教史》《隋唐佛教史稿》，用科学方法系统地阐述了佛教从印度传入到唐朝时期的历史发展过程及其特点、佛学思想与中国传统思想的相互关系；详细地考察了中国佛教各个学派、宗派的兴起和衰落过程及其原委。他在《印度哲学史略》中采录了中国所保存的不少重要史料，并作了考证和评价。其学术成就获得中外有关学者的一致好评。已出版的著作有《汉魏两晋南北朝佛教史》、《隋唐佛教史稿》、《汤用彤学术论文集》、《印度哲学史略》等。

蒋廷黻（1895～1965年），湖南省宝庆府邵阳县人，中国历史学家，民国时期外交家。1911年由教会资助赴美求学，获哲学博士学位。1923年回国，先后任南开大学、清华大学教授。

蒋廷黻主张兼重中外历史，兼采中外史学研究方法，在研究中国近代外交史过程中，形成了一套对近代中外关系变化如何影响中国历史发展的看法，十分重视中国近代对外关系史档案资料的整理工作。他以当时首次影印刊布的清宫档案《筹办夷务始末》为基础编辑了《近代中国外交史资料辑要》。另外，他还收购散藏于民间的档案，编辑道光、咸丰、同治三朝《筹办夷务始末补遗》等重要著作。

蒋廷黻的著述还有《近代中国外交史资料辑要》、《蒋廷黻选集》等。

翦伯赞（1898～1968年）湖南桃源人，维吾尔族。曾任北京大学副校长、历史系主任。曾参与北伐战争。中国著名历史学家、社会活动家。翦伯赞治学严谨，著作宏富，至今仍为史学界所推崇和颂扬。他是马列主义新史学“五名家”，即郭沫若、范文澜、翦伯赞、吕振羽、侯外庐之一，其运用马列理论研究中国的社会和历史问题，贡献卓著。特别是在中国古史分期的研究上，主张的西周封建论，独树一帜。虽然已受到黄现璠，张广志等学者的有力挑战，完全否定。但其影响力不可抹杀。

翦伯赞的主要著作有《中国历史哲学教程》、《对处理若干历史问题的初步意见》、《目前史学研究中存在的几个问题》、《中国史论集》、《中国史纲》、《历史问题论丛》、《先秦史》、《秦汉史》等。

侯外庐（1903～1987年），原名兆麟，又名玉枢，自号外庐，山西省平遥县人。中国历史学家、思想家、教育家。

他一生主要从事社会史、思想史的学术研究，并亲身执教，对教学管理工作作出了突出的贡献。

侯外庐的主要著作有：《中国古代社会与老子》、《中国古代社会史论》、《中国古代思想学说史》、《中国近代思想学说史》、《中国近代哲学史》、《中国思想史纲》、《中国封建社会史论》、《宋明理学史》等。

侯外庐在20世纪众多史学家中，独树一帜，在很多方面自成体系，例如：对中国思想得发展历程做了系统梳理，明确从社会史入手解决思想史问题，扩大了思想史的研究范围，发掘出很多曾经不被重视的思想家和“异端”；在20世纪30年代的中国古代社会性质问题的论战中，厘清了中国古代城市和国家的起源；根据马克思主义的基本原则，解决了“亚细亚生产方式”问题等。

陈垣（1880 ~ 1971年），字援庵，又字圆庵，笔名谦益、钱罂等，广东新会人。中国历史学家、宗教史学家、教育家。陈垣在元史、历史文献学、宗教史等领域皆有精深研究，留下了十几种专著、百余篇论文的丰富遗产。他采用两百种以上的资料，写成《元西域人华化考》一文，在国内外史学界获得高度评价。

在研究《元典章》的过程中，陈垣查出沈刻本中伪误、衍脱、颠倒者共一万二千多条。他在校勘学、考古学的成果还有《旧五代史辑本发覆》、《二十史朔闰表》和《中西回史日历》等书。

陈垣的主要著述还有《元西域人华化考》、《校勘学释例》、《史讳举例》、《南宋河北新道教考》、《明季滇黔佛教考》、《清初僧诤记》、《中国佛教史籍概论》及《通鉴胡注表微》等，另有《陈垣学术论文集》行世。

郭沫若（1892 ~ 1978年），原名郭开贞，字鼎堂，乳名文豹，号尚武。笔名沫若、麦克昂、郭鼎堂、石沱、高汝鸿、羊易之等，四川省乐山市观娥乡沙湾镇人，汉族，我国现代著名文学家、诗人、考古学家、古文字学家。

1914 年春赴日本留学，先学医，后从文。1928 年，从事中国古代史和古文字学的研究工作，著有《中国古代社会研究》、《甲骨文字研究》。

郭沫若的重要著作还有《两周金文辞图录考释》、《金文丛考》、《卜辞通纂》等，曾在学术界引起轰动；生平著述收有《郭沫若文集》和《郭沫若全集》。

唐君毅 (1909 ~ 1978年)四川宜宾人。中国现代学者，哲学家、哲学史家，现代新儒家的代表人物之一。幼承庭训，接受过良好的旧学教育。曾就读于中俄大学、北京大学、毕业于中央大学哲学系。

1949年起，与钱穆、张丕介等创办新亚书院，并兼任教务长、哲学系主任等职。1958年与徐复观、牟宗三、张君劢联名发表现代新儒家的纲领性文章《为中国文化敬告世界人士宣言》。

唐君毅一生驰骋于东西哲学领域中，为建立一道德理想主义的人文世界而殚精竭思，埋头笔耕，留下了数量惊人的著作。他的主要著作有《人生之体验》、《道德自我之建立》、《人文精神之重建》、《中国人文精神之发展》、《中国哲学原论》、《哲学概论》，及《生命存在与心灵境界》等。上述著作，在写作的时间以及所涉及的内容方面，都相当的集中，十分明显地构成了唐氏思想的不同阶段和他一生著述的几个丛集。

顾颉刚（1893～1980年），原名诵坤，字铭坚，江苏吴县人。现代古史辨学派的创始人，也是中国历史地理学和民俗学的开创者。

顾颉刚受胡适在新文化运动中倡导的“整理国故”思想的影响，从20世纪20年代起即从事中国历史和古代文献典籍的研究和辨伪工作。主张用历史演进的观念和大胆疑古的精神，吸收近代西方社会学、考古学等方法，研究中国古代的历史和典籍。与钱玄同等发起并主持了古史辨伪的大讨论，又广集当时的研究成果编成《古史辨》八册，形成了“古史辨”派。

顾颉刚一生著述颇丰，除所编《古史辨》之外，重要的尚有《汉代学术史略》、《秦汉的方士与儒生》、《尚书通检》、《中国疆域沿革史》、《史林杂识》等。

梁漱溟（1893～1988年），原名焕鼎，字寿铭。曾用笔名寿名、瘦民、漱溟，后以漱溟行世。原籍广西桂林，生于北京，著名的思想家、哲学家、教育家、国学大师，主要研究人生问题和社会问题，现代新儒家的早期代表人物之一，有“中国最后一位儒家”之称。

梁漱溟的学术思想自定位为：“中国儒家、西洋派哲学和医学三者，是我思想所从画之根柢”，把孔子、孟子、王阳明的儒家思想，佛教哲学和西方柏格森的“生命哲学”糅合在一起。

他把整个宇宙看成是人的生活、意欲不断得到满足的过程，提出以“意欲”为根本，又赋予中国传统哲学中“生生”概念以本体论和近代生物进化论的意义，认为“宇宙实成于生活之上，托乎生活而存者也”，“生活就是没尽的意欲和那不断的满足与不满足罢了”。

其主要著作有《中国民族自救运动之最后觉悟》、《乡村建设大意》、《乡村建设理论》、《人心与人生》、《东方学术概观》、《中国人》、《印度哲学概论》、《唯识述义》等，今编有八卷本的《梁漱溟全集》。

吴宓 (1894 ~ 1978年)，字雨僧、雨生，笔名余生，陕西泾阳县人，著名西洋文学家。

1917年，23岁的吴宓赴美国留学，早岁负笈清华，留学哈佛，与陈寅恪、汤用彤并称为“哈佛三杰”。1926年吴宓回国，即受聘在国立东南大学文学院任教授，讲授世界文学史等课程，并且常以希腊罗马文化，基督教文化、印度佛学整理及中国儒家学说这四大传统作比较印证。

这一时期他撰写了《中国的新与旧》、《论新文化运动》等论文，采古典主义，抨击新体自由诗，主张维持中国文化遗产的应有价值。著有《吴宓诗文集》、《空轩诗话》等专著。

赵元任（1892 ~ 1982年），字宣仲，又字宜重，江苏武进人，生于天津。赵元任博学多才，既是数学家，又是物理学家，对哲学也有一定造诣。然而他主要以著名的语言学蜚声于世。

赵元任对音位学理论、中国音韵学、汉语方言以及汉语语法都有精湛的研究，撰写和发表过大量有影响的论文和专著，在国内外学者中享有很高声誉。主要著作有《国语新诗韵》、《现代吴语的研究》、《广西瑶歌记音》、《粤语入门》《、中国社会与语言各方面》、《中国话的文法》、《中国话的读物》、《语言问题》、《通字方案》，出版有《赵元任语言学论文选》等。

徐复观（1903 ~ 1982年）原名秉常，字佛观，后由熊十力更名为复观，湖北省浠水县团陂镇黄泥嘴徐塆凤凤形湾人。早年曾在湖北省立第一师范上学，后到日本留学。回国后，参加政治活动多年。40岁以后，才逐渐走上学术之路，是“现代新儒家”的代表人物之一。

徐复观就儒家思想与中国传统、文化问题，中国知识分子的性格及历史、命运问题发表大量论著，为研究、传播中国传统思想、文化作出重要贡献，成为名扬海内外的“现代大儒”。他著书十余种，三百多万字，主要有《两汉思想史》三卷，《学术与政治（甲、乙集）》、《徐复观杂文》六集，《中国艺术精神》、《中国思想史论集》及续集，《石涛之一研究》等。

金岳霖（1895～1984年），字龙荪，浙江诸暨人士，生于湖南长沙。中国哲学家、逻辑学家。金岳霖从事哲学和逻辑学的教学、研究和组织领导工作，是最早把现代逻辑系统地介绍到中国来的逻辑学家之一。他把西方哲学与中国哲学相结合，建立了独特的哲学体系。培养了一大批有较高素养的哲学和逻辑学专门人才。

金岳霖的主要著作有《逻辑》、《论道》和《知识论》。其中《论道》，其原创性思想之丰富，在中国现代哲学中罕见其匹，被业界称为“一本最有独创性的玄学著作”，而《知识论》更在中国哲学史上首次构建了完整的知识论体系。

王力（1900～1986年），字了一。广西博白县人。中国语言学家、教育家、翻译家、中国现代语言学奠基人之一。

王力自20世纪40年代开始从事汉语词汇的研究，先后发表《古语的死亡、残留和转生》、《新字义的产生》、《理想的字典》、《词义的发展和变化》等文，着重探讨汉语词义演变的特点和规律。

《新训诂学》和《训诂学上的一些问题》两篇论文对中国传统的训诂学做了认真的总结与批判。他还主张用历史发展的观点建立新的汉语语义学，他的《同源字典》是在词汇学方面贯彻自己主张的代表著作。

王力对汉语的语音、语法、词汇所作的描写的和历史的研究，集中在《汉语史稿》一书中。他的《中国语言学史》对中国2000年来的语文研究和语言学遗产做了比较全面的叙述和初步的总结。

《清代古音学》一书则着重介绍、评论了自顾炎武以来清代的和近代的学人在古音学上的成就。他主编的《古代汉语》教材体系新颖、内容丰富，在国内外都获得好评。

高亨（1900～1986年），初名仙翘，字晋生，吉林双阳县人，我国研究先秦学术和文字学家、训诂的著名学者。

高亨早年在清华国学研究院师从王国维、梁启超两位大师，一生笃志于弘扬我国传统学术，成就斐然。其治诸子，遵循乾嘉考据遗风，往往胜解精义，发前人所未发，真正做到了后出转精；

其治《周易》，一改前人“以经解传，以传解经，经传互解”的旧习，首次经传分解，开创了我国现代《周易》“义理派”的研究新方法，为学界所推崇；

其治《老子》与《诗经》，以传统文字训诂学为根基，在校勘训诂上创发新义；其砥砺基础，夯实根本，则有《甲骨金石文字通笺》、《文字形义学概论》和《古字通假会典》诸书。高先生治学严谨，为人谦恭，另有《高亨著作集林》问世。

夏承焘（1900～1986年），字瞿禅，晚字瞿髯，别号梦栩生，室名月轮楼、天风阁、玉邻堂、朝阳楼，浙江温州人。毕生致力于词学研究和教学，是现代词学的开拓者和奠基人。他的一系列经典著作无疑是词学史上的里程碑，20世纪优秀的文化学术成果。

凝聚着夏承焘先生毕生心血的近千万字著作中，有已出版的词学专著近三十种，未结集论文百余篇，待整理出版的著作尚有多种。其中《唐宋词人年谱》、《唐宋词论丛》、《姜白石词编年笺校》等，都是有词学以来少有的巨著。他还创作了大量诗词，其代表作为《夏承焘词集》、《天风阁诗集》，并写了独具特色的《天风阁学词日记》等。

钱穆（1895～1990年），字宾四，笔名公沙、梁隐、与忘、孤云，晚号素书老人、七房桥人，斋号素书堂、素书楼。现代历史学家，国学大师。江苏无锡人，汉族，钱穆先生著作等身，遗著有71种，1000多万字，涉及史学领域的多个方面。

早在20岁，钱穆就撰写了《论语文解》一书。随后他又将阅读《墨子》一书的批注汇集为《墨经语暗解》陆续发表于上海《时事新报》。后来他在任无锡师范国文教师时，将他自学和教学《论语》、《孟子》过程中的心得，撰写成《论语要略》、《孟子要略》两书。《论语要略》对孔子仁的思想进行了深入的诠释,《孟子要略》对孟子的“性善”说提出了独到的见解。

1967 年起，钱穆寓居台北后，又撰写了《朱子新学案》、《钱穆学术通义序》等巨著。此外，他关于学术思想方面的论著汇集还有《庄老通辨》、《两汉经学今古文平议》、《中国学术通义》等多种。

冯友兰（1895～1990年），字芝生，河南南阳唐河人。1915年入北京大学文科中国哲学门，1919年赴美留学，1924年获哥伦比亚大学博士学位。

冯友兰勤奋地钻研学问，潜心整理中国传统文化。从 1939 年起，他先后出版了《新理学》、《新事论》、《新事训》、《新原人》、《新原道》、《新知言》等。

冯友兰一生勤勉，著述宏富。毕生以复兴中华传统文化、宏扬儒家哲学思想为己任。以《新理学》为核心的“贞元六书”构成了一套完整的新儒家哲学思想体系。它既是冯氏哲学思想成熟的标志，也是他一生治学的最高成就，并因此而奠定了他作为“现代新儒家”的地位，成为一位继往开来，具有国际声誉的一代哲人。

任中敏（1897～1991年）名讷，字中敏，后以字行。别号二北、半塘。任中敏诞生于扬州的一个盐商之家。1918年，考入北京大学国文系。

任中敏毕生从事教育和学术研究，著述五百多万言。其学术成就主要在词曲和唐代音乐文艺的研究方面，理清了汉乐府、敦煌歌辞、声诗、词、散曲的音乐线索，并横向梳理了唐代与音乐有关的各门类艺术，创建了相关理论。

主要撰著有《敦煌曲初探》、《敦煌歌曲校录》、《唐戏弄》、《教坊记笺订》、《优语集》、《唐声诗》、《敦煌歌辞总编》、《隋唐五代燕乐杂言歌辞集》，其中，《唐戏弄》获“第一届全国戏剧理论著作奖”,《隋唐五代燕乐杂言歌辞集》获“第五届中国图书奖”荣誉奖,《唐声诗》获“江苏省首次哲学、社会科学优秀研究成果奖”荣誉奖。

姜亮夫（1902～1995年），原名寅清，字亮夫，以字行，云南昭通人。国学大师、著名的楚辞学、敦煌学、语言音韵学、历史文献学家、教育家。

姜亮夫于1921年考入成都高等师范学校国文部。1926年，考入清华大学国学研究院，1928年后执教于济南大学、复旦大学等高校。1935年赴法国巴黎进修，1937年经莫斯科回国，继续从事教学工作。

姜亮夫在学术与教学园地里辛勤耕耘了七十多个春秋，留下了三十多部学术论著，数百篇学术论文，涉及中国文化史上多方面内容。上海古籍出版社将他的著作分为楚辞学、敦煌学、古史学、古汉语等四类，主要有《初高中国文教本》、《中国文学史论》、《文学概论讲述》、《屈原赋校注》、《楚辞书目五种》、《陆机年谱》、《中国声韵学》、《古文字学》、《敦煌学概论》等多种。

钱仲联（1908～2003年），原名萼孙，号梦苕，浙江湖州人，生于江苏常熟。著名诗人、词人、古典文学研究专家，国学大师。苏州大学终身教授。

钱仲联于1926年毕业于无锡国学专修馆，先后任教于大夏大学、无锡国学专修馆、南京中央大学、南京师范学院、江苏师范学院、苏州大学。1981年经国务院学位委员会审批，被评聘为全国首批博士生导师。

钱仲联长期致力于中国古典文学的教学与研，长于诗文词赋创作，对明清诗文尤有深湛的研究，著述等身。主要著作有《鲍参军集注》、《韩昌黎诗系年集释》、《剑南诗稿校注》、《后村词笺注》、《吴梅村诗补笺》、《人境庐诗草笺注》、《沈曾植集校注》等。其中在他主持下集苏州大学明清文学研究室诸学者之力的《清诗纪事》堪称巨著，获国家古籍整理评比和全国图书学会评比一等奖。

牟宗三（1909～1995年），字离中，山东栖霞人。中国现代学者、哲学家、哲学史家，现代新儒家的重要代表人物之一，被称为当代新儒学的集大成者。

牟宗三毕生致力于弘扬民族文化，为中国文化的现代化与世界化作出巨大贡献。其许多著作被译成英、韩、德等文字。主要著作有《逻辑曲范》、《理性的理想主义》、《道德的理想主义》、《历史哲学》、《佛性与般若》、《才性与玄理》、《圆善论》等28部；

另有《康德的道德哲学》、《康德纯粹理性之批判》、《康德判断力之批判》等译作。其哲学成就代表了中国传统哲学在现代发展的新水平，其影响力具有世界水平。英国剑桥哲学词典誉之为“当代新儒家他那一代中最富原创性与影响力的哲学家”。

张岱年（1909～2004年），字季同，别号宇同，原籍河北献县，出生于北京。世界著名哲学家，哲学史家，国学大师，北京大学哲学系教授。

张岱年1933年任清华大学助教，在三十年代中期，先后写了《先秦哲学中的辩证法》、《秦以后哲学中的辩证法》、《颜李之学》、《中国元学之基本倾向》、《中国思想源流》、《关于新唯物论》、《辩证唯物论的知识论》、《辩证唯物论的人生哲学》、《谭理》等重要哲学论文，第一次系统梳理了中国古代哲学的唯物论思想，阐发了中国的辩证法思想，显扬了中国人本思想，而且作出了以马克思主义哲学观点解释社会人生的尝试。

1936年写成名著《中国哲学大纲》。张岱年长期从事中国哲学史研究，著作等身，有极高的造诣和广泛的建树。

钱钟书（1910～1998年），原名仰先，字哲良，字默存，号槐聚，曾用笔名中书君，江苏无锡人。中国现代著名作家、文学研究家。钱钟书在文学，国故，比较文学，文化批评等领域的成就，推崇者甚至冠以“钱学”。

钱钟书最重要的研究成果是《管锥编》。本书用典雅的文言写成，近130万字，是他研读《周易正义》、《毛诗正义》、《左传正义》、《史记会注考证》、《老子王弼注》、《列子张湛注》、《焦氏易林》、《楚辞洪兴祖补注》、《太平广记》、《全上古三代秦汉三国六朝文》十种古籍时，所作的札记和随笔的总汇，其中引用了大量英、法、德、意、西原文，是一部不可多得、必然传世的多卷本学术著作。

此书未刊部分尚有考论《礼记》、《庄子》、《全唐文》、《杜少陵诗集》、《玉溪生诗注》、《昌黎集》、《简斋集》等十种书的札记。显而易见，这部高品位的著作是钱钟书数十年心血的结晶。

钱钟书的其它著作还有《谈艺录》、《七缀集》、《围城》、《钱钟书文集》等。

陈梦家（1911～1966年），曾使用笔名陈慢哉，江苏南京人，现代著名古文字学家、考古学家、诗人。他在语言文字学领域的贡献主要集中在他对甲骨文、殷周铜器铭文、汉简和古代文献的综合研究方面。他在甲骨文研究方面的代表作为《殷墟卜辞总述》。该书对研究古代史地、语言文字和考古学都具有重要的参考价值，在国内外产生较大影响。他对汉简研究的成果主要集中于《武威汉简》和《汉简缀述》两本书中。

此外，陈梦家还有专著《老子今释》、《海外中国铜器图录考释第一集》、《尚书通论》、《美帝国主义劫掠的我国殷周铜器集录》；论文《释“国”“文”》、《关于上古音系的讨论》、《慎重一点改革汉字》等，他的著作对研究上古汉语及汉语史有很大的参考价值。

张舜徽（1911～1992年），湖南省沅江县人，中国历史文献研究会会长，古典文献学家。他致力自学，掌握了许多治学的方法。17岁写成《尔雅义疏跋》一文，指出《尔雅》、《说文》的异同和郝氏《义疏》不足之处，这是他考证文字的开端。1941年起，先后在国立师范学院、民国大学、兰州大学任教。1950年起任教于中原大学教育学院和华中师范大学。

在治史的过程中，张舜徽先后出版书籍 24 部，著述字数总计超过了一千万字。其中最重要的有 :《说文解字约注》、《郑学丛著》、《周秦道论发微》、《清人文集别录》、《清人笔记条辨》、《史评三书平议》、《广校雠略》、《中国文献学》、《汉书艺文志通释》、《清儒学记》等。他还主编了一些有影响的书籍，在发凡起例、甄审别择方面，都提出过指导性意见。

季羡林（1911～2009年），字希逋，又字齐奘，山东省清平县康庄镇人。中国著名文学家、语言学家、教育家和社会活动家，翻译家，散文家，精通12国语言。

羡林将人类文化分为四个体系：中国文化体系，印度文化体系，阿拉伯伊斯兰文化体系，自古希腊、罗马至今的欧美文化体系，而前三者共同组成东方文化体系，后一者为西方文化体系。季羡林为东方民族的振兴和东方文化的复兴呐喊，提出东西方文化的变迁是“三十年河东，三十年河西”，在国内引起强烈反响。

季羡林的主要著作：《〈大事〉偈颂中限定动词的变位》、《中世印度语言中语尾 -am 向 -o 和 -u 的转化》、《原始佛教的语言问题》、《〈福力太子因缘经〉的吐火罗语本的诸异本》、《印度古代语言论集》、《吐火罗文 A 中的三十二相》、《敦煌吐鲁番吐火罗语研究导论》、《文化交流的轨迹：中华蔗糖史》、《东方文学史》、《东方文化研究》、《禅与东方文化》、《东西文化议论集》、《世界文化史知识》等。

王利器（1912～1998年），字藏用，号晓传，四川省江津县人。先后毕业于四川大学中文系与北京大学文科研究所。曾任四川大学、北京大学、西北大学、四川师范大学讲师、副教授、教授，中国社会科学院特约研究员等。

治学受乾嘉学派影响以实事求是、理论兼赅为主，不求速成。长于校勘之学，著有《王利器自传》等三十余种，另外发表古典文学论文百余篇。其著作被港台出版机构翻版约在数十种以上，国内外报刊对其著作及人品评论推崇者甚多。主要著作有《新语校注》、《文镜秘府论校注》等。

启功（1912～2005年），字元白，也作元伯，北京人，满族，爱新觉罗氏。中国当代著名教育家、古典文献学家、书画家、文物鉴定家、红学家、诗人，国学大师。

启功幼年失怙且家境中落，自北京汇文中学辍学后，发愤自学。1933 年经傅增湘先生推介，受业于陈垣，涉足学术流别与考证之学。后聘为辅仁中学国文教员；1938 年后任辅仁大学国文系讲师，兼任故宫博物院专门委员，从事故宫文献馆审稿及文物鉴定工作；1949 年任辅仁大学国文系副教授兼北京大学博物馆系副教授；1952 年后任北京师范大学副教授、教授。其主要著作有：《古代字体论稿》、《诗文声律论稿》、《启功丛稿》、《启功韵语》、《启功絮语》、《启功赘语》、《汉语现象论丛》、《论书绝句》、《论书札记》、《说八股》等。

程千帆（1913～2000年），原名逢会，改名会昌，字伯昊，四十以后，别号闲堂。千帆是其曾用过的许多笔名之一，后来就通用此名。祖籍是湖南宁乡，老家在宁乡土蛟湖竹山湾，后迁居长沙。九三学社社员、著名中国古代文史学家、教育家、南京大学教授、著名文史学家。

程千帆于1928年入金陵中学，1936年毕业于金陵大学。历任金陵中学、金陵大学、四川大学、武汉大学教职。1978年任南京大学教授。在校雠学、历史学、古代文学、古代文学批评领域有着杰出的成就。代表著作有：《校雠广义》、《史通笺记》、《文论十笺》、《程氏汉语文学通史》、《两宋文学史》、《唐代进士行卷与文学》、《闲堂文薮》、《古诗考索》、《被开拓的诗世界》等。

任继愈（1916~2009年），山东平原人，毕业于北京大学哲学系。曾任北京大学教授，著名哲学家、宗教学家、历史学家。

任继愈的主要学术贡献是提出了“儒教是教说”的理论，这一判断根本改变了对中国传统文化性质的看法，是认识中国传统文化本来面貌的基础性理论建树。

任继愈的专著有《汉唐佛教思想论集》、《中国哲学史论》、《任继愈学术论著自选集》、《任继愈学术文化随笔》、《老子全译》、《老子绎读》等；主编的著作有《中国哲学史简编》、《中国哲学史》、《中国佛教史》、《宗教词典》、《中国哲学发展史》等；此外，他还主持《中华大藏经》汉文部分的编辑出版工作。

饶宗颐（1917~），字固庵、伯濂、伯子，号选堂，生于中国广东省潮安县，是蜚声国际的国学大师、汉学家，在中国研究、东方学及艺术文化多方面成就非凡。

饶宗颐于1949年移居香港，任教香港大学，并先后从事研究于印度班达伽东方研究所，又在新加坡大学、美国耶鲁大学、法国高等研究院任职教授。1973年回香港，任香港中文大学讲座教授及系主任。饶宗颐学术范围广博，凡甲骨文、敦煌学、古文字、上古史、近东古史、艺术史、音乐、词学等，均有专著，出版书40种，学术论文三百余篇。

主要著作有：《广东易学考》、《尚书地理辨证》、《说文古文考》、《古史新证补》、《西汉节义传》、《金文平议》、《日本所见甲骨录》、《长沙出土战国楚简初释》、《潮瓷说略》、《楚辞书录》、《巴黎所见甲骨录》、《敦煌本老子想尔注校笺》、《九龙与宋季史料》、《殷代贞卜人物通考》、《选堂集林·史林》、《云梦秦简日书研究》、《中印文化关系史论集——悉昙学绪论》、《词学秘笈之一——李卫公望江南》、《敦煌琵琶谱》、《梵学集》、《楚地出土文献三种研究》、《法藏敦煌书苑精华》、《饶宗颐史学论著选》、《新加坡古事记》、《甲骨文通检》等。

南怀瑾（1918年～），浙江乐清柳市区长岐乡人，国学大师，诗人，中国传统文化的积极传播者。其著作多以演讲整理为主，内容往往将儒、释、道等思想进行比对，别具一格。

南怀瑾的著述是学习中国传统文化的捷径，对无法直接了解典籍的人作了一个重要引导，南怀瑾的言谈生动有趣、博大精深，可说是中国传统文化的忠实代言人，对中国传统文化复兴与普及的作用功不可没。代表作品有：《论语别裁》、《孟子旁通》、《原本大学微言》、《易经杂说》等。其作品刊正了许多以往对传统文化的误解。

第一部分　哲学类

1.《老子》的作者是老聃吗　/　2
2. 老子的哲学思想核心是“道”吗　/　2
3.《老子》哪一章的哪段话影响最广　/　3
4. 第三章表现的是老子的无为思想吗　/　3
5. 老子的经典语录主要有哪些　/　3
6. 怎样辩证地看待老子的哲学思想　/　4
7.《论语》是记录孔子与其弟子言行的书吗　/　4
8.《论语》传达的是孔子的哲学思想吗　/　4
9.《论语》的哪些文字表现了孔子的仁爱思想　/　5
10. 孔子的仁爱思想对当时有什么重大意义　/　5
11.《论语》的经典语录主要有哪些　/　6
12.《论语》是儒家学派的开山之作吗　/　6
13.《孟子》成书主要是为述孔子之意吗　/　6
14.《孟子》的哲学思想是施行仁政吗　/　7
15. 孟子的哲学思想主要表现在哪些章节　/　7
16.《梁惠王上》表现了孟子“仁者无敌”的主张吗　/　8
17.《孟子》的经典语录主要有哪些　/　8
18.《孟子》的观点反映了儒家的美好愿望吗　/　8

19.《庄子》也被称为《南华真经》吗 / 9
20.《庄子》是道家的经典学说之一吗 / 9
21.《庄子》包含着朴素的辩证法因素吗 / 10
22. 庄子是一个对现实世界有着强烈爱憎的人吗 / 10
23.《庄子》的经典语录主要有哪些 / 11
24. 庄子的“道”是效法自然的“道”吗 / 11
25. 庄子是用寓言故事来阐述自己的思想吗 / 13
26.《庄子》代表了先秦散文的最高成就吗 / 13
27.《庄子》在思想、文学史上都有极重要的地位吗 / 14
28.《列子》是道家的重要典籍吗 / 14
29. 列子是终生致力于道德学问的隐者吗 / 14
30. 列子是一个宠辱不惊的道德真君吗 / 14
31. 列子其学本于黄帝老子吗 / 15
32. 今本《列子》加入了一些魏晋人的思想内容吗 / 16
33. 列子的高贵品质受到后人敬仰吗 / 17
34.《周礼》是儒家经典“十三经”之一吗 / 17
35.《周礼》难以确定其成书年代吗 / 18
36.《周礼》是一部“以人法天”的理想国的蓝图吗 / 19
37.《周礼》的哲学思想主要表现在哪些章节 / 21
38.《大宗伯》阐述的是《周礼》的九仪吗 / 21
39.《周礼》的经典语录主要有哪些 / 21
40.《周礼》是“非圣贤不能作”的旷世之作吗 / 22
41.《礼记》是关于礼的论文集吗 / 23
42. 礼是社会生活的各种规范和仪式吗 / 23
43.《礼记》的哲学思想主要表现在哪些章节 / 24
44.《三年问》说的是三年服丧的礼节吗 / 25
45.《礼记》中的经典语录主要有哪些 / 25
46.《周礼》的基本内容是讲设官分职的吗 / 25

47. 礼是各种人伦关系的基础吗 / 26
48.《孝经》是中国古代儒家的伦理学著作吗 / 26
49.《孝经》主张把“孝”贯串于人的一切行为之中吗 / 27
50.《孝经》的哲学思想主要表现在哪些章节 / 27
51.《开宗明义章第一》是全部孝经的纲领吗 / 27
52.《孝经》的经典语录主要有哪些 / 28
53.《孝经》对维护社会太平起了一定的作用吗 / 28
54.《墨子》是墨家宣传自己思想的著作吗 / 29
55.《墨子》的主要思想是“兼爱”、“非攻”吗 / 29
56. 墨子的哲学思想主要表现在哪些章节 / 30
57.《墨子·耕柱》表现了墨子“非攻”的思想吗 / 30
58.《墨子》的经典语录主要有哪些 / 30
59. 墨子的哲学思想是最早的和平宣言吗 / 31
60.《周易》是一本占卜吉凶祸福的书吗 / 31
61.《周易》达到了先秦哲学的最高水平吗 / 31
62. 周易的哲学思想主要表现在哪些章节 / 32
63.《周易·干》反映了儒家积极入世的观点吗 / 32
64.《周易》的经典语录主要有哪些 / 33
65.《周易》的哲学思想有积极的作用吗 / 33
66. 荀子对儒家的思想有所发展吗 / 33
67.《孙卿子》现行本只有三十二篇吗 / 34
68.《荀子》总结的是当时百家争鸣的学术思想吗 / 34
69.《荀子》反映了荀况的唯物主义观点吗 / 34
70.《荀子》的伦理思想主要反映在《性恶》中吗 / 36
71. 荀况的政治思想主要反映在《王制》中吗 / 36
72.《荀子》的经济思想主要是富民思想吗 / 37
73.《儒效》主要是荀子对思孟学派的批判吗 / 37
74.《议兵》主要阐述了荀况的军事理论吗 / 37

75.《荀子》的经典语录主要有哪些 / 37
76. 荀况是伟大的思想家、文学家和教育家吗 / 38
77.《大学》是孔子的得意弟子曾子所作吗 / 38
78.《大学》以“明明德”、“亲民”等为纲吗 / 38
79.《大学》的哲学思想主要表现在哪些文字 / 39
80.《大学》第六章强调了诚意的重要性吗 / 39
81.《大学》的经典语录主要有哪些 / 40
82.《大学》阐述的是治国修身的准则吗 / 40
83.《管子》是管仲学派的著述总集吗 / 40
84.《管子》最早解决了物质和精神的关系吗 / 41
85.《管子》的哲学思想主要表现在哪些章节 / 41
86.《管子·牧民》讲的是衣食与礼节的关系吗 / 41
87.《管子》的经典语录主要有哪些 / 42
88.《管子》的哲学思想是天道与人情吗 / 42
89.《公孙龙子》是研究作者名辩思想的重要材料吗 / 44
90.《公孙龙子》主要研究了概念的内涵和外延吗 / 45
91.《公孙龙子》的哲学思想主要表现在哪些章节 / 45
92.《白马论第二》的主要命题是“白马非马”吗 / 46
93.《公孙龙子》的经典语录主要有哪些 / 47
94.《公孙龙子》建立了逻辑学的理论体系吗 / 47
95.《商君书》是记载商鞅思想言论的资料汇编吗 / 48
96.《商君书》主要反映了法家的政治思想吗 / 48
97.《商君书》的哲学思想主要表现在哪些章节 / 50
98.《更法篇》是围绕“富国强兵”的论点展开的吗 / 50
99.《商君书》的经典语录主要有哪些 / 51
100.《商君书》的内容大都涉及军事吗 / 52
101.《淮南子》是一部杂家学术著作吗 / 53
102.《淮南子》的主要思想取自道家吗 / 53

103.《淮南子》的哲学思想主要表现在哪些章节 / 54
104.《原道训》是对道家思想的继承吗 / 54
105.《淮南子》的经典语录主要有哪些 / 54
106.《淮南子》不是一本纯粹的哲学著作吗 / 55
107. 韩非是先秦法家思想的集大成者吗 / 55
108.《韩非子》是对先秦法家思想的总结吗 / 55
109.《韩非子》的哲学思想主要表现在哪些章节 / 56
110.《五蠹》反映了韩非的“耕”、“战”思想吗 / 56
111.《韩非子》的经典语录主要有哪些 / 57
112. 韩非的法治思想至今仍有积极作用吗 / 57
113.《吕氏春秋》综合了不同的思想流派吗 / 57
114.《吕览》有朴素的辩证唯物主义思想吗 / 58
115.《吕览》的哲学思想主要表现在哪些章节 / 58
116.《吕览》反映的也是法家的法治思想吗 / 58
117.《吕览》的经典语录主要有哪些 / 59
118. 读《吕氏春秋》需要一定的鉴别能力吗 / 59
119.《春秋繁露》发挥了春秋大一统的思想吗 / 59
120. 董仲舒开了封建社会以儒学为正统的先声吗 / 60
121.《春秋繁露》是出自董仲舒一人之手吗 / 60
122.《春秋繁露》创造了“人副天数”说吗 / 60
123. 董仲舒的神学体系包括“三纲”、“五常”吗 / 61
124. 董仲舒在本质上是否认历史发展的吗 / 62
125. 董仲舒学说是为适应中央集权的需要而产生的吗 / 62
126.《春秋繁露》的主要思想是“君权神授”吗 / 62
127.“天人感应”也是《春秋繁露》宣扬的重点吗 / 63
128.《春秋繁露》的思想是形而上学的吗 / 63
129. 董仲舒的哲学体系是唯心论吗 / 64
130.《春秋繁露》详尽论证了“仁、义、礼、智、信”吗 / 64

131. 董仲舒的“神学蒙昧主义”也制约着皇权吗 / 65
132.《神灭论》是古代无神论的杰作吗 / 65
133.《神灭论》曾引发“神灭”大论战吗 / 66
134.《神灭论》有代表性的文字有哪些 / 67
135. 这些文字说明了“形神相即”的内涵吗 / 67
136.《神灭论》的主要内容有哪些 / 68
137.《神灭论》的经典之语有哪些 / 69
138.《神灭论》是揭穿神学谎言的划时代作品吗 / 70
139.《象山集》是关于“心”学的理论吗 / 70
140.《象山集》认为事物是发展变化的吗 / 70
141.《象山集》的哲学思想主要表现在哪些章节 / 71
142.《象山集》的经典语录主要有哪些 / 71
143. 陆九渊心学至今仍有积极意义吗 / 72
144. 朱熹是宋代理学的集大成者吗 / 72
145. 朱熹哲学的基本课题是“理”吗 / 73
146. 朱子语类的哲学思想表现在哪些章节 / 73
147. 这段话体现了朱熹的理、气观吗 / 73
148.《朱子语类》的经典语录主要有哪些 / 74
149. 三纲五常是朱熹思想的核心吗 / 74
150.《论衡》是与当时的主流思想谶纬神学相抗衡的哲学吗 / 74
151. 王充思想的重点是无神论吗 / 75
152.《论衡》的哲学思想表现在哪些章节 / 75
153.《雷虚篇》是指责“妄击不罚过”吗 / 76
154.《论衡》的经典语录主要有哪些 / 76
155.《论衡》反映的是唯物主义思想吗 / 76
156. 程学是后来的官方哲学吗 / 77
157.《二程集》是以“理”为最高范畴吗 / 77
158.《二程集》的哲学思想表现在哪些章节 / 77

159.《二程集》是讲公欲与私欲关系的哲学吗 / 78
160.《二程集》的经典语录主要有哪些 / 78
161.《二程集》是精芜相间的哲学著作吗 / 78
162.《传习录》是“心学”流派的重要代表作品吗 / 79
163.《传习录》包含了王阳明的主要哲学思想吗 / 79
164.《传习录》发挥了“心即理”的哲学命题吗 / 80
165. 知行问题是《传习录》中讨论的重要问题吗 / 80
166. 王阳明强调道德的自觉和主宰性吗 / 81
167.《传习录》包括了王学所有重要观点吗 / 81
168.《阳明全书》所收著作多为哲学和论学之源吗 / 82
169.《阳明全书》是全面阐述王阳明学术思想的著作吗 / 82
170.《阳明全书》的哲学思想表现在哪些章节 / 83
171.《传习录》主要讲的是“心即理”的哲学思想吗 / 83
172.《阳明全书》表达了王阳明与朱熹的对立和非难吗 / 84
173.《阳明全书》的经典语录主要有哪些 / 85
174.《阳明全书》对人性恶没有进行透彻的研究吗 / 85
175.《明夷待访录》是一部治国之策吗 / 86
176.《明夷待访录》的主旨是“人各得其利”吗 / 86
177.《明夷待访录》的哲学思想表现在哪些章节 / 86
178.《原君》是对君主专制的批判吗 / 87
179.《明夷待访录》的经典语录主要有哪些 / 87
180.《明夷待访录》有民主思想的萌芽吗 / 88
181.《国故论衡》是章炳麟的哲学著作吗 / 88
182.《国故论衡》反映了章炳麟的国粹精神吗 / 88
183.《国故论衡》的哲学思想表现在哪些章节 / 89
184.《国故论衡》是以提倡民族主义为核心吗 / 89
185.《国故论衡》的经典语录主要有哪些 / 89
186.《国故论衡》的民族精神仍有积极意义吗 / 90

187.《尚书引义》是评史论政的光辉著作吗 / 90
188.《尚书引义》主要是阐述知与行的关系吗 / 90
189.《尚书引义》的哲学思想表现在哪些章节 / 91
190.《召诰无逸》是批判佛教主客观关系的名言吗 / 91
191.《尚书引义》的经典语录主要有哪些 / 91
192.《尚书引义》的知行理论仍有指导意义吗 / 92
193.《王心斋先生遗集》使王学“风行天下”吗 / 92
194.《王心斋先生遗集》是由后人编辑而成吗 / 92
195.《王心斋先生遗集》的哲学思想表现在哪些章节 / 92
196.《答问补遗》着重阐述了“淮南格物”思想吗 / 93
197.“淮南格物”思想的精髓是平等爱人吗 / 93
198.《王心斋先生遗集》的经典语录主要有哪些 / 94
199.《王心斋先生遗集》的自由平等思想有积极意义吗 / 95
200.《国朝汉学师承记》是思想史的参考资料吗 / 95
201.《汉学师承记》记录了清代学者的汉学思想吗 / 96
202.《汉学师承记》的哲学思想表现在哪些章节 / 96
203.“节选”可以窥测到清代学者的学术思想吗 / 96
204.《汉学师承记》的经典语录主要有哪些 / 97
205.《汉学师承记》是研究清代学术的重要著作吗 / 97

第二部分 史学类

1.《尚书》是我国现存最早的一部史书吗 / 100
2. 伪古文《尚书》是今存的唯一传本吗 / 100
3.《尚书》的精华表现在哪些章节 / 101
4.《秦誓》是秦穆公自我责备的诰辞吗 / 101
5.《尚书》的经典语录主要有哪些 / 101
6.《尚书》是了解和研究上古历史的必读书吗 / 102

7.《山海经》是现存神话资料最多的一部奇书吗 / 102
8.《山海经》是大禹、伯益所著吗 / 102
9.《山海经》产生在春秋战国时期吗 / 103
10.《山海经》为述图之书吗 / 104
11.《山海经》保留了大量远古时期的史料吗 / 104
12.《山海经》与东方夷族有关吗 / 105
13.《山海经》是由《山经》和《海经》组成吗 / 106
14.《山海经》地理描写的顺序与现实的顺序不同吗 / 106
15.《山海经》是我国古籍中蕴珍藏英之最吗 / 106
16.《山海经》的作者到底是中国人还是外国人 / 107
17.《春秋》是古代编年体史书吗 / 108
18.《春秋》三传是儒家解经之作吗 / 109
19.《春秋》的精华表现在哪些章节 / 109
20.《春秋》的笔法主要是教化于人吗 / 109
21.《春秋》有极高的史料价值吗 / 110
22.《左传》是春秋时代鲁国的编年史吗 / 110
23.《左传》对史实的记载比《春秋》更详尽吗 / 111
24.《左传》的精华表现在哪些章节 / 111
25.《隐公·传元年》反映的是一起骨肉相残的事吗 / 111
26.《左传》的经典语录主要有哪些 / 112
27.《左传》也是先秦散文的代表作吗 / 112
28.《国语》是一部先秦历史的百科全书吗 / 112
29.《国语》也可以说成是《春秋外传》吗 / 113
30.《国语》的精华表现在哪些章节 / 113
31.《晋语一》说的是共叔成杀身成仁的故事吗 / 114
32.《国语》的经典语录主要有哪些 / 114
33.《国语》是研究春秋历史的珍贵文献吗 / 114
34.《战国策》是战国时代的史料汇编吗 / 115

35.《战国策》记录了二百五十年的史实吗 / 115
36.《战国策》的精华表现在哪些章节 / 116
37.《战国策》的经典语录主要有哪些 / 116
38.《田需贵于魏王》是教育人要谨慎吗 / 116
39.《战国策》在史传文学的发展史上起到了桥梁作用吗 / 116
40.《史记》是我国第一部纪传体通史吗 / 117
41.《史记》创立了以人物为中心的史书体裁吗 / 117
42.《史记》的精华表现在哪些章节 / 118
43.《廉颇蔺相如列传》表现了廉颇和蔺相如的可贵品质吗 / 118
44.《史记》的经典语录主要有哪些 / 118
45.《史记》是“无韵之离骚”吗 / 119
46.《汉书》是语录体儒学经典吗 / 119
47.《汉书》反映了西汉社会各方面的情况吗 / 120
48.《汉书》的精华表现在哪些章节 / 120
49.《汉书》主要是记载刘氏的崛起吗 / 120
50.《汉书》的经典语录主要有哪些 / 121
51.《汉书》是研究西汉社会的一部重要著作吗 / 122
52.《后汉书》是一部优秀的史学名著吗 / 122
53.《后汉书》是范晔和司马彪所撰吗 / 122
54.《后汉书》的精华表现在哪些章节 / 123
55.《党锢列传》表现了士大夫的高风亮节吗 / 123
56.《后汉书》的经典语录主要有哪些 / 123
57.《后汉书》是一部文采横溢的史书吗 / 124
58.《三国志》是一部记载三国的纪传体国别史吗 / 124
59.《三国志》只有纪、传二体吗 / 125
60.《三国志》的精华表现在哪些章节 / 125
61.《出师表》是诸葛亮北伐中原的奏文吗 / 126
62.《三国志》的经典语录主要有哪些 / 126

63.《三国志》在传记文学方面有较大的贡献吗 / 126
64.《晋书》是记载两晋历史的断代史书吗 / 127
65.《晋书》的列传是做得最好的吗 / 127
66.《晋书》的精华表现在哪些章节 / 128
67.《晋书·宣帝》歌颂了司马懿的功绩吗 / 128
68.《晋书》的经典语录主要有哪些 / 128
69.《晋书》的辞采华丽可资借鉴吗 / 129
70.《宋书》记史是一帝一卷吗 / 129
71.《宋书》的精华表现在哪些章节 / 130
72.《宋书·后废帝》表现了刘昱的残暴吗 / 130
73.《宋书》的经典语录主要有哪些 / 131
74.《宋书》收录的诏令奏议、书札比较多吗 / 131
75.《隋书》是一部纪传体断代史吗 / 132
76.《隋书》的作者都是学有专长的人吗 / 132
77.《隋书》的精华表现在哪些章节 / 133
78.《赵绰传》记载了一个好法官的事迹吗 / 133
79.《隋书》的经典语录主要有哪些 / 133
80.《隋书》是有独到见解的史书吗 / 134
81.《新唐书》是一部记载唐代历史的断代史吗 / 134
82.《新唐书》是以旧唐书为基础增补而成的吗 / 134
83.《新唐书》的精华表现在哪些章节 / 135
84.《李白传》详细介绍了李白的生平吗 / 135
85.《新唐书》的经典语录主要有哪些 / 136
86.《新唐书》是一部史料详实的史书吗 / 136
87.《新五代史》是欧阳修私撰的一部断代史吗 / 137
88.《新五代史》记述的是八十三年的历史吗 / 137
89.《新五代史》的精华表现在哪些章节 / 138
90.《死节传》写的是五代时期的忠臣义士吗 / 139

91.《新五代史》的经典语录主要有哪些 / 139
92.《新五代史》是唯一一部私人修撰的正史吗 / 139
93.《资治通鉴》是我国第一部编年体通史吗 / 140
94.《资治通鉴》专详重大政治事件吗 / 140
95.《资治通鉴》的精华表现在哪些章节 / 141
96.《资治通鉴·汉纪》表现了赵云的远大抱负吗 / 141
97.《资治通鉴》的经典语录主要有哪些 / 141
98.《资治通鉴》是一部熔铸百家的通史吗 / 142
99.《宋史》是元人利用旧有宋朝国史编撰而成吗 / 142
100.《宋史》是研究两宋三百多年历史的详实史料吗 / 142
101.《宋史》的精华表现在哪些章节 / 143
102.《欧阳修传》真实地再现了欧阳修的功绩吗 / 144
103.《宋史》囊括了纪传体史书所有体例吗 / 144
104.《宋史》是研究辽宋金代的基本史籍之一吗 / 145
105.《宋史》所列艺文十五志是所有志书中最全的吗 / 145
106.《宋史》尊奉道学首创了《道学传》吗 / 145
107.《宋史》的最大缺点是编纂得草率粗糙吗 / 146
108.《宋史》的史料价值比其他史书高吗 / 146
109.《金史》是反映金朝兴衰始末的重要史籍吗 / 147
110.《金史》是宋、辽、金三史中编撰得最好的一部吗 / 147
111.《金史》的精华表现在哪些章节 / 147
112.《金史卷一百二十五》表现了胡砺的刚正不阿吗 / 148
113.《金史》在编写体例上有创新吗 / 148
114.《金史》是女真几代人汇集的成果吗 / 148
115.《金史》的不足之处表现在哪些地方 / 149
116.《四库全书总目》曾对《金史》有很高的评价吗 / 149
117.《元史》是系统记载元朝兴亡过程的断代史吗 / 150
118.《元史》的编纂有丰厚的原始历史资料吗 / 150

119.《元史》的精华表现在哪些章节 / 151
120.《良吏传》反映了官吏勤政为民的可贵品质吗 / 151
121.《元史》是在明太祖的诏示下完成的吗 / 151
122.《元史》的编纂体现了实事求是精神吗 / 152
123.《元史》的编纂还存在着哪些不足之处 / 152
124.《元史》体现了“文词勿致于艰深”的宗旨吗 / 153
125.《通志》是继《史记》之后的又一部通史吗 / 153
126.《通志》的精华是前史之“志”吗 / 154
127.《通志》的精华表现在哪些章节 / 154
128.《总序》阐述了《通志》的宗旨和原则吗 / 154
129.《通志》的经典语录主要有哪些 / 155
130.《通志》是一部纪、传、谱、略俱全的志书吗 / 155
131.《明史纪事本末》是一部明朝的断代史吗 / 155
132.《明史纪事本末》缺载晚明史事吗 / 156
133.《明史纪事本末》的精华表现在哪些章节 / 156
134.《明史纪事本末》写的是户部尚书治水的故事吗 / 157
135.《明史纪事本末》的经典语录主要有哪些 / 157
136.《明史纪事本末》是研究明史的入门书吗 / 158
137.《廿二史札记》是清朝的著名史书吗 / 158
138.《廿二史札记》就是二十四史吗 / 158
139.《廿二史札记》的精华表现在哪些章节 / 158
140.《九品中正》是适应曹魏初期的特点产生的吗 / 159
141.《廿二史札记》的经典语录主要有哪些 / 159
142.《廿二史札记》对读历史有引导作用吗 / 160
143.《圣武记》是一部记述清代历史的专著吗 / 160
144.《圣武记》是纪事本末体裁吗 / 161
145.《圣武记》的精华表现在哪些章节 / 161
146. 魏源是一个实事求是的史学家吗 / 162

147.《圣武记》的经典语录主要有哪些 / 162
148.《圣武记》是一部研究满族人历史的巨著吗 / 162
149.《文献通考》是一部记载历代典章制度的巨著吗 / 163
150.《文献通考》是从上古到南宋的权威典章吗 / 163
151.《文献通考》是严格按时代顺序排列的史料吗 / 163
152.《文献通考》的经典语录主要有哪些 / 164
153.《文献通考》是研究历代典章制度的发轫之作吗 / 165
154.《史通》是我国第一部史学评论专著吗 / 165
155.《史通》是对唐以前中国史学的全面总结吗 / 165
156.《史通》的精华表现在哪些章节 / 166
157.《史通》的突出特点是"直笔精神"吗 / 166
158.《史通》的经典语录主要有哪些 / 167
159.《史通》标志着我国封建史学理论的确立吗 / 167
160.《文史通义》是一部纵论文史的学术专著吗 / 167
161.《文史通义》主张史学要经世致用吗 / 168
162.《文史通义》的精华表现在哪些章节 / 168
163.《文史通义·师说》与《原学》一脉相承吗 / 169
164.《文史通义》的经典语录主要有哪些 / 169
165.《文史通义》有一定的进化论思想吗 / 169

第三部分 宗教学类

1.《法华经》是佛教的"经中之王"吗 / 172
2.《法华经》是调和佛教派别矛盾的经文吗 / 172
3.《法华经》的宗教思想表现在哪些章节 / 173
4.《法华经》的经典语录主要有哪些 / 173
5.《法华经》是鼓励人们洁净心灵的经文吗 / 173
6.《华严经》是印度大乘佛教的重要经典吗 / 174

7.《华严经》主要讲述因果缘起理实法界吗 / 174
8.《华严经》的宗教思想表现在哪些章节 / 174
9. 这段文字反映了善财童子高尚的道德品质吗 / 175
10.《华严经》的经典语录主要有哪些 / 175
11.《华严经》是启示人们要多做善事吗 / 175
12.《六祖坛经》是禅宗之“宗经”吗 / 176
13. 慧能的基本思想是“一念修行，自身等佛”吗 / 176
14.《六祖坛经》的宗教思想表现在哪些章节 / 177
15. 这一段话主要反映了慧能的“悟境”吗 / 177
16.《六祖坛经》的经典语录主要有哪些 / 177
17. 研读《坛经》应澄怀心灵吗 / 178
18.《抱朴子》包罗了系统的道教理论和方术吗 / 178
19.《内篇》和《外篇》的内容有何区别 / 178
20.《抱朴子》的宗教思想表现在哪些章节 / 180
21.《抱朴子·畅玄》阐述的是道的特征吗 / 180
22.《抱朴子》的经典语录主要有哪些 / 180
23.《抱朴子》确立了道教的神仙理论体系吗 / 181

第四部分 文学类

1.《诗经》是中国第一部诗歌总集吗 / 184
2.《诗经》分风、雅、颂三大部分吗 / 184
3.《诗经》最具代表性的诗篇有哪些 / 185
4.《采薇》是一首征夫行役之诗吗 / 185
5.《诗经》里的流行诗句有哪些 / 185
6.《诗经》是古典文学中最灿烂的篇章吗 / 186
7.《楚辞》是浪漫主义的奠基之作吗 / 186
8.《楚辞》的创作先驱是屈原吗 / 186

9.《楚辞》最具代表性的篇章有哪些 / 187
10.《离骚》是叙述寻找美女的艰难历程吗 / 187
11.《楚辞》的流行诗句有哪些 / 188
12.《楚辞》是浪漫主义文学的不朽之作吗 / 188
13.《晏子春秋》是中国最古老的传说故事集吗 / 188
14.《晏子春秋》塑造了晏婴和众多陪衬者的形象吗 / 189
15. 晏婴是孔子称颂的君子吗 / 189
16.《晏子春秋》充分地表现晏子的节俭观吗 / 190
17.《晏子春秋》还表现晏子对礼的重视吗 / 190
18.《晏子春秋》再现了晏子的优良品质吗 / 190
19.《晏子春秋》的语言重简洁、明白、传神吗 / 191
20.《晏子春秋》在文学史上有什么价值 / 191
21.《乐府诗集》是研究乐府诗的重要著作吗 / 193
22.《乐府诗集》收录的大部分是民间诗吗 / 194
23.《乐府诗集》最具代表性的篇章有哪些 / 194
24.《陌上桑》是最精彩的咏美诗吗 / 195
25.《乐府诗集》的流行诗句有哪些 / 195
26.《乐府诗集》是民间诗歌总集吗 / 195
27.《唐诗三百首》是我国最有影响力的诗集吗 / 196
28. 熟读唐诗三百首，不会作诗也会吟吗 / 196
29.《唐诗三百首》最具代表性的诗篇有哪些 / 197
30.《游子吟》是为人所称道的游子思母之作吗 / 197
31.《唐诗三百首》的流行诗句有哪些 / 197
32.《唐诗三百首》是一本儿童启蒙教材吗 / 198
33.《文选》是现存最早的文章总集吗 / 198
34.《文选》收录的是从先秦到齐梁时的诗文辞赋吗 / 198
35.《文选》最具代表性的篇章有哪些 / 199
36.《古诗十九首》多为无名氏之作吗 / 199

37.《文选》的流行诗句有哪些 / 199
38.《文选》是现存最早的诗文总集吗 / 200
39.《古诗源》是古代的诗歌、歌谣总集吗 / 200
40.《古诗源》体现了诗歌自先秦以来的发展变化吗 / 201
41.《古诗源》最具代表性的诗篇有哪些 / 201
42.《古诗源》的流行诗句有哪些 / 201
43.《古诗源》是欣赏古诗的最佳选本吗 / 202
44.《词综》是首部推介“词”的专著吗 / 202
45.《词综》选录的词作以雅词居多吗 / 202
46.《词综》最具代表性的诗篇有哪些 / 203
47.《虞美人》是南唐后主亡国之后的作品吗 / 203
48.《词综》的流行诗句有哪些 / 204
49.《词综》是词学史上一部最著名的选集吗 / 204
50.《元曲选》是研究元杂剧的重要参考资料吗 / 204
51.元曲的精妙之处是“妙在不工而工”吗 / 205
52.《元曲选》最具代表性的篇章有哪些 / 205
53.《汉宫秋》演绎的是昭君出塞的故事吗 / 205
54.《元曲选》的流行诗句有哪些 / 206
55. 元曲曾影响了现代的戏剧吗 / 206
56.《文心雕龙》是我国最早的文学理论专著吗 / 206
57.《文心雕龙》认为文学与历史有紧密的联系吗 / 207
58.《文心雕龙》最具代表性的篇章有哪些 / 207
59.《时序》是论述建安文风的一段著名文字吗 / 208
60.《文心雕龙》的流行词句有哪些 / 208
61.《文心雕龙》对现代的文学创作有指导意义吗 / 208
62.《三国演义》是章回小说的开山之作吗 / 209
63.《三国演义》反映了统治集团的种种斗争吗 / 209
64.《三国演义》最具代表性的篇章有哪些 / 210

65.《三国演义（节选）》表现了张飞的超人胆识吗 / 210
66.《三国演义》的流行词句有哪些 / 210
67.《三国演义》同史实有一定的出入吗 / 211
68.《水浒传》是描写农民起义的长篇小说吗 / 211
69.《水浒传》反映的是英雄豪杰的故事吗 / 211
70.《水浒传》最具代表性的篇章有哪些 / 212
71.“节选”描绘的是封建社会的理想境界吗 / 212
72.《水浒传》的流行词句有哪些 / 212
73. 读《水浒传》能够感受到英雄人物的侠肝义胆吗 / 213
74.《西游记》是最优秀的神魔小说吗 / 213
75.《西游记》讲述的是唐僧取经的故事吗 / 213
76.《西游记》最具代表性的篇章有哪些 / 214
77.《西游记（节选）》描绘的是大闹天宫的情形吗 / 214
78.《西游记》的流行词句有哪些 / 215
79.《西游记》的内容体现出了生活的影子吗 / 215
80.《三言》是通俗小说创作的杰出代表吗 / 215
81.《三言》大都刻印于天启年间吗 / 216
82.《三言》主要体现的是儒家的“中庸之道”吗 / 217
83.《三言》特别重视描写“男女之情”吗 / 218
84.《三言》的“中和之美”是对文坛的一种革新吗 / 219
85.《金瓶梅》是我国第一部世情小说吗 / 219
86.《金瓶梅》书名代表金钱、美酒和女色吗 / 220
87.《金瓶梅》是一部描写民情生活的巨著吗 / 220
88.《金瓶梅》开启了文学取材于现实生活的先河吗 / 221
89.《金瓶梅》也存在着一些严重的缺点吗 / 221
90.《二拍》反映了明代市民生活和思想意识吗 / 222
91.《二拍》的问世主要是应书商之邀而作吗 / 222
92.《二拍》的内容大致包含四个方面吗 / 222

93.《二拍》是我国第一部文人独立创作的小说集吗 / 224
94.《二拍》的成就远比《三言》逊色吗 / 224
95.《封神演义》是中国古代神魔小说的代表作之一吗 / 224
96.《封神演义》是参考民间传说演绎而成的吗 / 225
97.《封神演义》最具代表性的篇章有哪些 / 225
98.“节选”写的是“哪吒闹海”的故事吗 / 225
99.《封神演义》主要讲述的是武王伐纣的故事吗 / 226
100.《封神演义》的思想内容有一定的进步意义吗 / 226
101.《封神演义》在艺术上有千篇一律之感吗 / 227
102.《封神演义》的流行词句有哪些 / 227
103.《封神演义》对现在的影视均有借鉴作用吗 / 228
104.《红楼梦》是中国最杰出的长篇小说吗 / 228
105.《红楼梦》反映的是四大家族的兴衰吗 / 228
106.《红楼梦》最具代表性的篇章有哪些 / 229
107.《红楼梦（节选）》描写的是黛玉的复杂心理吗 / 229
108.《红楼梦》的流行词句有哪些 / 230
109.《红楼梦》为博大精深的艺术佳作吗 / 230
110.《儒林外史》是中国古典讽刺小说的杰作吗 / 230
111.《儒林外史》充分暴露了封建制度的黑暗吗 / 231
112.《儒林外史》最具代表性的篇章有哪些 / 231
113.《儒林外史（节选）》活画出了守财奴的形象吗 / 231
114.《儒林外史》的流行词句有哪些 / 232
115.《儒林外史》的艺术特色震古烁今吗 / 232
116.《镜花缘》是以女性为中心的长篇小说吗 / 232
117.《镜花缘》的故事发生在武则天时代吗 / 233
118.《镜花缘》最具代表性的篇章有哪些 / 233
119.“节选”写的是发生在女儿国的故事吗 / 234
120.《镜花缘》的流行词句有哪些 / 234

121.《镜花缘》记载的是海外的奇人异事吗 / 235
122.《聊斋志异》是中国文言短篇小说发展的高峰吗 / 235
123.《聊斋志异》是以鬼怪故事揭露人间的罪恶吗 / 235
124.《聊斋志异》最具代表性的篇章有哪些 / 236
125.《鸦头》是青年追求爱情自由的名篇吗 / 236
126.《聊斋志异》的流行词句有哪些 / 236
127.《聊斋志异》宣扬的有封建迷信思想吗 / 237
128.《孽海花》是具有进步倾向的历史谴责小说吗 / 237
129.《孽海花》的成书过程和版本比较复杂吗 / 238
130.《孽海花》是第一部描写民族革命的作品吗 / 239
131.《孽海花》是以真实的历史人物为原型吗 / 240
132.《孽海花》除原作外还有两种续作吗 / 240
133.《孽海花》是“奇妙与真实”结合的文学作品吗 / 241
134.《老残游记》是四大谴责小说之一吗 / 242
135.《老残游记》是以暴露官场黑幕而闻名于世吗 / 242
136.《老残游记》的内容主要是揭露吏治腐败吗 / 242
137.《老残游记》的“叙景状物，时有可观”吗 / 243
138.《世说新语》是中国笔记小说的先驱吗 / 244
139.《世说新语》记录的是士族文士的逸事吗 / 244
140.《世说新语》最具代表性的篇章有哪些 / 245
141.《任诞》展现的是士大夫所崇尚的风度吗 / 245
142.《世说新语》的流行词句有哪些 / 245
143.《世说新语》都是蕴含深意的小故事吗 / 246
144.《西厢记》是中国较早的多本杂剧剧本吗 / 246
145.《西厢记》表现的是自由恋爱的故事吗 / 246
146.《西厢记》最具代表性的篇章有哪些 / 247
147.《西厢记》是以文辞优美著称吗 / 247
148.《西厢记》的流行词句有哪些 / 248

149.《西厢记》是元代戏曲中的精品吗 / 248
150.《桃花扇》是借个人爱情写南明历史的剧作吗 / 248
151.《桃花扇》写的是名妓李香君的爱情故事吗 / 249
152.《桃花扇》最具代表性的篇章有哪些 / 249
153.《却奁》一出表现了李香君的深明大义吗 / 249
154.《桃花扇》的流行词句有哪些 / 250
155.《桃花扇》是借离合之情写国事兴衰吗 / 250
156.《长生殿》是清代传奇的代表作品吗 / 251
157.《长生殿》是唐明皇与杨贵妃的爱情传奇吗 / 251
158.《长生殿》最具代表性的篇章有哪些 / 252
159.《闻铃》是唐明皇思念杨贵妃的唱段吗 / 252
160.《长生殿》的流行词句有哪些 / 252
161.《长生殿》是历史剧中写得最好的吗 / 253
162.《牡丹亭》是戏曲史上的杰作吗 / 253
163.《牡丹亭》是追求个性解放的作品吗 / 253
164.《牡丹亭》最具代表性的篇章有哪些 / 254
165.《惊梦》表现了少女对被耽误青春的惋惜吗 / 254
166.《牡丹亭》的流行词句有哪些 / 255
167.《牡丹亭》塑造了女性的崭新形象吗 / 255
168.《窦娥冤》是中国戏曲史上最著名的悲剧吗 / 255
169.《窦娥冤》是对黑暗社会的控诉吗 / 256
170.《窦娥冤》最具代表性的篇章有哪些 / 256
171. “节选”唱段是窦娥发出的无助的呼喊吗 / 256
172.《窦娥冤》的流行词句有哪些 / 257
173.《窦娥冤》是一部揭露黑暗现实的名剧吗 / 257
174.《琵琶记》是元末南戏的代表作品吗 / 258
175.《琵琶记》批判了科举制度对文人的迫害吗 / 258
176.《琵琶记》最具代表性的篇章有哪些 / 259

177.“节选”表现了中国妇女的善良与坚忍吗 / 259
178.《琵琶记》的流行词句有哪些 / 259
179.《琵琶记》影响了明清戏曲吗 / 260
180.《古文观止》是著名的启蒙教材吗 / 260
181.《古文观止》选编的文章都是古代的名篇佳作吗 / 260
182.《古文观止》最具代表性的篇章有哪些 / 261
183.吴氏的评论对理解文章有画龙点睛作用吗 / 261
184.《古文观止》的流行词句有哪些 / 262
185.《古文观止》的评语是阅读的钥匙吗 / 262
186.《李太白全集》是李白诗最完备的注本吗 / 262
187.李白诗是浪漫主义诗风的代表吗 / 263
188.李白诗最具代表性的篇章有哪些 / 263
189.《塞下曲》是李白对戍边战士的赞颂吗 / 263
190.《李太白全集》的流行诗句有哪些 / 264
191.《李太白全集》是研究李白的最好读本吗 / 264
192.《王右丞集笺注》是王维诗集注的佳作吗 / 265
193.王维是能文能诗的贵族吗 / 265
194.《王右丞集笺注》最具代表性的篇章有哪些 / 266
195.《山居秋暝》是田园诗的代表作吗 / 266
196.《王右丞集笺注》的流行诗句有哪些 / 266
197.王维的诗以空灵、含蓄著称吗 / 267
198.《杜诗镜铨》以简明扼要著称吗 / 267
199.杜甫是一个备受艰辛的诗人吗 / 267
200.《杜诗镜铨》最具代表性的篇章有哪些 / 268
201.《春望》表达了对国家的无比热爱吗 / 268
202.《杜诗镜铨》的流行诗句有哪些 / 268
203.杜甫诗是反映社会生活较深广的作品吗 / 269
204.《东坡乐府》是苏词最完备的集子吗 / 269

205. 苏轼为北宋词坛开辟了新天地吗 / 270
206.《东坡乐府》最具代表性的篇章有哪些 / 270
207.《水调歌头》是苏轼咏怀的名篇吗 / 270
208.《东坡乐府》的流行诗句有哪些 / 271
209. 苏轼词是以豪放词著称吗 / 271
210.《稼轩长短句》是研究辛词最完备的集子吗 / 272
211.《稼轩长短句》是辛弃疾的爱国词吗 / 272
212.《稼轩长短句》最具代表性的篇章有哪些 / 273
213.《水龙吟》是辛弃疾豪放词的代表作吗 / 273
214.《稼轩长短句》的流行诗句有哪些 / 273
215.《稼轩长短句》是欣赏、研究辛词最完备的集子吗 / 274

第五部分 语言类

1.《四库全书总目提要》创古代目录学的典范吗 / 276
2.《四库全书总目提要》著录典籍达一万余种吗 / 276
3.《四库全书总目提要》最具代表性的篇章有哪些 / 277
4.《四库全书总目提要》的流行词句有哪些 / 277
5.《四库提要》是研查资料的引路者吗 / 278
6.《康熙字典》是中国字典史上的一座丰碑吗 / 278
7.《康熙字典》共收单字47035个吗 / 279
8.《康熙字典》的序是康熙大帝写的吗 / 279
9.《康熙字典》的经典词句有哪些 / 280
10.《康熙字典》是集历代字书之大成的字典吗 / 280
11.《说文解字》是我国的第一部字典吗 / 281
12.《说文解字》所收的单字都是小篆吗 / 281
13.《说文解字》的经典词句有哪些 / 282
14.《说文解字》的序阐述了本书的宗旨吗 / 282

15.《说文解字》的经典词句有哪些 / 282
16.《说文解字》是识别研究甲骨文的重要工具书吗 / 283
17.《汉书·艺文志》是现存的第一部古典目录吗 / 283
18.《汉书·艺文志》记载了历代的文化状况吗 / 283
19.《艺文志》是据刘歆的《七略》改编的吗 / 284
20.《汉书·艺文志》的经典词句有哪些 / 284
21.《汉书·艺文志》主要录的是宫廷藏书吗 / 285
22.《隋书·经籍志》是又一部重要的图书目录吗 / 285
23.《经籍志》把经籍分为经、史、子、集四部吗 / 285
24.《隋书·经籍志》最具代表性的篇章有哪些 / 286
25.《隋书·经籍志》序总论了经籍的起源和发展吗 / 286
26.《隋书·经籍志》的经典词句有哪些 / 287
27.《隋书·经籍志》是对我国古籍的第二次总结吗 / 287
28.《书目答问》是近代最详尽的国学书目吗 / 287
29.《书目答问》共收录书二千二百种吗 / 288
30. 张之洞编选《书目答问》的缘由是什么 / 288
31.《书目答问》的经典词句有哪些 / 289
32.《书目答问》是一本“本末兼备”的书吗 / 289
33.《尔雅》是我国第一部训诂学著作吗 / 290
34.《尔雅》是一部百科全书吗 / 290
35.《尔雅》最具代表性的篇章有哪些 / 291
36.《尔雅》的经典词句有哪些 / 291
37.《尔雅》是研究先秦词汇的重要参考资料吗 / 292
38.《方言》是我国的第一部方言学著作吗 / 292
39.《方言》记载的方言以秦晋方言居多吗 / 293
40.《方言》最具代表性的篇章有哪些 / 293
41.《答刘歆书》叙述的是编写《方言》的原委吗 / 294
42.《方言》的经典词句有哪些 / 294

43.《方言》也是世界上第一部方言著作吗 / 295
44.《释名》是我国第一部汉语词源学著作吗 / 295
45.《释名》收词一千五百多条吗 / 295
46.《释名》最具代表性的篇章有哪些 / 296
47. 刘熙的序阐述了他撰写《释名》的目的吗 / 296
48.《释名》的经典词句有哪些 / 296
49.《释名》是第一部从语言学角度撰写的专著吗 / 297
50.《经典释文》是一部注释音义的训诂著作吗 / 297
51.《经典释文》汇集了十四部著作的注文和注音吗 / 297
52.《经典释文》最具代表性的篇章有哪些 / 298
53.《毛诗音义上》标注的是《诗经》中的名篇吗 / 298
54.《经典释文》的经典词句有哪些 / 299
55.《经典释文》是一部别具风格的语言学总集吗 / 299
56.《广韵》是我国现存最早的一部韵书吗 / 299
57.《广韵》共收入了二〇六韵吗 / 300
58.《广韵》最具代表性的篇章有哪些 / 300
59.《广韵（节选）》属直接训释吗 / 301
60.《广韵》的经典词句有哪些 / 301
61.《广韵》是研究汉语语音史的重要依据吗 / 301
62.《文则》是我国第一部修辞学专著吗 / 302
63.《文则》的重点是文体风格问题吗 / 302
64.《文则》最具代表性的篇章有哪些 / 303
65.《文则》的经典词句有哪些 / 304
66.《文则》就是文章的法则、规范吗 / 304
67.《中原音韵》是普通话语音的源头吗 / 304
68.《中原音韵》是以韵部为纲、声调为经吗 / 305
69.《中原音韵·序》叙述了作此书的缘由吗 / 305
70.《中原音韵》的经典词句有哪些 / 306

71.《中原音韵》在戏曲史上具有很高的权威吗 / 307
72.《助字辨略》是专门研究古汉语虚词的著作吗 / 307
73.《助字辨略》是按平水韵排列吗 / 307
74.《助字辨略》最具代表性的篇章有哪些 / 308
75.《助字辨略》都有释义和举证吗 / 309
76.《助字辨略》的经典词句有哪些 / 309
77.《助字辨略》十分注意分析虚词的表达作用吗 / 310
78.《经传释词》是解释经传古籍中虚词的专著吗 / 310
79.《经传释词》共收虚字一百六十个吗 / 310
80.《经传释词》最具代表性的篇章有哪些 / 311
81.《经传释词》全书的释词方法有十种吗 / 311
82.《经传释词》的经典词句有哪些 / 312
83.《经传释词》的取材只限经传吗 / 312
84.《读书杂志》是校勘史、子、集等古籍的札记吗 / 312
85.《读书杂志》正编、余编共八十四卷吗 / 313
86.《读书杂志》最具代表性的篇章有哪些 / 313
87.《读书杂志》训诂与校勘的原则有四个方面吗 / 314
88.《读书杂志》的经典词句有哪些 / 314
89.《读书杂志》校勘的成就最大吗 / 314
90.《古书疑义举例》是一部论述古汉语表达的书吗 / 315
91.《古书疑义举例》共诠释辞例八十八例吗 / 315
92.《古书疑义举例》最具代表性的篇章有哪些 / 316
93.《古书疑义举例》的经典词句有哪些 / 316
94.《古书疑义举例》是一部发人深省的著作吗 / 317
95.《马氏文通》是第一部汉语语法著作吗 / 317
96.《马氏文通》以文言文为研究对象吗 / 318
97.《马氏文通》最具代表性的篇章有哪些 / 318
98.《马氏文通》的经典词句有哪些 / 319

99.《马氏文通》是第一部系统的语法书吗 / 319

第六部分　自然科学类

1.《黄帝内经》是我国医学理论之源吗 / 322
2.《黄帝内经》分《素问》、《灵枢》两部分吗 / 322
3.《黄帝内经》最具代表性的篇章有哪些 / 323
4.《灵兰秘典论篇》论述的是人体十二脏的功用吗 / 323
5.《黄帝内经》的经典词句有哪些 / 323
6.《黄帝内经》总结了上古时代的医疗实践经验吗 / 324
7.《本草纲目》是闻名中外的中医药宝典吗 / 324
8.《本草纲目》分列水、火、土、金石等十六部吗 / 325
9.《本草纲目》最具代表性的篇章有哪些 / 325
10.《发明》反映了李时珍创造性地运用古方吗 / 326
11.《本草纲目》的经典词句有哪些 / 326
12.《本草纲目》对自然科学也有巨大贡献吗 / 326
13.《九章算术》是我国现存最古老的数学著作吗 / 327
14.《九章算术》的内容经过多次增补才有九章吗 / 327
15.《九章算术》最具代表性的篇章有哪些 / 328
16.《九章算术·少广》是求面积的长的篇章吗 / 328
17.《九章算术》的经典词句有哪些 / 328
18.《九章算术》是世界著名的古代数学著作之一吗 / 329
19.《金匮要略》是我国第一部研究杂病的医学专著吗 / 329
20.《金匮要略》最后三篇是宋人所附吗 / 330
21.《金匮要略》最具代表性的篇章有哪些 / 330
22.《脏腑经络先后病脉证》说明了治病的先后顺序吗 / 331
23.《金匮要略》的经典词句有哪些 / 331
24.《金匮要略》是以论述内科为主的医学著作吗 / 331

25.《齐民要术》是我国最早的一部古农学专书吗 / 332
26.《齐民要术》里有一篇重要的《杂说》吗 / 332
27.《耕田第一》是介绍播种前的耕作技术吗 / 333
28.《齐民要术》的经典词句有哪些 / 333
29.《齐民要术》显示了我国古代农业科学技术的成就吗 / 334
30.《梦溪笔谈》是中国科学史上的坐标吗 / 334
31.《梦溪笔谈》是一部笔记体文集吗 / 335
32.《梦溪笔谈》最具代表性的篇章有哪些 / 335
33.《梦溪笔谈·技艺》介绍的是活版印刷知识吗 / 336
34.《梦溪笔谈》的经典词句有哪些 / 336
35.《梦溪笔谈》是一部综合性著作吗 / 336
36.《天工开物》是我国古代的工艺百科全书吗 / 337
37.《天工开物》有现代思想的萌芽吗 / 337
38.《天工开物》最具代表性的篇章有哪些 / 338
39.《天工开物》的经典词句有哪些 / 338
40.《天工开物》是我国古代的科技著作吗 / 338
41.《徐霞客游记》是以日记体写成的考察文献吗 / 339
42.《徐霞客游记》是详细记载各地山川风貌的著作吗 / 339
43.《徐霞客游记》最具代表性的篇章有哪些 / 340
44.《浙游日记》是游三洞的真实记载吗 / 341
45.《徐霞客游记》的经典词句有哪些 / 341
46.《徐霞客游记》是一部极为珍贵的文学巨著吗 / 341
47.《水经注》是一部记载河流水道最著名的典籍吗 / 341
48.《水经注》记载了我国各条河流的水文变化吗 / 342
49.《水经注》最具代表性的篇章有哪些 / 342
50.《水经注·江水二》记载的是巫峡地理吗 / 343
51.《水经注》的经典词句有哪些 / 343
52.《水经注》是记述南北朝水道情况的学术著作吗 / 344

53.《海国图志》是一部记述各国历史地理的著作吗 / 344
54.《海国图志》共一百卷两个部分吗 / 344
55.《海国图志》最具代表性的篇章有哪些 / 345
56.《海国图志·议战》讲的是“师夷长技”吗 / 345
57.《海国图志》的经典词句有哪些 / 345
58.《海国图志》为国人提供了全新的近代世界概念吗 / 346

第七部分 近现代著名国学大师简介

俞樾 / 347
孙诒让 / 347
杨守敬 / 348
王先谦 / 348
刘师培 / 348
严复 / 349
沈曾植 / 349
王国维 / 349
辜鸿铭 / 350
廖平 / 350
黄侃 / 350
章太炎 / 351
鲁迅 / 351
钱玄同 / 351
吴梅 / 352
罗振玉 / 352
蔡元培 / 353
梁启超 / 353
康有为 / 353
马衡 / 354
沈兼士 / 354
钱基博 / 354
胡小石 / 355
梅光迪 / 355
刘文典 / 355
傅斯年 / 356
余嘉锡 / 356
柳诒徵 / 357
朱师辙 / 357
马一浮 / 357
熊十力 / 358
张君劢 / 358
蒙文通 / 358
陈寅恪 / 359

范文澜 / 359
吕思勉 / 359
汪国垣 / 360
陈中凡 / 360
胡适 / 361
汤用彤 / 361
蒋廷黻 / 361
翦伯赞 / 362
侯外庐 / 362
陈垣 / 363
郭沫若 / 363
唐君毅 / 363
顾颉刚 / 364
梁漱溟 / 364
吴宓 / 365
赵元任 / 365
徐复观 / 365
金岳霖 / 366
王力 / 366
高亨 / 367
夏承焘 / 367
钱穆 / 367
冯友兰 / 368
任中敏 / 368
姜亮夫 / 369
钱仲联 / 369
牟宗三 / 369
张岱年 / 370
钱钟书 / 370
陈梦家 / 371
张舜徽 / 371
季羡林 / 371
王利器 / 372
启功 / 372
程千帆 / 372
任继愈 / 373
饶宗颐 / 373
南怀瑾 / 374